图 1　内蒙古自治区阿拉善盟行政区划示意图

图 2　阿拉善盟巴丹吉林沙漠

图 3　阿敦高勒嘎查村民委员会
（内含嘎查人口学校、村民法制学校、草原书屋、农民用水者协会、妇女之家等活动中心）

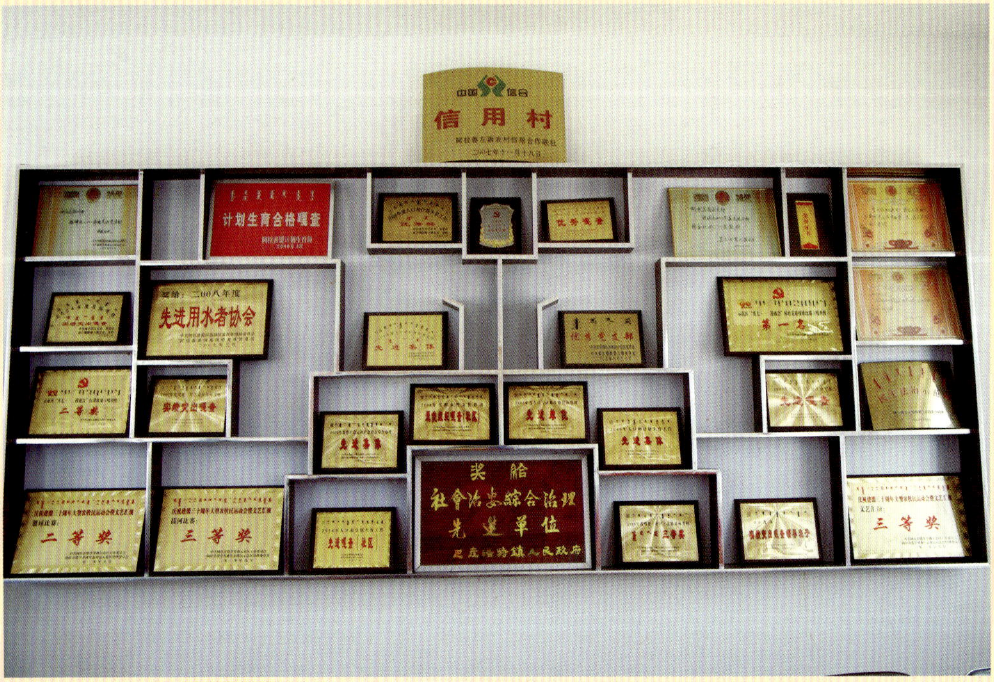

图 4　阿敦高勒嘎查近几年所获奖项

图5　中央民族大学经济学院师生与阿敦高勒嘎查相关部门负责人进行座谈

图6　阿敦高勒嘎查村道与房舍

图 7　阿敦高勒嘎查村民正在新建房舍

图 8　阿敦高勒嘎查农用灌溉水渠

图 9　阿敦高勒嘎查村民种植的油葵

图 10　阿敦高勒嘎查村民种植的玉米

图 11　阿敦高勒嘎查村民种植的西瓜

图 12　阿敦高勒嘎查的农用拖拉机

图 13　阿敦高勒嘎查的农机（1）

图 14　阿敦高勒嘎查的农机（2）

图 15　阿敦高勒嘎查村民养殖的牛羊

图 16　阿敦高勒嘎查村民养殖的奶牛

图 17　阿敦高勒嘎查的砖厂

图 18　阿拉善盟孪井滩九年一贯制学校

图 19　阿敦高勒嘎查草原书屋的部分图书

图 20　调研组教师入户调查

图 21　调研组成员入户调查（1）

图 22　调研组成员入户调查（2）

图 23　阿敦高勒嘎查利民商店

图 24　阿敦高勒嘎查祥和商店

图 25　调研组成员与访谈对象合影

图 26　年轻的种植能手魏平保一家

图 27　蒙汉联姻家庭张光锁一家

图 28　特困户其其格一家

图 29　心怀希望的斯日古楞一家

图 30　阿拉善盟贺兰山广宗寺（南寺）

图 31　阿拉善盟黑城遗址

图 32　中央民族大学经济学院调研组师生与阿左旗阿敦高勒嘎查部分干部合影

中国民族经济村庄调查丛书

阿敦高勒嘎查调查

（蒙古族）

张丽君　　主　编

马　博
刘云喜　　副主编

中国经济出版社
CHINA ECONOMIC PUBLISHING HOUSE
北京

图书在版编目（CIP）数据

阿敦高勒嘎查调查：蒙古族／张丽君，马博，刘云喜主编．
北京：中国经济出版社，2015.5
（中国民族经济村庄调查丛书）
ISBN 978-7-5136-3766-4

Ⅰ.①阿…　Ⅱ.①张…　②马…③刘…　Ⅲ.①乡村—蒙古族—民族经济—社会调查—阿拉善左旗　Ⅳ.①F327.265

中国版本图书馆 CIP 数据核字（2015）第 053432 号

责任编辑　余静宜　闫　丽
责任审读　霍宏涛
责任印制　马小宾
封面设计　华子图文设计

出版发行　中国经济出版社
印 刷 者　北京艾普海德印刷有限公司
经 销 者　各地新华书店
开　　本　710mm×1000mm　1/16
印　　张　26.25　彩插　1
字　　数　450 千字
版　　次　2015 年 5 月第 1 版
印　　次　2015 年 5 月第 1 次
定　　价　68.00 元
广告经营许可证　京西工商广字第 8179 号

中国经济出版社　**网址** www.economyph.com　**社址** 北京市西城区百万庄北街 3 号　**邮编** 100037
本版图书如存在印装质量问题，请与本社发行中心联系调换（联系电话：010-68330607）

中央民族大学
“211 工程”中国少数民族经济发展研究项目
“985 工程”中国民族地区经济社会发展哲学社会科学创新基地

中国民族经济村庄调查丛书
编委会

本书写作分工

张丽君　主编、统稿及前言

马　博　刘云喜　副主编

路建胜　刘　松　一、九（一）、十（二）

修凯传　韩　石　二，七（二）、（四）

吴俊瑶　拓俊杰　三、四、八（六）

贾晓华　李　丹　四、九（二）、十三（一）

徐成江　钟尚廷　五，八（七）、（十）

郭利华　文进磊　六，八（十一）、十五（三）

王　飞　崔　兰　七（一）、八（二）、十四（三）

马　斌　赵　辉　七（三）、（五），八（三）、（五）

郭利华　苏小玲　七（六）、九（五）、十五（一）

党增杰　耿桂给　七（七）、（八），八（一）、（九）

蒋　政　赵晓斌　七（十）、八（八）、（四）

肖雨耕　陈明龙　九（三）、（四），十（三）、十三（二）、（四）

付　祥　马光耀　十（一），十一（一）、（四），十四（二）

刘　红　张　望　十一（二）、（三），十二（三）

杨松武　李育儒　十二（二）、十二（四）、十三（三）

谢侃侃　李喜云　十二（一）、十四（一），十五（二）、十五（四）

王　成　八（九）、十四（四）

总　序

村庄，是农民的聚居地，也是农民生产和生活的社会形式。村庄形成于农业文明时代，在中国最为典型和普遍，迄今依然是中国基本的社会单位。所有中国人，或是生于长于村庄，或是父祖辈来自村庄。村庄是中华民族的根基，是我们走向现代化的立脚点和必须改变其内容和形式的地方。认知中国的现实和历史，一个重要环节，就是了解村庄。

中国的民族经济，包括以下层次：一是以中华民族为主体的经济，二是中华民族五十六个支民族的经济，三是少数民族地区的经济。不论从哪个层次研究，都必须涉及村庄这个基本单位。以往的民族经济研究和行政管理研究，对于村庄的关注，主要是在总体性的统计及对策方面，鲜有对某一村庄的专注的系统调查。这种情况使我们所从事的理论探讨总显得有些飘浮，言不及意，大而不当。反思许久，不能不下决心从小处做起，将村庄调查作为根基，扎实做去。恰“985”项目实施，经费有所保障，故组织本创新基地近百名教师带二百余博士、硕士研究生和高年级本科生，结十五个调查组，计划用六七年的暑、寒假，从五十六个支民族中各选一二典型村庄，深入调查，总百余村，每村一书，为中国民族经济三个层次研究，为政府行政决策，提供基础资料。

百村，不及中国村庄万分之一。我们的村庄调查虽只是抽样性质，但却是探根摸底，力求深入、真实、详细。二〇〇八年夏各组分赴河北、内蒙古、宁夏、云南、广西调查点，历经一月左右，获初步资料。因为首次，困难颇多，思路和方法也要不断调整，秋、冬写作时又各自补充调查。时间虽短，但师生与村官、村民情谊颇深，既为调查提供条件，又为后续补充予以协助。各地党、政机构，对调查全力配合。无此，则调查难以进行。这套丛书，实为共同努力之成果，并赖中国经济出版社黄允成社长、孙岩主任鼎力支持，得以出版。本调查还要持续数年，望读者批评，我们再努力。

劉永信

二〇〇九年三月十八日

前 言

遥远的海市蜃楼，
驼队就像移动的山，
神秘的梦幻在天边，
阿爸的身影若隐若现。
哎……我的阿拉善，
苍天般的阿拉善。

浩瀚的金色沙漠，
驼铃让我回到童年，
耳边又响起摇篮曲，
阿妈的声音忽近忽远。

哎……我的阿拉善，
沧海般的阿拉善，
沙海绿洲清泉，
天鹅留恋的金色圣殿，
苍茫大地是家园，
心中思念直到永远。

这是蒙古族著名歌唱家德德玛所演唱的《苍天般的阿拉善》，借以赞美阿拉善这一西部辽阔而历史久远的神圣之地。中央民族大学经济学院调研组一行十余人自2010年7月中旬至8月初，前往内蒙古阿拉善盟进行中央民族大学“985工程”——中国少数民族村庄调查计划项目，通过筛选最终确定阿拉善盟阿左旗的阿敦高勒嘎查为调研对象。调研组选择阿敦高勒嘎查作为个案分析对象，主要基于以下考虑：

一是民族性。阿敦高勒嘎查是一个以蒙古族为主体、汉族居多数的多民族聚居区。其中：蒙古族88人，占总人口的21.4%；汉族322人，占总人口的18.1%；满族1人，占总人口的0.5%。

二是特殊性。它是指生态移民及搬迁安置所形成的村庄特殊性。阿敦高勒嘎查位于孪井滩生态移民示范区嘉尔嘎勒赛汉镇境内，阿敦高勒嘎查的移民是孪井滩生态移民示范区，乃至阿拉善盟最早的一批生态移民。1994年第一批农牧民搬迁至此，1998年由阿右旗8个苏木、镇，15个嘎查，132户332人搬迁正式组建而成。初来时人均收入不足600元，且没有享受到任何补贴政策。当时，移民几乎没有任何农机具及牲畜，生活水平较低。经过12年的规划建设和移民的艰苦奋斗，阿敦高勒嘎查现已发展到189户，411人，人均收入2510元，水、电、路、讯等基础设施基本完善。

三是普适性。阿敦高勒嘎查生态移民搬迁后的周期较长，与其他地区的移民相比，有充足的时间进行迁入区前期的基础设施建设，以及发展和探索生态移民后续产业。同时，阿敦高勒嘎查是孪井滩移民示范区所辖的农业嘎查之一，其地形地貌、自然环境、资源条件，以及以农业生产为主的产业发展状况，代表了大部分生态移民迁入区的状况。因此，阿敦高勒嘎查的调研对于阿拉善盟其他地区及村镇生态移民及后续产业选择及政策建议可行性具有一定借鉴意义。

在调研过程中，调研组在梳理阿拉善生态移民历史概况的基础上，归纳总结了如移民搬迁及扶贫开发的对象和范围、生态扶贫移民迁入与安置区安排等生态移民与搬迁政策的实施等主要问题，并对阿拉善盟以及阿敦高勒嘎查生态移民后续产业的发展进行了思考和探讨。

（一）阿拉善生态移民历史概况

20世纪90年代以来，阿拉善盟按照“转移发展战略”要求进行了大规模生态移民，形成了三次转移农牧民的高潮。第一次是1994年以孪井滩灌区为主的扶贫开发式移民；第二次是1999年以贺兰山为主的退牧还林生态移民；第三次是2002年后实施的以异地扶贫搬迁、移民扩镇、退牧还草为主的区域性生态移民。截至2010年末，阿拉善盟通过实施贺兰山退牧还林、退牧还草、生态公益林效益补偿、整村推进、移民扩镇，以及异地扶贫搬迁等工程，共搬迁转移农牧户7652户，27079人，占全盟农牧民总人口的36.34%。其中，安置到第一产业的移民4800户，17307人，第二、第三产业1869户，6082人，安置未到位983户，3690人。

1. 阿拉善盟生态移民的背景

（1）生态环境的恶化

第一，沙漠面积的不断扩大。阿拉善盟位于内蒙古自治区的最西端，西与甘肃省相连，东南隔贺兰山与宁夏回族自治区相望，东北与巴彦淖尔市、乌海市、鄂尔多斯市接壤，北与蒙古国交界。阿拉善盟沙漠化土地面积366.62万公顷，占土地总面积15.48%，沙漠和沙地面积761.55万公顷，占土地总面积的32.16%，两者之和为1128.17万公顷，占土地总面积的47.65%。全盟辖区内共有大沙漠和较大沙漠5个，总面积为72620平方公里，占全盟国土面积的30.23%。从1996年到2002年的七年间，全盟沙漠面积由70148.91平方公里扩展到72620.34平方公里，增加约2471平方公里，年均增加约353平方公里。

第二，阿拉善已经成为我国最大的沙尘暴来源地。近几十年来，由于自然和人为因素的共同作用，阿拉善盟境内生态与环境急剧恶化，表现为阿拉善地区自然环境的极度荒漠化，水资源大幅度减少，草场严重退化，生物多样性减少，植被覆盖度降低，固定、半固定沙地活化速度明显加快。这些都进一步导致风力侵蚀加剧，为沙尘天气提供物质基础。日益恶化的自然环境不仅制约着阿拉善盟的经济社会发展，加重农牧民的贫困化程度，还威胁着辖区内东风航天基地的安全，同时还直接影响到毗邻地区以及华北地区的生态安全。

第三，贺兰山西坡森林带、北部梭梭林带、额济纳胡杨林带等阿拉善地区三大生态屏障近几十年出现了严重退化。20世纪50年代长达800公里、面积达11330平方公里的梭梭林到2011年仅剩3860余平方公里；额济纳旗胡杨林面积由500平方公里减少到2011年的294平方公里；沙漠、戈壁、裸岩及沙化土地，已占全盟土地的93.15%，并且沙漠化仍在继续发展，巴丹吉林、腾格里、乌兰布和三大沙漠已在5处呈明显的扩展、合围之势。

第四，阿拉善广袤的荒漠化地表冬半年处于强大的西伯利亚寒流的最前哨，是整个北方抵御风沙侵袭的前沿阵地或第一道重要生态屏障。这里年8级大风以上日数88天，加上西风气流的复合作用，极易产生扬沙及沙尘暴天气，因此在整个中国生态格局中是一个极为特殊和重要的区域。研究表明，对我国影响严重的沙尘传输的西北和北方路径都经过阿拉善。阿拉善地区的生态与环境问题不仅影响华北地区及东部大部分地区，而且影响朝鲜半岛、日本、北美甚至更广大的地区，具有世界影响，因而阿拉善的生态战略地位显得尤为突出。

第五，阿拉善地区与我国南疆、河西走廊、北方农牧交错带共同构成4大沙尘源地，而且该地区面积最大，影响最为严重。2000—2004年我国共发生了86次沙尘天气过程（沙尘暴和扬沙），其中源于或经过阿拉善高原的沙尘天气过程多达62次，占总数的72.1%。1950—1990年，阿拉善地区平均每2年发生1次沙尘暴，1991—1999年每年5～6次，其中1993年、1994年、1995年、1998年发生特大沙尘暴，2000年发生20次、2001年发生27次。沙尘发生的频率和强度总体增强的态势明显。近年来，还出现了沙尘天气开始时间提前、影响范围扩大、经济损失加重的趋势。

（2）草场质量的急剧下降

第一，农牧区人口的过度增加和牲畜的迅速增长。阿拉善盟人口的过度增加和牲畜的迅速增长是实施生态移民政策的一个很重要的原因。阿拉善人口从新中国成立初期的3万人膨胀到2005年末的21.2万人，增加6.1倍，远远高于全国平均水平的2.4倍的增长。新中国成立前宁夏军阀征兵，以及20世纪五六十年代的大饥荒，是大量外族移民迁入阿拉善的主要原因。外来民族的冲击使得阿拉善原有的草原文明遭遇前所未有的冲击，人口的增加促使了牲畜的增加。按照阿拉善目前的自然条件，全盟草场最佳承载量为70万羊单位。据2006年7月全盟统计数据表明，阿拉善有200万羊单位，大大超出了草场的可容纳量。

第二，牧民保护草场意识亟待提高。阿拉善牧民的放牧生活由来已久，新中国成立以前，由于牲畜相对较少，牧民可以在牧区尽情放牧，完全不用考虑草量够不够用。但是随着牲畜的不断增加以及山羊比例的增加，给草场带来了巨大的压力。一方面，由于山羊的经济价值比较高，牧民开始纷纷增加山羊的圈养量，甚至有些牧民只养山羊。山羊对草场的破坏比绵羊要严重得多。山羊吃草的时候是将草连根拔起，造成了大量牧草的减少，山羊圈养的地方，草场一般都很稀疏，而绵羊由于自身生理特点，只吃牧草的根以上部分，对于草根没有破坏作用，所以绵羊吃过的草，第二年一般会重新生长起来。山羊数量的增长造成了草场密度的不断下降。另一方面，很多牧民为了方便放牧，在自己的牧区围出一部分草场放牧，便于对牲畜的管理，也为自己节约了放牧的时间。这样就造成了围栏内的草场满足不了牲畜对草量的需求，不仅对牲畜的生长不利，而且造成了围栏内的草场面积大量减少。退化的草场在风沙的作用下逐渐被沙漠化、戈壁化。

（3）水资源的匮乏

阿拉善大部分地区极端干旱，缺乏地表径流。该区年均降水量只有40～200毫米，而潜在蒸发量高达655～1459毫米。由于黑河流域中上游地区用水增加，额济纳绿洲可用地表水量从20世纪50年代的12亿立方米/年锐减为1992年的1.83亿立方米/年，尽管实施黑河分水工程，目前可用水量也不足5亿立方米/年。水资源不足导致绿洲面积萎缩、地下水位下降，整个绿洲生态系统受到严重威胁。东部的贺兰山有比较稳定的水源，但水量仅有3亿立方米左右，该区域维持着整个阿拉善地区3/4的人口，并且已呈现水资源短缺的态势。阿拉善右旗甚至没有地表径流。因而，整个地区地表水资源量仅8亿立方米/年。黄河灌区可用水只有5000万立方米/年，虽然有几亿立方米的地下水储量，但补给量小，容易过度开采，引起水位下降。

阿拉善右旗地下用水情况更严峻，由于当地日照强烈，水分蒸发量很大。地表径流很罕见，即使要打井取水，也要打到地下200米以下，成本很高。

（4）牧民生活条件艰苦

阿拉善牧民过着传统牧民的生活。虽然自新中国成立以来牧民的生活逐渐由游牧过渡到定居放牧，生活条件有所好转，但是，相比人口聚居较多的农村，生活条件还是较差。主要体现在以下几方面：

第一，基础设施不完善。阿拉善牧民人均拥有的草场非常大，小的几百亩，大的几万亩。因此，牧民分布比较分散，给基础设施的建设带来了很大难度。根据阿敦高勒嘎查居民的描述，他们在牧区的生活非常艰苦。在交通方面，条件好的家庭会买辆摩托车，条件不好的只能依靠骑马出行。由于牧场面积非常大，出去一次所要花费的时间和金钱成本都很高，所以牧民一般不会出草场。进出草场的不便，阻碍了牧民与外界的沟通，使牧民生活在一个基本封闭的环境中，阻碍了牧民的发展。在用电方面，由于牧区面积过大，所以基本上无法通电，牧民平时用电主要依靠发电机。用电难使得牧民家中很少使用家用电器。在用水方面，牧区没有通自来水，牧民要到很远的地方去运水，给生活造成了极大的不便。在通信方面，通常一封信要二十天才能收到，常常由于通信的不方便耽误很多事情。在医疗卫生方面，牧区距离附近的医院非常远，因此牧民平常出现像感冒、发烧等症状，一般是能忍就忍。在文化教育方面，牧区基本上没有学校，这就给孩子们的上学造成了一定的困难。其他诸如娱乐场所、图书馆等配套设施就更不用说了。

第二，牧民增收困难。在搬迁之前，牧民几乎所有的收入来源于放牧。随着草量的减少，牲畜在质量和数量上都有所下降，造成了牧民增收困难。根据阿敦高勒嘎查居民的描述，一个典型的阿拉善牧民的生活是：家里养着一群羊、牛，一年四季的牛羊肉基本上不用担心。每年会视情况卖掉一定数量的牛羊来为家里添置生活用品和蔬菜等。每个牧民家庭的储蓄一般都很少或者基本上没有。牧民由于收入比较低，连最基本的生活用品都有可能买不了。一般牧民，两三年才添置一套衣服。

2. 阿拉善盟的三次生态移民高潮

（1）第一次生态移民高潮

阿拉善盟的第一次生态移民始于1989年阿拉善左旗西滩和漫水滩开发建成之时。当时阿拉善为了改善牧民的生产生活条件，提高牧民的生活水平，决定将牧民有秩序、分批次地搬迁到引黄灌溉区等生产生活比较方便的地区。直至1994年正式移民，是以孪井滩示范区建设为代表的生态移民，这一时期移民的目标是让牧民能移出去，移出去能稳定住。为了实现既定目标，阿拉善盟制定并完善移民地相关政策，完善移民区的基础设施建设，争取能让牧民放心地走出草原。

在这一时期，孪井滩农业示范区共完成了阿左旗、阿右旗33个苏木镇87个嘎查的贫困牧民和困难企业，国有农牧林场站下岗职工1168户、4789人的移民工作，阿敦高勒嘎查的居民就是在这个时期从阿拉善右旗搬迁到孪井滩示范区的。在这一时期，移民区的电力、交通、水利等基础设施建设基本得到了完善。最重要的是这次生态移民为全盟的移民工作积累了宝贵的经验，打下了坚实的基础。

（2）第二次生态移民高潮

阿拉善盟第二次生态移民源于贺兰山生态剧变的连锁反应。草丰、水甜、人欢、羊叫的贺兰山好景不长，20 年前十年九旱，10 多年前草荒水枯。林区 48 条长流水沟减少到了 13 条；有名的八卦泉、龙王泉等 8 大泉，连同最大的水磨沟水库早已干涸。移民之前，沿山有 7 个苏木（乡），18 个嘎查，大小牲畜 20 万头（只），工矿企业近百家。前几年，沿山工矿业和阿盟所在地 7 万名群众用水成了老大难。巴彦浩特镇 20 世纪 70 年代每天有地表径流水 9000 立方米，现在只有 2000 立方米，而现在每天所需用水已达 1.4 万立方米。满目疮痍的贺兰山，已难以承载越来越多的人口和牲畜。贺兰山生态剧变的连锁反应，威胁着沿山 10 万人、50 万牲畜的生息和 8 万亩良田的灌溉。

1999 年阿拉善盟政府决定实施生态移民，用 5 年的时间把山里山外 6000 多农牧民，转移到农业综合开发区和城镇工业小区来，对贺兰山区和林草飞播区全部退牧封育。贺兰山总移民 1500 户，6000 人，分 5 年三批移完，并退牧牲畜 30 万头（只）。总投资近 9000 万元。1999 年 9 月 23 日开始第一期生态移民，2000 年 9 月 28 日进行第二期生态移民。截至 2010 年 11 月，贺兰山两期批民及水磨沟水源补水工程移民，在筹措资金 3720 万元情况下，共移出 1045 户、4300 人，退牧牲畜 23 万头（只），退耕 3500 亩。

（3）第三次生态移民高潮

第三次生态移民是以 2002 年后实施的异地扶贫搬迁、移民扩镇、退牧还草、黑河流域治理工程为主的区域性生态移民。这一期间，全盟累计投入扶贫和移民资金 1.58 亿元，扶贫开发和移民搬迁力度进一步加大。搬迁转移农牧民 3290 户，13497 人。生态移民的人数和投入比前两次移民高潮有了很大提高。

3. 李井滩生态移民示范区的建立

李井滩生态移民示范区托管的嘉尔嘎勒赛汉镇前身是在 1959 年以当地嘉尔嘎勒图敖包（蒙语：吉祥敖包）和古日班赛汉山（蒙语：三座美丽的山）两地命名合并成立的嘉尔嘎勒赛汉（蒙语：吉祥美好）人民公社。1969—1979 年，阿拉善左旗划归宁夏回族自治区后，阿拉善左旗划分三个行政区，第三区人民政府设立在示范区境内的原超格图呼热苏木（头道湖），管辖阿拉善左旗南部的嘉尔嘎勒赛汉、超格图呼热、腾格里、温都尔勒图、查汉布拉格和哈什哈六个苏木，头道湖成为阿拉善左旗南部经济、文化、教育中心。20 世纪 70 年代初，在“大搞草原农田基本建设高潮”的推动下，阿拉善左旗政府顺应各族牧民的愿望，提出了将黄河水引入阿拉善草原的构想，1976

年7月7日成立了“阿左旗孪井滩引黄扬水喷灌工程指挥部”，并做了大量的前期勘测准备工作。

1980年4月，阿拉善盟正式成立，撤销了三区人民政府，嘉尔嘎勒赛汉苏木和超格图呼热苏木成为独立的两个苏木。阿拉善盟建盟后，历届盟委、行署领导对此项工程极为重视，对工程重新进行了勘测论证，积极组织立项审批。1986年12月12日，盟委召开书记、盟长会议，决定兴建孪井滩扬黄工程，同月20日，成立“阿拉善盟豪依尔呼都格滩（孪井滩）扬黄工程筹备小组”。

1990年，面对阿拉善盟不断恶化的生态环境和严酷的生存条件，阿拉善盟委、行署果断地提出了“转移发展”的战略思路，孪井滩扬黄灌溉工程建设被提到重要的日程中。1990年12月1日，水利部以《关于内蒙古阿拉善盟孪井滩扬水灌溉工程设计任务书的批复》的文件形式，“同意兴建阿拉善盟孪井滩扬水灌溉工程”，将“孪井滩扬水灌溉工程”列入国家发展西部黄河流域经济战略和拟建的大柳树扬黄工程范围，并作为内蒙古自治区“八五”期间“生态示范农业综合开发”的重点项目付诸实施。自此，孪井滩扬黄灌溉工程建设拉开了帷幕，正式进入组织实施阶段。

“孪井滩扬水灌溉工程”于1991年正式破土动工，从宁夏中卫市北干渠引水（扬黄源头），经四级泵站扬水到灌区，输水干渠全长43.51公里，总扬程238米，净扬程208米，设计提水流量每秒5立方米，加大流量每秒6立方米。1993年11月3日水电主体工程一次性通电试水成功。1994年4月19—20日，盟搬迁领导小组召开“孪井滩牧民搬迁工作会议”，安排部署孪井滩牧民搬迁具体工作，阿左旗、阿右旗、巴镇和指挥部的负责同志参加了会议，会后，与会人员到孪井滩灌区勘察落实划分的土地范围。同年，阿左旗、阿右旗33个苏木镇87个嘎查的贫困牧民和困难企业下岗职工8000余人落户孪井滩灌区，成了这片“新土地”的新主人。

1995年嘉尔嘎勒赛汉苏木改建为嘉尔嘎勒赛汉镇。2002年1月经内蒙古自治区人民政府批准，确定孪井滩为自治区级开发区，2004年11月更名为孪井滩生态移民示范区，示范区管委会与嘉尔嘎勒赛汉镇合署办公，一套人员，两块牌子。2008年，阿拉善盟委、行署决定对示范区实行计划单列、独立运行的管理体制，开创了阿拉善盟“三旗两区”新的行政格局，为示范区的长足发展提供了组织保障，迎来了经济社会第二次发展的良机。体制单列以后，示范区党工委管委会提出“以农牧业为主向农牧业和工业并重，再向工业为主”的经济转型思路，开发建成示范区生态经济园，完成了园区“五通、一平”基础设施工程，加大招商引资力度，引进了一批又一批的投资项目，拉开了这片热土新一轮发展热潮，开创了阿拉善盟新的经济增长极。

（二）生态移民与搬迁政策

生态移民搬迁工作作为实施“转移发展战略”和城乡一体化的一个具体内容，自实施以来，内蒙古自治区各级党委、政府以科学发展观为指导，克服困难，强化措施，积极落实各项移民搬迁政策，在保护生态环境的同时，切实维护了广大农牧民的根本利益，为充分发挥阿拉善的生态屏障作用，维护国家生态安全，实现人与自然和谐发展方面都取得了重要进展。

1. 生态移民政策的实施

阿拉善盟是我国抗御风沙侵袭的第一道重要生态屏障。全境属于极端干旱和缺水区，年降水量只有40～200毫米，而蒸发量高达2500～4500毫米。近几十年来，在自然和人为因素的影响下特别是由于水资源不足，导致地下水位下降、绿州面积萎缩，区域生态退化，成为我国最大的沙尘源地之一，沙尘暴不但对当地造成严重影响，而且波及河西走廊、宁夏平原、河套平原等商品粮基地乃至华北地区的生态安全，引起国家和自治区的高度重视。阿拉善盟在进行科学评估的基础上选择出生态移民迁出区和迁入区。迁出区初步分为三类：一是重点保护区或生态治理区，主要有阿拉善左旗贺兰山自然保护区、阿拉善右旗的塔木苏镇为主的生态公益林保护区、额济纳胡杨林保护区等重点保护区和治理区。二是草场退化区和人畜饮水困难区（自然恢复区）。三是休牧轮牧区，即传统优势畜种放牧区，如双峰驼保护区、白绒山羊保护区。区内原则上搬迁50%的牧业人口及牲畜。

2. 移民搬迁及扶贫开发的对象和范围

生态移民政策实施的对象主要有以下几类：

①人均纯收入低于阿拉善盟贫困标准的贫困嘎查及农牧户；

②居住在沙漠或戈壁，已失去了生存条件的牧户；

③居住在贺兰山和额济纳胡杨林国家级自然保护区，腾格里沙漠自然保护区、内蒙古东阿拉善自然保护区、巴丹吉林自然保护区等自治区级自然保

护区内的牧户；

④在国家实施退牧还林还草、生态飞播禁牧区、围封禁牧区等重点项目区内从事草原畜牧业生产的牧户；

⑤居住在国家重点生态公益林补偿项目实施区、边界线（国界、省界、盟界）地区、阿拉善白绒山羊和双峰驼品种资源保护基地以及生态条件较好并已建成配套草库伦的非项目区的牧户，依照实际情况确定搬迁数量和搬迁对象；

⑥非项目区55岁以上牧民自愿选择迁留。但必须根据草畜平衡要求，严格控制牲畜发展规模。

表1　**迁出区选择和搬迁对象**

迁出区选择	搬迁对象
国家及内蒙古自治区确定的自然保护区、水源涵养区、退耕还林、退牧还草等重点生态工程建设区域	自愿从退牧还草区和公益林保护区退出的牧户
骆驼保种基地和白绒山羊品种资源保护基地以外的地区	落实草畜双权一制、土地承包经营责任制后新增的农牧户
水资源短缺，失去生产保障能力的沙漠戈壁区以及水资源匮乏、承载能力有限、生产效益差的部分绿洲灌区	无水源、失去生存条件的牧户
牧民居住分散，就地扶持成本高且效益差的草原畜牧业区	生态绿洲灌区自愿搬迁转移的农牧户

3. 生态扶贫移民迁入与安置区安排

2000年以来，阿拉善盟工业化、城镇化、农牧业现代化得到了较快发展，工业园区逐步崛起，城镇规模逐渐扩大，第三产业快速发展，设施农业初具规模，发展潜力和承载能力明显增强，具备了转移安置生态移民的综合条件。按照生产力布局向条件较好的地区集中，资源、项目、资金、人才等要素向优势地区和优势产业集中配置的要求，规划对现有农牧民分三种类型七种方式进行安置。（见表2、表3、表4）

表 2　　**搬迁安置中的几种方式**

安置方式	工业安置区	城镇第三产业安置区	设施农业安置区①
安置地	乌斯太、巴彦浩特、吉兰泰、宗别立、腾格里额里斯、额肯呼都格、雅布赖、达来呼布、赛汉陶来	巴彦浩特、额肯呼都格、达来呼布、乌斯太、吉兰泰、宗别立、嘉尔嘎勒赛汉、雅布赖	巴彦浩特、嘉尔嘎勒赛汉、巴润别立、吉兰泰、巴彦木仁、敖伦布拉格等生态绿洲
产业依托	能源工业、盐碱硝化工、煤化工、冶金工业、建材业、农畜产品加工业	商贸流通、物流配送、旅游、餐饮、休闲娱乐、中介、社区服务	温棚有机蔬菜种植、高效舍饲养殖等设施农业
安置人口	4240 户，12013 人	2394 户，6503 人	2400 户，6650 人
安置方式	以无土安置为主，按统一标准在工业园区集中建设安居楼 29.68 万平方米（70 平方米/户），户均给予原住地生产生活设施损失补偿 14 万元	以无土安置为主，在城镇区按统一标准集中建设安居楼 16.758 万平方米（70 平方米/户），商服楼 9.576 万平方米（40 平方米/户）	采取有土安置方式，按统一标准集中建设安居楼 70 平方米/户，蔬菜温棚 2 亩/户，棚圈 40 平方米/户，沼气池 1 处/户，购置饲料加工机械 1 套/户

表 3　　**就地扶持安置中的几种方式**

安置方式	畜种保护区	生态绿洲农业发展区
安置地	乌力吉、巴彦诺日公、嘉尔嘎勒赛汉、阿拉腾朝克、雅布赖、阿拉腾敖包、马鬃山、东风等白绒山羊品种资源保护基地和骆驼保护基地	巴彦浩特、巴润别立、吉兰泰、嘉尔嘎勒赛汉、温都尔勒图、巴彦木仁、敖伦布拉格、巴彦高勒、额济纳沿河等主要生态绿洲灌区。
产业依托	发展草原畜牧业和特色沙产业为主	发展节水型、生态型、高效型农牧业
安置人口	2827 户，8048 人	5479 户，15655 人
安置方式	按统一标准改造住房 100 平方米/户、棚圈 150 平方米/户，配套人畜安全饮水、沼气池 1 处/户，配置风光互补照明设备 1 套/户	按统一标准建设砖木结构住房 100 平方米/户，配置标准农田（含节水灌溉）90 亩/户，配套自来水、沼气池 1 处/户

① 发展设施农业有助于避免大规模开发土地引发的水资源矛盾，有助于发挥阿拉善盟农产品独特、质量好的优势，有助于推动现代农牧业发展进程。

表 4　　补助安置中的几种方式

安置方式	初步安置的农牧民	无草场或耕地的农牧民
主要内容	主要指 1999 年以来搬迁安置的农牧民。因缺乏项目支撑，资金投入不足，安置标准较低，配套设施不到位，发展基础不稳定，需要进一步扶持。	以 1998 年未分到土地或草场的农牧户为主，目前主要依靠打工和城乡三产维持生计，生产生活和收入来源不稳定，需要进行适当的补助扶持
补助资金	8 万元/户	3 万元/户

4. 生态移民与搬迁安置项目实施

（1）异地扶贫项目

到 2000 年底，内蒙古自治区老、少、边、穷地区仍有 80 万绝对贫困人口和 300 万未稳定脱贫人口需要继续扶持。这些贫困人口绝大多数分布于荒漠区或严重缺水区，部分地区甚至已失去了人类生存的基本条件。如果就地扶贫，不仅耗资巨大，事实上也难以帮助贫困群众从根本上摆脱重新返贫的困境。因此，因地制宜、扎实有效地开展生态移民和异地扶贫移民工作，一方面可以减轻迁出区人口压力，使生态环境得以休养生息；另一方面通过迁入区人口不断向小城镇集中，从而转变生产经营方式，进行集约化经营，发展高效农牧业，培育新经济增长点，带动第二、第三产业发展。这种移民方式不仅可以大量节约基础设施建设投资，有利于提高移民生活质量，而且还会起到扩大内需、拉动经济增长的作用，进而达到增加农牧民收入，增强地方财力，加快农牧民脱贫致富进程之目的。从 2001 年 5 月 23 日开始，在内蒙古自治区全区开展了以异地扶贫为目的的移民工程。

（2）移民扩镇项目

移民扩镇项目是充分利用苏木（镇）现有的基础设施，将农牧民转移到生活、生产条件较好的苏木（镇）上。这项政策有一个最大的优点就是节省了开支。政府无需再为生态移民重新构建一套基础设施。2001—2008 年，阿拉善盟共实施了四期移民扩镇和一期易地扶贫移民工程，共搬迁移民 2019 户，7182 人。除与退牧还草等项目交叉安置的牧户，单独安置牧民大约 700 户，2800 人。

（3）退牧还草项目

退牧还草项目主要是考虑到草原面积和草产量的急剧下降。项目实施前阿拉善盟共有250万~300万只绵羊单位，而全盟除贺兰山自然保护区外，可放牧利用草场常年暖季理论载畜量只能是50万~70万只绵羊单位，牲畜的急剧增加已经远远超出草原的承载能力。而且伴随着过度放牧，阿拉善盟草原的产草量已经由新中国成立初的每公顷1500公斤下降到现在的614公斤。绵延阿拉善盟800公里，总面积达到1700万亩的梭梭林现仅存800万亩，且植被覆盖率比新中国成立前降低了50%。为了保护阿拉善濒临危机的草原，阿拉善盟按照国家、自治区的统一部署，在盟委、行署的领导下，围绕全盟"转移发展战略"，阿拉善盟先后启动了2002年、2004年、2005年、2006年（第一批）和2006年（第二批）5期退牧还草工程，涉及全盟3旗16个苏木（镇）1个管委会，81个嘎查的5340牧户，16896人。

国家在每一期项目的五年退牧期间给予退牧区围栏建设和退牧舍饲饲料粮两项补助，2002年和2004年的项目围栏补助标准为11.55元/亩，2005年和2006年的项目围栏补助增加为14元/亩，饲料粮补助标准为每年5.5公斤/亩（按陈化粮价格0.90元/公斤折算为4.95元/亩）。2004年以后，由于国家没有陈化粮，国家发改委、农业部、财政部、农发行等七部委又下通知决定将饲料补贴改为以现金兑现，补贴的办法是以确定的退牧户所承包的草场面积（以草场经营权证书为准），由各级财政和农发行负责发放。2005年国家西部办等五部委对退牧还草工程政策进行了调整，一是将禁牧、休牧、划区轮牧围栏建设的标准调整为每亩建设投资20元，国家补助70%，即14元，地方和个人承担30%；二是草场补播补助标准每亩补助草种费10元。

（4）黑河流域治理工程

2001年8月，国务院批准《黑河流域近期治理规划》。内蒙古自治区黑河下游额济纳绿洲抢救与保护工程分为生态工程和水利工程两部分共22个单项工程，主要任务和作用是通过建设黑河下游内蒙古额济纳绿洲灌溉系统，实现水资源高效利用和合理配置，遏制绿洲生态退化，恢复东居延海水面；改造绿洲饲草料基地，采取限牧、禁牧、转移牧民、胡杨林区围封等措施，实施舍饲、半舍饲畜牧业，保护和抢救额济纳绿洲生态。其中，生态工程建设主要包括胡杨林围封30.97万亩、饲草料基地建设4.21万亩，新建移民房屋面积33449平方米，转移牧民安置499户，1514人；水利工程灌溉控制面积143万亩，包括东河灌域片88.37万亩、西河灌域片54.63万亩，建设内容为修建东干渠1条长109.68千米（全部为衬砌渠道）、分干渠6条总长

165.97千米（衬砌长度117.31千米）、支渠121条总长262.48千米（衬砌11条长度29.24千米）、河道归顺（整治）4条总长154.60千米，整治东居延海入湖通道1条长57千米、埂坝79条总长165.60千米，改、扩建狼心山分水枢纽1座，建设中型拦河分水枢纽4座，支渠以上渠系建筑物1105座（其中水闸1009座），建设工程专用10千伏输电线路10千米，新建东居延海入湖水文巡测站1座及工程管理调度房等。

（三）阿拉善盟生态移民后续产业发展思考

1. 阿拉善盟生态移民后续产业发展状况

自实施移民工程以来，阿拉善盟移民从草原牧区走向城镇，从牧业转向第一、第二、第三产业，其生产方式的转变给牧民生产生活带来了深刻的变化。移民之后，一部分生态移民安置的地区全部都是移民，还有一部分移民开始和城里人一起生活，一起工作。

(1) 移民后续产业分布及发展状况

阿左旗、阿右旗和额济纳旗的自然条件、资源状况比较相似，因此，阿拉善盟移民后续产业的三种产业三个旗都有分布，但各有侧重。

第一产业。移民第一产业主要分布于：阿左旗的巴彦浩特、嘉尔嘎勒赛汉、乌斯太、巴润别立、吉兰泰、巴彦木仁、敖伦布拉格，阿右旗的曼得拉、陆家井、板井滩，额济纳旗的达赖库布等生态绿洲地区。在生态移民安置区内，政府主导建设了饲草料基地、棚圈、日光温室、青贮窖、饲草料加工机械、移民住房等，用于生态移民的生活和后续产业中第一产业生产，其中各项配套基础设施，供生态移民在进行后续产业的生产中免费使用。

阿左旗生态移民后续产业中第一产业主要为舍饲养殖、温棚蔬菜种植和特色沙产业。截至2010年底，累计在这些地区建成标准化舍饲养殖棚圈4343座、青贮窖2254座、日光温室652座、饲草料基地57720亩，购置饲草料加工机械2269套，建成4个工厂化养羊基地、3个标准蔬菜种植基地。蔬菜、花卉种植已形成规模，种植品种主要包括番茄、乳瓜、黄瓜、西红柿、辣椒等20多个品种。

阿右旗为推动生态移民后续产业生产，累计建成标准化舍饲养殖棚圈711座、青贮窖553座、蔬菜温棚85座，建成饲草料基地2.64万亩，配套饲草料加工机械946台（套），建成肉羊养殖基地3处、生猪养殖基地4处，在巴彦高勒建成200亩无公害大田葡萄示范种植基地。同时，在生态移民后续产业中生态产业方面，大力发展以肉苁蓉、锁阳、甘草为主的沙产业，初步形成了野生锁阳300万亩、野生苁蓉150万亩和野生甘草10万亩三大基地。在此基础上，科学开发并合理利用有限水资源，因地制宜地实施了人工梭梭林种植，大力发展肉苁蓉接种项目，累计实施人工梭梭林种植20万亩，建成了沙林呼都格人工肉苁蓉10万亩栽培繁育基地。额济纳旗生态移民后续产业第一产业主要为舍饲圈养和农业种植。已配套建设舍饲棚圈744座、青贮窖685处、贮草棚100座，配套饲草料加工机械400余套（台）。

第二产业。阿拉善盟生态移民后续产业中的第二产业主要分布于：阿左旗的乌斯太、巴彦浩特、吉兰泰、宗别立、腾格里额里斯，阿右旗的额肯呼都格、雅布赖，额济纳旗的达来呼布、赛罕陶来。其中生态移民后续产业中第二产业的主要类型为能源工业、盐碱硝（无机）化工、煤化工、冶金工业、建材工业、农畜产品加工等产业。在移民搬迁到上述地区时，政府已经规划了宅基地、安置性住房（约402套），并且对搬迁移民进行后续产业中所需技能的培训，以指导移民进入后续产业中的工矿企业工作。

目前，在政府的规划下，阿左旗生态移民后续产业中的第二产业方面，已形成了以煤炭采掘加工为主的煤炭工业，以盐硝开采转化为主的盐化硝化工业，以石膏等开采加工为主的建材工业，以驼绒制品、手工地毯为主的纺织工业和以肉苁蓉、锁阳为原料的保健品加工业。

阿右旗在解决生态移民从事非农后续产业的生产中，提出了转移转产人口按年龄段分类安置举措，根据“企业用工安置一批”的“七个一批”安置措施之一，将移民中16岁以上，年龄达到女55、男60周岁的移民搬迁到迁入区从事后续产业中的种养业、沙产业等；30~40岁青年移民经过技能培训后向工矿企业等推荐就业。额济纳旗政府围绕工业强旗的发展战略打造生态移民后续产业中的第二产业。按照《内蒙古额济纳旗中药材产业化发展规划》，扶持了以神舟药业为代表的沙产业为后续产业中第二产业发展的龙头企业，并建成基地。政府帮助生态移民开展梭梭林种植、苁蓉嫁接，为生态移民梭梭种植户打井取水、配备运水工具。截至2010年，生态移民中有461人阶段性从事旅游、商贸、餐饮、电气焊、运输等工作，占生态移民总人口的14%，有28人安置在公益性岗位。

第三产业。阿拉善盟生态移民后续产业中的第三产业主要分布于：阿左旗的巴彦浩特、额肯呼都格、达来呼布、乌斯太、吉兰泰、宗别立、嘉尔嘎勒赛汉，阿右旗的雅布赖，额济纳旗的苏泊淖尔等重点城镇、旅游园区和口岸。生态移民后续产业中第三产业类型主要为商贸流通、物流配送、旅游、中介、社区服务等产业。

2004年，阿左旗启动了农牧区生态移民劳动力转移培训阳光工程和雨露计划，围绕市场需求和生态移民的意愿，重点开设了生态移民后续产业中涉及汽车驾驶与维修、计算机应用、餐饮旅游服务、家政、美容美发、烹饪、园林绿化、机电、焊工、制造、酿酒、化工、保安、市场营销等20余个专业。截至2010年底，累计投入生态移民后续产业培训补贴资金264万元，培训生态移民10719人，其中8846名生态移民在培训当年实现就业，生态移民在后续产业中转移就业率达82.5%。阿右旗在生态移民后续产业中的第三产业方面，重点培育和发展巴丹吉林沙漠旅游业，旗政府通过财政补贴购车资金，建立旅游业组织等手段扶持农牧民转产从事旅游客运和服务业。额济纳旗从2002年起，农牧、林业、科技、扶贫、就业等部门举办的餐饮、住宿、汽修、美容美发、汽车驾驶等生态移民转移培训近百期，到2011年7月，累计培训转产生态移民后续产业中第三产业的生态移民3000余人，组织生态移民赴外地考察学习150人次。

（2）阿拉善盟生态移民后续产业经济与社会效益分析

三次产业不同程度的发展从整体上推动了产业结构调整。随着生态移民后续产业的不断发展，一定程度上推动了生态移民后续产业园区所在的区域经济社会发展。第一产业内部结构得到优化。首先，随着生态移民由牧区迁入城镇和园区，后续产业中第一产业的发展使传统的草原畜牧业得到了较大压缩、集约化高效生态农牧业得到了长足发展，2011年农区舍饲牲畜养殖规模已发展到100多万头（只），占牲畜总头数的59%。其次，生态移民后续产业的发展促进了农牧业产业化步伐明显加快。截至2011年，阿拉善盟的日光温室发展到2000多座，逐步形成了农区养殖业、大棚蔬菜、制种、沙产业等特色产业。再次，生态移民后续产业的发展强化了畜牧业基础设施建设，提高了防灾抗灾能力，为移民创造了良好的生产生活环境。

生态移民后续产业发展使第二产业为移民的本地务工和增收拓展了渠道。随着各种移民建设项目的不断深入，公路、铁路、风力发电场、天然气等大型投资项目纷纷落地阿拉善盟，使社会资源加快向重点区域整合，生产要素向重点区域汇聚，增强了社会经济发展的聚集效应。更多的农牧民凭借生态移民后续产业中提供的工作，放下了手中的牧鞭，走进工地、步入工厂，促进了阿拉善盟劳动力转移，增加了就业稳定性和工资性收入的持续快速增长。

生态移民后续产业发展推动了第三产业中的多种经营，并使其成为移民增收的新途径。阿拉善盟利用自身得天独厚的自然环境资源，在生态移民后续产业中的第三产业方面大力发展旅游产业，并且引导移民在众多旅游景区承包经营沙漠摩托、驼队、越野及开办特色牧家游等项目，进一步扩大了移民现金收入的增长。

移民生活水平有了一定程度的提高。据国家统计局阿拉善调查队农村牧区住户抽样调查资料显示，2010年，阿拉善盟农牧民人均纯收入7836元，其中，人均工资性收入778元，占农牧民人均纯收入的10%，同期增长16.66%；人均家庭经营性收入4372元，占农牧民人均纯收入的56%，同期增长7.57%；人均转移性和财产性收入2666元，占农牧民人均纯收入的34%，同期增长28.69%。生态移民的政策性补贴收入所占比例为50%左右。

企业的经济效益和社会效益明显增强。巴彦霍德嘎查（行政村）作为阿左旗生态移民重点安置区之一，截至2011年，已安置生态移民400户、1330人。生态移民后续产业中第一产业的新式温棚年产量约2.4万斤，每亩年均收入2.5万元。相比旧式土棚年产量1.6万斤，每亩年均增收1.6万元左右。2008年，阿右旗为推动生态移民后续产业发展，成功引进了内蒙古巴丹吉林沙产业公司入驻沙林呼都格地区，通过龙头企业助推生态移民后续产业中沙产业发展，运用“公司+基地+科研+农牧户”的生态移民后续产业发展模式经营。截至2011年7月，巴丹吉林沙产业公司已累计扶持从事生态移民后续产业的生态移民累计完成了5万亩人工肉苁蓉的接种，接种成活率由之前的不足30%提高到现在的60%以上。公司还与沙林呼都格地区的200余户从事后续产业的移民农牧户签订了种植与销售合同，进一步调动了生态移民从事特色沙产业并主动发展后续产业的积极性。典型移民农户乌兰，搬迁到阿右旗曼德拉苏木沙林呼都格嘎查，栽种了300亩梭梭林。2009年，巴丹吉林沙产业公司收购苁蓉籽，乌兰收益4万多元，获得1.5万元的奖励。生态移民后续产业中第二产业的发展对县域经济贡献率较大。阿左旗在发展生态移民后续产业方面紧紧围绕“集中发展”战略，依托国家对西部地区生态建设的投入和优势资源，将生态移民后续产业发展逐渐培育形成八大特色产业，效益明显。到2010年，阿左旗国内生产总值已达到50亿元，人均国内生产总值达到2万元。工业比重达到50%以上，其中移民后续产业中第二产业对全旗经济增长的贡献率为88.81%。

第三产业方面，自实施生态移民项目以来，阿拉善盟的生态移民后续产业中服务业增加值已经由1990年的1.8978万元增加到2010年的49.37万元。阿左旗的转移就业生态移民月收入水平大致稳定在1500元以上，其中一部分生态移民已成为产业工人的生力军，实现了转移一人、脱贫一家的预期目标。位于额济纳旗境内的策克口岸，是阿拉善盟对外开放的唯一国际通道，也是内蒙古西部及陕、甘、宁、青四省区共有的陆路口岸。2009年1月，策克口岸正式实现中蒙双边性常年通关，这对于从事生态移民后续产业中物流运输业的生态移民而言无疑又提供了更广阔的就业空间。问卷结果显示，许多生态移民在转产到第三产业之后，最远去过的地方中没有内蒙古的呼和浩特，也没有周边较近的银川、兰州等西部发达城市，而是去过蒙古国的一些城市，且100%为从事物流或汽贸运输。额济纳旗自2000年以来为推动第三产业发展，已连续11次成功举办“国际金秋胡杨生态旅游节”，极大提高了额济纳的知名度和影响力，也使旅游业成为该县的生态移民后续产业中的支柱产业。截至2010年底，到额济纳旗旅游人数从2000年的3万人次增加到2010年的42万人次，旅游业综合收入由1200万元增至3.3亿元。生态移民后续产业中的旅游业成为额济纳旗财政税收新的增长点，旅游业直接和间接带来的税收，从2001年的136万元，增加到2010年的323万元。额济纳人的生活随着由生态移民后续产业的发展带来的新的产业格局正悄然改变。

总体而言，生态移民后续产业的发展，对阿拉善盟经济、社会总体效益的带动明显。转移转产的农牧民基本实现了整体脱贫的历史性跨越，基本达到了“迁得出、稳得住、富起来”的预期目标。

2. 阿拉善盟生态移民后续产业发展存在的问题及面临的困难

调查中发现，尽管阿拉善盟各级政府都在积极采取措施扶持移民发展后续产业，但政策的制定、制度的设计、措施的落实，仍然存在着诸多问题和困难。

（1）水资源状况限制生态移民后续产业发展

黄河水位下降，以及黄河提灌的水权置换问题，使阿拉善盟生产生活的耗水量受到限制。阿拉善盟农业主要集中在黄灌区（栾井滩、老崖滩、漫水滩、巴音毛道）、井灌区（腰坝滩、查哈尔滩、格林布楞滩、陈家井、板滩井）以及额济纳沿河绿洲，受水资源限制和调整，不适宜再大面积开发，而这些地区发展生态移民后续产业所用水需要进行水权置换，势必影响阿拉善盟移民安置和生态移民后续产业自身发展以及招商引资等。近些年随着生态移民后续产业中的第三产业的发展，到额济纳旗的游客急剧增多，尤其是自驾车游客的增多（由于没有直达额济纳旗的火车和飞机），使得饮水、洗浴、洗车等耗水量大大增加。这对额济纳旗脆弱的生态环境以及不充裕的水资源无疑是一个巨大的压力。

（2）以沙产业为代表的生态移民后续产业中龙头企业发展的制约因素较多

以生态移民后续产业中的沙产业为例。目前，阿拉善盟沙产业发展中遇到的问题主要集中在三个方面：一是接种面积小。阿左旗现有天然梭梭林面积达300万亩，70%以上保存完好，且盛产野生肉苁蓉。但调查显示，目前全旗已组织开展人工接种肉苁蓉的梭梭林面积还不足总梭梭面积的1%。由于农牧民缺乏保护意识，常年的大肆采挖不但导致梭梭林遭受严重破坏，也导致近年野生苁蓉产量逐年锐减。二是主动投入少。大部分农牧民停留在无偿索取的采挖销售层面，只注重无偿采挖，不肯主动投入。三是见效周期长。人工梭梭肉苁蓉种植特殊性和生产周期性决定了项目收益期最短为两年，导致许多农牧民不肯投入。

（3）生态移民后续产业中第二、第三产业就业难度大

转移到城镇后，大多数生态移民完全脱离了牧业生产，政府希望他们进入工业或者从事第三产业。一方面，企业为了追求经济高效，仅仅愿意接受具有一定文化素养和劳动技能的工人，而不愿意接受生产技能低、文化素质差、生产经验缺乏的移民，缺少适合农牧民的工作岗位。另一方面，牧民已经过惯了能基本保障其自由安逸的游牧生活，承受劳动强度和管束严格的能力较差，心理压力大，常出现回迁现象。

此外，移民在同时领取以护林员工资名义发放的“退牧还草”补偿金，在某种程度上实际起到了失业保障金的作用，移民即便不外出务工，他们的基本生活也完全可以得到一定程度的保障。就某种意义而言，失业保障金降低了移民积极主动找寻工作的激励。从更长远时间看，当政府提供给移民的各项直接货币补贴项目一旦到期后，生态移民群体的生产生活状况将会面临着极大的不确定性，亟待政府部门有效引导就业。

(4) 缺乏针对生态移民后续产业的专项扶持政策以及资金投入

阿拉善盟的移民工作是在缺少国家专项移民项目资助的情况下进行的，针对发展生态移民后续产业的专项政策基本空白。一直以来，阿拉善盟各级政府发展生态移民后续产业主要靠延伸实施国家和自治区相关生态项目与扶贫资金来完成。由于地方匹配能力极为有限，能够用于生态移民后续产业专项资金的比例较小，结果造成生态移民后续产业带动能力弱，经济效益不明显。生态移民后续产业中种植业由于大部分是深井和高扬程提水灌溉，灌溉费用每亩需要200元左右，使得很多农牧民一年的生产收支相抵入不敷出，无经济效益。

3. 阿拉善盟生态移民后续产业发展的政策建议

为更好地发展生态移民后续产业，阿拉善盟必须要建立长效机制，将经济利益、生态利益、社会利益结合起来，充分发挥生态移民在生态保护与恢复、脱贫致富和稳定边塞的积极作用。

(1) 因地制宜培育和发展生态移民后续产业向绿色产业发展

一是根据阿拉善盟各旗产业布局和资源禀赋条件，合理布局发展种植业、养殖业、旅游服务业，配套生态移民后续产业机械设备，推动特色种养殖业发展，培育龙头企业。二是积极引导和鼓励从事第二、第三产业的企业采用清洁的生产工艺流程和节水、节能与节材技术，严格限制和严令禁止高污染、高耗能的加工企业进入。对以林木包括灌木为原材料的化工项目、沙产业项目和农牧业加工项目等，立项之前政府及相关部门应进行可行性评估，以确保企业的加工能力与生态资源的可供给能力相适应。同时，还要建立健全移民后续产业的检测体系、评估服务体系和行业组织，以杜绝因资源短缺而出现相互之间争资源、不合理利用资源以及破坏生态环境的现象发生。

(2) 引导和加快生态移民后续产业中沙产业的发展

一是制定沙产业发展的长效机制。通过整合各类涉农涉牧资金，推行人工种植梭梭林、接种肉苁蓉、锁阳、甘草补偿制度。如人工种植梭梭林达到成活率标准要求的每亩补助60元，人工接种肉苁蓉达到产量标准要求的每亩补助120元。二是扶持一批规模以上苁蓉、锁阳、甘草加工企业发展壮大。例如，年加工规模在50吨以上的企业，安排支农支牧再贷款项目给予1000万～5000万元的贷款贴息；年加工规模在10万吨左右的企业，安排支农支牧再贷款项目给予100万~500万元的贷款贴息；扶持若干肉苁蓉、锁阳、甘草深加工企业实施产品品牌战略，每注册一个商标并形成品牌效应，政府一次性奖励5万元。扶持一批苁蓉、锁阳、甘草基地发展壮大，接种肉苁蓉、锁阳、甘草规模达到万亩以上的苏木、镇或嘎查、村，以奖代投一次性奖励10万元。三是加大科技支撑力度。由阿拉善盟各级政府每年预算安排一定资金，形成专项基金，重点用于农牧民生产实用技术培训，支持和鼓励科研院所及企业对肉苁蓉、锁阳和甘草内在质量及功用进行进一步的研究与开发，为提升或延伸肉苁蓉、锁阳和甘草产业链打好基础。

(3) 加快建立和完善生态移民后续产业中第二、第三产业的专项扶持机制

一是制定针对生态移民后续产业发展的专项政策，同时积极申请国家生态移民后续产业专项资金投入，加大财政扶持力度。二是建立健全国家、地方、集体、个人以及社会各团体的联动互补的多元化投入机制，改善移民后续产业的生产条件。三是对于那些有一定示范性的第二、第三产业建设项目，政府应该进一步放宽市场准入条件，按其投资规模大小在财政支农专项资金项目安排方面给予倾斜和照顾。此外，加大政府对从事旅游客运和服务业的扶持力度，建立旅游业中介组织。

(4) 加强生态移民后续产业的择业培训，积极拓宽生态移民后续产业中就业领域

移民后续生产关键要发挥群众的创造性、积极性。具体而言，一是劳动力就业技能培训。按照劳动力市场对劳动技能的需求，对20~45岁转移搬迁农牧民进行培训。二是农村牧区实用技术培训。根据阿拉善盟移民后续产业布局，主要开展以无公害蜜瓜生产、科学施肥、膜下滴灌、测土配方施肥、农机具操作维修、动物防疫、种养殖能手等为主的培训。三是组织从事农产品流通、农资经销等工作的农牧民和农牧区专业合作组织的领办人、有创新精神和创业能力的青年农牧民，进行农产品加工、流通和农资经销等方面知识的培训，培育一批能够引领农牧区经济发展的带头人。四是政策法规方面的培训，进一步提高农牧民的法律意识和水平。五是有效整合农牧业科技资源，充分利用职业中学等培训资源，以及农牧区党员干部现代远程教育平台，建立并完善教学培训条件。此外，要重视对移民子女的教育，从根本上脱离传统的牧业生产，成为民族地区经济社会发展的骨干力量。

（四）阿敦高勒嘎查生态移民后续产业发展探讨

1. 阿敦高勒嘎查生态移民后续产业发展状况

阿敦高勒嘎查的自然地理环境和资源状况比较适宜发展第一产业，其农牧业结构主要是：自然农业、设施农业、天然畜牧业和综合舍饲养植业。主要产业中，农业以玉米、西瓜、油葵、棉花为主；设施农业以高效日光温棚种植蔬菜为主；畜牧业以天然畜牧业放养为主；综合饲养业以圈养猪、羊、牛为主。目前，嘎查有大型拖拉机10台，小四轮户均1台。牲畜3000余头，标准化棚圈设施80多座，沼气池65座，青贮窖20座。这些设施的拥有为阿敦高勒嘎查农牧业专养、精种高效，种养结合打下了坚实的基础。2010年种植玉米4533.9亩、油葵1731亩、花葵405亩、西瓜911亩、籽瓜29亩、其他51亩。

2009年，随着孪井滩生态移民示范区开始实施“由农牧业为主导向工业为主导”的经济转型战略，明确了“打造生态经济园，构建精品农业区”的目标。阿敦高勒嘎查的农牧业产业结构也随之发生了较大变化，农区养殖、经济作物种植、农畜产品深加工等产业逐步形成。如阿敦高勒嘎查进行了万只肉牛（羊）舍饲养殖等。根据自然条件的优势，2010年，阿敦高勒嘎查的肉牛养殖基地，采取了比较先进科学的圈养方式进行饲养，没有草原也照样进行规模发展，同时实现了三大效益：一是增加了农牧民收入。年产值130万元，扣除饲养成本60万元，净利润为70万元，按受益人口498人算，人均增收1405元。二是安置了农区剩余劳动力，促进了农村牧区经济、社会良性循环。受益人口498人，扶持专业养殖户80户，带动贫困人口260人。三是调整了农业结构，是培育农区舍饲养殖典型示范。

2. 阿敦高勒嘎查生态移民后续产业项目的选择

在相关部门的组织协调下，调研组就阿敦高勒嘎查的移民对生态移民后续产业项目的选择进行了调查。首先由移民代表与当地干部、专家提出发展项目，根据该嘎查的贫困户、一般户、小康户的实际比例选择，确定100个移民代表。在移民村民代表座谈会上，由当地懂蒙语的嘎查长和村干部，向移民讲解调查目的和要求，每人发放项目选票一张。依次投票统计后，经过逐表统计汇总。从村民的选择结果看，移民在后续产业发展项目中的排序由高到低依次为：特色农产品开发、化工基地产业、小商品经营及民族特色产品生产和特色旅游开发。这说明在生态移民中期，大部分移民在产业发展中愿意选择的仍然是他们最熟悉的传统产业。

按产业项目构成看，第一产业主要是特色农产品开发，第二产业包括化工基地工业和民族特色产品生产产业，第三产业为旅游业和小商品流通。从移民投票的重要程度看，第一产业占48%，第二产业占35%，第三产业占27%。三次产业之间差距并不非常明显，这说明政府在向第二、第三产业引导过程中起到了一定作用。从产业经济学角度分析，李井滩本地的生态农业主要是一种规模农业，规模农业单产相对较低，加之农民直接将农产品卖给收购商，农产品的附加值几乎为零。农业种植多以玉米、西瓜、葵花等传统农作物为主，受市场价格波动影响大。因此，农民的收入不会有较大的提高和改善。同时，调研中我们了解到，虽然实施了退耕还林还牧等项目有十几年时间，退耕地区的草场牧场生态系统已有了改善和恢复，但根据《阿拉善盟李井滩生态经济园总体规划（2008—2020）》显示，李井滩移民示范区的地下水已经不能满足当地经济发展的需要，黄河水位下降，可用水量减少，“用水贵，用水难”问题必将越来越严重。阿敦高勒嘎查的干部和村民也逐渐认识到靠第一产业发展致富有很多限制性因素，很难形成可持续发展。因此，阿敦高勒嘎查移民后续产业必须向第二、第三产业转移。

根据阿拉善盟农牧局、李井滩管委会、阿敦高勒嘎查的村干部提供的材料，以及阿敦高勒嘎查生态移民的集中意愿，笔者经过筛选后得出：化工基地工业、特色农产品开发、特色旅游开发和商贸等四种产业项目为阿敦高勒嘎查生态移民示范区后续产业的项目类型，其中包括10种可行的可建设项目。(见表5)

表5　**生态移民后续产业选择体系及基本框架**

项目类型	可建设项目	可建设的主要内容
化工基地工业	水电开发	石灰石造纸，石化助剂加工，小水电站开发，太阳能、风能等
	新能源开发	
特色农产品开发	生态畜牧业	肉食品加工业，中药加工业等
	生态种植业	
	沙产业	

续表

项目类型	可建设项目	可建设的主要内容
特色旅游开发	生态旅游业	马兰湖沙漠生态旅游，沙漠越野赛基地，诺尔图湖旅游
	民俗旅游业	
商贸及其他项目	小商品经营	小商品经营，皮毛革制品业，民族特需品工业，石雕等
	民族特色产品工业	
	其他	

首先，阿敦高勒嘎查作为农业嘎查，在舍饲养殖和生态种养方面已具有较多经验，因此，在第一产业可持续发展中可继续引导移民从事“精品绒毛、绿色肉食、有机果菜、特色沙生”等产业基地建设。发展模式可为：①单户舍饲养殖。户均配套饲草料基地，渠系道路、节水灌溉设施、饲草料库；种植、收获、贮存的机械机具等。②单户设施种植。户均配套蔬菜大棚，半封闭砖木结构棚圈，配套节水灌溉设施设备、微耕机械机具、卷帘机、塑膜、布帘。③单户生态设施种植。户均配套建设人工种植梭梭林接种肉苁蓉种植基地，节水灌溉设备设施和地下高压输水管道，深机井，风光互补发电机组。④企业一产。对移民进行设施种植、特色沙产业种植和农畜产品加工的培训。重点继续注重结合科学的种养方式发展规模经济。(见表6)

表6　**阿敦高勒嘎查生态移民的后续产业选择项目发展模式**

产业项目		类别模式
第一产业	舍饲养殖，绿色肉食	饲草料基地 + 棚圈 + 青贮窖 + 良家种畜 + 农机具
	有机果菜种植	蔬菜大棚 + 棚圈 + 节水设施 + 微耕机械机具
	特色沙产业	沙产业基地建设 + 灌溉机井 + 节水灌溉设施 + 风光互补发电机
	绒毛收购加工	公司 + 农户 + 基地
第二产业	能源工业，小水电站开发，太阳能、风能等	社会保险 + 就业费 + 培训费
第三产业	商贸流通、旅游、餐饮、休闲娱乐等	社会保险 + 就业培训 + 税收减免

其次，阿敦高勒嘎查第二、第三产业方面缺少项目，其发展必须要依托李井滩生态移民示范区。如李井滩生态经济园中的西气东输工程兰铁输气管道第10号阀室至中卫支线；利用风能、光能资源优势引进的中节能环保集团投资2.5亿元的10兆瓦光伏发电项目的开工建设；投资15亿元的20万吨/年石灰石造纸和投资8000万元的8000吨/年石化助剂等一批重点项目。阿敦高勒嘎查可以依托地方政府的培训以及提供就业费和培训费，通过订单或专业培训向企业输送有一技之长的移民。李井滩拥有国家4A级旅游景区月亮湖、昭华寺、马莲湖、诺尔图湖等旅游景点资源，示范区已多次举办马兰花生态文化旅游节等节庆活动。阿敦高勒嘎查可以引导移民从事商贸流通、物流配送、旅游、餐饮、休闲娱乐等服务产业，政府为其提供社会保险、就业培训和税收减免，从而使移民快速融入产业，并得到固定工资作为生活保障。

目　录

第三部分　农民

第一部分　村庄

一、阿敦高勒嘎查概况

1989年阿拉善左旗西滩和漫水滩开发建成之日，阿拉善盟相继开展了规模庞大的移民搬迁工作，并在移民迁出区实施禁牧。1994年，为了保护破坏严重的草原和响应政策号召，原阿拉善右旗孟根苏木、塔木素苏木、笋布尔苏木、树贵苏木、阿拉腾敖包苏木、沙日台苏木、巴温苏木、额镇等8个苏木15个嘎查共132户，332人搬迁至现阿敦高勒嘎查所在地。1995年1月，时任阿拉善盟委书记伏来旺提出“适度收缩、相对集中、转移发展”的转移战略，明确了“从牧区移民向绿洲和城镇聚集，发展非公有制经济为主的二、三产业”的发展思路。1998年，阿敦高勒嘎查正式成立。截至2010年底，阿拉善盟共建立了10个生态移民区，已经完成移民2万人，计划再移民4万人，最终实现牧区人口10000人、牲畜100万头的草畜平衡目标。阿敦高勒嘎查位于阿拉善左旗南部孪井滩生态移民示范区的嘉尔嘎勒赛汉镇境内，地理坐标为东经105°1′40″~105°30′，北纬37°50′30″~37°56′41″，平均海拔1400米。西邻腾格里沙漠，东南被贺兰山余脉环抱。地理位置优越，交通便利，东与银川市隔山相望，相距120公里，距宁夏工业重镇青铜峡市60公里，南距宁夏中卫市50公里，北距盟府所在地巴彦浩特116公里。

（一）历史变迁

1994年，原阿拉善右旗孟根苏木、塔木素苏木、笋布尔苏木、树贵苏木、阿拉腾敖包苏木、沙日台苏木、巴温苏木、额镇等8个苏木15个嘎查共132户，332人搬迁至现阿敦高勒嘎查所在地。从此，勤劳的阿敦高勒嘎查人民开始了在这片荒凉大地的辛勤耕作，创造了一个从无到有然后到好的发展奇迹。

17 年的嘎查发展史，依据阿拉善盟生态移民实施情况和孪井滩生态移民示范区的发展进程划分，大致可以分为三个阶段。

1. 第一阶段（1994 年—1998 年）

阿敦高勒嘎查人民永远不会忘记这段难忘的记忆。1994 年刚刚搬到这片土地的时候，全嘎查的人民都惊呆了，一片荒无人烟，风沙漫天。没有住的地方，村民就在地上挖个大坑，在上面搭一个帐篷，勉强可以有安身的地方。当时嘎查风沙特别大，中午吃一顿饭的工夫，锅里已经积攒了一层厚厚的沙土。嘎查所在地区根本没有基础设施可言，道路坑坑洼洼，一到下雨天根本就不能走人，更不用说骑自行车了。居民用水很困难，全村都没有通自来水，需要到 5 公里以外的机井去拉水。水电等基本生活设施匮乏。看病十分不方便，需要到几十公里以外的地方。上学（尤其是上初中）就更不方便，需要到 30 多公里以外的阿拉善左旗第七中学。没有开会的场所，遇到有什么事情需要大家一起沟通，就随便找一家（通常在书记家）门口，大家一起坐在地上开会。全嘎查居民文化水平普遍偏低，高中文化水平一共 4 个人，初中文化水平 146 个人，占到总人口的 43. 97%；小学文化水平 132 人，占总人口的 39. 76%；文盲 63 人，占总人口的 19%；文化水平的限制对阿敦高勒嘎查的发展造成了很大的困难。

摆在嘎查居民面前最主要的困难还是农业问题。初搬到这片土地，按照规划，嘎查一共有 6000 亩农业用地，其中玉米 3000 亩、小麦 1000 亩、紫瓜 100 亩、葵花 1000 亩。嘎查的农业基础设施相当不完善，没有灌溉的水利设施，农民灌溉需要开着拖拉机到 5 公里以外的机井去运水，全嘎查当时一共才 3 辆拖拉机，要满足将近 6000 亩庄稼的用地需求，虽然嘎查人付出了巨大的努力，但还是不能满足农作物的用水问题。最令居民苦恼的是风沙问题。由于嘎查所在地是风沙比较多的地方，而且没有防护林等设施去保护农作物，农作物受到风沙的严重摧残，收成下降很多。由于嘎查居民都是从牧区搬迁过来的，所以大家对农业种植技术基本不了解，虽然阿拉善左旗政府经常组织农业专家和畜牧专家向居民传授农作物种植技术，但是由于缺少农作物种植的实践经验，这也造成了农作物收成下降。

由于客观条件的限制，虽然勤劳的阿敦高勒嘎查人付出了巨大的努力，但是全嘎查的收入依然很低，大部分的家庭基本上没有收入，他们依靠在牧区放牧时积攒下的一点积蓄，勉强度过了这段艰苦的日子。

虽然条件艰苦，但是在这段时间里，全嘎查的环境卫生、室内卫生得到了有效改善，疾病预防控制工作逐步展开，新出生婴幼儿的疫苗接种工作取得了显著成果。最值得嘎查人民怀念的是，在这段时间里全嘎查人民依然保持着牧区人民特有的风俗习惯，那达慕大会、祭敖包等传统活动经常举行，阿敦高勒嘎查的人民累并快乐着。

2. 第二阶段（1998 年—2002 年）

这段时间对于阿敦高勒嘎查来说具有重要的意义。在这段时间，嘎查实现了从一穷二白到各项工作有序进展的跨越式发展。从 1998 年开始，在政府的大力支持下，嘎查人民开始自己盖房子、修路、自来水入户、拉电等。2002 年，居民基本上实现了 100% 有房子的目标，房子的结构以砖砌的梁房为主，基本上每户家庭有住房面积 50 ~ 60 平方米，最重要的是村民有了一个稳定的开会的场所，1999 年，总面积 120 平方米的嘎查村委会大楼建成了；在这期间，嘎查的道路基本建设完毕，虽然不是柏油、水泥路，至少下雨的时候居民可以畅通无阻，邮局邮寄东西的时间也由 10 天缩短到了 5 天；全嘎查的自来水入户率达到了 100%，居民喝上了干净的自来水，不用天天到 5 公里以外的机井去拉水了；全嘎查每家每户都通了电，点蜡烛、煤油灯的那段日子已经成为美好的回忆，人们开始考虑购买电视机、冰箱、洗衣机等家庭必备的电器；嘎查人民的外出也方便了很多，经过与上级部门的协商，通往青铜峡、巴音霍德、银川、中卫等城市的班车相继开通，其中通往青铜峡的车一天一班，票价 18 元，通往旗府所在地巴音霍德的车一天四班，票价 21 元，通往银川的车一天一趟，票价 24 元，通往中卫的车一天一趟，票价 17 元。班车通了，嘎查与外界的联系更加紧密了，人们有病不用在家里撑着了，居民可以去大城市采购一些家里需要的电器，据统计，在这一期间，阿敦高勒嘎查有 100% 的家庭接通了有线电视，20% 的家庭购置了电冰箱和洗衣机，35% 的家庭购置了摩托车。嘎查的农用车也从刚搬过来时的 3 辆，增加到了 2002 年的 50 辆。

在这一期间，阿敦高勒嘎查的农业发展也取得了长足进步。首先，防护林建设基本完成。为了防范风沙对农作物的破坏以及对居民生活的影响，从 1998 年开始，在村支书带领下嘎查开始了防护林建设，国家无偿为嘎查提供树苗，在村支书的号召下，全体居民共同努力，终于在 2000 年完成了防护林建设，从那以后，嘎查里的风沙明显减少了很多，嘎查的农作物涨势一年比一年好。其次，经过近四年的农作物种植技术的摸索，人们开始适应并熟悉农作物种植，农作物产量一年比一年高，同时在政府的引导下，人们开始给农作物打农药、施化肥等，种植技术越来越趋于娴熟。更可贵的是，人们的思想观念有了很大的提高，他们开始引进别的地区的优良作物品种，他们还结合自身实际和市场需求，积极探索西瓜等新作物的种植。这段时间，政府还会经常派农业专家和畜牧专家免费发放农业技能书籍，并为居民进行农业技能培训。最后，全嘎查的水利设施建设基本完成。1999 年 6 月，在阿拉善左旗政府的大力支持下，阿敦高勒嘎查开始修建水利设施，村委会通过协商规定，每家每户出一个人来义务修建水渠，但是，等到真正修起来的时候才发现，基本上全嘎查的居民都参加了水渠的修建。有了良好的水利设施，嘎查居民的农业生产就方便了很多，人们再也不用去 5 公里外的机井去拉水灌溉了。嘎查委员会将全嘎查的农业用地按照水渠的布局划分成了若干小组，实行“斗渠一组”的政策，每 5 个斗为一个小组，小组内在农业生产方面实行互帮互助。通过四年的努力，阿敦高勒嘎查人均纯收入由过去的赔本种地，到 2002 年的人均纯收入 1000 ~ 1800 元，基本解决了居民的温饱问题。

随着收入水平的提高，全嘎查居民的生活水平也发生了很大的变化，人们餐桌上的东西开始越来越丰富，穿的衣服也越来越好。居民交往更为频繁，民族关系更加团结，阿拉善左旗政府经常组织民族干部到嘎查讲解。每到春节、元旦等传统节日的时候，整个嘎查的居民就会聚到一起，大家一起唱歌、跳舞，生活很丰富多彩。嘎查的卫生水平也比上一阶段抓得更全面，要求更严格了，嘎查成立了居民卫生检查小组，对居民家庭的卫生状况进行不定期检查，实行卫生考核责任制，由小组长负责整个小组的卫生检查工作。

3. 第三阶段（2002 年至今）

在这期间，嘎查的发展更上了一层楼。嘎查的道路设施建设取得了显著成果。修通了贯通嘎查的水泥路，并且将这条道路和镇上的马路连接了起来，更加方便了居民的出行。全嘎查的厕所建设工程已经启动，截至 2011 年 7 月，嘎查已经帮助 24 户家庭建起了现代化厕所。帮助王立从、刘怀福等 18 户家庭完成了危房改造。经过多方筹措资金，在 2008 年建成占地面积 324 平方米的村委会和农民用水者协会办公大楼，大楼分为两层，有办公室、会议室、图书室、乒乓球活动室等。其中图书馆藏书 500 多册，很多都是和农业相关的书籍。在办公大楼的一侧，嘎查还专门设立了一间专供居民学习、娱乐用的活动室，活动室内配备了电脑、DVD 等设备。居民生活水平发生了很大变化，电冰箱、洗衣机、摩托车、固定电话、移动电话等实现了 100% 覆盖，有 40% 的家庭购买了电脑，有 15 户家庭通过自己的努力购买了小轿车。人均纯收入突破 5000 元大关。截至 2010 年底，阿敦高勒嘎查累计考上了 28 名大学生。大学生的出现，为嘎查的发展增添了新的活力。

在这一期间农业也实现了较快发展。水利设施相当完善，居民对农作物种植技术的掌握已经很熟练。居民种植的农作物种类也越来越多，通过政府的帮助嘎查引入了经济价值较高的向日葵、苁蓉等作物种植，其中向日葵的种植面积达到了 560 亩，苁蓉的种植面积达到了 100 亩。嘎查两委班子经常到种植、养殖大户家中，听取他们对农作物搭配种植、科学饲养所需要解决问题的呼声和要求，并组织他们出外考察学习，让他们在嘎查今后的发展中起到相应的带动作用。建立起了用水者协会并积极发挥协会的作用，与供水单位配合，尽最大努力保证农户的用水。另外，嘎查地处风沙袭击的地方，庄稼经常受损，鉴于这种情况嘎查与保险公司多方面通融协调，使农户的受灾损失降到最低度。嘎查 2011 年还争取到了“财政一事一议”项目，维修嘎查巷道 2.5 公里，建成了 220 平方米的农资储备库。这一项目的实施，使村民不再为巷道的凹凸不平而苦恼了，平整整洁的巷道两旁还栽植了花草树木，使嘎查的村容有了很大的改观，农资储备库的建成解决了农户化肥农药的储存问题。

居民的生活水平也有了很大提高，娱乐活动变得越来越丰富多彩，嘎查委员会会经常组织居民扭秧歌、打篮球、拔河等，极大地提高了居民的身心健康。成立了妇女代表大会，组织村民参加了“元宵节”“三八妇女节”“七一”活动，农牧民运动会等各项文体活动，并在活动中多次获得各项奖励，通过参加这些活动丰富了农民的业余生活，还加强了村民之间的相互沟通。2010 年 8 月初，阿敦高勒嘎查组织农民去南寺旅游，让村民去感受大自然的绮丽风光，了解民族宗教的风情，使他们劳累的心身得以放松。嘎查每月定期组织学习，通过学习和宣传教育等形式，让村民懂得了更多的法律、安全等方面的知识，在两委和村民的共同努力下，嘎查 2010 年没有发生过任何打架斗殴事件，没有发生过赌博、吸毒、封建迷信等不良行为。为建设健康、文明、富裕、平安的家园打下了坚实的基础。目前，全嘎查的卫生水平已经基本达到了标准。一个现代化的阿敦高勒嘎查已经基本建设完成，但是，传统的民族活动如那达慕、祭敖包等活动却渐渐地远离了人们。

（二）生态环境与自然资源

1. 生态环境

（1）地质地貌

阿敦高勒嘎查位于阿拉善左旗的东南部，是祁连山地层区，属“威武—中宁小区”，这里初露地层最古老的为下古生界巨厚的海相娄复理式建造、碎屑岩－碳酸盐岩建造类基性火山岩。上古生界地层较发育，为陆相红色碎屑—磨拉石建造、泻湖相和海陆交互相含煤构造；中、新生界地层皆为陆相碎屑岩建造，含有多层烟煤、石膏。

阿敦高勒嘎查位于贺兰山西麓冲积平原和腾格里沙漠的交界处，地势由东南向西北缓降，海拔在1200～1400米之间。嘎查地貌以沙砾平原为主，植被稀疏，总覆盖率不超过30%。地势平坦，地形开阔，土质比较肥沃，有较充足的地下水，适宜发展种植业。

（2）气候

阿敦高勒嘎查地处欧亚大陆腹地，位于东南季风界边缘，四季鲜明，具有春暖、夏热、秋凉、冬寒的特征。春季具有升温快、日差较大、雨雪少、风大沙多的特点；夏季天气炎热、昼夜温差大、降水集中、蒸发强烈；秋季比较短暂，风平气爽；冬季比较漫长，干燥、寒冷。阿敦高勒嘎查位于北纬37°～42°之间，系荒漠干旱地区，经常晴朗无云。大气透明度好，日照时间长、百分率高，光能资源丰富。全年日照在3000小时以上，太阳辐射度高，辐射量高。嘎查年平均气温7.4℃，最冷月出现在1月，最热为7月，年温差较大。由于该地区空气中水汽含量少，不易形成白霜。作物、牧草和果树等是否受到冻害，主要在于地面最低温度是否达到零度或零度以下，即是否出现黑霜。无霜冻期相对左旗其他地方较短，为127～133天。

（3）水文

阿敦高勒嘎查位于内陆腹地，远离海洋，属中温带干旱区。由于受到青藏高原、天山、阿尔泰山的阻隔，以及远离东南海洋，该地区降水稀少，年降水量在150～175毫米，是左旗境内除贺兰山区以外降水最多的地区，有较好的发展畜牧业条件。由于日照充足，辐射强烈，致使嘎查蒸发量高于降水量。全年蒸发量在2800毫米左右。

阿敦高勒嘎查由于山脉和沙漠的阻隔，使暖湿气流很难进入，气候干燥，雨量稀少，加之浩瀚的沙漠下垫面影响，造成嘎查及周边地区不产地表径流。嘎查距离母亲河——黄河较近，是阿敦高勒嘎查的重要水资源之一。由于降水比较丰富，为地下水补给、储存创造了良好条件。嘎查属于碎屑岩潜水区，含水岩性为中细砂岩和泥质粉砂岩，水位 40～150 米，单井出水量 20～1000 吨/日，矿化度高达 6～21 克/升。

（4）土壤和植被

阿敦高勒嘎查位于阿拉善左旗境内贺兰山西侧山前冲（洪）积扇地带和台地地带，属于贺兰山垂直带谱土壤。上界和灰褐土相连，下界与沙漠土接界。棕钙土是草原向荒漠过渡的一种地带性土壤。其土壤剖面分化较明显，腐殖质层厚度为 15～30 厘米。在 0～20 厘米土层中，有机质平均含量 0.56%，全氮 0.044%，速效钾 123ppm，速效磷 3ppm，土壤酸碱度为 9.22，呈碱性。气候属温带干旱大陆性气候，热量条件较好，水分条件较差，宜发展畜牧业。植被以草丛禾本科的戈壁针茅、砂生针茅、隐子草和一些旱生、超旱生小灌木为建群植物。与草原相比，植物种属明显减少，植株矮小，荒漠植物种类增加，植被系数、覆盖度低。

（5）自然灾害

旱灾是阿敦高勒嘎查最主要的灾害。冰凌、寒潮、风灾、霜冻、虫灾、病灾等其他灾害也时有发生。其中旱灾对畜牧业生产、国民经济和人民生活危害很大。

旱灾。旱灾一般平均 4 至 5 年一遇，大旱灾平均 8 年一遇。旱灾年具有连续出现的特点。1999 年阿敦高勒嘎查发生旱情，受灾牲畜达到 200 多只，其中死亡牲畜达 50 只，在左旗政府的大力支持下，经过嘎查全体居民的共同努力，最终平稳度过旱灾，没有造成人员的伤亡。

暴雨。黄河流经阿拉善左旗东北部 85 公里，每当 6 至 7 月洪汛期间，时有洪灾发生。暴雨、山洪灾害也多发生于 6 至 8 月降水集中期。最大暴雨雨量日达 107 毫米，贺兰山区是暴雨的多发地区。1998 年 5 月 20 日，包括阿敦高勒嘎查所在的孪井滩示范区在内的沿贺兰山 9 个苏木镇降大暴雨。首府巴彦浩特镇在一个半小时内，降雨量达到 51.7 毫米，洪水猛发，大街小巷水流成河。降水持续近 10 个小时，总降水量 63.5 毫米，渗透深度 56 厘米。全旗受灾 13348 人，成灾 4587 人，洪水淹没农田 8530 亩、菜地 1027 亩、冲毁蔬菜温棚44座，丢失及死亡牲畜11230头（只），冲毁城镇区道路12万平方米，毁坏电缆2400对，倒塌房屋158户1041间，造成危房3010间，经济损失6545.9万元。

冰雹。阿拉善左旗境内降雹日不多，但冰雹造成的灾害时有发生，降雹多在4至10月。据统计，历史上阿敦高勒嘎查所在的孪井滩示范区共有两次冰雹灾害：1999年7月10日，孪井滩地区降暴雨、冰雹，8267亩农作物遭雹灾，100余头（只）牲畜死亡，造成经济损失达338.65万元。同年7月19日，孪井滩又降冰雹，共计9392亩农作物受灾，直接经济损失达165.5万元。

沙尘暴。沙尘暴为强风将地面大量沙尘卷起，使空气浑浊，水平能见度小于1000米的灾害性天气现象。阿敦高勒嘎查所在的孪井滩示范区地处阿拉善高原内陆区，沙漠戈壁广布、降水稀少、气候干燥、植物稀疏、土壤疏松、物理分化严重，且处于高气压大气环境，遇冷空气活动和较强高空激流，在动力下传的作用下，极易引发扬沙、沙尘暴。若遇西伯利亚强冷空气东移南下，便会形成强沙尘暴和特大沙尘暴天气现象。1993年以后，连续7年出现的强沙尘暴，给阿拉善左旗造成直接经济损失近亿元，加剧了草原植被退化，梭梭林面积减少，沙漠化加剧。阿拉善左旗植被相对较好的贺兰山一带，沙尘暴也呈愈演愈烈之势，沙漠以每年20米的速度向东南方向移动，沙化面积迅速扩大，生态环境急剧恶化。全旗13万人口的生存受到威胁。针对这些情况，当地政府启动了牧区退牧还草工程、牧区种草恢复草原植被工程、飞播牧草防沙治沙工程、贺兰山退牧还林清山禁牧工程和生态移民工程等。

霜冻。霜冻多发生于秋末、春初，往往对晚秋作物及春苗造成伤害。1998年5月24日，阿敦高勒嘎查所在的嘉尔嘎勒赛汉镇以及巴彦浩特镇、巴润别立镇发生霜冻，农作物和果蔬遭受大面积低温冻害，受灾面积1178亩，直接经济损失56.5万元。

虫灾。虫灾在阿敦高勒嘎查时有发生，多为蝗虫灾害，均及时采取药治措施对虫灾进行了有效控制，未成大灾。

2. 自然资源

(1) 野生植物资源

阿拉善左旗有野生植物约690余种，由于阿敦高勒嘎查紧靠贺兰山区，仅在阿敦高勒嘎查就有将近200余种野生植物。这些野生植物大多数为饲用植物，尚有许多具有经济价值和药用价值的野生植物。其中就经济价值而言，可做木材的有胡杨、云杉、山杨、山榆、山柳、白桦等；可饲用的有梭梭、柠条、沙冬青、驼绒藜、沙拐枣、霸王、野桃、红砂等。就其食用价值，可食用的有沙竹、沙米、沙芥、沙葱、苦苦菜、猪毛菜等；可做药材的有苁蓉、麻黄、锁阳、土三七、苦豆子、甘草、远志、酸枣、柴胡、益母草、薄荷、天仙子、地黄、蒲公英、车前子等50多种。可充当牧草的有碱草、冰草、狗尾巴草、芦苇、芨芨草穗、戈壁针茅、多根葱、百里香、蒿草等。

（2）野生动物资源

阿拉善左旗生态动物群属温带荒漠、半荒漠动物群，群落结构简单，种类贫乏。在阿敦高勒嘎查，迄今为止共有爬行类、鸟类、兽类野生动物近50余种，其中国家级保护动物有6种。爬行类动物主要有：河套蜥蜴、密点麻蜴、麻锦蛇、白条锦蛇等。鸟类主要有：麻雀、乌鸦、喜鹊、猫头鹰、啄木鸟、苍鹰、金雕、石鸡、岩鸡等。兽类主要有：狐狸、黄鼠、黄羊、蒙古兔、野驴、马鹿、盘羊、岩羊、黄羊、刺猬等。

（三）发展概况

1. 经济发展

阿敦高勒嘎查的经济发展主要依靠农业的发展。阿敦高勒凭借其得天独厚的自然条件，在保证基本经济作物供给的同时，努力探索经济作物的种植，在示范区的大力帮助下，西瓜、花葵、油葵等经济作物的种植试验已经基本成功，正在嘎查大力推广；由于嘎查建设比较晚，截至2010年底，还没有开始发展第二产业；从事第三产业的居民主要以后来搬入嘎查的居民以及刚刚毕业的年轻人为主，他们所从事的行业以运输业、建筑业、矿产业等当地的优势产业为主，近年来，阿拉善的奇石开发产业得到快速发展，因此嘎查很多居民把挖掘奇石作为主要的收入来源。

表1-1　**2010年阿敦高勒嘎查经济收入统计表**　单位：万元、%

种植业	占总收入	畜牧业	占总收入	林业	占总收入	第二、第三产业	占总收入
122.3423	79.17	12	7.77	3	1.94	191838	11.12

资料来源：根据阿敦高勒嘎查农业生产统计年报（2010年度）整理所得

2010年，阿敦高勒嘎查经济总收入为1545261元，人均纯收入3653元，比2009年增长23%。其中，种植业收入1223423元，种植玉米3530亩，油葵2877亩，花葵533亩，西瓜936亩，籽瓜10亩，共计7886亩；畜牧业收入10万元，绵羊共出栏123头，牛出栏5头；林业收入3万元，种植梭梭286亩，林带260亩；二三产业共计收入191838元。综上所述，阿敦高勒嘎查的经济主要以农业为主，除了种植玉米等农作物之外，还种植西瓜、籽瓜等经济作物，嘎查所种植的农作物除了自给自足之外，主要销往宁夏回族自治区。第一产业是嘎查的主要经济支柱，占到嘎查经济总收入的79.17%。

2. 基础设施

孪井滩生态移民示范区是阿拉善左旗政府重点开发的以农业为主的示范区，随着近年来左旗政府投入的不断加大，示范区的基础设施建设也取得了快速发展。2010年，嘎查争取到了“财政一事一议”项目资金，维修嘎查巷道2.5公里，并建成了220平方米的农资储备库。不仅使嘎查真正与外界连接起来，还解决了农牧民农用物资储存问题。截止到2010年，阿敦高勒嘎查有线电视覆盖率以及广播覆盖率都达到了100%。2010年在阿拉善盟农牧局挂职干部左海涛的帮助下，通过多方筹措资金，嘎查新建了一座总占地2000平方米的村委会办公区。其中办公大楼占地324平方米。大楼内设立了“草原书屋”一间，供嘎查居民学习农牧业相关知识；乒乓球室一间、篮球场一个、排球场一个，供居民在农闲的时候锻炼身体。为了方便村民强身健体，使他们有一个健身的场所，村委会又添置了八套健身器材和两套高档音响设备。在村委会的积极争取下，嘎查争取到40万元的资金，购买了80台多功能分草机。在上级政府的大力支持下，嘎查又争取到了国家扶持农业发展的项目，争取土地整改项目为嘎查修防渗渠60公里、渗渠15公里，基本解决了全嘎查耕地的灌溉问题。在阿拉善盟“一池三改”政策的扶持之下，阿敦高勒嘎查建成了基本单元户用沼气池65座，建立沼气村级服务站1个，养殖小区沼气建设5户；在示范区政府的帮助下，嘎查有17户农民修建了房屋，享受到了危房造项目。新建24个卫生厕所，通过各种渠道争取资金，为嘎查村委会解决了三相电的问题；建有公厕1所，3个垃圾集中堆放场地，村容村貌得到改善，基本解决了脏、乱、差等卫生问题。截至2010年底，阿敦高勒嘎查共有农用运输车12辆，拖拉机45辆。

表 1－2　　2010 年阿敦高勒嘎查固定资产结构统计表　　单位：万元

年末生产性固定资产原值	生产性用房及建筑物	铁木农具	农林渔业机械	建筑业机械	运输工具	年末非生产性房屋及建筑物原值
85.5	14.1	1.12	54	4.2	36.2	103.5

资料来源：根据阿敦高勒嘎查农业生产统计年报（2010 年度）整理所得

2010 年，阿敦高勒嘎查村委会投票一致通过，未来五年将是嘎查的基础建设年，全村所有工作将紧紧围绕基础建设展开。根据规划，未来五年内嘎查将实现村里道路全部硬化；居民家庭住房全部实现危房改造；为每户人家建一个标准化卫生间；液化气使用率达到 70% 以上；通过植树造林，使嘎查的森林覆盖率达到 45% 以上，彻底改变居民的生存环境。

3. **村民生活**

阿敦高勒嘎查居民的房子大部分是砖木结构的，外墙裸露，只有极少部分家庭用水泥或者瓷砖装修过。房子的围墙一般砌得不高，一般在 1.7 米左右，虽然砌得不高，但是阿敦高勒嘎查自建立以来，嘎查未发生一起入室盗窃案件，由此可见当地的民风之朴实。房子的门一般是用铁皮做成的铁门，有个别家庭装上了铝合金门窗。院子里很空旷，一般每户家庭都会在自己家的院子里开辟一个地方，用来圈养牲口，虽然离开了草原，但是当地人喂养牲畜的习惯依然没有改变。在圈舍的旁边，一般会盖一个大棚子，用来存放农机器具。居民生活的地方一般有三间房，一间用来自己住，一间给孩子住，另一间用来做饭、吃饭。接待客人的时候一般会在主人的卧室里。虽然有很多蒙古族居民，但是嘎查里一般看不到穿着传统蒙古族服装的人，穿着都比较现代。由于是从牧区移民过来的，所以当地人仍然保持着大部分的草原生活习惯，以面、米为主，乳肉食为辅，此外常食的还有青稞炒面、苏勒克日塔拉哈（炒米面）等。

蒙古族人民常年在草原上驰骋，由于缺乏现代经济理财观念，不习惯储蓄，基本上到了年底钱就花得差不多了。但是自从搬迁后，居民也慢慢适应现代的经济制度，学着去储蓄、去理财。截至 2010 年底，嘎查 100% 通了水、电。手机基本上每人一部，电冰箱、洗衣机、摩托车的覆盖率达到了 100%，有 40% 的家庭购买了电脑，有 15 户家庭购买了轿车。

表 1-3　　2010 年阿敦高勒嘎查家庭耐用消费品统计表

单位：台、只、辆、架

自行车	缝纫机	摩托车	小汽车	电话	手机	电视机	影碟机	液化灶	电冰箱	洗衣机
86	106	168	15	86	421	165	65	13	115	37

资料来源：根据阿敦高勒嘎查农业生产统计年报（2010 年度）整理所得

4. 科教文卫事业

阿敦高勒嘎查小学生和中学生分别在“八一”希望小学和阿拉善左旗第一中学就读。“八一”希望小学位于阿拉善盟最大的农业移民扶贫开发区孪井滩引黄灌区，距离阿敦高勒嘎查 5 公里，是阿拉善地区第一所希望小学，担负着因生态恶化弃牧务农的 3000 多户搬迁户子女的教育任务，学校由内蒙古军区官兵和阿拉善盟干部职工捐资兴建，1995 年 6 月奠基开工，同年 9 月竣工并正式招生开学。占地面积 30500 平方米，完成建筑面积 2170 平方米。有教职工 28 人，专任教师 27 人，有 13 个教学班，在校学生 380 人。阿拉善左旗第一中学位于巴彦浩特镇，距离阿敦高勒嘎查 100 公里，是阿拉善地区第一所中学。由于距离学校较远，阿敦高勒嘎查的中学生要寄宿在学校或者亲戚家里。

阿敦高勒嘎查目前尚未建起医务室。由于距离孪井滩示范区仅有 6 公里，看病比较方便。在阿敦高勒嘎查的 410 人中，有 355 人参加了农村合作医疗，参合率达到 86.6%。其中帮助 43 名农村低保对象加入农村合作医疗，占总参人数的 12.11%，全嘎查 8 位残疾人已经全部加入农村合作医疗。阿敦高勒嘎查重视社会救济和抚恤补助费发放工作，保障农村特困户、残疾人等村民生活。嘎查认真抓好计划生育工作，严格执行计划生育政策。阿拉善盟政府实行生育关怀公益金政策。对于独生子女死亡、家庭发生严重事故以及空巢家庭给予相应的补助。截至 2011 年 7 月，阿敦高勒嘎查尚未出现违反计划生育政策的现象。

5. 村务公开

阿敦高勒嘎查实行村务公开制度。嘎查村委会本着“农民群众普遍和涉及群众切身利益的问题入手，凡属群众关心的热点、难点以及嘎查里的重大问题，都应向嘎查居民公开”的原则，对于嘎查居民普遍关心的嘎查委员会财务状况、经济项目承包、农业税、国家粮食任务等问题向全体居民公开。嘎查还成立了专门的村委会监督小组，所有要公开的项目必须经过监督小组组长签字以后方能公布。2006 年以来，通过村务公开制度的实施，保证了危房改造、厕所修建等各项活动公开、公正地进行。并通过建设执行“一事一议”制度，使嘎查的村务更加公开，办事效率得到很大提高。

6. **制度建设**

阿敦高勒嘎查虽然成立才 17 年，但是村委会在制度建设方面已经取得了不错的成绩，尤其是新一届村委领导班子建立以来，相继通过了 10 多项与居民生产、生活息息相关的制度。2011 年 2 月 16 日，阿敦高勒嘎查党支部组织制度汇编形成了。制度汇编中收集了包括阿敦高勒嘎查基层民主制度、党员活动中心管理制度、嘎查治安保卫工作管理制度、村委会学习制度、村民公约、公章管理规定、村委会土地管理制度、村级档案管理制度、村民委员会开支手续规定制度等在内共 21 项制度。通过制度的建设，不仅规范了居民的行为，也规范了党员干部的行为，使嘎查的管理更加方便。

此外，阿敦高勒嘎查设有 1 个党支部，共有 18 名党员（其中：男性 15 名，女性 3 名）。嘎查委员会非常重视党员的思想教育，从 2009 年 9 月至 2010 年 3 月，全体党员集中学习科学发展观 1 个月，认真做好调研走访工作。

（四）人口结构

人口结构是反映一定地区、一定时点人口总体内部各种不同质的规定性的数量比例关系，又称人口构成。它依据人口本身所固有的、自然的、社会的、地域的特征，将人口划分为各个组成部分所占的比重，一般用百分比表示。通过人口结构大致可以反映出大到一个国家，小到一个村庄的社会和经济发展状况。人口结构主要包括民族构成、年龄结构、性别结构、教育程度、职业结构等内容。

1. **民族构成**

一个地区的民族构成状况是其历史发展的结果，因而研究民族构成，有助于认识地区社会、文化及经济的发展过程。因不同民族在人口、文化（包括语言文字）、宗教信仰、风俗习惯及经济实力等方面存在差异，民族构成研究也是制定合理的地区发展计划、实行正确的民族政策所必不可少的基础之一。阿敦高勒嘎查是一个以蒙古族为主体、汉族居多数的多民族聚居区。其中：蒙古族 88 人，占总人口的 21.4%；汉族 322 人，占总人口的 18.1%；满族1人，占总人口的0.5%。

2. 年龄结构

人口年龄结构是最基本的人口结构，指一定时点、一定地区各年龄组人口在全体人口中的比重，又称人口年龄构成，通常用百分比表示。人口年龄结构是过去几十年、甚至上百年自然增长和人口迁移变动综合作用的结果，又是今后人口再生产变动的基础和起点。它不仅对未来人口发展的类型、速度和趋势有重大影响，而且对今后的社会经济发展也将产生一定的作用。根据阿敦高勒嘎查2008—2010年人口年龄结构，我们得出以下结论：

表1-4　　2008—2010年阿敦高勒嘎查年龄结构统计表　　单位：人

	16岁以下		17—30岁		31—55岁		56岁以上	
年份	男	女	男	女	男	女	男	女
2010	53	42	36	34	115	96	18	17
2009	52	40	36	35	105	94	18	16
2008	52	46	43	38	100	87	19	15

资料来源：根据阿敦高勒嘎查农业生产统计年报（2008—2010年度）整理所得

第一，人口年龄结构属于成年型。2010年阿敦高勒嘎查人口在17—55岁之间的数量占到总人口的68.4%，55岁以上人口占总人口的8.5%，嘎查应该注意控制人口结构，防止老龄化的出现。

第二，劳动力资源丰富。17—55岁的劳动力人口占到总人口的68.4%，劳动力资源很充足。嘎查应该抓住机遇，尝试适度发展一批劳动力密集型的企业，推动当地经济的发展。

第三，劳动力中男性比较多。在17—55岁的成年人中，男性占到了54%。阿敦高勒嘎查可以在发展好本村经济的基础之上，尝试向银川、中卫等城市输出劳动力。同时，社会中男性较多往往会产生比较多的社会问题，嘎查委员会在以后的工作中要特别重视这一点。

3. 性别结构

人口性别结构是指在一定时期内，一个国家或地区的人口构成中，男性或女性各在其总人口中的比例。通常用“性别比”来衡量。它是用来反映该地区或国家人口的性别结构是否合理或协调。性别结构是人口自然结构中一个重要的组成方面。截至2010年底，阿敦高勒嘎查总人口为411人，其中：男性人口为222人，占总人口的54.0%；女性人口为189人，占总人口的46.0%。男女性别比（以女性为100）为117.4%（见表1－5）。可以看出，2008—2010年，阿敦高勒嘎查的男女性别比例呈波动状态。

表1－5　　2008—2010阿敦高勒嘎查人口性别结构统计表　　单位：人

年份	总人口	男性	女性	男女性别比例（%）
2010	411	222	189	117.4
2009	408	218	190	114.7
2008	400	214	186	115.1

资料来源：根据阿敦高勒嘎查农业生产统计年报（2008—2010年度）整理所得

4. **教育程度**

根据阿敦高勒嘎查委员会提供的数据，2010年，阿敦高勒嘎查居民的教育程度的基本概况为：大专及以上3人，中专文化8人，初高中文化217人，小学文化142人，未上学5人（见表1－6）。

表1－6　　2008—2010年阿敦高勒嘎查人口教育程度统计表　　单位：人

年份	总人口	大专及以上	中专	初、高中	小学	未上学
2010	411	3	8	217	142	5
2009	408	6	8	222	127	3
2008	400	6	8	222	128	3

资料来源：根据阿敦高勒嘎查农业生产统计年报（2008—2010年度）整理所得

由表1－6我们可以看出：

第一，大专以上文化程度人数较少，而且有减少趋势。在调查中得知，阿敦高勒嘎查每年考上大学的人数很多，累计共培养出28名大学生。仅2010年，阿敦高勒嘎查就有6人考上大学。从大专及以上文化程度的人数减少可以看出：文化程度比较高的人不安于在嘎查里生活，都想去外面闯一闯。考上大学的人一般都会留在城市中工作、生活，最差的也会留在阿拉善左旗。

随着高素质人才的流失，有可能对今后嘎查的发展带来不利的影响，一些要依靠有文化的人才能做的事情无人可以做。最重要的是，高素质人才的流失会造成嘎查今后发展的道路崎岖，发展的方向不确定。

第二，中专以及初、高中文化水平的人数基本保持不变。这一部分人是嘎查发展的中流砥柱。在现阶段的农村中，大学生数量的多少决定了农村发展的方向，中等文化水平数量的多少决定了农村发展的进度以及质量。所以，保证中等文化水平人员的数量对一个农村的发展具有至关重要的作用。

第三，小学文化以及未上学的人数有增加的趋势。这一部分人主要以从事劳动力密集型的产业为主。他们主要从事农业、建筑等行业，这些行业都是对体力要求比较高的，虽然收入有保障，但是不长久。而且这一部分人的增加尤其是未上学人员的增加对于整个嘎查的发展以及社会秩序的稳定是不利因素。

5. 职业结构

阿敦高勒嘎查职业结构主要体现在劳动力年龄结构、行业和职业划分、外出务工三方面。

（1）劳动力年龄结构

如上所述，阿敦高勒嘎查居民在完成国家规定的九年义务教育或者上完高中后，基本上都投入到嘎查的建设中去了，在外求学的大学生和中专生，毕业后一般会留在学校所在的城市寻找工作。

表 1－7　**2008—2010 年阿敦高勒嘎查劳动力年龄结构统计表**　单位：人

类别	年龄划分标准	2010	2009	2008
嘎查劳动力资源总数		241	233	233
男女劳动力人数	男，女	135，106	131，102	131，102
劳动年龄内人口数	男女均为 16 岁至 55 岁	241	233	233
超过劳动年龄而参加劳动人口数	男女均为 16 岁至 55 岁	281	270	268
劳动年龄内未参加劳动人口数	未就业人数	40	37	35

资料来源：根据阿敦高勒嘎查农业生产统计年报（2008—2010 年度）整理所得

第一，男性劳动力多于女性劳动力。阿敦高勒嘎查 2008—2010 年，男女性别比例分别为 115.1%，114.7%，117.4%，而在劳动力统计表中，男女性别比分别为 128.4%，128.4%，127.4%。由此可见，在阿敦高勒嘎查中，成年男性参与劳动的比例要比成年女性的比例高而且成年男性参与劳动的比例呈现上升趋势。这对于嘎查来说是一个很好的趋势，因为在一个嘎查中，往往成年男性参与劳动的比例的多与少决定了一个嘎查未来的发展。

第二，劳动年龄内居民未参加劳动人数偏多。这一部分人主要包括：丧失劳动力的居民和有劳动力而未参加劳动的居民。2008—2010 年阿敦高勒嘎查劳动年龄内未参加劳动人口数分别占到总人口的 15.02%，15.88%，16.60%，所占比例偏高，未来阿敦高勒嘎查委员会应该大力动员劳动年龄内有劳动能力的居民参与社会生产劳动，为嘎查建设贡献自己的一分力量。

第三，劳动年龄内人口数最多。阿敦高勒嘎查 2008—2010 年分别有居民 400 人，408 人，411 人，其中劳动年龄内人口数分别为 233 人，233 人，241 人。分别占到总人口数的 58.25%，57.11%，58.64%，而且呈小幅波动趋势。

（2）外出务工

对于阿敦高勒嘎查的居民来说，大部分青壮年男子在农业清闲之际都会外出务工，而在农忙的时候回到嘎查从事农业生产活动，在阿敦高勒嘎查，农忙时节大概有 3 个月左右，其他时间人们纷纷出去打工，为家庭增加更多的收入。阿敦高勒嘎查外出务工人员，一般指外出 3 个月以上。2008—2010 年情况详见表 1-8。

表 1-8　2006—2008 年阿敦高勒嘎查外出务工（3 月以上）人数统计表

单位：人

年份	总人口	外出务工人数
2010	411	70
2009	408	66
2008	400	50

资料来源：根据阿敦高勒嘎查农业生产统计年报（2008—2010 年度）整理所得

根据表 1-8 可以看出，阿敦高勒嘎查居民外出务工人数明显较多，而且呈逐年增加的趋势。一方面，随着经济的发展，社会对务工人员的要求逐年增加，居民们相对比较好找工作；另一方面，阿敦高勒嘎查居民有着为生活奋斗的决心。他们努力在外打工，希望能挣得更多的收入。但是，我们也看到另外一方面问题，既然阿敦高勒嘎查居民有这么多希望务工的居民，嘎查为什么不以此为契机，组建自己的企业，为自己打工？居民在自己的企业里打工，不仅工作环境比较舒适，而且收入比较高，嘎查未来应该考虑向这方面发展。

（五）嘎查发展中存在的主要问题及思考

1. 存在的主要问题

（1）基础设施建设不完善

阿敦高勒嘎查经过17年的发展，基本面貌已经焕然一新，但是嘎查的基础设施还不能满足其发展的需要。首先，是道路的建设滞后。嘎查现在已经硬化的道路只有村中心的一条，距离道路比较远的地方在生产、生活中会受比较大的影响。虽然嘎查的道路比较宽，但是由于风沙大，每到风沙比较多的季节，居民就不容易在道路上行走。另外，现在嘎查道路上还没有一盏路灯，居民晚上出行很不方便，大部分的居民晚上只能待在家里，生产生活很受限制。其次，居民用水是嘎查面临的一个很紧迫的问题。阿敦高勒嘎查水质比较差，含氟量很高。所以居民吃水一般都是买的矿泉水，生活成本非常高。嘎查急需一个现代化的净水设备来解决全嘎查居民的吃水问题。最后，公共厕所的建设滞后。目前，在阿敦高勒嘎查公共厕所只有一间，位于嘎查超市的旁边。但是这间厕所条件也非常简陋，就是用一堆砖堆成的，平时如果有需求就面临无处可去的地步，这是非常尴尬的。

（2）居民观念比较落后，发展模式单一

由于嘎查居民文化水平、科技水平等的限制，居民的观念比较落后。嘎查书记谢文清被问及现阶段嘎查最主要的问题是什么的时候，他感叹道："现在居民的观念虽然较以前有所提高，但是还是比较落后。随着社会的发展，能创造经济收益的农作物、行业很多，没有必要仅仅局限在粮食作物的种植。相对阿拉善盟其他地区，阿敦高勒嘎查居民的耕地很少，所以怎么样用有限的耕地资源创造最多的经济价值是整个嘎查需要面对的问题。"目前，阿敦高勒嘎查除了少数几户从事苁蓉种植、奇石挖掘的行业以外，98%的家庭在从事粮食作物的种植。而且在种植的粮食作物中大部分是玉米等对水需求比较多的作物的种植，这样既浪费水资源，创造的经济价值也低。任何一个组织、个人，单纯依靠一种产业是无法发展起来的。

(3) 蒙古族民族文化的丢失

阿敦高勒嘎查是以蒙古族为主，汉族占多数的嘎查。由于距离孪井滩示范区很近，所以日常的生活方式、生产方式、节日庆祝等都会按照汉族的风俗习惯进行。根据统计，在阿敦高勒嘎查有80%左右的蒙古族居民没有参加过那达慕、祭敖包等民族传统活动。在居民的家中，不论是汉族和蒙古族，居民的房屋格局、房屋装饰等都是比较现代化的，很少有按照蒙古族传统的方式装饰的。居民的服装都比较现代化，很少有人穿蒙古族的传统服装。

2. 思考

阿敦高勒嘎查作为生态移民村，历史比较短暂，创业的历程比较艰辛。嘎查人民从无到有，从贫穷到小康迈出了一步又一步坚实的步伐。“十一五”期间，勤劳的阿敦高勒嘎查人民在嘎查委员会的带领下，取得了令人瞩目的成就，嘎查经济、治安等各项指标一直在示范区名列前茅。未来建设社会主义新农村的过程中，阿敦高勒嘎查应该立足嘎查现状，在“提高嘎查整体文化水平”“完善嘎查基础设施”的基础之上，以孪井滩示范区的快速发展为依托，“大力发展集体经济”“弘扬民族文化”。

(1) 提高嘎查整体文化水平

阿敦高勒嘎查生态移民，由于在牧区时受当时交通、教育等各方面条件的限制，居民受教育的程度明显偏低。而且由于与外界接触的机会比较少，居民的思想观念比较保守，缺乏现代市场竞争意识和经营理念。由于以上两方面的限制，嘎查经济的发展目前只能局限在发展农业经济之上，这种发展思路很难取得长期而巨大的成就。因此，阿敦高勒嘎查要想取得更大的发展，提高整体文化水平，转变思想观念，是未来工作的重中之重。

在文化教育方面，阿敦高勒嘎查要加强对教育的扶持力度。毕竟，未来整个嘎查的发展取决于他们的发展。具体可从以下几方面入手：

第一，给予高中生、大学生一定的优惠政策，鼓励其好好学习。嘎查可以向示范区管委会、阿拉善左旗争取一定资金，用于对高中生以及大学生的补助。对于考上大学的学生在给予一定的经济补助之外，在嘎查的日常生活中给予这些家庭一定的优惠政策，在申报各项扶持政策以及嘎查内部评优当中，在公平的基础之上，适当考虑这些家庭。对于家庭困难的同学，嘎查应该努力解决其后顾之忧，使本嘎查的学生能够努力学习，将来报效嘎查。

第二，对于职业学校的学生，嘎查也应该加大对其家庭的扶持力度。职业学校的学生是未来嘎查建设的核心，一方面，他们相对于大学生是最有可能回到嘎查，建设嘎查的一部分人；另一方面，他们掌握着生产建设的技能，是生产的实际参与者。嘎查应该在给予这部分学生一定优惠政策的同时，将他们纳入统一管理中，鼓励其学好专业知识，鼓励其回归嘎查，建设嘎查。

第三，建立一个大学生、高中生、中专生的交流平台，引领他们积极向上。在嘎查内部建立一个大学生、高中生、中专生的交流平台。把以前嘎查走出去的学生也包括在里面。通过他们在知识、技能、工作等方面的交流，进一步提高嘎查未来一代的能力水平。

第四，通过各种手段，鼓励在外嘎查大学生回到嘎查、建设嘎查。借助于现在对大学生在创业等方面的优惠政策。嘎查可以向上一级政府申请，对于回到嘎查创业的大学生给予更加优惠的税收等方面的政策。如果条件成熟的话，对于这一部分学生，嘎查可以为其争取一定的优惠贷款。

第五，积极引导嘎查居民学习科学文化知识。阿敦高勒嘎查可以通过各种方式、多种渠道，来引导、鼓励居民学习科学文化知识。在这一方面可以贯彻“引进来、走出去”政策。引进来是指将外地的农业专家、经济专家请到嘎查里，为嘎查居民讲解各方面的知识；走出去是指在条件允许的情况下，嘎查居民可以通过考察、学习等方式，深入到银川等地学习当地先进的农业、经济、管理等方面知识。

（2）完善嘎查基础设施

农村基础设施是为农村经济社会文化发展提供公共服务的，属于“社会先行资本”。农村基础设施具有稳定性、不可分性和外部性等特征。除此之外，农村基础设施与其他基础设施相比，在技术含量和资本含量方面的要求要低得多，所使用的技术相对简单，且包含了大量的劳动积累，由较多的活劳动与少量的资本相配套，活劳动直接转化为凝结的资本形态。建设农村基础设施会降低包括生产成本、运输成本、储藏成本、销售成本、风险成本和决策成本在内的总生产成本，从而提高农村经济活动的经济效率；建设农村基础设施会降低农民面临的自然风险和经济风险；建设农村基础设施，如建设乡村道路、信息通信等基础设施，将会促进农村产业的专业化、市场化、社会化发展，有利于产业规模的积聚和结构的优化，促进经济总量在空间上的积聚，加快城镇化步伐，实现农村的现代化。

在基础设施建设方面，阿敦高勒嘎查应该积极向上级争取建设资金，也可以通过居民集资来完善基础设施建设。目前，阿敦高勒嘎查急需建设的基础设施包括：公共厕所的改建、路灯的安装以及全嘎查道路的硬化。

（3）大力发展集体经济，提升嘎查产业层次

发展农村经济，提升产业层次，增加农民收入是未来阿敦高勒嘎查新农村建设的核心。由于阿敦高勒嘎查居民的思想比较保守，长期以来，嘎查经济的发展是建立在传统农业的发展之上。嘎查积极从外地引进适合本地种植的农作物、经济作物，虽然也取得了一定的成绩，但不是长久之计。由于农产品的附加值比较低，很难取得收入持续快速的增长。所以阿敦高勒嘎查要发展集体经济，提高嘎查的产业层次。

一方面，阿敦高勒嘎查可以借助本嘎查的农作物种植产业发展农作物深加工企业，提高产品的附加值。其中最有发展潜力的是肉苁蓉加工业，嘎查可以发展各种形式的肉苁蓉产品来提高产品的附加值，如肉苁蓉膏，肉苁蓉酒等。

另一方面，当前阿拉善盟正在大力发展孪井滩农业示范区，一个现代化的商业中心即将在阿敦高勒嘎查周围建成。阿敦高勒嘎查是距离示范区中心所在地最近的嘎查，借助这一便利的地理条件，嘎查需要摆脱单纯依靠农业的发展模式。大力发展商业、服务业等附加值比较高的产业。

（4）弘扬民族文化

一个民族的文化对于一个民族具有极其重要的意义，是体现一个民族的凝聚力、发展潜力等的重要表现。同时，民族文化的缺失也将导致一个民族发展的滞后。因此，弘扬民族文化刻不容缓。对于阿敦高勒嘎查蒙古族文化的弘扬，一方面，上级要加大对蒙古族文化的保护宣传力度，鼓励蒙古族人民学习本民族的文化传统，制定相应的政策措施来保护蒙古族文化，关注蒙古族文化传承问题，将其与本地区经济的发展紧密联系起来。另一方面，阿敦高勒嘎查也要从自身做起，普及蒙古族文化知识，不定期举办本民族文化交流活动，加强交流沟通。

阿敦高勒嘎查从 1994 年搬迁至今只有短短 17 年的历史，17 年间，阿敦高勒嘎查创造了一个嘎查建设的奇迹。从最初的一无所有、生存条件恶劣，到现在的基础设施比较完善、居民人人享有社会保障、文化教育事业欣欣向

荣的现代化嘎查。勤劳的阿敦高勒嘎查人民正在向世人证明：再恶劣的自然条件也阻挡不了人类文明前进的脚步。

在社会主义新农村建设中，阿敦高勒嘎查在各级政府、嘎查“两委”班子的带领下取得了一个又一个令人瞩目的成绩。在嘎查党员、团员、积极分子的带领下，突出重点，大力发展农村经济；以人为本，完善农村基础设施建设，大力改善村民生活环境；狠抓落实，努力提高嘎查农村新品位；与时俱进，大力推进农村基层民主政治建设。努力把阿敦高勒嘎查建设成为在经济、政治、文化等各方面繁荣发展的嘎查。在国家以及自治区政府加快实施生态移民政策的历史时期，将会有更多的优惠政策降临到阿敦高勒嘎查这个生态移民村，为嘎查的发展注入新的活力。未来阿敦高勒嘎查周边将会开发成为孪井滩示范区的商业中心，借助于有利的地理条件，嘎查人民将会迎来一个发展的契机。

阿敦高勒嘎查作为阿拉善盟最先开发的移民村之一，他所取得的成就和经验教训，将会为整个生态移民政策的顺利实施提供宝贵的理论依据和实践经验。阿敦高勒嘎查的未来将受到更多人的关注，我们期待着，勤劳勇敢的阿敦高勒嘎查人民在各级政府的大力关怀下，能继续创造奇迹。我们也期待着，阿拉善盟所有的生态移民都会过上幸福、美满的生活。

二、产业发展

通过阿拉善盟土地制度的演变和生态移民政策的实施，阿敦高勒嘎查凭借其自然地理环境和资源状况，生产方式和产业发展也在不断变迁。阿敦高勒嘎查土地大部分为荒漠戈壁，地形较平坦，日照时间较长，昼夜温差大，年降水量少，蒸发量大，多风沙，属大陆荒漠草原气候。同时，阿敦高勒嘎查管辖 7 条斗渠，土地总面积 8684 亩，其中水浇耕地 7631.9 亩，林地 1052.1 亩。传统上比较适宜发展第一产业，其农牧业结构主要是：自然农业、设施农业、天然畜牧业和综合舍饲养植业。主要产业中，农业以玉米、西瓜、油葵、棉花为主；设施农业以高效日光温棚种植蔬菜为主；畜牧业以天然畜牧业放养为主；综合饲养业以圈养牛、羊为主。

（一）土地制度的沿革

阿敦高勒嘎查建村于1994年，截止到2011年，在建村17年的历史上，嘎查实施的土地制度可以分为三个阶段：

1. 第一阶段：1994—1997年，嘎查对耕地、草场施行家庭联产承包责任制和草畜双承包责任制

中共十一届三中全会后，中国共产党在农牧区实行经济体制改革，全面推行家庭联产承包责任制，革除长期以来生产经营上的“大锅饭”，调动农牧民群众发展生产的积极性，促进牧区经济的稳步增长。1983年，阿敦高勒嘎查所在的阿拉善盟左旗普遍实行“保本经营，提留现金”“成畜保本，仔畜分成”的牧户家庭承包经营形式。1994年建村之后，当地政府按照人均5亩耕地的原则，以抽签的方式对耕地进行了第一轮土地承包划分，建村初期嘎查的土地承包未清晰规定土地承包期限，在此过程中大部分耕地由集体分到了个人手中。

1984年，效仿农区的“家庭联产承包责任制”，嘎查所在旗县实行以“牲畜作价归户，草原使用权到户”为核心内容的“草场公有、承包经营、牲畜作价、户有户养”的草畜双承包责任制。草场由嘎查按户划分，明确草场使用、建设和保护的责任与权力。牲畜则采用有偿作价归户或无偿归户，私有私养，集体提留，现金兑现，进而将“人畜草”“责权利”有机地统一协调起来，使经营畜牧业和经营草原紧密挂钩，让生产者在争取获得更多经济效益的过程中，关心生态效益，有效激发了牧民养畜和保护建设草原的积极性，初步形成了适应牧区特点的社会主义畜牧业经营管理体制。1994年阿敦高勒嘎查就是在家庭联产承包责任制和草畜双承包责任制的生产关系下建立并进行生产发展的。

2. 第二阶段：1998—2004年，嘎查对耕地进行的第二轮土地承包和对草场实施的“双权一制”

1998年，嘎查在稳定家庭联产承包责任制和草畜双承包责任制的基础上，落实了土地延包期30年和草原“双权一制”，将承包给农牧户的耕地和草场实行一次性划定，30年不变，允许草场依法进行租赁、转包、有偿转让。经过多年的运作嘎查内7000亩的耕地和草场都承包到户或联户，占嘎查土地总面积的87%。“双权一制”政策，即落实草牧场所有权、使用权，实施草牧场有偿使用家庭联产承包责任制。

3. 第三阶段：2004年以后，对草场实施的禁牧休牧轮牧制度

随着《草原法》的普及深入特别是新《草原法》的颁布和实施，以法律的形式明确规定了“国家对草原实行以草定畜”；“对严重退化、沙化、盐碱化、石漠化的草原和生态脆弱区的草原，实行禁牧、休牧制度”；“在草原禁牧、休牧、轮牧区，国家对实行舍饲圈养的给予粮食和资金补助”，为建立和推行禁牧休牧轮牧制度提供了法律依据，禁牧休牧轮牧制度得到了进一步发展，并通过京津风沙源治理、退牧还草等生态建设工程的实施，得到了大力推行。草地使用权的固定及牧民对草地生态认识的提高使得草原由退化逐步向恢复转变。

（二）传统种植业

1. 主要作物

从1994年阿敦高勒嘎查成立开始，当地就开始大面积推广玉米种植。最初引进“中单2号”“掖单13号”“掖单19号”等优良品种，经模式化栽培，“掖单19号”得到广泛种植。

西瓜是阿敦高勒嘎查栽培的主要经济作物。当地昼夜温差大，西瓜糖分含量高，各种西瓜色美味甜。在移民之初，当地相继引进“特大益农新红宝”“全绿新红宝”“宁杂1号”“红优2号”“金花宝”“特大新红宝”等西瓜品种。其中“宁杂1号”“红优2号”“特大新红宝”3个品种，以其高产、适口等优点得到推广。到90年代末，品种更新步伐加快，重点推广的有“西农8号”和“宁杂1号”，逐步取代“红优2号”“新红宝”等品种成为主栽品种。

2. 生产工具

（1）农具

耕翻工具。阿敦高勒嘎查建村初期，依靠畜力带动的双轮单铧犁、双轮双铧犁等传统耕翻工具仍然被大部分农户使用。随着机械耕作的普及，畜役耕作逐步被淘汰，2000年以来，嘎查除了极少部分边远畜群草库伦因机械不便，仍使用畜役耕作外，绝大部分农户都采用了机耕技术，全嘎查基本实现了机械化作业，当前机引双铧犁、四铧犁和五铧犁已被广泛应用在生产上。

播种工具。传统的播种工具有单脚耧、双脚耧、密相耧，由畜力牵引。当前嘎查的播种工具已经基本实现了现代化，主要包括播种机、收割机、中耕机等。

灌溉工具。农牧业提水灌溉主要使用辘轳、手摇水车、畜力水车等半机械化设备。

灭病虫害工具。嘎查已由初期的压缩性喷雾器转变为手动喷雾器。

收割、脱粒工具。传统的收割工具是镰刀，脱粒用碌碡，现代的收割工具已实现机械化，使用收割机、脱粒机、打瓜机等，传统的脱粒设备基本淘汰。

运输工具。传统的运输工具有畜力胶轮大车和人力单双轮小胶车，2000年以来，主要使用小四轮拖拉机等。

粮草加工工具。传统工具有碾和磨，发展为碾米机和磨米机。加工饲草的工具由铡刀变为铡草机。

（2）阿敦高勒嘎查生产工具的演变

阿敦高勒嘎查种植业生产工具的转变大致经历了两个不同的阶段：

第一阶段：1994—2000年，即建村初期。嘎查住户刚刚由相邻嘎查、苏木或旗县搬迁过来，嘎查政府及其村民的经济基础均十分薄弱，且嘎查农户在搬迁之前大多为纯牧业户，未进行过种植业生产，对生活方式的转变处于适应期。在这一时期，嘎查的生产工具，尤其是种植业的生产工具十分原始。种植业生产多以人力和畜力为主。

第二阶段：2001—2010年，这一时期为农业生产工具投资的扩大阶段，多元化阶段。随着嘎查经济的发展，科技的进步，种植业直接过渡到机械化生产阶段。牧民私人拥有的现代化交通工具数量不断增加，主要包括手扶拖拉机、载货汽车、小四轮、汽油机、柴油机等。特别是在2000年以后，摩托车、小汽车、三轮车、农用车等在阿敦高勒嘎查已经随处可见，各饲草料基地已经实现机电井配套提水，推土机、平地机、播种机、小型收割机、打草机、打瓜机、割草机、玉米棉花穴播机、脱粒机、喷雾机、榨油机、加面机、电动粉碎机等现代化农业机具一应俱全。到2010年底，嘎查内有大马力拖拉机6台，小型拖拉机47台，摩托车123辆，货运三轮车4辆，货运汽车16辆，播种机34台。

目前，阿敦高勒嘎查在农业生产工具方面已经实现了重大的变革，基本上实现了种植的机械化。现代农具的使用有效地减少了污染，提高了土壤肥力，更为重要的是机械化极大地降低了农民的劳动强度，使农民在一定程度上从土地生产中解放出来。

3. 耕作方式

（1）传统耕作方式的缺陷

以“刀耕火种”为代表的传统耕作方式有着严重的缺陷。其粗放的掠夺式耕作，对土地只取不予或少予，使耕地愈益贫瘠，广种薄收，更造成了大面积的被犁耕破坏的无结构的沙质地表，使得旱地农业生态系统内参与能量、物质交换的有机物、养分以及水分不断损失。连年的耕种与风蚀使损失的物质得不到补偿，引起生态系统能量的持续下降，最终使土地持续退化。改变传统的农田耕作制度，建立符合干旱、半干旱地区实际情况的农业耕作新技术和制度成为当前促进农业持续深入发展的关键。

（2）保护性耕作的提出

保护性耕作是相对于传统翻耕的一种新型耕作技术，其指导思想是在保护环境、减少污染和实现农业可持续发展的前提下，最有效地利用和节省资源，提高农作物产量和利润率，改善农产品的品质，保持农业在国际市场上的竞争力。保护性农业耕作技术是以保土、保水与保肥为目标，以减少翻耕和以作物残茬、秸秆覆盖为主要手段的新型农业作业体系，保护性耕作技术缘起与发展的根本目的是为了在一定的内外在条件下达到最佳农田效益的一种新的耕作技术，保护性耕作的具体形式主要有免耕、少耕、深松等。

（3）阿敦高勒嘎查机械化保护性耕作技术相对落后

第一，传统耕作方式影响着保护性耕作技术的推广。阿敦高勒嘎查传统农业的色彩很重，搞保护性耕作首先要推行免耕，改变传统的犁耕和精耕细作习惯，使得嘎查发展保护性耕作技术难度较大。

第二，农机农艺结合不够紧密。嘎查以机械深耕深松营造土壤水库的蓄水技术，化肥深施、秸秆还田等结合技术已基本上为农民所接受。保护性耕作作为一项新技术，在某些方面与这些技术产生矛盾。推广保护性耕作技术涉及与农艺技术的结合及综合技术的集成配套，由于目前总结的技术模式仍需完善，影响着保护性耕作技术的大面积推广。

第三，农机手操作水平低。大多数农机手还不能熟练掌握技术要领和机械装备性能，个别农机手为追求生产效率和作业效益，盲目提高作业速度，造成播种深、苗带窄、镇压不实等作业质量问题，影响了免耕播种保护性耕作的技术优势和推广速度。

第四，财政投入不足。政策扶持力度小，宣传培训经费少，机具补贴资金少，保护性耕作作业补贴少，在一定程度上影响了保护性耕作工作的开展。

第五，机具性能不够成熟。机具性能和制造质量不能很好地满足作业要求。例如，小麦免耕播种机在作业过程中存在通过性能差、起垄效果不理想等问题；有的机具出现开焊、断轴、断链条等现象；有的厂家售后服务不能及时到位等。

（4）加快推广保护性耕作的对策

第一，加大舆论宣传力度。一是使农机手认识到搞保护性耕作能赚钱致富；二是要让广大农民认识到应用这项技术不仅可以省工、省时、省事，同时还可以增产增收。

第二，加大财政支持力度。首先，将大中型拖拉机与免耕播种机进行捆绑补贴；其次，加大作业补贴（深松补贴、免耕播种补贴）的补贴力度；最后，设立保护性耕作风险基金。

第三，加大技术培训力度。一方面搞好科技推广示范户和农机大户的技术培训，发挥好他们的示范作用；另一方面搞好农机手的培训，让他们熟练掌握这项技术，解决好技术推广“最后一公里”的问题。

第四，加大机具的研制与技术改造力度。农机生产企业要切实搞好保护性耕作机具的技术改造和技术攻关，提高产品质量和使用性能。同时，要搞好产品售后服务，及时吸纳用户反馈意见，不断改进产品设计与制造工艺，加快产品的升级换代。

第五，积极开展社会化服务。一是对种植大户、农机大户、农机专业户和农机合作社在购置保护性耕作机械方面给予重点倾斜，不限数量。二是积极组织保护性耕作跨区作业，延长作业时间，提高机械利用率，增加农机手的经济效益。三是合理配置农业机械资源，对条件基本相同的地块，尽量统一耕种、统一作业，形成规模化经营、专业化服务。

第六，保持农机农艺有效协作。建立定期协商机制，培训、宣传、推广合力共办，农业、农机技术一块培训。同时，嘎查政府应争取财政支持，加大财政扶持力度，逐步建立农机农艺相互融合的玉米等作物保护性耕作生产体系。

第七，建立发展保护性耕作的长效机制。发展保护性耕作，政府补贴是阶段性措施，最终要靠长效机制来解决。要用市场经济的观念、机制和办法来推进保护性耕作，增强发展保护性耕作的原动力，即农民的经济效益、农民和农机手的积极性。要以农机大户、农机合作组织为突破口，促使他们充分认识和掌握这项技术，熟悉作业流程，熟练使用机具，从中获益得利，进而带动周围农户应用这项新技术。

（三）传统畜牧业

1. 家畜品种和畜牧产品

阿敦高勒嘎查当地的生态移民全部来自于阿拉善右旗的巴丹吉林沙漠腹地，并且在移民之前全部以放牧为生。传统家畜品种阿拉善双峰驼、阿拉善型白绒山羊，是阿拉善地区牧民的主要生活资料和生产资料。

2. 生产工具及设备

（1）传统工具

生态移民之前，阿敦高勒嘎查的畜牧业发展模式比较粗放，生产工具落后，主要依靠原始的手工劳作，同时也使用一些自制的简易工具。

耕作主要靠牛、马、驴、骆驼，劳动强度大。载货汽车、电动机、大中型拖拉机、平地机、小四轮、饲料粉碎机、柴油机等现代化的农牧业机械主要分布在各饲草料基地、牧场、林场站。阿敦高勒嘎查畜牧业生产使用的传统生产工具主要有以下几类：

① 接羔喂乳工具

接羔袋。接羔袋是用熟制的皮子缝制或以毡、毛制成的袋子，袋的背后系有绳索，可以背在牧羊人的肩上，以便在牧场上接羔时使用。冬季放养时，羊羔产在野外时，把羔装入袋中背回，以防冻伤冻死。

牛角器。是一种人工喂乳所用的工具。将牛角的尖端钻透，用皮或布缝制成乳头的样子，套在角尖。用时，牛角注入奶，奶便会流入乳头里，便于羊羔吃奶。

② 人畜饮水工具及设备

掘井。掘井一般用铁锹、镐头、水斗、绳子，井深 3 ~ 15 米。在生态移民之前，因地表流沙大，井易被流沙、砂土、淤泥掩埋，每口井都用板或毡子等盖着。井底、井壁、井口各处一般用山榆或梭梭围砌（一口井约用12驮木料），缝隙处用芨芨草之类塞满。井上窄下宽，井底宽2米左右，依次渐窄，井口宽1米左右。遇天旱缺水时，要经常掏井。打一口井可用10年，水量足，地质硬的山区，一般可用几十年。

水斗。人畜饮水时用来从水井里汲水的用具。水斗上系有毛绳，水斗一般用羊皮或驼皮制作，也有用柳条编成的柳罐，但为数不多，20世纪90年代大多数使用帆布、脱皮水斗。

水槽。牲畜饮水所用的盛水用具。50年代以前，多使用独木刨成的水槽，也有少数用石头制成的水槽，虽然笨重，但是耐用，一般能用几十年。20世纪60年代以后至生态移民前，牧民多用水泥制成的水槽，坚固耐用，也有铁皮水槽和木板水槽，轻便，携带方便，但经常因牲畜饮水时易踏翻，容易破损，一般用4~5年更换。

贮水窖、贮水壶。贮水窖用混凝土制成；贮水壶一般用铜或铁制成，是离水源较远的定居牧户常用的贮水设备。

③ 挤奶用具

连绳子。用羊毛或驼毛搓成，可长可短，用来拴住羊群以便于挤奶的工具。挤奶时，羊头向里尾朝外，用绳套住羊头，排成两排，挤完奶后，将绳子一端猛力一拉，绳便脱落，羊离去。这种绳子叫“好勒宝恩德斯”，

奶桶。挤奶时使用的容器，一般用铜或木制成。木制奶桶的外面裹有铜或铁箍。桶皆不甚大，一只桶可盛奶3~5公斤，现也有铝制或铁制的奶桶。

④ 羁绊牲畜用具

布伊勒。骆驼在2岁时所带的鼻棍，一般用红柳、霸王等硬木的枝杈削成。

缰绳。直径2厘米左右，长2~3米的驼毛绳，一端定于骆驼鼻棍上，用以牵引，栓拌骆驼。

笼头。驼羔因无鼻棍子，为了拴缚方便，一般带有笼头，多用熟皮子或驼、马鬃搓成的绳子做成。

脚绊。蒙语叫“启得尔”。用马鬃搓成扁绳或用牛、驼皮条制成3个相连的活扣皮套，套上有别棍，套在牲畜的脚上，别上别棍，牲畜便不能大步行走。

套马绳。用驼毛或马鬃、马尾搓制而成，长 8～12 米，是牧民用来抓马、驼用的。

⑤ 骑乘托运工具

鞭子。用红柳做 20 厘米长的木把，用皮绳编制成皮鞭。过去放牧时牧人多带鞭子。

骑鞍。由鞍片、鞍屉、塔塔、驼镫等组成。鞍片是由特制的毯子或毡子制成，长 1.6 米，搭于驼峰间的部分略窄，宽约 50 厘米；两侧下垂部分宽约 60 厘米，其作用是衬垫、装饰。鞍屉是鞍片下部垫用的毡子，呈椭圆形，多为一对，其作用是护驼背，骑乘时坐下舒适。塔塔是由两条长约 50 厘米的皮条，两端连接两只羊角管制成的鞍件。它搭于鞍片上，即吊系驼镫，环连肚带，使驼鞍各部件连成整体。

驼镫。由铁或铜铸成的踏脚物，状如马镫。骑鞍设计精美，其花纹、色彩、工艺具有浓厚的民族特色。

驮鞍。俗称驼架，主要由鞍扇子、架杆构成。鞍扇子使用粗毛线织成的两个长方形袋子，长约 1.5 米，宽 0.5 米，厚约 0.15 米，袋内填装拧紧的麦草之类 5 卷，然后用细毛绳纳 4 行，固定麦草之类，每片重约 10 公斤。架杆每根长约 2 米，半径 4～6 厘米的木杆。架杆靠鞍扇子一面削成平面，两端有凹形绳槽，并用细毛绳将架杆固定在鞍扇上，使用时只要将架杆两端绳索扣紧，整个驮鞍便牢固在驼背上，驮鞍的作用是保护驼背、驼峰、驼肚，减少驼物直接对皮毛的摩擦，是驼运不可缺少的用具。大绳，直径 3～4厘米，长 10～15 米，用驼毛搓制而成，柔软而坚固耐用，主要用于捆绑驮运物。

⑥ 补饲工具

料袋。用皮或布缝制而成的小袋子，补饲精料时将牲畜嘴放入袋内，将口绳系于头顶。

料槽。多为木制长槽，补饲时按牲畜体质强弱分组补饲。

⑦ 剪毛、打草工具

绵羊毛用 30 厘米长的剪刀剪取。山羊梢子用剪刀剪短后，用毛抓子抓绒。毛抓子用铁丝编制而成。骆驼绒毛较短，可以用手抓取，或用毛抓子抓绒，也可以用剪刀剪取。骆驼其他部位的毛可以用剪刀剪取。打草工具主要为镰刀，也可以用铁铲子。

⑧提水工具

风车。风力提水器械，用高 5 米左右的木制或铁制架支撑，将风车置于架上，靠风力驱动提水。

水车。畜力提水器械，是一种齿轮组合与汲水器结合而成的提水装置，以畜力提水。

辘辘。人力提水器械，主要用于浅水位水井。

⑨棚圈以及修圈工具

修圈用铁锹。搬运羊粪板用独轮手推车，车小简单、轻便，一次能搬运 2~3 块，圈多用羊粪坯、石块砌成，也有用梭梭、沙蒿堆积的。羊粪坯也称“羊板”，为羊的粪、尿与少量泥土混结而成。春天用锹起出来，切成 40~60 厘米的方块，厚 20~30 厘米，重 15~30 公斤，暴晒干，秋天用以累圈。圈有方有圆，大小随牲畜多少而定，如方形圈长 16.3 米，宽 16 米，高 1.6 米，墙壁厚 1.1 米，门宽 1.5 米，可容纳羊 600 余只。砌圈很费工费力，修成后，每隔 3~5 年修补一次。

（2）新式工具及设备

生态移民后，阿敦高勒嘎查有捆草机、铡草机、剪毛机、疏绒机、挤奶机等牧户私有的牧业机具。家庭草料加工已经基本实现半机械化与机械化。现代化机械设备的推广和普及大大提高了农牧业的生产效率，降低了劳动强度，促进了劳动力的解放。

① 提水工具及设备

内燃机提水设备。由柴、汽油机动力设备和离水泵、深井泵构成，多用于 30 米以上的深机井提水。

电力提水设备。在有供电条件的地区，用电动潜水泵提水，以供人畜饮水和农田灌溉。

② 交通运输工具

多为摩托车及中小型农用车。

③ 生产加工设备

家庭草料加工设备。主要有铡草机、电动粉碎机。

青贮窖。由畜牧技术部门设计并指导建设。贮窖既可用作青贮，也可用于秸秆氨化、微化、酶化和糖化，以提高秸秆类饲草的可吸收养分和家畜消化吸收利用率，是当地发展养殖业的理想设施。

④ 草场保护建设设施

主要用网围栏封育天然草场和围建草库伦，是牧区贮备冬春补饲草料的重要建设项目。围栏的材料主要采用水泥桩或木桩刺丝围栏、铁丝围栏。

3. 家畜饲养管理

（1）放牧

① 饲养方式

阿敦高勒嘎查 1994 年建村时畜牧业一直延续着传统的天然放牧方式。随着农牧区经济体制改革的不断深入，农业开发建设步伐加快和饲草料种植及有效供给增加，在嘎查周边大型草料种植区的增加，逐步出现了半舍饲半放牧和全舍饲的养畜方式。进入 2000 年以来，伴随着各项保护和恢复草原生态政策的深入执行，在饲养方式上嘎查已经实现了由以天然放牧为主向全舍饲圈养为主的转变。

天然放牧。四季放牧是牧民群众饲养畜牧的传统方式。以嘎查为生产单位，牲畜出牧一般无明显界限，牧户多以居住点、水井为中心，在各自划定的草场区域内，向四周放射状出牧。牧民平时对嘎查间界线较关心，限制外嘎查牲畜越界串场放牧。天然草场放牧，除防止牲畜走失而限制牲畜行进外，大多由牲畜自由行走，自由采食，自由出牧归牧。出牧时间一般随季节变动。

半放牧半舍饲及全舍饲。这两种饲养方式多在农区大型饲草料基地实行。半放牧半舍饲的畜群多属农区养畜户或周边饲草料充足的牧户，饲养数量较小的畜群，在天气晴好，气温回升后让畜群出圈运动、采食，出牧前和归牧后两头补饲。实行全舍饲的都是育肥畜或奶牛等不易放牧的牲畜。

② 补饲

补饲是保障草原畜牧业稳定发展必不可少的辅助措施。牧民可以通过补饲精料增强牲畜抗寒抗病能力，减少死亡，安度冬春。

补饲方式。补草除羔羊吊喂、铡切槽喂外，其他畜直接将干草投地，任畜自由采食。补饲方式有很多，有料袋子、槽喂、盆喂、撒喂等。用料袋子补饲易定量，可照顾重点补饲畜，但需逐只补喂，劳动强度大；盆喂、槽喂是分组补饲法，强弱分组，相对来说比较合理，劳动强度亦较小；撒喂省时省力，但“弱肉强食”现象突出。

草料种类及来源。精料主要有大豆、青稞、高粱、玉米、锁阳、胡萝卜等。干草主要有芦苇、马莲、蒿类等野草和农田秸秆。野草由牧民自己打贮，秸秆主要从农区购买拉运到畜群。

③ 饮水、补盐

小畜一般每日饮水一次，但在缺水、水井离居民点较远的地区，牲畜隔日饮水 1 次。骆驼秋季 2~3 天饮水 1 次，冬、春、夏季节 1~2 天饮水 1 次。在地表水较丰富的地区，牲畜自行饮水。给牲畜补喂盐是为了给牲畜体内添补矿物质和微量元素，一般根据草场情况而定。

（2）管理

① 棚圈建设。

阿敦高勒嘎查建村时棚圈建设非常简陋，一般用羊粪板、石头、灌木砌一畜圈或盖一临时软棚，永久性棚圈甚少。2000 年以来，随着嘎查农牧业的发展，安全养畜措施不断加强，棚圈质量得到较大提高。截止到 2011 年 6 月，90% 以上嘎查牧户都有砖瓦结构的永久性棚圈，并有接羔暖棚。

② 印记。

印记管理是牲畜权属管理的传统方式，便于牧户辨认、管理和寻找牲畜，牲畜所打的印记为群体标记。发展到现在，印记管理已经具有个体标记的新含义，耳标打号管理具有鲜明的科学性和重要的技术意义。主要包括：耳记、角记、烙印、临时标记。

③ 抗灾保畜和防灾基地建设。

阿敦高勒嘎查地处内蒙古自治区西部，草场多属干旱荒漠、半干旱草场，加上当地气候干燥、雨量稀少、风大沙多、十年九旱，年年都有不同程度的旱灾出现。嘎查建村时，每逢灾年“千里调草、万里运料”的被动局面时常出现。随着孪井滩饲草料基地建设的不断发展壮大和内蒙古自治区对易灾地区防灾建设资金投入力度的不断加大，嘎查生产自救能力已经逐年加强，饲草生产已经实现自给有余。

（四）产业发展中存在的主要问题

自 1994 年建村以来，经过了十余年的发展，阿敦高勒嘎查形成了现有的产业体系和生产力布局构架，但这是在长期计划经济的意识影响下形成的，是缺乏远景规划甚至是盲目的，其中不合理因素较多，产业之间的矛盾日渐显现。因此，构建新型的产业体系、生态移民后续产业选择及政策建议的可行性已是当前和今后一段时期内经济发展的重要任务。

1. 产业发展中存在的问题

通过调查发现，阿敦高勒嘎查产业发展中主要存在以下问题：

一是农业产业化水平较低。自然农业和设施农业布局分散，传统畜牧业和综合舍饲养殖业相互混淆，且均没有制定着力发展的主导产业。嘎查内集中连片的专业大户不多，大多靠价格拉动增收、靠政策扶持致富，产业化经营的规模不大、水平不高、后劲不足。

二是缺乏龙头企业的带动。当地农畜产品的加工企业都是以初加工为主，精深加工比例较低；对资源的综合利用水平较低，产品单一，科技含量不高；规模小，设备落后，产品质量低。

三是农畜产品市场竞争力不强。农畜产品资源多，适宜加工的少；普通产品多，专用产品少；低档产品多，优势产品少；初级产品多，深加工产品少；大路产品多，品牌产品少，市场竞争力不强。

四是利益连接机制不完善。虽然嘎查近年在引进企业入驻，发展“龙头企业+基地+农户”的经营机制上取得了一些成绩，但农户作为独立的主体，很多地方还停留在买断过程中，价格、质量等时刻影响利益连接的紧密度和双方的行为，“风险同担、利益共享”的农企合作体系很不稳固。

五是农畜产品流通不畅。专业的营销公司缺乏，营销协会组织建设还不健全，营销队伍处于一种散兵游勇、单兵作战的状况，信息传递方式滞后，经营规模小，嘎查内的农副产品没有形成大进大出的局面，容易造成农畜产品价格的大幅度波动和生产的大起大落，挫伤农民的积极性，阻碍着农业生产的发展和农民生产经营效益的提高。

六是农业综合生产能力不足。灌溉水的定额配给造成了种植业和养殖业进一步发展的窘境。2011 年嘎查内年种植玉米 3500 亩，占水浇耕地总量的一半。作为收入最稳定，风险最小的玉米的种植也因为有限的灌溉用水，呈现逐年减少的态势。

七是农村社会化服务体系不健全。农技推广体系建设和农业新品种、新技术引进、示范、推广经费不足。农技机构和农技队伍比较薄弱，农业新品种、新技术的推广既缺经费，又缺人员，无法满足发展的需要。

八是农业劳动力素质不高。2010 年嘎查内农业劳动力者中初中以上文化程度的占 60%，小学文化程度及文盲占 40%。而且广大农民的小农经济意识较强，耕作观念落后，发展农业产业化和现代化的意识不强，与农业产业化、现代化的发展要求不相适应。

2. 对草牧场产权制度的思考

(1)“双权一制”政策的局限性

第一，草牧场承包期限较短。按照哈丁的观点，草牧场公有，私人使用的情况下，只要草牧场非常充足，公有产权制度就是有效的，不会发生“公地悲剧”。过去草原地广人稀，牧民遵循人与自然的和谐统一，因此那时的草原产权制度——游牧制度可以维系草原的生态平衡。但随着人口增加和草畜矛盾的深化，适合游牧活动的各种要素和条件逐渐都消失了，游牧产权制度无法取得符合当今社会的经济、社会和生态效益。如今的“双权一制”打破了传统的“所有权缺位”现象，使牧民成为牧场的主人，建立起“主人翁”责任感。但是30年的承包期限却又成为阻碍牧民充分发挥主人翁积极性的重要因素。有些牧场经营者在承包期过程中尤其在30年承包后期，不从长远角度考虑，减少对草牧场的投入甚至不投入，同时进行疯狂掠夺，以得到短期的“暴利”，这无疑不利于草原长期有效的持续利用。

第二，草牧场承包划分不合理。嘎查当时对草牧场划分主要是按照人口与牲畜数量划定承包面积，由于不同程度的利用造成了同一区域内草地质量的异质化，导致了单一从面积上划分的不合理。有些牧户分到了较好的草牧场，有些牧户分到了生产力较低的草牧场；有些草牧场缺水或者离水源较远，有些草牧场水源充足；有些草牧场分布在丘陵地带，有些草牧场只适合某一季节放牧，特别是人均草牧场面积小的地区，夏、秋季草牧场多为共同使用或交叉使用。再加上草牧场承包到户，常年牲畜固定一块草地上放牧，采食单一，而且也使草牧场丧失休养生息的机会而趋向恶化。

第三，草牧场流转政策不完备。草牧场“双权一制”政策实施后，草牧场的使用权可由承包经营主体进行转包（流转）。但有个别的经营权流转存在程序不规范问题，主要表现在有的牧民进行经营权流转时甚至不通过苏木嘎查就自己决定直接流转，有的只是通过苏木或嘎查同意后就进行流转，未向旗人民政府草原行政主管部门提出申请，有的未报旗人民政府草原行政主管部门的草原监督管理机构备案。草牧场转包、转租的收费标准、双方责任以及监督管理都没有规范的办法。一些无畜户、少畜户分到草场却无畜可放，造成放牧场闲置或围封不起来而被其他牲畜大户无偿占用；还有一些无畜户或少畜户将自己的草牧场随意转租，有的单纯为了赚转租费，不管承租方是否超载或转作他用，而租赁者不顾及长期发展，为了获取更多的利益利用各种手段开发利用草牧场，造成草地严重退化。这样的事件往往反映出草牧场使用的权利落实了，但保护建设的责任却落空了。

第四，承包到户难以适应市场经济发展。现代社会的许多生产经营活动，其收益都是与规模经济密切相关的。牧户分散经营，经营规模较小，难以形成规模经济效益，加之牧区居住分散、离最终消费市场远、交易成本高，他们的产品被大量流入牧区的小商小贩以非常低廉的价格收购，以致许多中、小牧户处于破产的边缘。一些已经破产的牧户，不得不把唯一的资产——草牧场使用权以极低的价格转让或租赁给他人。这些暂时获得租赁权的人，为最大限度地获取短期利益，对草牧场实行掠夺式的经营。另外牧户分散经营一定程度上也限制了牧民的自由择业。由于一些牧民家庭劳动力缺乏，徘徊在经营牧业与外出择业之间，草原处于半利用状态，甚至许多地方出现了大片的草原荒芜的现象。与此同时牧户分散经营，牧区基础设施难以建设，增加了牧业生产的管理成本，也不利于牧业科技水平的提高。每户草牧场面积有限，只要靠部分劳动力或劳动时间就可以打草，不便使用机器等新技术，小块草原分割阻碍了机械化的推广。

(2) 草牧场产权制度创新的思考

第一，确立牧户产权主体地位。从有效、长期、稳定的产权制度设计看，草牧场的使用权应永久性的归属于牧户，使用权的永久化同所有权并不矛盾。因为所有权归属集体经济，集体经济的基本结构单元是牧户，因此牧户对草牧场拥有间接的或被称作有限的占有权。虽然在经营过程中出现种种矛盾，然而种种矛盾的出现并不意味着要彻底改变“双权一制”，取消牧户经营组织在畜牧业微观组织中的主体地位，而是要在确立了牧户产权主体地位的基础上，进行畜牧业微观经济组织的创新，更好地为牧户经营提供服务，使牧户分散经营和联户合作经营的潜力得到进一步的发挥，形成有生命力的新型经济组织。

第二，稳定草牧场的长期承包权。在落实草牧场“双权一制”问题上，要不断明确这一政策所要解决的本质问题，建立一系列规章制度，探索一系列在落实“双权一制”过程中的技术方法，通过严格执行，实现草牧场落实“双权一制”的公平与公正。推行各种形式比如考虑出台牧民可以优先续包曾经承包过的草牧场等政策，从根本上解决“所有权缺位”问题，使牧民真正成为土地的主人。要延长草牧场的承包期限，承包期限应大于正常投入产出周期，30 年不变的承包期限的规定还可以考虑延长并以法律保护，调动承包者建设的积极性。

第三，完善合理的草牧场流转机制。在充分尊重牧民意愿和不改变草原用途的前提下，允许草原承包经营权依法有偿转让。牧民之间的草原流转，具体形式和经济补偿办法由双方自愿协商，超出集体经济组织范围的草原流转，要经过发包方的同意。为保证环境治理成果与农牧民的切身利益紧密联系起来，还可以采取大户承包经营和分户承包经营形式。除集体统管统营涉及土地使用权的期限外，在其他的组织形式下，可将草原使用权延长到更长时间，期间允许转让、出租、继承。草牧场流转制度的提出和实施，为草牧场规模化利用提供了法律依据。草牧场向养畜大户集中，可能是未来牧区发展的一个模式，但考虑到牧区劳动力转移的困难和草牧场转让费的过低，这一政策若操作不好，可能会产生拥有唯一生产资料——草牧场的大量贫困牧业人口失去最起码的生存保障条件。无论是经济目标，还是生态目标，都要防止贫富差距过大或贫困人口的扩大。

第四，建立草牧场产权制度的进入和退出机制。由于历史的原因，牧区人口的增加大大超出草地承载能力，草原生态破坏严重，解决这一问题需要建立草牧场经营的有效的人口进入和退出机制。草牧场使用权的流转或买断，为草牧场经营的进入和退出机制提供了一个重要的通路。从以往的情况看，什么人可以经营牧场，具备什么条件可以经营牧场，对此既没有有效的身份限制，也没有制定最低的准入条件。这是造成草原生态环境恶化的一个重要制度成因。关于经营草牧场的准入条件，对外来企业或个人要建立较高的资金门槛或风险抵押金。同时对草牧场经营不善，造成草场沙化、退化的，要根据退化程度和恢复成本缴纳相应的罚金，以此来清理草原上的一些非牧户。

第五，建立长效、稳定、自主选择的人口转移制度。牧区人口转移是草原牧区可持续发展的必然趋势。应恰当地把握其政策界限，建立牧区人口输出的可持续制度模式。牧区人口问题是多年形成的，其成因是复杂的，因此解决的途径不可简单化，牧区劳动力转移要有政策倾斜，进城牧民就业后要有长期稳定的制度性保障措施，完善社会保障制度，形成长效保障机制，为牧区人口转移提供强有力的支撑。还可建立一种畜牧业生态补偿基金，使一部分牧区人口退出牧业，从事其他产业。具体做法可以以劳动就业中心、职业介绍所为主要平台，开展转移就业牧民公共服务，为外出务工牧民免费提供法律政策咨询、就业信息、就业指导和职业介绍。要建立健全牧民职业教育体系，实行面向牧民劳动力的培训制度。按用工单位要求进行专门培训，按牧民自主意愿进行文化知识和技能培训，以增强转移牧民的就业本领和创业能力。

（五）阿敦高勒嘎查产业发展思路及对策建议

1. 构建嘎查新型“农畜结合”的产业体系

阿敦高勒嘎查自建村以来农牧业取得的发展主要取决于对农业资金与科技投入的增加，在这一过程中，该嘎查也在逐步探索着适合当地实际情况的种植作物和养殖品种。在未来的农牧业产业化发展中，“农畜结合”将是增加农民收入，使嘎查农牧业走向成熟的必然选择。

第一，不断扩大农牧业产业化经营规模，将有效提高嘎查农业综合生产能力和抵抗风险的能力。按照生产的客观要求，改革和调整农牧业生产组织形式和经营方式，是农牧业得以不断发展的内在规律，也是改革开放30年来农业发展过程中得到的经验。改革开放初期结束“大锅饭”走向家庭联产承包责任制，大大释放了农牧民的生产积极性。随后20年的发展变化，小生产与大市场的矛盾开始暴露出来，组织化、产业化的生产模式又逐步成为解决分散经营与规模化要求的途径。阿敦高勒嘎查建村于改革开放时期，但在思想和实践上仍未脱离小农意识和计划经济的影响，在围绕市场进行组织化、规模化的生产中表现出了严重的滞后性，在以龙头企业为带动的“农牧业产业化”道路上仅开始做出试探性的尝试。

第二，建立产业化生产经营的农畜产品循环链条是嘎查由传统农业向现代农业转变的必要手段。要真正找到符合嘎查实际情况和发展特色的农业生产结构形式，就不光要实现种植业或畜牧业内部的产业化链条，更要重视农畜结合、种养结合，建立农畜产品的循环互推模式。例如将种植业产品进行加工作为畜牧业的生产资料——饲料，而畜牧产品——牛羊等牲畜的粪便经过处理又可作为种植业的肥料使用。在阿敦高勒嘎查农业种植和养牛相结合就会实现“养牛多、秸秆少、农肥多、产量高、环境好、收入多”的局面。

第三，注重种植业和养殖业的协调发展是嘎查农牧业发展的关键。由于当前牧区重点实行禁牧、休牧和围封转移，发展农区畜牧业是调整畜牧业区域布局、提高畜牧业比重和保护草原生态环境的关键环节。大力发展农区畜牧业对于促进农牧结合、提高畜牧业比重起着积极的作用。

2. 实施荒漠绿洲区农牧业可持续发展方式

荒漠绿洲区加快转变农业发展方式的基本方向应是：在充分发挥资源优势的基础上，高度关注区域生态修复与环境治理，围绕水资源的综合开发利用，加快高效灌溉农业的发展步伐，强化农业生态化理念，延伸农业循环经济产业链条，大力发展生态型草畜产业，加强初级农业产后资源的多次转化和区域特色农产品的多级开发，探索高效、环保型的设施农业和休闲观光农业的发展途径，引导农业走环境友好型、资源节约型的发展道路。具体来说有以下几个方面：

首先，充分利用荒漠绿洲区光、热、水资源组合优势，通过产业区域布局规划的宏观引导，发展高附加值经济作物型农业，形成区域集中、规模适度、特色鲜明的优势农产品生产基地，继续推动“粮—经”二元结构向“粮—经—饲（畜）”三元结构实质性转变。

其次，针对荒漠绿洲区水资源供给渐现短缺、水土流失严重、土地沙化及盐渍化等特点，农业发展应结合水资源开发利用方式的调整，把水土资源的保护与开发有机结合起来，把荒漠化综合治理和增加农民收入结合起来，合理确定农林牧业的适度比例，以林、草业的发展提高区域生态负载能力，推进草畜业及畜产品加工业发展，逐步形成种植、饲料、养殖、加工相结合的农业生产链条，通过积极推行农业标准化生产、加工全程标准化管理，提高畜产品加工业的规模和市场竞争力，全方位推进畜禽养殖生产基地建设，提高加工增值环节效益。

再次，根据荒漠绿洲区农业生态环境污染日趋严重和环境容量及自净能力差等特征，农业发展应以循环农业为突破口，促进初级农业产后资源的多次转化和农产品的多级开发，促进生态农业发展，提高农业可持续发展能力，提高农产品精深加工企业的创新能力，形成具有自主产权的特色产品系列，培育一批品牌型农产品加工业集群，打造符合区域特征的高效特色农业产业体系。

最后，基于农业人口多并且土地资源有限的现实情况，加大对农业投资力度，鼓励技术引进、消化吸收和自主创新，大力探索高效、环保型的设施农业发展途径。并依托荒漠绿洲旅游资源优势和文化积淀，通过农业功能拓展，有选择的发展旅游观光农业和生态休闲农业。

3. 加快转变农牧业发展方式的对策建议

第一，以循环农业为载体，推进生态型农业产业化发展。嘎查农业以灌溉农业为主，有较为稳定固定的水源，农业布局相对集中，农业生产区域化特征十分明显，为农业产业化经营创造了良好的基础条件。同时，考虑到嘎查生态环境的先天脆弱性和后天的人为开发性破坏以及区域生态环境自净能力较差的实际情况，嘎查在农业产业化发展需要协调好农业产业化与生态环境保护之间的关系，走生态型农业产业化道路。循环农业发展则按照生态学物质循环和能量流动规律，把清洁生产、资源综用、生态环境保护和可持续发展等融为一体，以低消耗、低排放、高利用的农业发展路径，能够促进农业资源充分利用和实现农业可持续发展。因此，嘎查农业产业化的主导方向就是以发展循环农业为载体，推进生态型农业产业链条的延伸，以提高农业资源综合利用效率和农业整体效益。

第二，以生态型养殖村庄建设为平台，推动畜禽养殖实现产业化发展。经过多年的积累与发展，嘎查中畜禽养殖业已经逐步由各家各户的分散粗放经营模式向聚集化方向转变。嘎查主要存在的经营模式有“企业与乡村联合共营模式”和“养殖大户投资兴办模式”。这两种养殖模式存在着“饲养方式落后”“生产管理水平低”“防疫制度不健全”“质量标准不统一”“环保措施不力”等一些问题。因此，探索适合地域特征的养殖小区发展路径是各地转变畜禽养殖业发展方式的必由之路，就阿敦高勒嘎查来说，进一步推进畜禽养殖业发展进程中，要格外关注饲草来源、生态维护和环境保护等相关问题，进一步推进生态型养殖村庄的发展，引导养殖户入驻养殖小区，以实现畜禽养殖业的专业化、规模化、产业化发展。

第三，围绕水资源合理开发，加快高效节水灌溉农业的发展步伐。嘎查农业以灌溉农业为主，在水资源有限供给情况下，继续发展粗放型的灌溉农业显然已不可能，发展高效灌溉农业已经成为荒漠绿洲区农业发展的一种必然趋势。高效灌溉农业是一个复杂的系统工程，需要以节水农业为中心，从观念改变、种植业结构调整、改变灌溉方式、加强基础设施建设与制度创新等各个方面全方位推进。应当通过转变用水观念、优化种植业结构调整、改变灌溉方式和加强基础设施建设等方法实现高效节水灌溉农业。

第四，发挥地域优势条件，大力发展以日光温室为主导的设施农业。丰富的光热资源和独特的气候条件，造就了嘎查发展设施农业的地域优势和先决条件，丰富的土地资源也为设施农业发展提供了广阔的空间，嘎查以日光温室为主导的设施农业发展潜力很大，将会成为未来农业结构调整的主导方向之一。为了进一步推动嘎查设施农业的发展，需要重点做好以下几个方面的工作：拓宽设施农业发展的融资渠道，重视设施栽培综合配套技术的培训，加强设施农业社会化服务体系建设。

第五，兼顾生态保护和农民增收，推进多元复合型的农业生产与防护体系建设。根据嘎查发展农业既要保证农民增收又要兼顾水源涵养、水土保持、防风固沙等的多目标性要求，通过拓展自然林（草）与经济林（草）相结合，林草产业与经济作物相结合、林草产业与草蓄养殖相结合、农业发展与第二、第三产业相结合的农业产业内部或各次产业之间的耦合发展途径，大力推进兼顾生态功能和经济功能为一体的农业生产与防护体系建设。

具体而言：首先，可将现有农业防护林网与条田结构加以改组，以现有林带、植被为基础，依据植被的自然迁移规律，使自然成分进入现有防护林网的同时，通过建立和完善林、草地使用权的流转机制，引导市场主体投入到林、草建设体系中，有计划的扩张草地和经济林等人工造林、植草的面积，通过产权制度创新使各类生产要素所形成的权益得到充分的尊重和保护，并能顺利地变现和盈利，以调动市场主体的积极性；结合退耕还林（草）战略的实施效果，推进兼顾经济效益和生态效益的后续产业发展步伐，在林间、树下、地块周围种植饲草、药材或其他适宜农作物，通过发展林草间作的立体农业种植模式，扩大饲草种植面积，有效防治水土流失。其次，通过“林—粮”间作、“林—药”间作、“果—粮”间作等立体农业种植方式，充分利用光热水资源，提高林业和经济作物的综合收益。再次，依托林草产业发展，壮大草畜养殖业发展规模，加大沼气推广建设力度，实现畜粪入池、沼液作肥，建立起“林、草、畜、沼一体化”的农业循环经济发展产业链，在兼顾生态效益的前提下，努力提高经济效益，促进农民增收。最后，加大肉奶加工、皮革加工、毛纺加工、木材加工等后续环保型产业开发力度，加快多元化和多级化的农产品加工开发速度，努力提高农产品精深加工比例，推进并最终形成多级复合型的农业生产与防护体系。

三、扶持政策

政策是国家宏观调控中运用行政手段的具体形式，它是党和国家在各个时期根据不同情况制定的解决问题的办法或措施。而经济政策通常被理解为政府从宏观或微观的角度处理经济问题的一般工具。在经济政策贯彻实施方面，阿敦高勒嘎查积极贯彻上至中央、内蒙古自治区，下至阿拉善盟、阿左旗、孪井滩示范区所颁布的各项支农惠农政策，整个嘎查在各项政策的指引下呈现出欣欣向荣的发展态势。

（一）生态移民政策与搬迁保障

阿拉善盟积极研究制定保护搬迁农牧民权益的具体政策和办法，妥善解决好他们的生产生活出路问题。对需要留守在牧区的牧民给予扶持。各旗对农牧业产业化项目区安置的移民，根据各个迁入区的实际情况，为搬迁户无偿建设一定面积的住房、牲畜棚圈、青贮窖、日光温室和水浇地等生产生活设施；对经过统一培训集中安置到工矿企业的牧民家庭，广泛筹集资金，建设一定面积的职工住房，并落实就业“五项”保险政策。

1. 政策概况

税收政策。对进入城镇从事第二、第三产业的农牧民，在税收方面应制定优惠政策，尤其是对于自主择业从事服务业或个体工商业的农牧民，在创业初期的3~5年享受城镇下岗职工再就业的优惠政策，减免一定的税收和工商管理费，并且在小额信贷资金扶持以及生产生活用地等方面给予必要的政策照顾。

原有草原的使用权管理。为了保护生态治理成果，促使搬迁户树立长期艰苦创业的思想，全盟统一明确退牧草场在“二权”不变的前提下，退牧草场交嘎查统一管理，严格实行长期禁牧，搬迁户不得两头占有生产资料，五年后搬迁牧民不能返迁，严禁任何单位和个人占用退牧草场发展牲畜。

户籍管理。严格农牧区户籍报批手续，除自然增长和婚娶原因外，无公安、财政、社保等部门的联合核准，严禁新增农牧区人口。

扶贫政策。全盟扶贫开发工作重点扶持移民搬迁人口，扶贫资金重点用于搬迁户中的贫困户，优先安排扶贫资金直接投放到户到人。

法律保障。通过严格的法律程序、经济手段，建立和实施轮牧、休牧、禁牧制度。对边境（省界）地区的留守人员和留守护林人员，实行严格的报酬与管护质量挂钩的管理办法。各旗结合实际，制定鼓励和吸引牧区人口搬迁转移的优惠政策，按照退牧还林还草、公益林补偿、生态扶贫移民等项目的补偿要求，确定合理的搬迁牧户补贴标准。对涉及草牧场（土地）承包、草牧场流转以及个人财产评估等与法律有关的问题，农牧、司法等部门积极配合各级人大组织抓紧制定地方性法规，统一标准，确保搬迁工作有法可依、有章可循。

教育保障。要确立“教育移民”的理念，加大教育投入，普及高中阶段教育，重点加强职业高中教育。对贫困农牧民子女完成高中阶段教育实行“两免一补”政策，切实提高他们的劳动就业技能和自我发展能力，促使他们转变观念，彻底从农牧区走出来进入城镇就业，带动农牧民的整体搬迁。

社会保障。保证资金投入，继续推进农牧区卫生事业发展，逐步建立起较为完善的新型农牧区合作医疗制度，基本实现城乡社会医疗保障一体化。总结经验，稳步推进农牧区养老保险制度。实行政府支持与农牧民自愿参保相结合，项目区农牧民优先覆盖，其他地区农牧民逐步纳入的有序推进机制。健全城乡一体的最低生活保障制度，建立以最低生活保障、灾民救助和五保供养制度为基础，以劳动就业、医疗、教育、司法、住房等专项救助为一体，以优惠政策相配套，以社会互助为补充，与经济社会发展水平相适应，覆盖城乡的社会救助体系，从根本上解决困难群体的生活保障问题。

资金保障。建立多元化的投入体系。一是积极争取国家投资扶持；二是地方自筹，盟、旗两级政府从农业开发、扶贫开发、以工代赈等资金中专门切出部分资金用于移民工程，农、牧、林、水、电等部门分别为移民开发提供部分建设资金，安排项目为移民工程服务。三是积极发挥利益驱动机制，争取企业出资和其他援助资金，积极动员盟内外实力雄厚的企业和社会力量在阿拉善开展生态建设，投资移民工程，以土地换取资金；也可将迁出区由各企业进行生态环境建设。四是移民集资，在移民能够负担的前提下，要求移民集中一定资金用于移民项目建设。

强化项目资金管理。生态扶贫移民工程和扶贫开发项目资金实行专户存储，专人管理，专款专用，封闭运行；每项工作做到年初有计划，年中有检查，年末有决算和审计；实行一支笔签字报账制度，严格按预算管理，按计划开支，保证每一笔资金都用于项目的实施。

服务保障。在集中的移民迁入区要加强社会化服务体系建设，采取激励机制，选派责任心强、专业技能高，具有吃苦精神、能留得住的技术人员开展工作，解决农牧民在生产、生活中存在的困难和问题，提供全方位服务。

各部门密切配合，加强农牧区劳动力转移培训工作，积极与企业、社区联系，积极开展各类用工信息的采集和发布，随时为培训机构和农牧民提供就业培训信息。通过举办各种技术培训班，给农牧民传授各项务工专业技能和致富经验及信息，积极引导移民搬迁户和农牧区劳动力从事第二、第三产业，从根本上减少农牧民，富裕农牧民。

2. 政策实施取得的成就

（1）改善了区域生态环境

退出的草场得到休养生息，植被覆盖度和牧草产量明显提高，草群中优良牧草比例有所增加。草原特有的涵养水源、防止水土流失、防风固沙等生态功能明显增强。据测定，植被覆盖度已由过去的1% ~8% 提高到目前20% ~30%。贺兰山荒山荒坡及丘陵植被覆盖度由过去的不足12% 提高到31.4%，野生动物数量增加，植被生长繁茂。

（2）促进了产业结构调整

传统的草原畜牧业得到了较大压缩，集约化高效生态农牧业得到长足发展，第一产业内部结构得到了优化，农区舍饲牲畜已发展到90多万头（只），日光温室发展到1800多座，农牧业产业化步伐加快，形成了农区养殖业、棉花、密瓜、大棚蔬菜、制种等特色产业，实现了地区经济和生态良性循环，推动了农村牧区经济的快速发展。

（3）加快了城镇化进程

通过转移搬迁，增强了区域经济发展的聚集效应，促进了资源优势向经济优势转变，促进了撤乡并镇工作，全盟苏木镇由49个减少到23个，嘎查（村）由223个减少到190个。在全区率先实施了农牧民养老保险制度和新型合作医疗制度，参加养老保险和新型合作医疗的农牧民分别达21260人和57434人。

3. 生态移民政策实施过程中出现的问题

（1）转移搬迁成本大，安置不够彻底

第一，转移安置成本过大，且效益不明显。前期的移民安置多在一产的种养业，政府安置需要投入住房、棚圈、农田、大棚等建设，集中安置的还需要投入水、电、路等大量基础设施建设。搬迁户既要置办生活设施，又要购置农机具等生产设施，投资收益较慢，双方的负担都很重。如巴彦霍德先后投入约1亿多元，才安置搬迁户不到500户，户均约20万元，而且现有的安置水平与牧民的期望值还是有差距。

第二，退牧户原有的财产无法得到补偿，损失很大。受移民资金不足的影响，政府难以对退牧户原有的房屋、棚圈、围栏、水井、水塘等生产生活设施进行补偿或足额补偿，退牧户在草原上的基础设施投入越多，搬迁的损失也越大。各种项目对牧民的安置标准不统一，补贴数额也有较大差距。

第三，政策落实不到位。贺兰山退牧还林移民搬迁是在没有国家的大项目支撑情况下，仅靠当时国家拨付的少量移民资金进行的，只给了移民拆迁补助，而没有提供必需的生产生活设施保障，遗留问题较多，常出现上访现象。

第四，后续问题亟待解决。退牧还草项目区的牧户从草原上退出来真正安置的只占1/3，2/3的退牧人口还没有生产资料安置，随着退牧补贴期限逐年到期，没有生活来源的退牧户势必要重返草原，使初见成效的草原生态和转移搬迁工作受到严重影响。2002年的项目已于2008年到期，急需解决后续问题。

（2）缺乏产业支撑

第一，农业安置受限。全盟农业主要集中在黄灌区（孪井滩、老崖滩、漫水滩、巴音毛道）、井灌区（腰坝滩、查哈尔滩、格林布楞滩、陈家井、板滩井）以及额济纳沿河绿洲，受水资源限制和调整，不适宜再大面积开发，井灌区还需要逐步压缩面积，限制耗水量。另外，从事种植业的人员也基本饱和，不宜再安置人口。

第二，第二、第三产业安置难度大。一方面，企业为追求经济效益，只愿接收具有一定文化素质和生产技能的工人，不愿接收文化水平和生产技能低、缺乏生产经验的牧民，而且也解决不了搬迁户的住房、社保等问题。另一方面，牧民过惯了生活能基本保障的自由安逸的放牧生活，承受强度劳动和严格管束的能力较差，缺少符合企业要求的生产技能，心理压力大，常出现往返现象。以上双重因素造成了搬迁户不能在第二、第三产业稳定就业。

第三，未能充分体现牧民自愿的原则。为了便于操作和管理，也为了突出禁牧效果，各旗在前期项目实施中都采取了以苏木嘎查为单位的整体退牧办法，这种做法虽然能够一时避免牧户间攀比不前的问题，但对牧民的特殊情况体谅不够，方式方法过于简单，以致相当一部分愿意主动搬迁甚至已经自愿搬迁出来的牧户享受不了政策，而不想搬迁的牧户又被强制搬迁，未能充分体现牧民自愿的原则。凡是牧民自愿搬迁的，尽管条件艰苦也很少有矛盾，如早期的扶贫移民；凡是牧民不情愿搬迁的，投入虽然很多，矛盾也很多。

第四，长期性退牧政策与草牧场长期承包制度的矛盾尚未统筹解决。在退牧户未得到全面彻底的安置和补偿之前，由《草原承包经营权证》管理使用引发的利益矛盾增多，草牧场利益关系成为牧民关注的焦点。各旗均面临项目到期后如何解决将退牧户从草原上长期退出和合理利用草原的问题。

总之，转移搬迁是一个长期的、系统的、复杂的工程，积累的问题很多，甚至蕴含着许多的不稳定因素。在短期内，难稳住、难致富的问题仍然存在，必须妥善加以解决，否则会引起更大的社会矛盾。

4. 对于未来阿拉善生态移民政策实施的思考

阿拉善盟今后的移民搬迁工作，应重点放在对现有退牧户的安置上，逐步提高安置水平，努力实现搬迁户安居乐业、稳定发展。贺兰山、胡杨林保护区要坚决搬迁，其他地方的移民搬迁要充分体现牧民自愿的原则，进行插花搬迁，确实缺少发展条件需要整体搬迁的地区，在牧民一致拥护的前提下可以整体搬迁，政府不再采取强制性搬迁的措施。从有利于生态保护，有利于土地（草场）集约化经营，有利于提高农牧民群众的生产生活水平和质量出发，围绕服务工业化、城镇化和推进农牧业产业化来调整农牧业产业布局结构，引导农牧民重点向城镇和工业园区等二三产业转移，通过减少农牧民最终达到并实现富裕农牧民的目标。

加强领导，统筹规划。加强政府统一领导，制定出台统一的规划和配套政策，做到上下联动，部门分工配合，一盘棋推进。既有统一的搬迁规划，也有统一的安置规划和平衡的安置标准。在统筹规划的基础上，将缺少发展前景的牧户列入转移规划，动员他们从长远利益出发早日搬迁转移。确定和建设安置区要具有长远的发展眼光，同时，给予搬迁户尽量多的退牧补偿和产业扶持，确保牧民搬迁后收入水平不出现大幅度下降并能短期内恢复。重搬迁质量而不重搬迁数量，财力不足时可减少数量，真正做到量力而行。同时，对以往搬迁安置工作中的遗留问题分类排队，因地制宜，妥善解决。

突出重点，稳步推进。重点在安置上下功夫，在新产业上找突破，把第

二、第三产业安置和教育移民作为移民搬迁工作的主渠道。研究制定牧区人口向工业和第三产业转移安置的措施和办法，在生产生活和社会保障等各个方面制定有利于移民的优惠政策，有针对性地开展移民就业培训，引导企业和中介组织为搬迁牧民提供就业和生产服务。制定对农牧民子女高中阶段的“两免一补”政策，鼓励农牧区的孩子尽可能完成高中以上学业。加强职业高中教育和农牧区劳动力转移培训，提高他们在非农产业的就业率。对经过统一培训集中安置到工矿企业的牧民家庭，要广泛筹集资金，建设一定面积的职工住房，并落实就业“五项”保险政策。对于自主择业从事服务业或个体工商业的农牧民，直接享受城镇下岗职工再就业的优惠政策，减免一定的税收和工商管理费，并且在小额信贷资金扶持以及生产生活用地等方面给予必要的政策扶持。要确保搬迁牧民在教育、文化、科技、卫生、社会保障等方面逐步享受城镇居民同等待遇，做好安置后的各项后续服务工作。

集中项目，保证投入。要处理好国家退牧还草、公益林补偿等项目政策与移民安置的关系，按照“渠道不乱、用途不变、集中使用、各记其功”的原则，进一步加大项目、资金整合力度，结合阿拉善盟的实际，灵活实施项目，更多地将项目资金用于移民安置。盟旗财政每年应拿出一定的资金用于退牧户基础设施补偿、农牧民安置、就业培训和养老保险等，逐步提高安置标准，对没有解决温饱的，要继续攻坚，已经解决温饱的，要巩固成果，加大扶贫工作力度，确保移民生活水平不降低。

完善制度，化解矛盾。研究制订草牧场、土地经营权流转办法，妥善解决并处理好“土地、草牧场承包30年不变”政策与禁牧、转移的关系。在对退牧户实行较彻底的安置和补偿之前，暂不收回退牧户草牧场经营权证，保留其继续从承包草场受益的权利。有计划筹措退牧户财产补偿资金，逐步实现对退牧户房屋、棚圈、围栏、水井、水塘、自来水等原有设施的全面补贴。待退牧户的草场和基础设施得到彻底补偿，新的生产生活得到保障后，再根据政策办理草牧场经营权证置换手续。坚持生态保护与农牧民生产生活相结合的原则，处理好退牧与合理利用草原的关系、退牧与牲畜保种的关系、退牧与保护草原文化的关系等，对留守户采取以草定畜措施，逐步实施生态补偿制度。实施牲畜种子工程，保护阿拉善白绒山羊、阿拉善双峰驼、滩羊等地方良种。鼓励发展沙产业，对通过生态建设搞沙产业等转产致富的牧户给予政策支持，切实把握好退牧和草场利用的尺度，确保生态环境的良性循环，人与自然和谐相处。

（二）帮扶政策

随着政府职能从管理型向服务型、协调型的转变，许多政策也从指令性向指导性转化。帮扶政策是指导村庄建设，引导村民遵守国家法规并且给予需要帮助的人以支持的，因此这些政策对于阿敦高勒嘎查的建设发展是不可缺少的。

1. 基础设施建设帮扶

前文对阿敦高勒村容整洁方面的介绍中，我们了解到阿敦高勒嘎查的很多基础设施建设都受到了阿拉善盟、行署、孪井滩经济区政府的帮助。所以要使村中的基础设施顺利建成，上级政府的资金支持是不可缺少的。同时，上级部门在进行基础设施建设规划时要尊重当地村民的意见，寻找适合当地的方案。

表 3 - 1　　2010 年孪井滩生态移民示范区阿敦高勒嘎查“一事一议”财政奖补项目一期

<table>
<tr><th>序号</th><th colspan="2">名称</th><th>单价</th><th>数量</th><th colspan="2">合计费用（元）</th></tr>
<tr><td>1</td><td colspan="2">三相电接入</td><td></td><td></td><td colspan="2">20000</td></tr>
<tr><td>2</td><td colspan="2">液晶电视机</td><td>8000 元/台</td><td>1 台</td><td colspan="2">8000</td></tr>
<tr><td>3</td><td colspan="2">DVD</td><td>1000 元/台</td><td>1 台</td><td colspan="2">1000</td></tr>
<tr><td>4</td><td colspan="2">音响及外放设备</td><td>5000 元/套</td><td></td><td colspan="2">5000</td></tr>
<tr><td>5</td><td colspan="2">嘎查队部门前硬化</td><td>100 元/ 平方米</td><td>1000 平方米</td><td colspan="2">100000</td></tr>
<tr><td>6</td><td colspan="2">砂石路</td><td>12 元/ 平方米</td><td>2500 米 ×8 米
=20000 平方米</td><td colspan="2">240000</td></tr>
<tr><td rowspan="4">7</td><td rowspan="4">绿化</td><td>苗木费</td><td>40 元/棵</td><td>900 棵</td><td>36000</td><td rowspan="4">100000</td></tr>
<tr><td>苗木种植人工费</td><td>100 元/天</td><td>100 天</td><td>10000</td></tr>
<tr><td>苗木种植机械费</td><td>500 元/台班</td><td>36 台班</td><td>18000</td></tr>
<tr><td>浇水及三年养护</td><td>40 元/棵</td><td>900 棵</td><td>36000</td></tr>
<tr><td>8</td><td colspan="2">其他费用</td><td></td><td></td><td colspan="2">10000</td></tr>
<tr><td colspan="7">费用总计：484000 元</td></tr>
</table>

表 3－2　　2010 年李井滩生态移民示范区阿敦高勒嘎查
“一事一议”财政奖补项目二期

序号	名称		单价	数量	合计费用（元）
1	垃圾集中堆放池		300 元/平方米	250 平方米	75000
2	库房建设（二层楼的基础，建一层库房）		1300 元/平方米	120 平方米	156000
3	篮球场、羽毛球场硬化		100 元/平方米	600 平方米	60000
4	健身运动器材	户外健身器材（坐推器）	3000 元/套	2 套	6000
		肩关节康复器 KM－011	2500 元/套	1 套	2500
		户外健身器材（腰背腹肌组合 KM－074）	2000 元/套	1 套	2000
		户外健身器材（三维牵引器 KM－006）	2000 元/套	1 套	2000
		室外健身器材（小区健身器材之两联腹肌板）	3000 元/套	1 套	3000
5	其他费用				9500
费用总计：31600 元					

2. 整村推进帮扶

由于生态环境恶劣，阿敦高勒嘎查的农户搬迁至此，经过 13 年的辛勤劳作，现在的生活水平比以前有所好转，但是距离小康水平还是有很大的距离。阿敦高勒嘎查的农牧业结构主要是：自然农业、设施农业、天然畜牧业和综合舍饲养殖业，主要产业农业以玉米、西瓜、油葵、棉花为主；设施农业以高效日光温棚种植蔬菜为主；畜牧业以天然畜牧业放养为主；综合饲养业以圈养猪、羊、牛为主。阿敦高勒本地的农业主要是一种规模农业，规模农业单产相对较低，再加上农民直接将农产品卖给收购商，农产品的附加值几乎没有。这样农户种三四十亩地，一年下来除了一家人的生活、孩子上学之后就所剩无几。要想让农民真正的富起来就得走“种养”相结合的道路，真正实现“种、养、加”一体化经营。

自 2001 年开始，内蒙古自治区开始实施整村推进扶贫开发工程，到 2008

年，第一期结束并且取得了显著的成效。按照国家“一个加大，两个提高”[①]和树立“大扶贫”[②]以及内蒙古自治区扶贫开发工作的总体部署要求，2008年继续实施整村推进的扶贫工程。

阿敦高勒嘎查目前正在以“绿色、生态、品牌”为目标建两个园区。其一，规模农业区。形成2万亩玉米种植基地、1万亩西瓜种植基地，1万亩油葵种植基地和1万亩棉花种植基地以及2000亩温棚蔬菜生产基地，采用“订单农业和公司+农户”形式，培育具有带动作用的龙头企业。其二，生态畜牧园区。牧区侧重发展以家庭为主的畜群草库伦建设和舍饲育肥。

表3-3　2008年阿敦高勒嘎查“整村推进”肉牛养殖基地建设项目

<table>
<tr><td colspan="2">项目名称</td><td>阿盟孪井滩生态移民示范区阿敦高勒嘎查肉牛养殖基地建设项目</td></tr>
<tr><td colspan="2">项目地点</td><td>阿左旗嘉尔嘎勒赛汉镇阿敦高勒嘎查</td></tr>
<tr><td colspan="2">项目建设规模</td><td>建占地面积1.2万平方米、年出优质肉牛240头养殖基地一处</td></tr>
<tr><td colspan="2">项目总投资</td><td>160万元（其中：财政资金100万元）</td></tr>
<tr><td rowspan="2">需求</td><td>市场分析</td><td>目前，我国牛肉产量剧增，2008年达到960万吨，比1980年的35.7万吨高出22.4倍，比2000年的532万吨高出44.6%，但是人均产量还只有6.85千克，整体上还处于低水平，优质牛肉尤其缺乏，而缺口正意味着市场。
本地拥有很好的交通优势，对于养殖户饲养出来的肉牛可以销往宁夏各市县，这样可以保障养殖户“养得出，卖得掉”本项目的建设对保障人们食用肉牛质量和需求有重大的建设意义，深受广大贫困农牧民的欢迎和支持。</td></tr>
<tr><td>产业发展</td><td>在目前当地农业效益低下，农民增收困难的情况下，利用本地地缘优势、资源优势大力发展舍饲养殖业、这不仅体现了产业结构的进一步优化，而且对于促进区域经济发展、农民增收，树立“为养而种，种养结合”的意识，加快本地区畜牧产业化发展的步伐，延伸产业链，具有积极的示范带动作用。</td></tr>
</table>

① “一个加大，两个提高”即加大对革命老区、民族地区、边疆地区、特困地区发展的扶贫力度，提高扶贫开发水平，逐步提高扶贫开发标准。

② “大扶贫”即扶贫开发充分利用“以农带工、以城促乡”的政策背景；要充分调动地方政府积极性并纳入当地国民经济和社会发展的总体规划；要充分利用各部门的资源优势，统一规划、加强协调、渠道不乱、任务不变、各负其责、各计其功，把资源投向贫困地区。

续表

项目名称		阿盟孪井滩生态移民示范区阿敦高勒嘎查肉牛养殖基地建设项目
硬件设施	原材料体检	①项目饲料保障土地3万亩，畜用水50万立方米，养殖环境良好； ②项目扶贫户大都是搬迁牧户，具备多年养殖经验，劳动力充足； ③项目区养殖原材料为本地农业区提供，并且可以将原本用来烧的草（秸秆）用来饲养肉牛，这样养殖成本相对较低。由于本地区有适合优质肉牛生长的地理环境，这使得在本地区建设本项目更具优越性。
	技术情况	①项目的实施组织方式： 监管单位：盟扶贫办 主管单位：示范区农林牧局 建设单位：阿敦高勒嘎查村委会 技术支持单位：盟农牧局、科技局、家畜改良站 ②主要技术措施：优质肉牛选择、科学饲喂、技术培训，加强防疫和跟踪服务。
方案	目标	①向市场提供优质肉牛180头/年，8.5万斤/年； ②年产值达到130万元；年人均增收1100元； ③扶持专业养殖户80户，使260人脱贫致富；贫困牧户脱贫达100%。
	实施内容	①购买优质肉牛80头（每户一头）； ②新建草料房1600平方米（每户20平方米）；新建棚圈1000平方米；改善牛圈饮水设施80套； ③购置小型草料加工设施80套。
扶贫开发	受益情况	通过项目实施，受益人口498人，带动贫困人口260人。年产值可达到130万元，扣除饲养成本60万元，净利润为70万元，按受益人口498人算，人均增收1405元，而且对贫困户给予资金、技术、管理等各方面的大力支持，从而使这些平困户逐渐走向稳定致富之路，也就实现了整村推进的目标。
效益分析	经济	通过项目实施，年产值可达130万元，人均增收2207元。
	社会	通过实施农区舍饲养殖业： 增加农民收入，尽快脱贫致富达小康； 为灌溉区调整农业结构，培育农区舍饲养殖典型试验示范； 安置农区剩余劳动力，促进农村牧区经济、社会良性循环。
	生态	通过养畜果腹还田，培肥地力、改善土壤、促进农业增产增收。

将农业和牧业相结合，采取农牧互补，并且逐渐形成规模，这样逐步引导农牧民走综合性的种、养、加一体化经营之路。将农业种植和养牛相结合就会实现“养牛多、秸秆少、农肥多、产量高、环境好、收入多”的局面。给农民带来的效益也是多方面的：

第一，农民可以将田地里的秸秆、瓜秧用来喂牛，而不是烧掉，这样既可以将资源有效利用，还保护了大气环境。

第二，农民将农田生产的饲料喂牛，粪便可以用来肥田，增加农产品产量，从而增加农民收入、节省种地的开支。

第三，通过养牛可以直接增加农民的收入，进而提高农民生活水平。

3. 妇女帮扶保障

阿敦高勒嘎查委会的妇女组织对妇女获得生存发展资源问题极为重视，将其作为妇女生存发展中的头等大事来抓。同时，阿敦高勒嘎查的妇女积极配合村领导开展各项工作，村“两委”班子、妇代会都有女性成员。

阿敦高勒嘎查妇女组织在开展工作中，加强社会主义精神文明建设。通过先进引路，将“十佳巾帼文明岗”“十佳巾帼建功标兵”“十佳五好文明家庭”“十佳好婆婆”“十佳好媳妇”的优秀事迹在全村推广和宣传，用榜样带动乡风文明；同时，不断提高妇女参与农村发展的能力。为建设富裕民主文明和谐新农村发挥了积极的作用。

4. 农业扶持政策

阿敦高勒嘎查一直深入贯彻党在农村牧区的各项方针政策，加大对“三农三牧”投入力度，大力发展生态农牧业，加快生产力布局和产业结构调整步伐，多渠道促进农牧民增收，农牧业保持良好的发展势头。“十五”以来，以农村牧区税费改革为重点的“两减免三补贴”政策落实到位，大幅度减轻了农牧民负担，增加了农牧民收入。2002 年以来，阿拉善盟先后取消了“三提五统”费用、牧业税、农业税、农畜产品特产税和农牧区“义务工”“劳动积累工”，农牧民从事农牧业生产实现了零税赋。同时，进一步加强了农牧民负担监督管理，推行了农牧区税费“公示制”，有效防止了农牧民负担反弹，巩固了农牧区税费改革成果。从 2004 年开始，阿拉善盟又先后落实了粮食直补、农机具购置补贴、良种补贴和农资综合补贴。

表 3－4　　阿敦高勒嘎查农业补贴颁布大事记

时间（年）	项目名称	备注
2002	退牧还草政策	
2003	农村沼气项目	
2004	粮食直补	享受补贴的粮食品种为小麦和玉米
	农机具购置补贴	
2005	良种补贴	
2006	农资综合补贴	每亩补贴 10 元
	牲畜良种补贴	对白绒山羊、西门塔尔牛、乌珠穆沁绵羊、双峰驼等良种牲畜进行补贴
2007	农牧业保险	

5. 帮扶政策评价

通过对阿敦高勒嘎查实行的帮扶和奖励政策实施情况的了解，我们能够感受到虽不富裕的阿敦高勒是个积极上进不断发展中的年轻移民村。通过各种形式的帮扶项目，阿敦高勒嘎查的基础设施如今已日趋完善。

还有其他一些帮扶形式。比如，阿盟农牧业局帮扶阿敦高勒经常派人了解情况，关心嘎查的发展。自 2007 年至今扶贫特困户两户，扶贫资金 10000 元；扶持“计划生育三结合户”5 户，资金每户 5000 元；引进项目资金 50 余万元，派挂职干部帮助嘎查设计规划办公楼，同时也划拨了 80 余台粉草机，使嘎查从根本上解决了养殖饲草料难的问题；开展农业技术培训等科技培训 6 期；资助贫困学生 3 名；捐款捐物折合人民币 14 万元。还有，阿左旗文体局不但给予嘎查很多物质帮助，如：帮扶三户贫困户，帮扶资金 1500 元；给特困户发放衣物 40 余件、被褥 15 套；发放粮油折合人民币 2000 元；在文化娱乐方面也给予了大量支持，篮球架 1 副、乒乓球案 2 套。在嘎查 10 周年庆典上，阿左旗文体局的领导还亲自光临指导，并且带来了乌兰牧骑，为嘎查此次活动增添了欢乐气氛。通过此次活动，有力地带动了嘎查村民参加文化娱乐活动的积极性，丰富了村民的业余生活。让嘎查村民深深地记在心里。

（三）社会主义新农村、新牧区建设

阿敦高勒嘎查所在的阿左旗于2007年开始进行社会主义新农村新牧区试点建设，为期4年（2007—2010年），并分三个阶段推进。2007年为起步阶段。确定试点嘎查村产业定位和发展模式，选择主导产业及特色产业；2008—2009年为全面推进阶段。根据各试点嘎查村的建设规划和方案，因地制宜，分类建设，加强对试点嘎查村的指导和服务，全面推进试点建设；2010年为总结提高阶段。全面总结试点建设经验及存在问题，提出进一步改进和完善的措施、意见和建议。阿敦高勒嘎查在2008年开始社会主义新农村新牧区建设。

阿敦高勒嘎查在新农村建设中以科学发展观为指导，以发展农村牧区经济为中心任务，以提高农牧民收入和改善农牧民生产生活条件为最终目标，按照党的十六届五中全会提出的“生产发展、生活富裕、乡风文明、村容整洁、管理民主”二十字要求和经济、政治、文化、社会四方面建设的内容，深入实施城乡一体化战略，加大对农村牧区的投入和支持，围绕形成产业发展新格局、实现农村牧区面貌焕然一新，农牧民收入显著提高，农村牧区基础设施条件明显改善、塑造文明新风尚和健全管理民主新体制的主要任务，协调推进本村经济建设、政治建设、文化建设、社会建设和党的建设。下面就从生产发展、生活宽裕、乡风文明、村容整洁、管理民主五个方面对阿敦高勒嘎查新农村建设成果进行考察。

1. 生产发展

新农村建设的首要任务是生产发展，并以粮食生产为中心大力提高农业综合生产能力。农业是农村的产业基础，生产发展的重要途径。阿敦高勒嘎查领导班子充分理解建设现代农业的过程，就是改造传统农业、不断发展农村生产力的过程，就是转变农业增长方式、促进农业又好又快发展的过程，把建设现代农业作为贯穿新农村建设和现代化全过程的一项长期艰巨任务。

阿敦高勒嘎查刚移民到孪井滩的时候，生态环境恶劣、经济基础薄弱，经过17年的辛勤劳作，现在的生活水平比以前是有所好转，但是说奔小康还是有些距离的。由于本地的农业主要是一种规模农业，规模农业单产相对较低，再加上农民直接将农产品卖给收购商，农产品的附加值几乎没有。这样农户种三四十亩地，一年下来除了一家人的生活、孩子上学，之后就所剩太少。要想让农民真正的富起来就得走“种养相”结合的道路，真正实现“种、养、加”一体化经营。在绿洲大田农业生产建设方面，为了充分利用农副产品和解决农村劳动力就业问题，适时调整绿洲农业种植结构，走种养结合的道路。根据市场需求，确定种植面积，调整农作物种植结构，实行订单生产，降低了市场风险。利用现有的条件，通过项目资金的扶持，阿敦高勒嘎查给40户专业养殖户每户购买优质肉牛5头，每户维修草料房20平方米，每户配套一台小型饲料加工设备。达到标准化食用肉牛养殖规模，形成供、产、销链条。随着农村牧区经济不断发展，改造沙漠，推动生态建设，恢复草场植被，给子孙后代留下“山川秀美”壮丽草原，有必要舍饲圈养、休牧、禁牧、退牧还草。自2010年起，根据畜牧业和种植结构调整计划，在不开垦新耕地的情况下，规划建设节水灌溉人工草地、青贮饲料地、块根块茎类多汁饲料地。建立完善牛、羊、猪养殖棚圈标准化建设，到2010年，阿敦高勒嘎查农作物总播种面积稳定在6000亩以内，粮食作物播种面积达到3000亩，经济作物播种面积达到3000亩，无公害农产品的种植规模扩大，使种植业内部结构进一步优化。饲草料及其他作物播种面积2000亩，推广优质专用农作物1000亩，占总播种面积的10%。①

在保证粮食生产的同时，阿敦高勒嘎查充分认识到发展现代农业是社会主义新农村建设的首要任务，是以科学发展观统领农村工作的必然要求。推进现代农业建设，是促进农民增加收入的基本途径，是提高农业综合生产能力的重要举措，是建设社会主义新农村的产业基础。阿敦高勒嘎查是阿左旗发展制种业的最佳地区之一。在农业发展上坚持“控制面积、精种高效、突出特色”的原则，规划建设了高标准的种子基地，配套节水灌溉设施，农耕机械和种子加工机械，建设种子库和晾晒场等，到2010年已经建成2000亩制种基地。②

农业机械化是农业现代化的重要标志。阿敦高勒嘎查在农业生产中实现了用现代物质条件装备农业。阿敦高勒嘎查处于荒漠区，降水稀少，水源缺乏，且属于引黄溉区。进一步提高土地生产力，完善耕地灌溉设施，实行节

① 资料来源：《阿敦高勒嘎查社会主义新农村建设规划（草案）》。

② 资料来源：《阿敦高勒嘎查社会主义新农村建设规划（草案）》。

水灌溉。用现代发展理念引领农业，完善农田水利设施建设，提高了农业水利化、机械化和信息化水平。阿敦高勒嘎查小型农用四轮拖拉机户均1台，但是这种一家一户小型农机具，生产效率低，浪费劳动力，不适应产业化生产的需要。阿敦高勒嘎查的领导班子规划发展农机专业户以及配置大重型机械。嘎查现有大型拖拉机9台。

同时，阿敦高勒嘎查充分利用丰富的光热、水土资源优势，建立以节水为中心，面向城镇的高效温棚蔬菜产业基地，逐步形成规模，以农业园区的形式加以开发建设。目前，扩大日光温室规模，加强节水灌溉设施建设，是自2010年三年间本村工作的重点。全体村民都表示会全力投入这项惠民工程之中。

阿敦高勒嘎查除了紧紧抓住农业这一基础产业不放松之外，还积极发展其他产业，创造新的致富门路、新的经济增长点。其中具有代表性的就是建立发展肉联厂。努力改善投资环境，大力吸引外资，扶持发展肉食品加工企业，提高肉牛、肉羊的加工转化比例。同时，建立规范的活畜交易机制，改、扩建绿洲牲畜交易场所。

生产发展是新农村建设当中的重要一环，因此阿敦高勒嘎查领导小组一直把发展生产作为工作的重心，以生产发展带动新农村建设的其他方面，达到生产发展的目的。

2. 生活宽裕

建设新农村的根本目标，就是为了满足人民群众日益增长的物质文化生活需要，提高人民群众的生活水平，实现更高水平的生活富裕。阿敦高勒嘎查作为移民村，经济基础非常薄弱，基于此，必须千方百计增加农民收入，提高农民生活水平和生活质量，努力使广大农民的生活有比较明显的改善，千方百计提升农民的生活标准。

①增加农民收入，提高农民生活水平。阿敦高勒嘎查严格按照党中央、国务院以及自治区政府所做出的指导性方针，广泛开辟农民增收渠道，从两方面提高村民的收入，使村民的生活越来越宽裕。一是充分挖掘农业内部增收潜力，着力形成农村内部增收力量；二是积极拓宽农村外部就业和增收空间，进而不断提高农民的收入水平。紧紧抓住农业生产不放，同时拓宽村民在其他产业的收入空间一直是阿敦高勒嘎查在提高本村村民富裕程度上坚守的原则。

②改善农民消费环境，提高农民生活质量和标准。由于阿敦高勒嘎查移民村的特殊性，移民而来的牧民以前在牧区的时候是自给自足，不计算生活开销也不攒钱的消费观念。而移民到李井滩之后开始从事农业生产以及小商品经营业，农民的收入增加了，但是农民手中的钱怎么花，花在哪，越来越受到关注。不能让农民单纯为了收入提高而发展生产，让农民的生活质量提高才是生产发展的目的，要着力解决农民生活中最迫切的实际问题，切实让农民生活得到直接而实在的改善。让农民群众更多更好地享受现代文明，生活水平和生活质量不断得到提高。

经常性支出。阿敦高勒嘎查村民用于经常性支出的主要为：生产资料、生活资料、交通通信费用、红白喜事、医疗卫生等。随着现代农业步伐的加快，农业实用科技已成为农民发展生产增收致富的一个重要途径，合理配置资源，购买或租用与之配套的农用物资、农机具、化肥、良种等仍然是农民较大的生产性支出。无论收入高低，用于生产性的支出占总收入的约1/10左右；饮食与穿着方面，在村民收入逐年提高的条件下，村民生活状况不断改善，解决温饱后，在吃穿质量上，肉、蛋、鱼及其制品等消费比例得到提高；由于不少村民外出务工，所以在交通通信费用方面的支出相对较多，有的家庭一年能超过3万元；红白喜事支出在全国各地农村都是一项重要的家庭支出，很多人批评这是一种浪费，但是在农村这是一种增进感情的方式，想要完全杜绝的可能性较小，因此，村民也不可避免的在红白喜事上花费不少；医疗卫生方面，村民整体身体状况良好，每年得大病的人很少，再加上新型农村合作医疗已经在嘎查普及，因此村民们花在医疗上的费用也不多。

非经常性支出。非经常性支出主要涉及建房、购买耐用消费品。在非经常性支出方面着重提一下建房，因为据我们调研了解到，嘎查基本每家花在房屋建造方面的主要是材料费用。耐用消费品方面，农民在增收的同时，不再局限于简单的吃穿消费，而开始追求更加舒适的现代生活方式，家用电器逐渐普及，且向高档化转变，达到全面普及的水平，甚至有的家庭有两三台电视机；电冰箱、影碟机、摩托车、组合音响、固定电话基本村中家家都有了；手机在有的家庭已经是人手一部了。嘎查村民自愿集资用于村中公益事业上，如农村电网改造、改善饮水条件、修生产路与灌溉沟渠、建文明路等方面的费用也占村民消费支出的一大部分，这一部分支出将在村容整洁部分做详细阐述。

通过我们在村中的调研观察发现，阿敦高勒嘎查村民的消费存在着一些问题。

第一，全村劳动力整体素质较低，阿敦高勒嘎查村民受教育程度低，很多村民只上到小学就不再接受教育，劳动力素质普遍较低，思想观念较之受教育水平较高地区落后。突出表现在：传统的小农意识根深蒂固，严重制约了村民的思维能力和欣赏水平，在一定程度上决定了其品位的层次，出现了“小富即安”的思想，有了钱不知怎么花的问题。缺乏理财意识、风险意识和干大事创大业的开拓进取精神。

而农民受教育年限就更低，导致了阿拉善盟农牧民的劳动技能偏低，文化素质偏低，科技成果转化率偏低，进而导致缺少懂技术、会种田的新型农民；缺少懂科技、会管理的青年农民；缺少农业企业家和掌握高技术的人才。阿敦高勒嘎查对待接受教育的态度是近年来才有所改变的，在这方面国家大力推进九年义务教育功不可没。

第二，村民消费结构不合理。大多数农民消费偏重于物质消费，吃喝消费方面的支出比重仍然较大，而在医疗保健、科教文娱、子女教育等精神建设方面的支出比重不足。

第三，村民消费层次低、缺乏理财意识和能力。农村居民由于受传统习惯的影响，以及自身缺乏相应的消费商品和消费知识，所消费产品档次低、质量差。对闲置资金的利用率不高，缺乏投资意识。在阿敦高勒嘎查村民消费的很多方面都存在不少问题，针对村民在消费方面存在的问题就要寻找解决方法。首先是重视农村教育和新型农民培训工作，提高农民群众的科学文化素质。引导农民追求文明、健康、向上的生活方式，加大教育、科技、文化、娱乐、旅游等非商品性消费的引导力度，改善消费结构，提高农民消费水平和档次。

其次，在社会主义新农村建设中，对村民进行思想教育的引导和指导。通过学习讨论，明确民族传统文化和风俗习惯中哪些是好的，应该坚持，哪些是不好的，应该放弃。在此基础上，健全和完善村规民约，使社会主义核心价值成为村民的自觉行为。

最后，不断推出政策以鼓励和引导农村消费。例如，家电下乡政策正是为提升农民对耐用消费的消费水平及层次而推出的优惠政策。在保护农村消费方面的建设也越来越得到重视。增加农民纯收入，提高生活质量。进一步扩大农民养老保险覆盖率。

3. 乡风文明

农民，是建设新农村的主体。培养新农民，倡导新风尚，是社会主义新农村建设的本质要求和突出特征。阿敦高勒嘎查以实现乡风文明，邻里和睦、团结互助，农民自立自强、艰苦奋斗、勤勉协作的意识明显增强为目标，倡导无“黄、赌、毒、封建现象”的健康文明生活方式。

第一，优先发展教育事业。

乡风文明的首要任务就是优先发展教育事业。针对阿敦高勒嘎查村民文化水平普遍较低的事实，加快普及和巩固本村的九年义务教育，到2010年义务教育阶段适龄儿童小学入学率99%以上，初中毛入学率95%，高中或职业教育普及率70%，已经建有幼儿园和农民成人文化培训场所。

第二，开展丰富多彩的文体活动。

村中的业余活动是否丰富多彩是体现乡风文明程度的一个重要指标。阿敦高勒嘎查在组织村民参与业余活动方面做得是十分成功。2010年阿敦高勒嘎查的文化活动室面积达到100平方米，还建成了本村的图书室，藏书2000多本，报刊5种以上，还设有“草原书屋”，农民可以利用农闲时间学习种植、养殖、法律等各方面的知识，极大程度的满足村民对科学文化知识的需求。为充分发挥妇代会的作用，经常组织村民参加了“元宵节”“三八妇女节”“七一”，农牧民运动会等各项文体活动，并在活动中多次获得各项奖励。除了抓生产、提高经济发展以外，为了方便村民强身健体，使他们在农闲时有一个锻炼身体的场所，2010年阿敦高勒嘎查刚刚又添置了八套健身器材，两套高档音响设备，这些器材的添置不仅杜绝了村民打麻将、赌博等不良习气、丰富了农民的业余生活，还加强了村民之间的相互沟通。2010年7月1日，阿敦高勒嘎查领导班子组织党员，农民代表去工业园区和泵站参观学习，让村民去感受家乡日新月异的变化，让农民放宽眼界、开阔思路。

第三，重视培养新型农民。

培养新型农民是实现乡风文明的一项重要措施。阿敦高勒嘎查每年都会组织村民到县上、镇上参加农业科技培训，同时邀请科技、农业、水利等部门的技术人员到本村开展农村实用技术培训，目前90%以上的村民都掌握了一到两门农业技术。技术培训是新型农民培养的一方面，对于农民的精神文明建设也是不可缺少的。

阿敦高勒嘎查对于交通安全、食品安全、地质灾害等知识宣传也十分关注，经常性的板报宣传，使村民不断提高安全意识。在抵制陋习、破除迷信方面，村委会领导小组通过宣传教育，为村民们讲清迷信、陋习对自身的危害，倡导村民树立先进思想观念和良好道德风尚，建立科学健康的生活方式。阿敦高勒嘎查现在已经没有人从事封建迷信活动，许多生活中的陋习也已经改变。

第四，发挥共产党员的带动作用。

阿敦高勒嘎查在进行乡风文明的过程中深刻认识到共产党员的带动作用，因此对党员的教育工作抓紧抓细，制定了党员活动管理制度以及一年两次的民主评议党员制度，进而通过党员的示范带头作用带动全村的文明建设。“群众是我们的衣食父母，群众的事情是我们的事情，群众要办的事情是我们要做的工作。”阿敦高勒嘎查的党员干部经常这样说，同时他们也是这样做的。阿敦高勒嘎查的党员带头对全村新农村建设所发挥出的力量可以说是巨大的。

① 阿敦高勒嘎查党员活动中心管理制度

党员联系户制度。党员每年两次进家入户，了解对帮扶贫困户的情况，了解群众生活的困难和问题。对群众提出的问题，按法律法规和政策规定认真答复，推行“党群连心卡”把联系工作做细做实。

扶贫帮困制度。认真听取困难户提出的问题，以实际出发帮助贫困户，落实种植资金短缺问题，做好产前、产中、产后服务工作，对贫困户家庭发生特殊情况，采取相应措施给予解决。

党员为民办实事制度。设立“书记信箱”，建立群众“说事制度”，公开设置意见箱、电子邮箱等方式，畅通群众反映情况的渠道。

党员定期走访制度。首先，党员要围绕本嘎查发生的难点、重点、热点问题开展“察民情、听民意、办实事”的走访活动。其次，将以“五访五问”为主要内容的“民情走访"活动向党员中延伸。组织党员走访小康户、产业户，问致富经验；访老干部、老党员，问发展良策；访意见户、上访户，问事情原委；访困难户、低保户，问衣食冷暖；访返乡农民工、流动党员家属，问就业现状。再次，认真听取群众意见，并且找准本嘎查存在的突出问题，要把深入走访和解决问题结合起来真心真意、力所能及地帮助周边党员群众解决一些实际问题，使党员群众真正感受到学习实践活动带来的新变化。

党员公开承诺制度。首先，每年年初，党支部结合制定年度工作目标确定承诺事项，党员根据本年度工作目标任务，结合本人自愿提出承诺事项。其次，党组织对党员的承诺事项要注意审查把关，重点审查承诺事项是否符合党员群众意愿，是否符合实际，是否切实可行。再次，承诺事项确定后，党组织和党员要签订承诺书、明确承诺人、承诺事项、保障措施、完成时限等。最后，加强对党员承诺事项落实情况的监督检查，及时发现和解决随时出现的问题。对兑现承诺成绩突出、党员群众普遍满意的党员，进行表彰奖励；对承诺落实效果不好、党员群众不满意的，进行批评教育，督促其整改。

支部党务、政务公开制度。支部党务政务公开每年要进行两次，通过党务政务公开接受党员和群众的监督和批评，做到党务政务公开化、明朗化。

阿敦高勒嘎查通过定期举办各种学习会支委会，以邓小平理论和“三个代表”的重要思想为指导，深入贯彻党的十六大和十六届三中、四中、五中全会精神，以密切党群、干群关系为核心，力争做到“言必行，诺必践”，从而建立健全领导责任制，使支部从各方面不断创新和完善，把好党员入口关，以点带面促进党员保先，助推新农村建设。阿敦高勒嘎查党建工作管理的制度保证了嘎查的党员干部队伍是好的，在群众中是有地位、有威信的。

② 阿敦高勒嘎查党建工作管理制度

组织学习和动员发动。认真组织学习和动员，通过学习、动员，使全体党员掌握“五好支部”的实质内容和深远意义，并在党员中开展如何争做优秀党员和如何争创“五好支部”活动的自我要求。保证支部全体党员以饱满热情的状态投入到创建活动中来。

抓好班子素质的提高工作。第一，制定支委成员提高素质的政治理论学习计划，每月支委进行一次学习心得交流，通过学习，进一步提高认识，使班子成员能在党员率先垂范、吃苦耐劳，明显起到带头和表率作用，成为党员队伍的排头雁。第二，支委每月进行一次小型的民主生活会，交流思想，开展批评与自我批评，沟通思想、统一认识，保证支委一班人在任何状态下做到精诚团结，使支委会形成堡垒的核心。第三，建立支委委员与党员的责任联系制度：每个支委负责四位党员同志的思想沟通和联系工作，每月进行一次责任人向支委会报告负责联系党员的思想状态，研究引导党员思想提高的方案。

切实带好党员队伍。第一，每月过一次党组织生活，侧重学习党和国家的路线、方针、政策。每次生活会利用一个课时上好党课。第二，到年底，全体党员至少参与一次奉献爱心的社会公益活动。第三，支部工作年初有计划，年终有总结，年初确立年度党建工作的奋斗目标争先创优、分工细致、责任明确。第四，坚持支委会作为本所重大事项最后决策班子的工作制度，使支委会参与监督本所行政运作。坚持每季度次的支委会制度，例会对每季度工作作出评价，找出工作差距，并评出优秀党员干部。

阿敦高勒嘎查还帮助党员干部牢固树立立党为公、执政为民的观念、大力发展党的优良传统和作风，坚持一个宗旨，牢记“两个务必”、实践“三个代表”，以对党和人民的事业无限忠诚、高度负责的精神做好各项工作，大力弘扬求真务实精神、大兴求真务实之风。真正做到了物质文明、精神文明两手抓，同时两手都要硬，给村民营造了一个良好的生活发展环境。

4. 村容整洁

着力改善乡村面貌，切实改变村容脏乱差、房屋破旧散和农村交通不便、饮水困难的落后状况，创建整洁、舒适、文明的生活环境，是广大农民群众的迫切要求和强烈愿望，也是新农村建设紧迫而现实的任务。

因为阿敦高勒嘎查是移民村，乡村的建设可谓是从无到有一点一滴都是移民来的农牧民靠着自己的辛勤劳动建设的。2010 年嘎查争取到了“财政一事一议”项目，维修嘎查巷道 2.5 公里，建成了 220 平方米的农资储备库。这一项目的实施，村民不再为巷道的凹凸不平而苦恼了，平整整洁的巷道两旁还栽植了花草树木，使嘎查的村容有了很大的改观，农资储备库的建成解决了农户化肥农药的储存问题。在上级部门的引导下，嘎查有 17 户农民修建了房屋，享受到了危房造项目。为嘎查解决了三相电的问题，所有的办公设施进入了正常运行。阿敦高勒嘎查还统一规划光电网改造，实现户户通电通光，电力、太阳能、燃气、沼气等清洁能源普及率达到 90% 以上。到 2011 年，阿敦高勒嘎查至镇大楼所在地修建的公路等级达 4 级以上；从嘎查委员会办公楼通往农户支道水泥路面宽幅 4 米以上；居民区内主干道硬化率达 100%，主干道路灯安装率 95% 以上。建设休闲健身绿地和嘎查主干道两旁以及住宅之间、农户庭院，绿化覆盖率达到 45% 以上。嘎查范围内无乱堆垃圾，路面无淤泥，道路无路障、无乱贴、乱建、乱摆摊、乱堆放等现象，基本消除垃圾及废水对土地、水体的污染、溪渠清洁。

农村的厕所环境是村容整洁的一个不可忽视环节。抓好厕所、化粪池等基础配套设施建设，全面整治环境卫生。在 2010 年以前阿敦高勒嘎查的厕所全部都是旱地厕所，卫生条件差。2010 年 6 月，阿敦高勒嘎查所在的李井滩示范区生态移民示范区社会事务管理局印发了《示范区农牧区改厕项目实施方案》。计划修剪卫生厕所 400 座，计划总投资 46 万元，其中国家财政补助 400 元/座，自治区财政补助 250 元/座，盟财政补助 250 元/座，示范区财政补助 250 元/座，农牧民自筹 250 元/座。阿敦高勒嘎查分得 30 个名额，截至 2011 年我们调研的时候，家庭建卫生间的已有 24 户，而且不再是以前那种与猪圈相连的卫生间，是可以冲水可以洗澡的卫生间，较之以前干净卫生了许多倍。

村内没有路灯一直是阿敦高勒嘎查没有解决的一个问题。由于没有路灯，到了夜间村民的出行十分不便。因为线路问题，阿敦高勒嘎查的这一问题至今还没有得到根本的解决，但是安装路灯已经列入阿敦高勒嘎查新农村建设规划当中，相信在几年后阿敦高勒嘎查一定会在晚上也灯火通明，村民也可以在晚上组织各项活动。

同时在新农村建设当中应当从工业化、城镇化的长期趋势和村镇布局的长远变化出发，充分考虑村镇的乡村特色、地域特色和民族特色，着眼于方便群众生产生活，制定科学合理的乡村建设规划。同时，大力加强农村人居环境治理，并积极探索政府扶持引导、农民自愿参与的村庄治理机制，从而努力实现乡村面貌的新变化。

5. 管理民主

积极健全乡村治理，尊重农民的民主权利，是党处理与农民关系的一个基本经验和基本准则，也是确保新农村建设顺利推进的重要保障。阿敦高勒嘎查在深入开展学习实践科学发展观活动中，按照活动要求，因地制宜地对现有的各项规章制度进行完善，加强指导监督，把工作着力点放在扩大基层民主机制和制度建设上，健全了基层自治组织民主管理制度，进一步推进了基层民主建设，推动集体经济发展，取得较明显的成效。

第一，完善了村务财务公开制度。所有村级集体财务收支，村土地和财产的承包、租赁，村公共基建项目的投资和招标，宅基地分配，计划生育指标的安排以及优抚、救灾救济款的发放等全部实行“阳光”作业，每季度全面公开一次，接受群众监督。

第二，完善了村民自治机制。建立健全村“两委”联席会议制度、重大事项决定制度、“一事一议”制度、村委会向党支部请示汇报工作制度和民主评议村“两委”班子成员制度，使村党支部领导下的村民自治机制走向制度化建设。

第三，明确了党支部职责。建立健全村党支部目标考核制度、民主测评制度、党员议事制度、民主评议党员制度和党员教育培训制度，实行发展党员、党费收缴公示制度，逐步实现村党支部工作规范化。

第四，明确了村委会职责。完善村民自治章程和村规民约，理顺村委会与其他村级组织的关系，制定和完善村民代表会议议事规则和程序，使村民自治法制化；建立监督员制度、议事日制度和村级财务审计公开制度，使民主监督程序化。通过抓好建章立制，阿敦高勒嘎查的各项工作走上了规范化、制度化轨道，实现了自我管理、自我教育、自我服务的目的，确保了阿敦高勒嘎查各项工作正常有序深入开展。

同时为了切实维护农牧民的民主权利，加强法制建设，深入开展普法教育，增强农民的法制观念，提高农民依法行使权利和履行义务的自觉性。对嘎查内各种社会矛盾妥善处理，加强农村社会治安综合治理，打击“黄赌毒”等社会丑恶现象，建设平安乡村，为农民创造安居乐业的社会环境。

6. 农民用水者协会

农民专业合作社是指在农村家庭承包经营基础上，同类农产品的生产经营者或者同类农业生产经营服务的提供者、利用者，为了解决以家庭承包的分散经营和市场对接的问题，自愿联合、民主管理的互助性经济组织。在上级有关部门的重视下，阿敦高勒嘎查农民用水者协会从成立到发展，取得了明显成效，已成为提高农民组织化程度的重要载体、增强农业和农产品市场竞争力的重要方法、推进农业产业化经营和促进农民收入持续增长的重要渠道。同时，农民用水者协会也为转变政府职能，建立新型农业社会化服务体系，创新农业和农村经营机制，实现农业现代化做出了重要贡献。

阿左旗孪井滩扬水灌区阿敦高勒嘎查农民用水者协会成立于2006年，由本协会辖区内的全体用水户代表通过民主方式组织起来的从事农业供水管理的群众性社会团体，是非营利性的互助合作用水组织。现有会员302人，会长1人，执委会委员4人。协会业务范围是：宣传贯彻国家有关的水利方针政策；斗渠的水量调度、测流量水监督和水费的收缴；斗渠工程的维护和管理，保障工程安全运行；组织干、支、斗渠的清淤和浇地；积极为用水户提供与水利及灌溉有关的技术、咨询服务。协会严格遵守国家宪法、法律和政策，接受相关部门或机构的监管和业务指导，切实做好业务工作。

目前协会取得的主要成就：

第一，积极帮助协会成员申请节水灌溉项目，监督项目实施。2006 年至今，嘎查共实施有关的农业节水灌溉项目 2 次，完成农渠口防渗衬砌 76.48 公里，改造中低产田 7800 亩，项目建成后渠系水利用率达到 0.8 左右，田间水利用率达到 0.85，综合毛灌溉亩均用水量比项目建设前节省 150 立方米，节水率达到 30% 以上，亩均节省水费、人工费 52.8 元，人均增收 500 元。在项目建设中协会组织人员全程跟踪、进行协商监督，以保工程质量，2008 年度被阿拉善黄河高扬程灌溉管理局评为“先进农民用水者协会”。

第二，充分发挥协会的协调作用，使之成为沟通供水者和用水者之间的桥梁和纽带，正确处理和解决供水者和用水者之间的矛盾。由于孪井滩灌区属于高扬程引黄灌溉工程的黄河上游生态农业开发区，协会成员都是响应阿盟转移发展战略的号召，为保护生态、治理沙漠，从阿右旗搬迁而来的。农业生产是他们的生命线，按生产需要足量供水是会员最大的愿望。但是黄河水供给量有限，在降水量不足的年份，供、用水者之间发生矛盾是不可避免的。协会通过与灌溉管理局协商调整供水时节、供水量，按照农时及时供水，同时多与农民沟通，尽量化解和减少二者的矛盾。

第三，积极筹建协会阵地，2008 年在阿拉善黄河高扬程灌溉管理局的大力支持和帮助下，建起了占地面积 2000 平方米、建筑面积为 324 平方米的农民用水者协会办公楼，这里将成为协会办公、教育培训、娱乐活动以及协会党团组织学习活动的主要场所。

第四，按时完成有关单位下达的各项任务，如：统计上报种植面积、大渠清淤、维护斗渠等，以保证农业用水合理，安全，高效。

农民用水者协会创办的目的就是大家齐心协力、共谋发展，推动农村经济可持续性科学发展，走共同致富之路，增加农民收入，早日实现小康生活。同时，用水者协会是阿敦高勒嘎查第一个农民组织，作为一个先锋队，以“为生产发展创佳绩、为生活宽裕勤奋斗、为乡风文明谱新篇、为村容整洁做贡献、为管理民主献良策”为宗旨，使协会成为建设社会主义新农村的生力军。

“生产发展、生活宽裕、乡风文明、村容整洁、管理民主”，这五句话是有机统一的整体，五者是缺一不可的，同时这五个方面也是社会主义新农村建设要求。阿敦高勒嘎查从实际出发，因地制宜，必然使本村在新农村建设各方面中齐头并进，越发展越好。

7. 社会主义新农村、新牧区政策实施评价

作为一个移民村，阿敦高勒嘎查在新农村建设中的成就是显而易见的，但是隐藏在各项成绩背后的问题是不能被忽视的。下面就对阿敦高勒嘎查在发展政策实施过程中面临的问题进行分析并提出相应的解决对策和建议。

(1) 存在的问题

第一，缺乏新的增收渠道。阿敦高勒嘎查现今主要的收入渠道就是种植农作物以及从事畜牧养殖业。虽然通过这些村中的传统产业使得阿敦高勒嘎查的村民生活维持温饱没有问题，但是如果阿敦高勒嘎查的经济发展一直仅仅依靠这几项产业，在相当一段时间内很难让农民收入有大幅度的增加，嘎查也很难有更大的发展。所以增收渠道单一已经成为影响阿敦高勒嘎查进一步发展的瓶颈。

第二，饮用水匮乏且不卫生。阿敦高勒嘎查农户大多通过水井获取饮用水，且水井都是农民手工自挖自制，由于技术有限，只能取到不达标的地表水，其他用水只能用水库水甚至池塘水。没有通自来水一直都是阿敦高勒嘎查村民们的一大问题。没有自来水不仅会使村民生活不便，还会影响到村民们的健康。

第三，农村牧区发展的体制性障碍依然存在。随着农村牧区经济的不断发展，各项改革也在不断深化。但是城乡二元结构仍未彻底打破，对于农牧民视为命根子的土地、资金等影响农村发展的因素未能得到有效、合理的配置，统筹城乡发展的体制、机制还没有完全建立起来，新农村的任务相当艰巨。

第四，基础设施建设资金到位难。阿敦高勒嘎查借新农村建设为契机对村中的多项基础设施进行了改造和新建。但是在基础设施建设资金筹集方面，阿敦高勒和很多地方一样面临着资金拨付滞后现象。在上级承诺的基础设施资金拨付时间内，资金经常很难到位，在一定程度上影响了工程建设以及村民的正常生产生活。如果农村基础设施相对滞后的矛盾不解决，发展生产，致富农民只能是一句空话，所以基础设施建设资金到位难的问题必须得到解决。

从事生产活动的资金来源不足。财政支农资金有限，特别是乡镇，大部分都是“吃饭财政”，农村集体经济薄弱，而向农民筹资几乎不可能，银行（信用社）基于风险，放贷量也有限。村民向银行申请贷款的程序也比较复杂，严重影响了村民的投资活动。

（2）对策建议

第一，继续搞好特种绿色养殖示范基地建设。党的十六大提出了建设小康社会的宏伟目标。要实现全面建设小康社会的奋斗目标，重点在农村，关键在农民，难点在增收。如今，畜牧业已成为阿拉善盟农牧区经济的支柱产业，加快畜牧业发展，必将为全面建设小康社会尤其是农村小康建设的重要支柱产业。根据盟、旗特种养殖业发展规划，结合示范区资源优势，搞好特种绿色养殖示范基地建设，发展优质肉牛养殖将是促使示范区畜牧业向优质化、产业化、特色化发展的关键，大到对阿左旗孪井滩全示范区畜牧业的发展，小到阿敦高勒嘎查农户从事养殖业将起到巨大的示范带动作用。因此通过政府支持，龙头带动、农民参与，促使项目尽快达到规模发挥效益，实行订单牧业，促进示范区良种肉驴养殖业的发展，消除农户散养的风险，有效增加农民收入，使项目区农民致富奔小康，促进和谐新农村建设。

第二，拓宽农民增收渠道，促进农民持续增收。一是加大农村牧区剩余劳动力的转移力度。开展定向培训和订单培训，促使农村牧区劳动力尽快就业，切实保护好务工农民的合法权益，免费为外出务工农民提供政策咨询和就业服务。阿敦高勒嘎查应该通过培训开发出新的外出务工行业，不要仅仅停留在建筑业和小商品行业。要充分发挥基层农技部门和科技人员的作用，分期分批对农民进行农业实用技术等的培训，促进科学种田，科技养殖。同时，大力发展农村成人教育，增强农民就业创业的能力，不断扩充本村的图书馆、老年活动室等，满足农民群众多方面、多层次的文化需求。二是挖掘农业内部的增收潜力，使农民在农业产业链的延伸中获得更多的收入。

第三，优化农村信贷政策和信用环境。这一问题的解决主要是依靠政府主导。政府应当尽快探索出台有利于增加农业信贷的正面激励措施，信用合作联社等各类金融机构要调整信贷投放结构，加强对高效农业发展、农民培训创业、农村基础设施建设的支持力度。对农业贷款减免营业税，鼓励合法的民间借贷，使更多的农村资金服务于新农村建设。同时要引导农民树立诚信意识和协作理念，不断优化农村信用环境。可以尝试成立新农村建设担保中心。担保资金筹集可借鉴市中小企业信用担保中心的办法，向金融机构融资一部分，向社会包括乡镇企业、个人筹集一部分，各级财政出资一部分。担保中心是具有民事责任的独立法人，按股份有限公司形式组建，进行市场化运作，资金主要为农业产业化龙头企业、农村基础设施建设和发展社会公益事业贷款提供担保服务。

第四，发展农牧业循环经济，时刻牢记保护生态环境。作为生态移民村的阿敦高勒嘎查还肩负着更重要的责任就是保护生态环境。阿敦高勒嘎查是纯农业嘎查，主要以农业种植为主体经济，经济结构单调，单位产量不高，且效益低。因此，有必要以畜种改良为主，调整优化农牧业经济结构，大力全面发展优质畜牧业，提高现代畜牧业的经济效益和结构优势。应该提倡尊重自然、生态优先的原则。结合阿敦高勒嘎查人少地多、天然草场相对集中、工矿企业等资源条件和区位优势，贯彻可持续发展战略，以生态经济学原理为理论基础，坚持发展经济与环境保护相结合的原则，尊重自然、生态优先、系统优化、自然分区、市场引导、综合开发、规模经营、富裕农民、服务城市，发挥科技进步在生产建设中的作用，提高产品的产量和质量，创绿色产品名牌。一要引进高产品种，二要积极推广先进技术，三要尽力采用先进的工艺和设备。同时，统筹资源开发与保护、畜群增长与环境治理等因素，项目区环境、水质、空气和土壤质量要达到国家规定的绿色基地标准，饲养和防疫人员要持证上岗，规范操作，建立绿色牧草生产基地，保证绿色兽药的使用。

阿敦高勒嘎查的经济政策实施情况总体来说是很好的。不管是从新农村建设上还是帮扶政策与救济政策上来讲，都是严格贯彻执行中央以及内蒙古自治区、阿拉善盟的各项政策文件，并且根据本村的具体情况加以完善。从阿敦高勒嘎查村民们全体都住上了钢筋水泥房，村里铺上了水泥路，村民们精神娱乐活动丰富中我们可以感受到阿敦高勒嘎查领导的工作成绩以及经济发展政策执行是很成功。相信有如此之多的好政策必将引领村民致富奔小康，生活也会越来越好。

四、社会保障与福利

阿敦高勒嘎查的社会保障与福利事业，主要涉及以下四个部分，作为生态移民村具有很强的代表性：医疗卫生制度、养老保险在政府引导和其传统习俗的共同作用下从无到有并且逐步健全；残疾人就业和社会保障的工作呈现出加快发展的良好势头；救灾救济任务能够及时妥善有序地开展，各项福利措施也日趋完备，但依旧存在一些问题和矛盾。总体而言，各项福利和保障工作都蒸蒸日上，这些为阿敦高勒嘎查的社会主义新农村建设提供了良好的基础。

（一）医疗卫生

1. 历史背景

阿敦高勒嘎查是孪井滩移民示范区所管辖的农业嘎查之一。该嘎查于1998年由阿右旗最贫困的沙漠腹地的8个苏木镇15个嘎查搬迁至此组建而成。沙漠腹地地广人稀，生态环境脆弱，搬迁前广大农牧民无处就医，根本得不到基本的医疗卫生保障。据资料记载：1936年阿拉善地区白喉流行死亡600余人，占当时总人口的3%；1947年，斑疹伤寒流行，当年死亡近百人。当时的人均期望寿命仅为35岁。1950年，广袤的阿拉善大地才有了第一家医院。孪井滩在蒙古文中念做豪伊尔胡独个，是“两口井”的意思，原来这里也是一片看不到头的戈壁，1998年初来时由于土地贫瘠风沙大水资源缺乏，人均收入不足600元。农民生活水平低下，嘎查没有属于自己的村级卫生室。但自从黄河水扬上来以后各项生产活动都能够较好的展开，孪井滩以及阿敦高勒嘎查的面貌就发生了改变。虽然没有属于自己的卫生室，但是阿敦高勒嘎查村民就医环境已经有了翻天覆地的改变。严重危害人民群众身体健康的传染病和慢性非传染性疾病均得到有效控制。实现了消除碘缺乏病阶段目标和无脊髓灰质炎目标，结核病、艾滋病、乙型肝炎等防控工作也都做得很好。由于饮用水为硬水，阿敦高勒嘎查氟中毒、砷中毒等地方病一直存在，但是近两年流行趋势已经得到有效遏制。并且只要村民自愿都能够享受到新型农村牧区合作医疗、城乡医疗救助基金以及城乡贫困居民救助。由于村里生活水平的提高，当村里有得大病的村民时，大家还会自发的组织募捐。到目前为止阿敦高勒嘎查还没有属于自己的卫生室。[①] 稍微严重一些的病就去孪井滩

① 调研组在调研期间获悉，嘎查的领导已于2011年5月22日向孪井滩示范区社会事务局提出建立村级卫生室的申请，审批大概需要三个月左右的时间。

中心卫生院就诊看病。

孪井滩中心卫生院爱新舍里镇中心卫生院始建于1956年，原占地面积2000平方米，其中门诊部建筑面积为330平方米，住院部建筑面积为320平方米，全部为平房。新建项目已于2009年10月初竣工投入使用，新建建筑面积1200平方米业务综合楼。该院现有工作人员20名，其中医护人员13名，聘用人员7名，已投资25万元（国家15万元、自筹10万元）购置血球仪、半自动生化仪、麻醉机、手术床、无影灯等医疗设备。爱新舍里镇中心卫生院原先在项目批复时仅批复资金56万元，为满足群众就医需求，县委、县人民政府急群众之所想，在财政资金困难的情况下，自筹配套资金132.33万元，建成现在这个建筑面积为1200平方米的高标准乡镇卫生院，并配备了相关的医院垃圾的处理等附属设施，其中卫生院自筹的10万余元资金，改善了医院工作人员的工作环境和患者的就医条件。

孪井滩生态移民示范区的常住居民来自全盟偏远苏木和盟外边远地区，居民健康水平参差不齐，近年来，突发卫生事件频频发生，因此，为了整体提高广大群众的健康水平，及时救治完成突发公共事件的医疗救治和以及转诊急危重症患者，2009年孪井滩生态移民示范区设立急救站。由阿拉善中心医院对口支援孪井滩中心卫生院，通过对口支援，建立绿色通道，加快提高孪井滩中心卫生院整体救治水平，为孪井滩广大群众提供健康保障。

2010年，孪井滩中心卫生院又一次投入50万元进行改扩建和投入20万元的购置必要的医疗设备。

2. 医疗制度变迁

由于阿敦高勒嘎查移民村的身份，其经历医疗制度的变迁是阿拉善盟整体的医疗制度变迁的一个缩影。阿拉善盟医疗制度的变迁大致经历两个重要时期，即1947—2003年，以及2003年新型合作医疗至今，医疗制度的沿革如图4-1所示。这里主要介绍2003年以后新型农村合作医疗时期的情况。

2002年，党中央、国务院决定在全国开展新型农村合作医疗制度试点，在《中共中央、国务院关于进一步加强农村卫生工作的决定》中明确提出“逐步建立以大病统筹为主的新型农村合作医疗制度”，目标是：加强以乡镇卫生院为重点的农村卫生基础设施建设，健全农村三级的医疗卫生服务和医疗救助体系，保障农民获得基本卫生服务、缓解农民因病致贫和因病返贫。

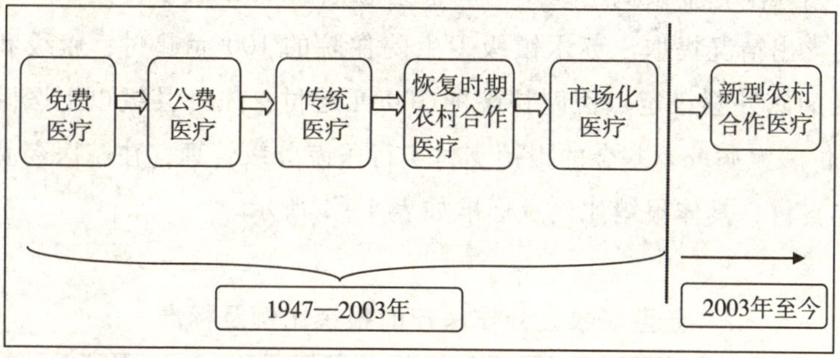

图 4－1　阿拉善盟的医疗制度沿革图

2003 年，内蒙古自治区人民政府组织卫生厅、财政厅、农牧业厅制定了《内蒙古自治区新型农村牧区合作医疗管理暂行办法》。2003 年 12 月，阿拉善盟阿拉善左旗是作为内蒙古自治区首批试点进入新型农村合作医疗。2006 年底，经国务院同意，内蒙古自治区政府在全区 95 个农牧业旗县市区全面推行新型合作医疗制度。在借鉴和总结县内其他各个苏木和嘎查的基础上，阿敦高勒嘎查在 2004 年作为试点进入新农合体系运作中。

（1）筹资方法

在偏僻不发达的阿敦高勒嘎查，新型合作医疗以解决移民来的农牧民因患病（特别是患大病）致贫、返贫问题为宗旨，和其他地方一样，实行个人缴费、集体扶持和政府补助相结合的筹资机制：农牧民个人每年每人缴费不低于 10 元（持有证件的农牧区五保户、低保户参加新型合作医疗，个人筹资部分可由民政部门从医疗救助基金中支出，持有证件的“独生子女户、双女结扎户”参加新型合作医疗，个人筹资部分可由人口计生局补助）；全盟不设立家庭账户；中央财政对参加新型农牧区合作医疗的农牧民每年每人补助 20 元、自治区财政补助 15 元、盟财政补助 20 元、旗财政补助 20 元。

（2）补偿标准

大病统筹基金。各级财政补助资金经盟级按规定提取风险基金后，其余全部划入大病统筹基金，农牧民个人筹资纳入大病统筹基金。大病统筹基金用于参合农牧民的住院和大额医疗费用、慢性病门诊费用的报销。合作医疗基金结余不得超过年度基金总额的 15%。盟财政设立风险基金专户从 2007 年起，每年按规定从拨付各旗补助资金中提取各旗年总基金额的 3% 存入风险基金专户，当风险基金累积达到年平均筹集总额的10%后不再提取，以后按风险基金的支出情况提取。苏木镇级卫生院住院的100元起付；旗级和经旗合管办批准的旗外县级定点医院住院的300元起付；旗外县级以上医院住院的400元起付。大病统筹基金的报销支付实行医院分级管理，住院医药费分段计算和累加支付，具体报销比例及标准如表4－1所示。

表4－1 **新型农牧区合作医疗的报销比例及标准**

<table>
<tr><th>种类</th><th>个人支付金额</th><th>报销比例</th><th>报销范围</th></tr>
<tr><td rowspan="4">参合农牧民在旗内苏木镇卫生院住院</td><td>起付标准以下</td><td>0%</td><td rowspan="8">主要为农牧民因病住院所需的基本药物、基本检查化验项目、基本治疗项目等费用，下列情况不能报销，由患者自付：①超出自治区农牧区合作医疗基本用药目录范围的。②未经批准转旗外治疗的医疗费用。③因不接受预防接种所致疾病的医疗费用。④器官移植、昂贵检查等特殊医疗费用。⑤就医交通费、营养费、陪护费。⑥因公伤、交通事故、打架斗殴、自杀、犯罪行为及酒后闹事而发生的医药费用。⑦近视眼矫正术、气功疗法、音乐疗法、保健性的营养疗法、磁疗等。⑧各种美容、健美项目以及非功能性整容、矫形手术等费用；各种减肥、增胖、增高等项目的一切费用。⑨各种自用的保健、按摩、检查和治疗器械具费用。</td></tr>
<tr><td>起付标准至5000元</td><td>40%</td></tr>
<tr><td>5000～10000元</td><td>50%</td></tr>
<tr><td>10000元以上</td><td>60%</td></tr>
<tr><td rowspan="4">参合农牧民在旗内和旗外县级及以上医院住院</td><td>起付标准以下</td><td>0%</td></tr>
<tr><td>起付标准至5000元</td><td>35%</td></tr>
<tr><td>5000～10000元</td><td>40%</td></tr>
<tr><td>10000元以上</td><td>50%</td></tr>
</table>

注：1. 凡一次性交纳3～5年个人基金的农牧民，报销比例在原标准的基础上提高2%～3%，中途只能因身故原因退还剩余年度个人缴费基金；60岁以上的人员在报销住院医疗费用时，报销比例上浮2%；对住院分娩的产妇在正常报销的基础上，再补助50元；农牧民门诊就医可按一定比例报销部分医药费，对连续参加合作医疗但未使用大病统筹基金的农牧民每2年可免费做一次体检；对于苏木镇、嘎查集体经济资助新型合作医疗的，由旗合管办坚持以收定支的原则，与出资方协商确定提高扶持对象的报销比例或报销限额。2. 农牧民的住院费用全年报销总额原则上不超过2.5万元。但随着各级财力的增加，各旗可逐步调高年报销总额。3. 采用蒙医中医治疗的，起付线在原基础上降低50元，报销比例相应提高1%

慢性病报销。具体报销标准按《阿拉善盟新型农牧区合作医疗慢性病管理暂行办法》执行。

表 4－2　　重、大病种类以及慢性病种类的范围确定

序号	重、大病种类的确定	慢性病种类的范围确定
1	肾衰竭透析治疗	晚期癌症
2	恶性肿瘤、化疗	高血压Ⅲ期
3	器官移植的抗排异治疗	中风后遗症
4	糖尿病伴发症	冠心病
5	重型系统性红斑狼疮	重症糖尿病
6	再生性障碍性贫血	慢性肾功能衰竭
7	白血病（需继续化疗者）	肾移植抗排斥
8	严重的脊髓疾病引起的肢体瘫痪	重症肝炎
9	长期昏迷的植物人	
10	重病以上烧伤的病人	
11	肝硬化	
12	脑出血后遗症	

（3）报销程序

为方便农牧民报销住院医药费用，采取参加新型合作医疗的农牧民住院费用由本人先垫付，在旗内定点医院出院时经核算后当场返还报销费用，由定点医疗机构与旗合管办结算；经批准的大额医疗费用、慢性病门诊费用和转旗外就医的住院费用，由患者本人先垫付，报销医药费到所在苏木镇合管办，经公示七日无异议后由苏木镇合管办返还，然后由苏木镇合管办与旗合管办结算。

图 4－2 是 2008 年最新开展的新型农村合作医疗筹资就诊、报销、补偿流程图：

第一步：筹资方法。

从图 4－2 可以清楚地看到中央财政和省财政对农民的补贴力度，同时也可以看到，中央财政和地方财政补贴并没有要求州政府和县政府提供配套的资金，没有加重地方财政的困难，更有利于调动地方政府推进这项制度的积极性，从而加快这项惠农政策更快地服务于广大农村的居民，解决他们的实际问题。

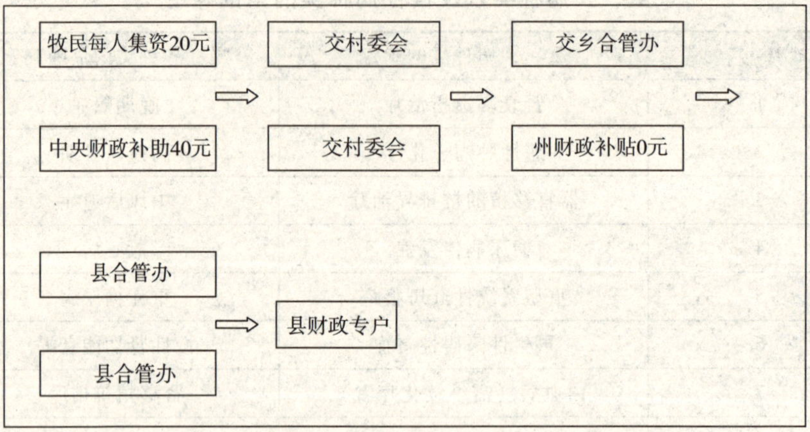

图 4-2　2008 年新型农村合作医疗筹资就诊流程图

第二步：报销方法。

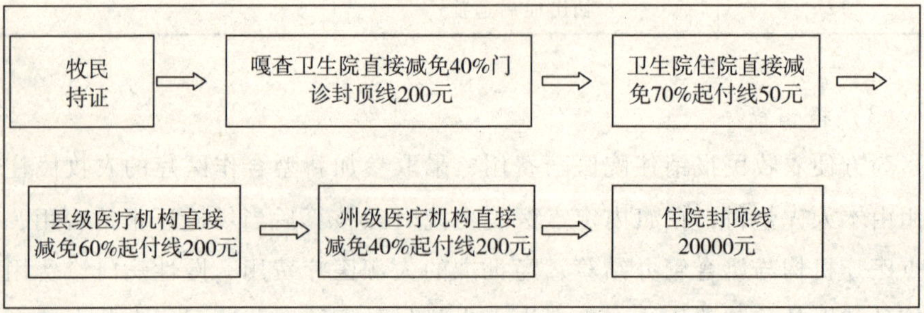

图 4-3　2008 年新型农村合作医疗报销流程图

从图 4-3 中可以明显地看到，各个层次的医院各有分工，乡、村诊所为群众提供了较低层次的医疗服务，旗级和苏木级提供了高级的服务，可以保证村民小病不出村或者乡，大病不出县或者市。此外，各个机构按照各自标准，在允许范围内直接为农民减免医疗费，这项举措大大节约了时间，为群众提供了便捷的服务。

第三步：报账方法。

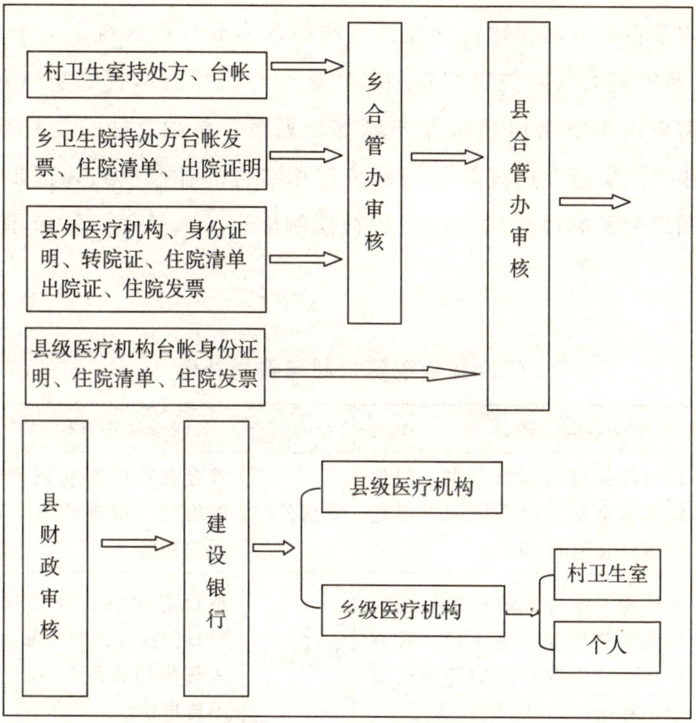

图 4－4　2008 年新型农村合作医疗报账流程图

2009 年，起付线在苏木镇卫生院为 50 元，盟、旗级定点医疗机构为 200 元，盟外医院为 300 元。住院报销比例在苏木镇卫生院为 70%，盟、旗级定点医疗机构为 60%，盟外医院为 45%。基本药物报销比例高于非基本药物 10%，统一将蒙、中医医药费用报销比例提高了 25%，将白内障、精神病患者服药、聋儿助听器验配、残疾人辅助器具适配、康复训练等残疾人急需的基本医疗康复项目纳入了新农合报销范围。阿盟在实行大病统筹的基础上，开展与门诊统筹相结合的补偿模式，进一步提高参合农牧民的受益面。同时，各级政府加大了对新农合的补助力度，各级财政补助由 2010 年的 120 元提高到 2011 年的 160 元以上，阿敦高勒嘎查所在的阿拉善盟阿左旗财政补偿为 190 元。

2010 年，新农合的政府补助标准提高到每人每年 160 元以上。农牧民个人缴费标准从每人每年 20 元提高到 30 元。2010 年新农合住院费用报销比例比 2008 年提高 5 个百分点。并且从 2010 年开始，新农合报销比例最高支付限额达到全盟农牧民人均纯收入的6倍以上。

同时内蒙古新型农村牧区合作医疗积极探索开展门诊统筹，于2010年3月30日颁布实施了《阿拉善盟新型农牧区合作医疗门诊统筹实施方案》，门诊统筹所需费用主要由居民医保统筹基金划拨，单独立账，实行社会共济，不建个人账户。实行大病统筹和门诊统筹相结合的补偿模式并逐步探索建立特殊病种和部分大额慢性病门诊费用补偿制度，扩大补偿病种范围。（见表4－3）

表4－3　**门诊基金统筹机制与费用补偿**

门诊基金统筹机制		门诊费用补偿	
基金分配	以自然年度为运行周期。门诊统筹基金支付比例原则上不超过筹资总额的20%。	补偿范围	参合农牧民因病就诊期间发生的治疗、常规检查、药品等费用的补偿。
基金使用	只能用于参合农牧民慢性病门诊费的补偿和在苏木镇、嘎查定点医疗机构发生的普通门诊费用补偿。	补偿标准	不设起付线，补偿比例25%；每日门诊补偿封顶额为8元；每人每年门诊就诊4次以外费用不再报销。
基金结余与透支	门诊统筹基金年度有结余的，其余额转入下年度继续使用或与住院统筹基金调剂使用。门诊统筹基金出现透支时，由各门诊定点医疗机构来分担透支资金，分担比例参照各门诊定点机构年门诊补偿人次、次均费用、补偿金额，以及日常抽查、监管评分等因素，由各旗、区新合办确定分担比例，参合农牧民不承担基金透支风险。	补偿程序	参合农牧民持证在定点医疗机构门诊就医发生的医药费、检查费等费用，由接诊定点医疗机构按补偿标准现场结报，并由定点医疗机构经办人员在“新型农牧区合作医疗证”上进行登记，由患者签名认可。各定点医疗机构当日将门诊补偿结算单上传旗新农合办审核，由旗新农合办定期与各定点医疗机构结算。

注：参合农牧民持“新型农牧区合作医疗证”可在本旗区内选择苏木镇、嘎查级定点医疗机构门诊就诊，按门诊统筹补偿政策获得补偿。在药店购买药品和旗级以上医疗机构发生的普通门诊医药费用不予补偿

资料来源：根据《阿拉善盟新型农牧区合作医疗门诊统筹实施方案（试行）》整理

2011 年，中央财政加大为缓解广大农牧民的就医负担的力度，将参合农牧民每人每年补助由 2010 年 60 元提高到 124 元，内蒙古自治区财政对参合农牧民每人每年补助标准由 2010 年 50 元提高到 58 元。阿拉善盟盟、旗（区）两级财政补助每人每年补助提高到 80 元，其中盟财政补助由 2010 年 20 元提高到 26 元，阿拉善左旗 2010 年 30 元提高到 54 元，额济纳旗财政补助由 2010 年 40 元提高到 54 元。参合农牧民各级财政补助达每人 262 元，个人缴费也由 2010 年每人 30 元提高到 50 元。

由于 2011 年新农合各级政府补助标准均有所提高，补偿方案和报销比例也有了改变和提高。在苏木乡镇卫生院住院医药费报销比例由 2010 年 70% 提高到 80%，在旗级以上医院住院医药费报销比例由 2010 年 60% 提高到 70%，在盟外医院住院医药费报销比例由 2010 年 45% 提高到 50%。封顶线由 2010 年 5 万元提高到 10 万元。对特困户、低保户住院费用报销比例提高 5%，“独生子女”或“双女结扎户”的农牧民住院费用报销提高到了 10%。

尽管阿敦高勒嘎查于 2007 年才加入新农合试点，但全村的参保积极性和参保率在全县却是名列前茅。2007 年嘎查居民的参合率就达到 60% 以上，2008 年更是达到了 80%，2009 年阿敦高勒嘎查就实现了农村合作医疗的全部普及，之所以能取得如此骄人的成果，主要有三个原因。

首先，得益于嘎查党员、干部的积极推动，以及各级干部在政策的宣传和落实方面的工作做得很细致。在新农合工作开展中，从村主任到妇女主任，再到各个普通党员干部都积极宣传，给村民讲解国家的政策给农民带来的实惠，这些有效地推动了工作的进展，得到了村民的广泛认可。

其次，政策的严格落实为嘎查居民带来了真正的实惠：嘎查有个村民 2006 年得了肾结石，到医院做手术，包括手术费、住院费以及其他医疗费用花费 10000 多元，根据当年的新农合政策，医院直接给他减免 30% 的费用，给他节约了 3000 多元，对于一个年收入只有 3 万多元的家庭来说，这无疑给他们省去不少开支，这也更加坚定了嘎查里其他人加入新农合的决心和信心。

再次，嘎查互帮互助的良好传统。在新农合政策出台之前，阿敦高勒嘎查里就有这样的传统“一家有事，全村有责”。如果哪家有人得了重病，那么全村人都会各尽所能去帮助，使其渡过难关。

综上所述，纵观阿敦高勒嘎查的医疗制度发展，虽然作为移民村有它的特殊性即其医疗发展史非常短暂，但是从沙漠腹地搬迁到此在由牧民到农牧民的身份转换中，医疗这一关乎他们生存、生产、发展的基本保障也由被漠视、忽略，逐渐提到国家议程，到现在为其量身制作新型农村牧区合作医疗制度。阿敦高勒这一个小小的移民村正印证着迁移生态恶化地区人口，以恢复和保护生态环境为主要目的，同时兼顾扶贫和提高移民们经济收入的西部规划开发以及治理活动。然而生态移民尽管会将一部分劳动力转移到城市第二、第三产业中，但依然会有大部分留在农业中，阿敦高勒也同样存在这样的问题，尽管有部分年轻人出外打工，但这也仅占全村的很小一部分，大多数劳动力依然停留在村里的经验发展农业中。离开沙漠腹地退牧之后他们的农业协同合作从简单的农用机械共用，到劳动力和各种农用资料的集体采购，协作程度越来越高。这就是他们合作医疗的农业生产基础。伴随着嘎查看病难，看病贵情况的发生，合作医疗就在国家政策的引导下很快的普及。然而，合作医疗并不能覆盖阿敦高勒医疗的各个角落，还需要其他医疗制度来填补空白，接下来要谈的城乡贫困居民医疗救助就是其中之一。

3. 城乡贫困居民医疗救助制度

(1) 概况

“致富十年功，大病一日穷”。针对城乡低保户普遍存在的因患重大疾病导致生活困难的问题，阿敦高勒嘎查所在的阿拉善左旗结合全旗实际，制定了覆盖全盟城乡低保户的《城镇和农牧区贫困家庭医疗救助制度》（以下简称《医疗救助》）并于2008年启动实施。医疗救助制度源自于中央以及内蒙古自治区两级政府出台的《关于进一步加强农村卫生工作的决定》（中发〔2002〕13号）、《关于实施农村医疗救助的意见》（民发〔2003〕158号）、《关于印发<农村医疗救助基金管理试行办法>的通知》（财社〔2004〕1号）、内蒙古自治区人民政府办公厅《关于印发民政厅等部门城市医疗救助试点工作实施方案的通知》（内政办字〔2005〕105号）等文件要求，为建立和实施城乡医疗救助制度，保障农牧区贫困人口的身心健康。《医疗救助》是由政府拨款和上级专项资金救助以及社会各界自愿捐助等多渠道筹集资金，对患重大病的城镇和农牧区贫困居民实行医疗救助的制度。城乡医疗救助实行政府救助为主，辅助以社会互助的救助措施。

救助对象。持有农牧区五保供养证的散居和集中供养的五保户；农牧区孤儿；享受农牧区最低生活保障的贫困对象；在乡（农牧民）的享受定期定量抚恤的革命烈属、因公牺牲、病故军人家属；见义勇为及因公受伤、致残的农牧民；旗政府规定允许的和其他符合条件的农牧区贫困农牧民。其中医疗救助必须具备的条件：必须是农牧区低保对象，并持有“农牧区最低生活保障救助证”；重大病是指医疗费年内个人支付在1万元以上的；慢性病是指医疗费年内个人支付费用在5000元以上的。

救助依据。农牧区的贫困农牧民必须符合第三章第五条中规定享受待遇的人，同时必须是参加新型农牧区合作医疗的，城镇贫困居民必须是取得城镇低保户救助证的，按照旗政府规定的政策法规进行救助。

救助标准。对农村牧区五保户按照“及时治疗疾病”的原则，由政府出资证明其参加当地的农牧区合作医疗，对其医疗费用在剔除合作医疗应承担的费用外，在3000元以内实报实销，超过3000元后，按照城市居民的救助标准给予救助。农牧区低保户参加新型农牧区合作医疗后，先到合管办享受合作医疗补助后，再到民政部门享受医疗救助的政策。农牧区贫困户在新型农牧区合作医疗规范程序的审批下，以合管会实际核销的单据为依据，按以下比例予以救助。

救助办法。农牧区低保户参加合作医疗的个人缴费部分，由上级专项资金和旗级财政共同给予适当补助。通过适当补助，保证农牧区低保对象参加新型合作医疗，享受合作医疗待遇。农牧区低保户经农牧区合作医疗报销后，再经过民政部门的大病救助后，个人医疗费用负担仍然过重影响其家庭基本生活的，可申请享受临时救济。[①]

表4－4　**农牧区贫困户在新型农牧区合作医疗的报销比例及标准**

序号	个人实际支付金额	报销比例（%）	封顶救助资金金额
1	1万元以上（含1万元）	40	农牧区居民为8000元
2	8000元（含8000元）至1万元	30	
3	6000元（含6000元）至8000元	25	
4	4000元（含4000元）至6000元	20	
5	1000元（含1000元）至4000元	15	

注：截至2011年全盟大病住院和门诊封顶线救助标准统一提高到3万元和0.6万元

① 资料来源：《阿左旗人民政府办公室关于印发阿拉善左旗城乡贫困居民医疗救助细则的通知》（阿左政办发〔2005〕166号）。

(2) 与新型农村牧区合作医疗的异同

两者联系：医疗救助政策的实施，是对嘎查新型农村牧区合作医疗的有力补充，是对新型农村牧区合作医疗的二次救助，进一步解决了村民医疗过程中的困难。通过分档，越是困难补助越多，切实减轻了农民的医疗负担，受到了村民普遍欢迎。两者的不同点是，首先，实施原则不同。合作医疗实行的是国民待遇原则，只要按要求参加合作医疗，缴纳费用，均可以享受到相同的、无差别的服务和补偿；但医疗救助施行的是有差别的医疗补偿，根据每个家庭实际承担的医疗负担不同给出不同的补助标准，目的是均衡因为医疗费用而产生更大的贫富差距。其次，筹资方式不同。合作医疗采取的是参与者付一定的费用，政府承担其余大部分费用；医疗救助的资金来源有三方面途径：一是地方财政补助，二是中央财政补助，三是通过社会捐赠和其他渠道筹集到的资金。由此可以看出，医疗救助并没有农民个人资金的融入，完全是社会对个人的补助和援助。

(二) 计划生育

1. 计划生育情况及政策

新中国成立前，阿拉善地区经济凋敝，文化卫生落后，天灾频繁，疾病流行，人口的发展呈现“低出生、高死亡、停滞不前、缓慢增长”的趋势。全盟人口平均寿命只有19.6岁。1949—1999年的50年间，全旗人口发展呈波浪形，出现了二个生育高峰期、一个生育低谷期、一个死亡高峰期和一个平稳期。1981年，计划生育政策开始实行，人口发展逐步走向“低出生、低死亡、低增长”的稳定型。①

阿拉善地区自古就为北方少数民族游牧射猎之地，由于地域辽阔、人口稀少、谋生较易，甘肃、陕西、宁夏等地的人口不断迁来。1961年阿拉善旗分为左、右两旗时，又有大量的人口迁入迁出。到“九五”时期，面对阿拉善地区严重的生态危机，阿拉善盟委、行署于1994年开始确定了适合当地实际的移民战略。阿敦高勒嘎查移民就属于第一阶段的“李井滩引黄灌溉为主的开发式扶贫移民”，于1998年阿右旗8个苏木镇15个嘎查，132户332人

---

① 资料来源：《阿左旗地方志》。

搬迁组建，嘎查现有人口189户，589人。[①]

20世纪70年代以后，计划生育被列为基本国策，少数民族的生育政策也被纳入国家的整体发展规划中。但相对于汉族来说，对他们的政策是比较宽松的。比如，对汉族来说，原则上要求只能生育一胎，鼓励夫妻优生优育，生育一个孩子，但是作为少数民族的蒙古族，国家给予他们生育两胎的优惠政策，但两胎至少要隔4年。除此之外，国家对他们又有一些特别的奖励政策，对于阿敦高勒嘎查所在地区的蒙古族来说，有以下一些特殊的照顾："少生快富"工程项目户的农牧民家庭，每对夫妇一次性奖励3000元；高考可加10分。这些对蒙古族格外照顾的政策，有利于阿敦高勒嘎查蒙古族人民恰当协调自身发展。

2. 阿左旗"吉祥草原惠民计生行动"方案

根据国务院办公厅转发人口计生委、财政部《关于开展对农村部分计划生育家庭实行奖励扶助制度试点工作意见的通知》（国办发〔2004〕21号）、《农村部分计划生育家庭奖励扶助制度试点方案（试行）》（国人口发〔2004〕36号）以及内蒙古自治区《关于做好全区农村牧区部分计划生育家庭奖励扶助制度试点工作的意见》（内党办发〔2005〕24号），阿拉善盟结合实际，制定了《阿拉善盟农村牧区部分计划生育家庭奖励扶助制度扩面工作实施办法》并于2008年7月20日下发开始贯彻执行。同年8月8日《阿左旗"吉祥草原惠民计生行动"实施方案》也开始施行。其中对独生子女户以及双女结扎户都有奖励和优惠政策。

奖励政策。农牧区独女户家庭每月20元；从2008年开始，在农村牧区对政策内二孩结扎和双女结扎家庭分别实行1000元和1500元的一次性奖励；从2008年开始，将农村牧区部分计划生育家庭奖励扶助对象年龄放宽至55周岁。

优惠政策。在新型农村牧区合作医疗工作中，独女户和双女结扎户家庭的女孩和结扎者缴纳医疗保险费用的个人部分由地方政府承担；对获得医疗救助的独生子女户、双女结扎户大病住院报销比例提高10%；农村沼气应用项目要将项目区内的计划生育家庭优先纳入实施范围；农牧业实用技术和新技术推广应用，要对计划生育家庭实施全覆盖；在改水改厕、人畜饮水工程、

① 截至2011年7月统计数据。

宅基地划分等方面对农村牧区独生子女和双女户家庭的优先优惠；根据《中华人民共和国土地管理法》的有关规定，计算和分配土地补偿费和安置补助费时，独生子女户和双女结扎户家庭要按照最高额度予以照顾。

3. 阿敦高勒嘎查计划生育实施情况

阿敦高勒村委会的计划生育工作做得很深入，整个村委会认真开展“以本村实际为基础、妇女为重点、生育调节为中心”的生殖保健工作，不断提高计划生育管理和服务水平。宣传文明、科学、进步的婚育观，广泛开展计划生育法律法规和生育知识宣传、教育，定期举办相关知识讲座，普及婚育知识、各种优生优育常识，还定期进行计划生育调查工作。因此，在贯彻国家计划生育政策的过程中，遇到的阻力也比较少，各项政策的实施效果也比较好。常住人口中村里有84.75%的家庭有一个以及两个孩子。2011年阿敦高勒嘎查人口出生率继续稳定在较低水平，符合政策生育率为97.96%，高于自治区下达的控制目标（90%）7.96个百分点。[①]

（三）养老保险

对于勤劳淳朴、传统保守的阿敦高勒嘎查村民，无论是在经济相对落后的移民前，还是生活水平大大提高的现在，老人的赡养对他们的儿女来说都是义不容辞的。但是随着国家各项方针政策的推进，老年人的各项社会保障及福利从无到有逐步规范化。尤其是作为移民村，政府给予退牧休牧的老年人特殊的照顾，不仅让他们安享晚年，也为他们的儿女减轻了负担。

1. 阿敦高勒嘎查养老保险基本情况

根据阿敦高勒嘎查目前的情况，养老以子女养老为主，以新型养老保险制度为补充。阿敦高勒嘎查的年轻人对老人都非常孝顺，因此嘎查里有子女的家庭，老人们的生活都过得很平安、顺利。嘎查里也有着团结互助的优良传统，有任何困难都会得到左邻右舍的帮扶。

党的十七大提出了“加快建立覆盖城乡居民的社会保障体系，保障人民基本生活”的目标任务，十一届全国人大一次会议以后各地开始开展农村养老保险试点。国家也加大对中西部地区财政转移支付和中央预算投入力度。

① 资料来源：《阿拉善盟2011年上半年人口和计划生育工作总结》。

2006年，阿敦高勒嘎查所在的阿左旗开展了“建立资金来源上以个人缴费、集体补贴、政府补贴相结合，待遇发放上以基础养老金和个人账户相结合的农牧民养老保险制度”的试点工作，将退牧还草和公益林项目区牧民纳入农牧民养老保险统筹范围，并逐步将其他（移民搬迁户、在职离职嘎查书记和主任）农牧民在自愿的基础上，采取政府补贴和个人缴纳相结合的办法，纳入农牧民养老保险统筹范围。凡是男性年满18周岁到54周岁，女性年满18周岁到50周岁，全部要尽缴费义务，每年要缴2391元，到龄人员为50岁的女性和55岁的男性，每月领取532元。

截至2008年底，阿敦高勒嘎查的所有应参保村民都被纳入养老保险。这一做法得到了搬迁农牧民的普遍接受和一致好评。

表4-5　**阿敦高勒嘎查享受养老保险人员名单**

姓名	性别	民族	年龄	姓名	性别	民族	年龄
张彪	男	汉	85	胡凤英	女	汉	84
骆思界	男	汉	77	白玉珍	女	汉	77
刘举国	男	汉	77	唐玉秀	女	汉	76
李开雄	男	汉	77	骆兰英	女	汉	74
韩学华	男	汉	75	魏秀兰	女	汉	72
祁占奎	男	蒙古	72	杨菊兵	女	汉	70
巴图巴特尔	男	蒙古	70	杨兰英	女	汉	69
敖云巴图	男	蒙古	69	嘎尔玛	女	蒙古	68
刘万文	男	汉	67	石桂珍	女	汉	68
高培恒	男	汉	65	侍银花	女	蒙古	67
石多河	男	汉	63	李玉珍	女	汉	67
彭加祥	男	汉	62	罗金兰	女	汉	63
曾祥来	男	汉	62	吴珍花	女	汉	62
李金虎	男	汉	62	陈继英	女	汉	62
张万军	男	汉	61	王桂花	女	汉	61
王金和	男	汉	61	李玉萍	女	汉	61

2. 新型农村牧区养老保险政策

为规范管理新农保基金，本着方便群众，服务百姓的原则，新农保保险费的征缴采取本人自愿就近到辖区所在地税大厅缴费；由地税、农村合作银行与缴费人三方签订缴费协议，并由农村合作银行为参保人员办理缴费卡，在征缴期内由银行从参保人员缴费卡中扣缴；由嘎查劳动保障协理员先行收缴，并负责到所辖税务机关代缴，社保与地税及时兑票的方式，到年底核定对象全部缴费。

基金筹集。由个人缴费、政府补贴、集体补助[①]构成。新农保基金出现缺口时，盟、旗（区）财政分别按30%和70%的比例分担。

① 个人（家庭）缴费。参加新农保的农牧民应当按规定由个人（家庭）缴纳养老保险费。缴费标准目前设为每年100元、200元、300元、400元、500元、500元以上6个档次，参保人自主选择档次缴费，多缴多得。

② 政府补贴。对符合领取养老金条件的参保人员基础养老金（每人55元/月）由政府全额支付；对参保人员缴费实行政府补贴。补贴标准为：缴费金额为100元、200元、300元、400元、500元及其以上的，补贴标准分别为35元、40元、45元、50元、55元；对重度残疾人、农村牧区低保户，旗（区）按100元的标准为其代缴养老保险费。

个人账户建立。国家为每个新农保参保人建立终身记录的养老保险个人账户。个人缴费，集体补助及其他经济组织、社会公益组织、个人对参保人缴费的资助，地方政府对参保人的缴费补贴，全部记入个人账户，分别记账。旗（区）社会保险经办机构按照国家规定为参保人员建立个人账户。个人账户储存额每年暂按中国人民银行公布的金融机构人民币一年期同期存款利率计息。

养老金待遇。养老金待遇由基础养老金和个人账户养老金组成，自达到领取待遇的条件之日[②]开始终身享受直到死亡。

① 基础养老金：最低标准为每人每月100元，对年满70至79周岁的另

① 集体补助没有具体标准，主要指有条件的嘎查（村）集体对参保人缴费给予补助，补助标准由嘎查（村）委员会召开农牧民会议民主确定。鼓励其他经济组织、社会公益组织、个人为参保人缴费提供资助。

② 待遇领取条件：制度实施时年满60周岁及以上或制度实施后年龄达到60周岁且缴费年限达15年及以上、未享受城镇职工基本养老保险待遇的农村牧区有户籍的老年人，可以按月领取养老金。

加 20 元，年满 80 周岁及以上的另加 30 元。

② 个人账户养老金：月计发标准为个人账户全部储存额除以 139。

表 4－6　　　　**新型农牧区社会养老保险参保登记表**

<table>
<tr><td colspan="2">嘉尔嘎勒赛汉镇阿敦高勒嘎查</td><td colspan="5">登记日期：2010 年 03 月 01 日</td></tr>
<tr><td>姓 名</td><td colspan="2">陶永德</td><td>性 别</td><td>男</td><td>民 族</td><td>汉</td></tr>
<tr><td>出生日期</td><td>1974. 01. 08</td><td>联系电话</td><td colspan="4">–</td></tr>
<tr><td>公民身份号码</td><td colspan="6">–</td></tr>
<tr><td>户籍所在地址</td><td colspan="6">嘉尔嘎勒赛汉镇阿敦高勒嘎查</td></tr>
<tr><td>居住地址</td><td colspan="3">嘉尔嘎勒赛汉镇阿敦高勒嘎查</td><td colspan="2">邮编</td><td>750312</td></tr>
<tr><td>户籍性质</td><td>农业户</td><td colspan="2">参保时间</td><td colspan="3">2009 年 12 月 1 日</td></tr>
<tr><td>个人缴费额</td><td colspan="6">□100 元　□200 元　□300 元　□400 元　□500 元</td></tr>
</table>

特殊参保群体：□农牧区低保对象 □重症残疾 □农牧区五保供养户 □农牧区计划生育家庭 □其他

<table>
<tr><td rowspan="4">参加其他养老保险状况</td><td>企业职工基本养老保险</td><td>□是 □否</td><td>起始时间</td><td></td></tr>
<tr><td>被征地农牧民社会保险</td><td>□是 □否</td><td>起始时间</td><td></td></tr>
<tr><td>老农保</td><td>□是 □否</td><td>起始时间</td><td></td></tr>
<tr><td>其他</td><td>□是 □否</td><td>起始时间</td><td></td></tr>
</table>

新型农牧区社会养老保险个人缴费实行地税部门征收，社保部门发放，参保人员应按时将缴纳的养老保险费存入新型农牧区社会养老保险缴费存折，由银行按规定进行划扣。凡不具备银行代扣的苏木镇，由乡财所收缴。

参保人声明：以上填写内容正确无误。	嘎查村申报意见：同意参保。
参保人：　2009 年 12 月 01 日（签章）	经办人：　2009 年 12 月 01 日（签章）
苏木镇审核意见：	社保局复核意见：
审核人：　年　月　日（签章）	复核人：　年　月　日（签章）

填表说明：本表由参保人员填写，若本人无法填写，可由亲属或嘎查村委会经办人员代填，但须本人签字、签章或留指纹确认。选择性项目，请在“□”内打“√”。特殊参保群体参保登记，同时需要提供特殊群体人员相关证明材料原件。制度实施时年满 60 周岁、未享受城镇职工基本养老保险待遇的农牧民填写此表时，“个人缴费额”栏不填。本表一式二份，参保人员、社保局各留存一份。

3. 存在的问题及建议

在更多农牧民在实现了“种地不交税，上学不付费，看病不太贵”后，新农保的出台是为了让农牧民能够实现“养老不犯愁”的夙愿。尽管阿敦高勒嘎查的新农保制度对于目前的状况来说已经较为完善，但是还是存在一些问题和困难。

一是农牧民基本养老保险资金筹集很大程度上依托国家生态建设项目补助资金，而农牧民生活困难、个人负担能力有限，地方财力支持也是十分有限的。

二是养老保险基金保障能力较弱。嘎查交通不便、物价水平高、成本开支大、生活和生存条件十分恶劣，较低的农牧民养老金水平很难维系正常生活开支。

因此，针对村庄里比较富裕的家庭来说，参与商业保险也是不错的选择，不仅可以满足他们养老的需要，也是一种流行的理财方式；此外，一方面可以实现其资产保值、增值的目标，另一方面还可以为子女以后高额的教育储备资金。

（四）最低生活保障

1. 阿敦高勒嘎查农村牧区最低生活保障制度的发展情况

保障和改善民生是政府工作的主要任务之一，对农村生活水平低于低保线的贫困农民给予最低生活保障是我国继城市最低生活保障制度实施后对农村贫困人口的一项救济政策。虽然阿敦高勒嘎查的村民的生活水平在不断提高，但是嘎查还是存在生活条件差、水平低的家庭，这时候就需要救济政策为这些家庭提供保障。阿敦高勒嘎查的生活贫困家庭难以摆脱贫困的原因主要在于以下几个方面：家庭中有人患重病，医疗支出大；家庭中缺乏劳动力以及承包土地面积较少；家庭成员文化水平普遍低，缺少生产技能等。

在阿敦高勒嘎查实施的救济政策主要是最低生活保障政策。最低生活保障被人们称为“社会保障体系中的最后一道安全线”，它是运用国家财力帮助那些低于当地最低生活保障线的贫困人口摆脱生活困境，使其达到最基本的生活水平。1997 年全国开始推行实施城市最低生活保障制度，2006 年内蒙古自治区开始探索建立农村牧区最低生活保障制度，是为解决农牧区特困群众基本生活问题、完善城乡社会救助体系的重要措施，是从制度上保障农村地区贫困人口基本生活的必要途径，体现了社会主义制度的优越性和党全心全意为人民服务的根本宗旨，对于维护社会稳定，促进农村地区经济发展具有重要意义。阿敦高勒嘎查所在的阿拉善盟阿左旗孪井滩经济示范区的农牧区低保，坚持“政府救济、社会互助、子女贴养、稳定土地政策”的原则，坚持经济发展水平和财政支付能力相适应，以收定支、量入为出，保障适度的原则。采取政府与社会相结合，生活救助与扶持生产相结合，将农牧区低保户，因病、因残、因灾致贫户依据标准纳入农牧区最低生活保障，切实保障农牧区困难群众的基本生活。

内蒙古自治区对于农村最低生活保障给付的标准是年纯收入低于700元，最低生活保障补助标准为每人每天不低于1.2元，全年不低于438元；经济条件好的地方可适当提高补助标准并实施分类施保。主要分为两大类：一类是五保户，一类是特困户。其中特困户又分为三种类型：第一种类型是家庭年人均纯收入达不到保障，且主要劳动力因病、因残完全丧失劳动能力的，这种情况每人每月可以领到60元的补贴；第二种类型是家庭年收入达不到保障标准，且主要劳动力因病、因残部分丧失劳动能力的，或缺乏劳动能力及劳动能力低下的家庭，此类情况可以每人每月补贴50元；第三种类型是家庭年人均收入达不到保障标准，但又不属于前两种情况的，这样可以补贴每人每月40元，这样的家庭由于根据每年情况不同，可能会有所变化。最低生活保障金的发放坚持动态管理，分类施保的原则，对有特殊困难的家庭给予特殊的救助。享受特殊待遇的人员家庭收入计划办法，按照国家有关规定执行。对于村中老年、残疾或者未满16周岁的村民，无劳动能力、无生活来源又无法定赡养、抚养、抚养能力的，可以享受农村的五保供养待遇，也就是每人每月可以领取80元的补贴。从1999年开始试行每人每年享受保障金600元，到2010年，阿盟城乡居民最低生活保障标准在2009年度的基础上人均每月提高40元，并实行城乡低保一体化，提标后城乡居民最低生活保障标准人均每月达到293元。这已是阿拉善盟农牧区居民最低保障制度实施以来第六次提高标准。同时，2010年，阿敦高勒嘎查的农村牧区五保户供养率就已经达到100%。

阿敦高勒嘎查都是按照各级领导机关所下发的政策文件准时准量的对这些补助进行发放。最低生活保障制度所需的资金，按照2∶5∶3的比例，有盟、旗、苏木镇三级列入财政预算，分别承担。同时建立了农牧区低保对象档案管理、贫困户家庭情况备案制度，实行三级档案管理制度［旗民政局、苏木镇民政办、嘎查（村）民委员会］，以及农牧区低保统计和通报制度和农牧区低保工作定期抽查和检查制度，对扶贫开发项目严格管理，能按质按量完成每一件项目建设，使扶贫项目成为老百姓的放心工程。阿左旗政府也进一步加强对所属村庄扶贫工作的领导，强化各相关部门相互配合机制，做好建后管理工作，使扶贫开发工作有新的突破，在针对低保对象因就业、就学、就医、住房、法律、取暖等方面的困难，阿左旗政府还采取农牧区低保优待的辅助措施。

表4－7　**阿左旗农牧区低保优待的辅助措施**

辅助方向	具体内容
就业方面	劳动就业部门优先介绍其就业和免费参加就业培训
就学方面	减免低保家庭孩子的九年义务教育中学杂费、课本费、寄宿生活费等。对接受全日制普通高等教育的，所在学校应优先提供助学岗位，国家助学贷款、困难补助等方面救助；对考入区内外的大中专院校的在读生，当年考入大本以上的一次给予2000元救助；考入大专的一次性给予1000元的救助，考入中专的一次性救助800元，同时在校在读期间，给予本人全额低保救助
就医方面	定点医院对低保对象在挂号费、门诊医疗费、处置费、辅助检查费、住院费等方面给予减免。参加农牧区新型合作医疗时，个人承担的部分由民政部门给予适量的救助补助
法律援助方面	开展法律援助工作，所有律师、基层法律工作者承担法律援助义务，为农牧区低保户提供优抚高效的法律援助
经常化捐助	大力推广和建设“爱心超市”“慈善超市”“低保超市”等做法，通过各级捐赠工作之后，苏木镇、街道办事处、社区、嘎查（村）民委员会将募集的衣被、家具和其他日常生活用品，无偿提供给低保家庭使用
社会互助	通过敬老认亲、扶贫认亲、对口帮扶、结对扶贫、捐助济困、扶残助残等形式，与低保家庭结对子，帮助解决各种困难，提供物质生活和精神援助

2011 年 6 月，阿敦高勒嘎查所在的孪井滩示范区为加强示范区农村牧区最低生活保障制度与扶贫开发政策（以下简称“两项制度”）有效衔接①工作的指导，切实做好“两项制度”有效衔接工作，根据内蒙古自治区人民政府办公厅《关于印发“两项制度”有效衔接扩大试点工作实施方案的通知》（内政办发〔2011〕32 号）精神和阿拉善盟农村牧区最低生活保障制度与扶贫开发政策有效衔接工作会议要求，结合示范区实际，制定了《示范区农村牧区最低生活保障制度与扶贫开发政策有效衔接工作实施方案》。

低保和扶贫标准。示范区农村牧区最低生活保障标准按照现行政策确定的标准执行。农村牧区扶贫标准按照自治区制定的标准，即农村和牧区年人均纯收入分别为 1560 元和 1800 元的、有劳动能力的贫困人口。扶持范围涉及 20 个嘎查。

低保和扶贫对象。低保对象侧重家庭年人均纯收入低于示范区最低生活保障标准的贫困农牧民，特别是因病、因残、年老体弱、丧失劳动能力以及生存条件恶劣等原因造成生活常年困难的贫困农牧民。扶贫对象侧重家庭年人均纯收入低于农村牧区扶贫标准、有劳动能力或劳动意愿的贫困农牧民，包括有劳动能力和劳动意愿的农村牧区低保对象。

2. 农村最低生活保障制度在发展中出现的问题

阿敦高勒嘎查对贫困农民的保障金发放是十分准时的，但是发放补助再及时，对于生活没有保障的村民的根本发展问题是不能从本质上解决的。在解决贫困问题的政策往往存在只顾眼前，不考虑甚至很少考虑未来的情况。然而只有实现自身的富裕才能真正改善一个家庭的生活状态。因此阿敦高勒嘎查在对待低保户的问题上，并不只是依靠政府发放的补贴，而是为那些低保户寻找致富门路。嘎查长经常带领低保户到种植、养殖大户家中进行学习，听取他们对农作物搭配种植、科学饲养的经验。并组织他们出外考察学习。

调研组在村中调研的过程中也走访了几户领取最低生活保障的家庭。比如，家中有人患病，虽然参加了新型农村合作医疗制度，但是由于自己还要承担一定比例的治疗费用以及大部分的药物费用，所以在这方面的家庭负担

① “两项制度”有效衔接是指：在全面摸清贫困状况和准确认定贫困对象的基础上，对没有发展能力的贫困人口予以低保救助、维持其基本生存；对具有发展生产能力和意愿的贫困人口，通过项目扶贫到户，促其脱贫致富，力争到 2020 年基本消除绝对贫困现象。

还是很重的。因为家中病人平日里需要有人照顾，使得原本在家中从事生产活动的劳动力已经减少的基础上又减少一定的劳动力。就这样，医药费再加上各项由于缺少劳动力而减少的收入，使得这个家庭生活条件比较阿敦高勒嘎查的其他家庭来说差距不少。他们也认识到如果仅仅依靠国家给予的保障金生活质量是不会得到提升的，一直想寻找摆脱困难的方法。村领导和村民们看到这种情况后也开始从行动上给予他们帮助。有的村民会在农忙的时候，或在自己家的活做得差不多的时候不是直接到他家的田里帮帮忙，就是去陪陪病人，让家里的其他人可以全心全意地去从事生产活动，去除后顾之忧。

实现社会保障的制度化、法制化，是保障农牧民收入稳定、维护牧民权益、协调利益冲突的需要，是规范社会保障制度的必要条件。农村牧区社会保障制度中的农牧民的合作医疗、养老保险、最低生活保障，是确保在新农村建设的历史条件下，保障农牧民病、老、灾、死诸方面获得社会资助的基本途径，也是落实科学发展观、构建和谐社会的必由之路。

从阿敦高勒嘎查的医疗卫生，计划生育，新农合以及老人福利和保障等各方面，都透露出浓郁的移民特色，坚持“政府支持，多方筹资，以收定支、量入为出，逐步高速，保障适度、广泛覆盖；权利义务结合、公开、公平、公正、民主监督管理”的原则，嘎查村民相互扶持，共同克服制约卫生医疗、计划生育以及老年人保障中的种种困难，全村人“同舟共济，共渡难关”。在市场经济改革发展的今天，这些传统美德更是我们需要大力提倡和保存的。此外，更新村民的观念，用现代思想武装他们，充分发挥阿敦高勒嘎查的优势产业，这样会为阿敦高勒嘎查的发展注入新的活力和生机，从而进一步促进人们收入的增长和生活水平的提高。

五、教育

阿敦高勒嘎查位于嘉尔嘎勒赛汉镇西部，是孪井滩生态移民示范区一个重要的移民安置点。这里的居民大部分来自于阿拉善左旗生态极其脆弱的腾格里沙漠腹地，以蒙古族为主体，汉族占大多数。阿拉善地区人民有重视教育，注重文化积累的传统。曾经，许多牧民生活在阿拉善左旗的腾格里沙漠腹地，漫漫黄沙阻断了他们求学的道路。因为交通不便的原因，他们很难接受到正规的教育。生态移民工程不仅改善了牧民们的生活条件，而且使牧民子女能够顺利升学，更方便地接受教育。

（一）生态移民前的教育情况

在生态移民项目启动之前，居住在阿拉善左旗沙漠腹地的牧民生活条件比较艰苦，接受正规教育的需求也很难得到满足。各级党组织和政府的努力下，虽然文盲及半文盲人口所占比例不断下降，但是大部分牧民只能就近读完小学，少数人能够顺利升入离家较远的中学继续学业。

全旗现有各级各类学校 103 所，是中华人民共和国成立前的 34 倍。其中，普通中学 10 所，小学 62 所，幼儿园 10 所，职业中学 1 所，教师进修学校 1 所，教师员工 2912 人，在校学生 16968 人。28 个苏木、镇全部建立了文化站，部分嘎查建立了文化室或青年之家。

阿拉善左旗的教育情况与右旗大体上是一致的，在生态移民工程启动之前，阿拉善右旗的文盲、半文盲占 6 岁及以上人口的 18.97%，中专及以上文化程度占 6.55%。与阿拉善盟整体情况相比，当地的文盲及半文盲人口比例较高。

表 5－1　1982 年和 1990 年阿拉善右旗居民搬迁之前受教育程度统计表　单位：%

年份	总人口	中专及以上	高中	初中	小学	文盲及半文盲
1990	100.00	6.55	12.99	25.71	35.78	18.97
1982	100.00	0.89	11.92	17.99	38.31	30.90

数据来源：根据《阿拉善右旗志》（2000 年 11 月第一版）第 787 页计算整理

注："总人口"是指 6 岁及以上人口

生态移民项目启动之前的 1990 年，阿拉善右旗各行各业从业者的学历层次普遍较低。各类专业技术人员的学历水平在当地相对较高，但是大多数从业者也只具有高中或中专学历。在国家机关、党群组织、企业单位负责人中，中专及以上学历占从业人数的 40.15%，初中学历占 27.80%。办事人员则以高中学历为主，占到 33.89%。45.32% 的商业工作人员具有初中学历，是发展商业的中坚力量。在服务性工作人员和农林牧渔业劳动者中，拥有小学学历的从业者所占比例分别为 39.39% 和 50.02%，人数多于其他学历。在从事生产、运输劳务工作的人员中，拥有初中学历的占41.29%，比重较大。从这样的情况中可以看出，在搬迁之前，阿拉善右旗各行各业从业者的素质技能普遍不高。主导当地经济发展的农林牧渔业与居民服务业的从业者都以小学学历为主，这严重制约了畜牧业的合理发展以及牧民生活水平的提高。受教育程度较低已经成为阻碍当地居民提高生产效率，改善生活质量的瓶颈。

表5-2　1990年阿拉善右旗居民搬迁之前职业分布及受教育程度统计表

单位：%

职业类别	小计	中专及以上	高中	初中	小学	文盲半文盲
各类专业技术人员	100.00	47.57	28.45	16.63	6.96	0.40
国家机关、党群组织、企业单位负责人	100.00	40.15	15.06	27.80	15.44	1.54
办事人员和有关人员	100.00	29.44	33.89	24.72	11.39	0.56
商业工作人员	100.00	3.36	32.85	45.32	15.83	2.64
服务性工作人员	100.00	0.43	16.45	31.39	39.39	12.34
农林牧渔业劳动者	100.00	0.21	3.75	20.35	50.02	25.67
生产、运输工人及有关人员	100.00	2.39	28.02	41.29	23.12	5.18

数据来源：根据《阿拉善右旗志》（2000年11月第一版）第141页计算整理

（二）生态移民后的教育情况

根据阿敦高勒嘎查委员会提供的数据，2010年当地村民文化教育程度基本情况为：大专文化4人，中学文化249人，中专文化9人，小学文化155人，未上学人数为7人，详见表5-3。

表5-3　2008—2010年阿敦高勒嘎查居民受教育情况统计表　单位：人、%

年份	总人口		大专及以上	中专	中学	小学	未上学	在校生
2010	人数	424	4	9	249	155	7	98
	比例	100.00	0.94	2.12	58.73	36.56	1.65	23.11

续表

年份	总人口		大专及以上	中专	中学	小学	未上学	在校生
2009	人数	396	7	9	240	137	3	100
	比例	100.00	1.77	2.27	60.61	34.60	0.76	25.25
2008	人数	400	7	9	242	139	3	100
	比例	100.00	1.75	2.25	60.50	34.75	0.75	25.00

资料来源：根据阿敦高勒嘎查委员会农村牧区经济情况到户统计报表（2010、2009、2008年度）计算整理

由表5－3可以看出，阿敦高勒村民受教育情况有以下几个方面特点。

第一，大专以上文化程度人数较少。调查中发现，2008年和2009年阿敦高勒大专以上文化程度人数为7名，而2010年减少到4名。出现这样的变化是因为，当地的年轻人在接受高等教育之后，陆续在呼和浩特、巴彦浩特等城镇落户。高学历人才的流失已经成为制约阿敦高勒发展的原因之一。

第二，中学文化程度的人数比重最大。阿敦高勒绝大部分村民在接受完中学教育之后，基本上都步入社会工作，这部分人数为249名，占总人口数的58.7%，近三年来都没有发生变动。另外，9位村民拥有中专学历，其中8人在21～27岁之间，而年龄最小的只有17岁，现在尚未毕业。当地中专生数量较少，主要是因为很多人在毕业之后不愿回到家乡务农，而选择在经济相对发达的巴彦浩特镇或者是周边城市安家立业。由于生源较少和师资有限，阿敦高勒嘎查当地没有建设初高中以及中专学校。目前，当地的初中在校生大部分就读于位于嘉尔嘎勒赛汉镇的孪井滩九年一贯制学校，还有少数家庭条件较好的学生到巴彦浩特镇择校就学。从搬迁后的情况来看，在初中毕业后，成绩较好的学生能够考取巴彦浩特镇的高中继续学业，有的毕业生则选择到阿左旗职业中专学习一技之长，为就业做准备。只有少数的初中毕业生不再升学，他们一般在孪井滩当地的饭店打工，或者在家帮助父母干农活。

第三，小学文化程度人数比重较大。这部分人数占总人口的36%，有155名，近三年来一直稳定在这样的水平。在他们当中，大部分人年龄高于40岁，他们在搬迁之前接受完小学教育后，便开始工作，有的放牧、有的外出打工。此外还包括一些7岁以上15岁以下的学龄儿童，他们都就读于位于嘉尔嘎勒赛汉镇的孪井滩九年一贯制学校，在小学毕业之后直接升入本校的

初中部，接受比较系统的义务教育。

第四，未上学人数有所增加。阿敦高勒嘎查的未上学人口中，分为学龄前儿童以及年纪较大的已脱盲人群。随着青壮年移民的不断增加，每年都会新增一些学龄前儿童。这是未上学人数增加的主要原因。另外，受到移民前牧区经济社会条件的制约，一些50岁以上的老年人基本没有接受过学校教育。调研中最明显之处就是语言问题，一些人只会说蒙古语，不能用汉语表述。而随着扫盲、科技宣传、技能培训以及基础教育的不断普及，这部分未上学的老年人已经逐渐实现脱盲。

第五，家人的教育观念对蒙古族年轻人的学业进展有很大的影响。在调研中我们了解到，蒙语生的中考录取分数线并不算高，考大学也可以借助民族政策考入分数线较低的预科，所以升学的难度并不大，能否继续学业主要还是取决于本人愿意和家里支持。许多同学不再读书主要是家长认为现在高学历的人太多，即使高中顺利毕业考进大学也不一定会找到理想的工作。目前就读于内蒙古化工职业学院的蒙古族小伙子布赫告诉我，他之所以一直坚持上学，多亏了二哥的支持和鼓励。布赫记得二哥曾经说过，读书是一条提高自身素质、改变自身命运的捷径。

（三）现代教育

“富不办教育富不长久，穷不办教育穷根难除。”孪井滩生态移民示范区的干部早已充分认识到文化落后、劳动者的素质不高，将阻碍经济的发展，同时也会给社会带来不稳定因素。在国家大力开展普及九年义务教育的背景下，伴随着国家政策支持和资金投入，阿拉善左旗将阿左旗七中搬迁至孪井滩示范区，同时扩建为九年义务教育一贯制学校，即如今的孪井滩九年一贯制学校。隶属于孪井滩的阿敦高勒嘎查和孪井滩所辖其他嘎查的适龄儿童都要到孪井滩九年一贯制学校接受教育，意义重大的“双高普九”以及素质教育改革在这里轰轰烈烈地开展起来。

1. 孪井滩九年一贯制学校

“十一五”期间，阿拉善左旗整合教育资源，认真贯彻落实国务院《关于基础教育改革和发展的决定》精神，不断增加基础教育投资，努力巩固“两基”成果。根据阿拉善盟的统一部署，孪井滩九年一贯制学校认真落实相关政策，取得了很好的效果，已经成为全盟最大的“九年一贯制”蒙汉合校，为农牧区学生养成教育树起了一面旗帜。

（1）发展历程

李井滩九年一贯制学校是李井滩生态移民示范区的区级学校。学校的前身是始建于1970年的阿左旗三区中学。在2000年之前，学校先后更名为阿左旗七中、超格图呼热十年制汉校和超格图呼热蒙校，校址也经历了三次搬迁。2003年秋，学校由头道湖整体迁至李井滩，与李井滩原“八一”希望小学、嘉镇小学合并，并恢复了“阿左旗七中”的校名。2009年1月李井滩示范区体制单列后，学校定名为李井滩九年一贯制学校。

建校40多年来，李井滩九年一贯制学校先后为社会培养了4000多名人才，他们遍布全区各地，其中不少已经成为全区、全盟某些行业、部门的中坚力量。李井滩九年一贯制学校历来以良好的校风和学风在盟内著称。进入新的历史时期，广大师生继续秉承“教书育人，为人师表”的教风和“团结、进取、勤奋、创新”的校风，积极推进教育教学改革，教学质量稳步上升。学校先后被评为“盟级文明单位”“支持地方社会事业发展先进单位”。2004年、2005年连续两次被评为“实绩突出领导班子”和“优秀党支部”。

（2）办学条件

学校占地面积66666.7平方米，每位学生平均占有67.54平方米；校舍建筑面积11043平方米，每位学生平均占有11.19平方米。学校不仅拥有现代化的教学楼和宽敞的学生公寓，而且设有计算机教室、语音室和实验室，教学设施比较完善。

近几年来，除了示范区财政局和教育体育局划拨经费外，李井滩九年一贯制学校还多方筹措资金，加大校园建设力度，改善办学条件。学校先后修建了400米×6米八道环形塑胶跑道、人工草坪运动场、国旗彩旗台、两座看台以及510米铁艺围墙。学校还计划在2011年自筹经费建设一座2200平方米的单层钢结构体育活动室。通过几代教育工作者的不懈努力，当地农牧区的孩子已经享受到了和城市孩子一样的教学设施，学校的办学水平有了历史性的提高。

（3）师资力量

学校现有教职工111名，其中正式在职在岗80人，储备人员31名。学校在县级统测中个人和集体多次荣获教学质量奖。

学校始终坚持以教育教学为中心，以学生的全面发展为主线，以德育为先导，以向高一级学校输送优秀人才为具体目标，努力构建具有个性化，能充分发挥学生特长的具有李井滩九年一贯制学校特色的教学体系，为学生的终身发展奠定坚实的基础。

在全盟的同级同类学校中，李井滩九年一贯制学校的中考上线率、优秀率近几年一直名列前茅，已经陆续有多名学生跻身全旗前十名。毕业生德、智、体、美全面发展，能很快适应升学和就业的需要，具有很强的发展后劲，受到用人单位和高一级学校的一致好评。

（4）学生情况

目前，李井滩九年一贯制学校服务李井滩示范区内的包括阿敦高勒嘎查在内的20个嘎查，其中有8个农业嘎查，12个牧业嘎查。辖区总人口11000人，共2500多户。李井滩九年一贯制学校有36教学班，在校生987人。其中，初中12个教学班，329人；小学24个教学班，658人；每个年级均设有一个蒙语授课班。李井滩九年一贯制学校认真贯彻落实《义务教育法》，按照上级教育部门指导精神招收一年级、七年级（初中一年级）新生，适龄儿童、少年均能按时入学且长期巩固，在本校招生范围内适龄人口入学率为100%，适龄人口在校生近三年没有辍学，辍学率为0；小学生、初中生毕业率100%，毕业班体育合格率95%，15～17周岁人口中没有文盲，文盲率为0。

（5）教学管理

养成教育是李井滩九年一贯制学校的一大亮点。为做好养成教育，学校制定了《教师职业行为禁行规定》和《学生行为规范考核细则》，并严格执行，在教学中既遵循教育规律、注重规范学生行为，又注意学生个性的发展。对学生的在校行为实施全过程管理，一个年级一个标准，一个阶段一个重点，分步实施。通过养成教育，使学生从小养成了一个良好的学习和行为习惯。

教学是学校工作的重中之重，提高教学质量更是一个学校的生命线。李井滩九年一贯制学校作为一所农牧区学校，立足于提高教学质量，培养全面发展的人才，树立品牌意识，在教育教学中不断地改革创新。通过“请进来，走出去”，培养教师教学的创新意识，进行课堂组织创新和教学方法创新。把注意力由单纯的“教”，转移到学生的“学”上，真正使学生通过“学”来最大限度地发掘自己的潜力。

教师的人格魅力，思想品质，业务水平是教学的核心所在。办好学校，不只要有教学楼、先进的教学设备和漂亮整洁的校园，更需要有一支高素质的学习型师资队伍。为培养这样一支队伍，孪井滩九年一贯制学校提出“事业留人，情感留人，待遇留人”。校领导班子在狠抓教学质量的同时，处处践行着“以人为本”的思想，大到住房、职称评定，小到外出培训、子女上学，处处为教师着想，千方百计提高教师的素质和教学的主动性。这样一来，老师们明显地提高了工作责任感，学校的管理效率和教学风气也随之显著改善。

2. 孪井滩生态移民示范区幼儿园

孪井滩示范区幼儿园前身是阿左旗第二幼儿园孪井滩分园，成立于2007年11月。2009年12月幼儿园划归孪井滩示范区管委会管理，同时正式命名为“孪井滩生态移民示范区幼儿园”。幼儿园占地面积5万平方米，园舍建筑面积为1700平方米，活动场地面积3万平方米。现有教职工20人，其中正式专职教师14人，均是学前教育专业毕业，12人取得大专学历。储备教师2名，临聘职工5人，全园共有幼儿117人，开设大、中、小、蒙4个班级。

3. 现代教育中的困难

当地学生接受教育遇到的主要困难是某些家长仍然保留着“读书无用”的思想观念。一方面，由于当地自然条件较差，从事农业生产的收入较少，一些经济条件较差的家庭希望子女能够外出打工补贴家用。在他们看来，孩子上一天的学不仅赚不到钱，还要花钱，读完书也未必有什么出息，还不如出来帮家里赚点钱。移民搬迁后，内蒙古自治区和阿拉善盟加大了对阿敦高勒嘎查的财政投入，村里的基础设施越发完善，村民的补贴收入也增加了很多。读书对他们来说似乎是一件可有可无的事情。即使家长同意孩子在初中毕业后继续升学，但因为他们的家长大部分的心思都放在了务农和打工上，对孩子的管教少之又少，使得这些父母不在身边的孩子养成了很多不好的学习和生活习惯，学习成绩大多数都不是很理想。另一方面，随着教育体制改革，就业机制转轨，部分村民认为不读书也能致富，而读书要花不少的钱，读完小学初中，不读高中、大学和没读过书的人也差不了多少，而要继续读的话则还需要很多钱。况且读完以后也未必能找到一个好工作。当地就有些村民的孩子，因为种种原因，读完了专科还是找不到工作，不仅自己很着急，还让别人笑话浪费时间不说，这些年的钱算是白花了。而相反，有些村民虽然没读过书，但是生意做得好，他们如今的生活比大多数家庭还要好，从而在老百姓心中形成了“读书无用”的落后观念。

4. 发展对策

(1) 加强教师交流合作，提高师资水平

如同农村的土地，长期种植一种作物产量会非常有限，但如果时常进行轮作，产量则会有很大的提升。人也是一样，生命在于运动，思想在于碰撞。一个人长期在一个环境待久了，他所接触到的事物和思想便会有局限，甚至会变得僵固。李井滩作为我国西部的一个小乡镇，虽然近些年来这里的交通便利了许多，和外界的接触也日渐频繁，但相对于大城市，这里的人对外面世界的了解和认识还是很有限的，学校的老师也是如此。这也就造成了老师们教起来方法很单一，学生们学起来觉得很枯燥无味的两难境地。但在这次调研过程中，我们感受到当地的学校似乎还没有找到合适的解决途径。目前，共青团中央与教育部合办的大学生支教项目就是一个很好的渠道。学校可以争取让更多的大学生到此进行支教活动，这不仅会给当地学生和老师带来很多新鲜的信息与思想，对大学生也是一个锻炼，是一个双赢的举措。此外，远水不解近渴，李井滩九年一贯制学校还应加强与周边大城市（如乌海、银川）的师范学校和职业技术学校的交流与合作，为他们提供学生的实习基地，这不仅可以使即将毕业的高校学生得到很好的锻炼，而且也可以利用这些学校的学生资源提高学校的教学能力，给双方提供一个交流学习的平台，逐渐地提高当地学校教师的教育水平和教学质量。

(2) 转变教育观念，优化教育环境

教育的进步，不能仅仅依靠学校自己的力量。而是需要学校、家庭、社会三方面共同努力。如今的阿敦高勒，相比于过去，教育虽然取得了长足的进步，但相对来说，学生的教育环境并不是很理想，村民的思想认识、对子女受教育的热情与支持上仍有待提高。阿敦高勒的村民们比较安于现状，大多数的家庭没有对孩子非要成才不可的期望，相反，他们会担心孩子一旦接受教育，有了出息到外面闯荡会离开父母，这样养老便成了问题，因此，从心里他们不愿意孩子，也舍不得孩子远走。这从某种角度来说并不是一件坏事，它有利于社会的稳定。但我们的国家要富强，就必须不断地向前发展，而不能裹足不前。阿敦高勒村民作为生态移民的代表，有这样的思想，我们不能不为之担心。因此，当地的教育工作者、村干部必须要想法设法，克服困难，加大教育对人的长远发展作用的宣传力度，耐心地去做村民们的思想工作，让村民们尽快意识到他们思想上的局限及对子女教育不够重视的危害，从每个家庭开始，逐步加强对学生的管理，加强对学生在家学习情况的监督并及时与学校的老师沟通，培养孩子的学习热情，帮他们养成良好的学习习惯。不要只顾眼前利益，让孩子过早地参与经济活动，影响孩子接受学校的教育。从自己做起，从每个家庭做起，来优化孩子的学习环境，受教育环境，最终形成学校、家庭、社会三位一体的教育机制，来提高李井滩的教育质量，让阿敦高勒的人口素质上升一个新的台阶。

（3）结合阿敦高勒的实际，加大力度开发本土实用课程

近些年来，国家一直在强调学生的素质教育，强调因材施教。面对当地普遍文化水平不高的村民，如果能开发出有着极强实用价值的校本课程，来提高学生的实践能力，减轻家庭的劳动负担，是极其受广大学生家长欢迎的，这也会增强学生家长对于学生接受教育的支持。同时，接受过有针对性技术培训的学生，他们今后的就业竞争力也会随之提高。

在调研中我们发现，当地的绝大多数蒙古族青少年不掌握任何蒙古族的传统技艺，很多学生基本不了解大草原的游牧文化，也从未参加过蒙古族的民俗活动。当地幼儿园和学校的教学方式与汉族地区相比也没有明显的特点。教育机构应该适当开设一些少数民族传统文化方面的课程，比如马头琴演奏、蒙古族民歌演唱、蒙古族摔跤以及蒙古族民间传统工艺美术等，并且定期组织学生参加蒙古族民俗活动。这样不仅有助于少数民族传统文化的传承和发展，还可以提高学生的综合素质，增加学生的谋生技能。好的想法和出发点固然重要，但执行的方式方法却更为重要。因此，在今后的教学过程中，一定要结合李井滩的实际，加大投入的力度，认真地对待每一个细节，从源头入手，提高课程的推广效果，真正地为李井滩的经济发展，蒙古族传统以及草原文化的延续，学生及村民的生产生存技能的提高提供强有力的帮助。

（4）关心学生，关注学生心理发展

根据马斯洛的人的需要层次理论，人的5个层次的需要中的前三个高级需要分别是自我实现的需要、尊重的需要、归属与爱的需要。自我实现的需要是指人们追求实现自己的能力或潜力，并使之完善。尊重需要的满足会使人相信自己的力量和价值，是他（她）在生活中变得更有能力，更富创造性。归属与爱的需要是指当一个人要求与其他人建立感情的联系或关系，如结交朋友、追求爱情、参加一个团体并在其中获得某种地位等便能得到满足。学生作为一个普通的个体，当然有着以上的需要。所以作为学校的老师应该了

解学生的基本需要，这样才能有效地调动学生的学习积极性，使他们成为老师所认为的听话懂事爱学习的学生。同时，这也需要老师无论是面对听话好学的学生，还是调皮厌学的学生，都要耐心地与他们进行心与心的沟通，找到他们所存在问题的真正原因，并帮助他们解决。在这个过程中让学生去了解和感受你对他的爱和付出，让他们懂得学习的意义。而不是一味地以老师为中心，不管学生爱不爱学，将所要传授的知识强迫性地压给他们，造成学生的厌学心理。相信在得到爱与尊重，体会到学习知识的成就感后，他们自然而然地就会爱上学习，去体谅和理解老师的辛苦付出。由此可见，关注学生心理是多么的重要，它对当地学生的健康成长，对学生的文化知识的学习及长远发展有着不可忽视的作用。

六、民俗文化

民俗文化是由劳动群众创造的一种与人们生活密切相关的社会文化，任何一个地区、一个民族的民俗文化都不是凭空而来，而是在历史的发展过程中逐渐产生和发展的。阿拉善地区以蒙古族为主，同时又具有民族多样性的特点，在长期历史发展过程中，各民族人民杂居共处，互融互学，形成了该地区特有的民俗文化。阿敦高勒嘎查以汉族和蒙古族为主，在民俗文化上也多有蒙古族特色，内容极为丰富。本章在参考相关文献[①]基础上，对生态移民前后的文化变迁进行简要概述。

（一）日常习俗

阿敦高勒嘎查为多民族杂居村落，以汉族和蒙古族为主，日常生活习俗各异。且当地居民是在生态移民工程的帮助下由牧区迁移而来，有很多牧民保有原来的生活习俗，也有很多汉族居民一直维系着他们的生活方式，在长期的共同生活中，不同民族居民的生活习俗逐渐相互吸收，趋于一致。

① 注：主要参考《阿拉善左旗志》、《阿拉善右旗志》、《额济纳旗志》、《蒙古民歌丛书——阿拉善盟（上下集）》等资料（详见参考文献部分）。

1. **衣食住行**

(1) 衣

在穿衣方面，阿敦高勒嘎查的居民多穿汉族服饰，除了部分老年人外，年轻人平时不再穿着蒙古袍，只是在节日或招待客人时穿戴，平时多以西装和其他流行的服装为主，在集会、赴宴、走亲访友时穿衣也很讲究。

阿敦高勒嘎查的蒙古族居民，在着装上传承阿拉善蒙古族的穿戴风格，以帽子、袍子、腰带样式花边和色彩为整体服饰。参加婚礼、逢年过节、祭祀敖包、达拉干巴雅尔、乌日斯乃日时多穿下摆袍，通常穿毕西莫德袍。像女儿出嫁时，一定要穿与下摆袍配套的无袖、圆领、前开襟、下摆左右两侧和后侧三开衩，比蒙古袍稍短的“才格德格”套装。男子则穿大襟、四扣式的美观坎肩。下摆袍在制作过程中，分上下两节（相似连衣裙），在腰间部位缝皱出7至11个皱褶（视袍大小而定），外襟下摆稍呈角形。毕西莫德则无上述特征，衣襟与下摆袍基本相同，半前襟，外襟向右至腋下垂直。

帽子。当地居民，佩戴传统的蒙古族帽子的很少，男子多戴前进帽、礼帽或者鸭舌帽，一般在冬季寒冷的时候或是外出赶路、驮运时戴毡帽、皮帽等汉族居民佩戴的帽子。只有一部分老人还佩戴蒙古族的帽子，男子戴狐皮、羔皮、毡帽，或是在头上围裹绸、缎长条围巾，女子则围系绸、缎围巾等。这种头饰也是新中国成立后逐渐改良的结果，新中国成立前的妇女要将头发梳两条发辫，外用发套包裹，结婚时戴有镶嵌珊瑚、金银等珍贵珠宝的发套。

袍服。阿敦高勒嘎查蒙古族居民所穿的传统蒙袍和阿拉善其他地区牧民所穿的蒙袍是一样的。这种蒙古族袍服（拉布其格）外形宽松肥大、右大襟系扣、马蹄形小袖口风格，具体又有：男装下摆两侧开小衩、圆形高领、面料多用蓝或棕色、用库棉料做袍领、袖口、镶单条宽边；女装下摆不开衩、长方形高领、喜用红、绿、天蓝色面料，用相同质地料做袍领、袍袖，镶双线边。又分下摆袍和毕西莫德袍。

腰带。蒙古族男子通常选用各种色调与袍子相匹配的绸、布料做腰带。束腰带的讲究和规矩是：男子将袍襟向上提，以便乘骑，也显得矫健潇洒。青年女子将袍襟向下拉展，以示美观庄重。妇女参加婚礼、新媳妇拜见公婆时不束腰带。

靴子。在牧区生活时，蒙古族男子皆穿高筒靴，而着靴样式则有贫富之别，其制料有布靴、毡靴、皮靴。较富裕者，春、夏、秋季多穿靴尖上翘或是平底长筒的香牛皮靴；生活属中等或是贫困者，则穿塔尔寺康青靴（平头）或克木靴（平头）。冬季则多穿毡筒或香牛皮靴子，后来喜穿哈拉哈毡靴。他们穿的靴子除了与蒙古袍协调外，还具有骑马、乘驼时踏镫护踝和夏防虫咬、冬御风寒之效果。随着牧民生活的提高，交通工具的极大改善，现今牧民中穿靴者甚少。而在移民后，受当地生态环境的影响，居民中几乎没有人穿传统蒙古族靴子了。

装饰。盛装出席活动的阿敦高勒男子，一般佩戴的束带装饰是：左右两侧均系银质环佩，右环悬刀，左环佩挂火镰和烟袋套、前襟左腰间别褡裢(装鼻烟壶)。烟袋锅视其长短别在腰间或插在靴筒内。平时将刀子别以腰带，若进入他人屋内时，须将刀子从腰间取下。妇女的装饰物则是：在两耳和腕指上佩戴银质耳环、手镯、戒指，再在袍子腋下的台毕查（一种修饰）上各系一个银质环佩，右栓鼻烟壶，左栓造布勒（针线包）。女子婚前均梳一条发辫，垂于身后。出嫁前夕，将一条发辫分梳成十二条小辫，婚礼上再将十二条小辫梳成两条，在发辫两侧加辫上蒙古语称“舒日古勒”的三股舒展假发，同发辫一起装入发套分垂于胸前、辫系银质或色彩各异的宝石或玉石首饰。

(2) 食

阿敦高勒嘎查上的居民在饮食方面基本采用了汉族的饮食习惯，蒙古族的食俗与汉族大致相同，即以食粮（大米、白面）为主，辅以茶食、奶食、肉食、佐食蔬菜。由于地处荒漠干旱区，阿敦高勒嘎查的居民在迁移之前，吃菜比较困难，蔬菜品种单调，多以小米、大米、白面、青稞面、炒米为主，辅以肉食，以便于保存的萝卜、大蒜、葱和野生沙葱调味。平时以肉为主，冬季以储存大白菜、马铃薯、白萝卜为主。80年代后，随着改革开放的进一步深入，不断地有甘肃省张掖、山丹、武威等邻县的农民进入牧区卖菜，蔬菜品种逐渐增多，且在冬季也能吃到新鲜的蔬菜。入冬前大多数家庭腌制白菜、沙葱等备用。平时宴请以手抓羊肉为主，稀尊客人待以羊背子、烤全羊。由于日常生活从根本上得到了改善，一日三餐均讲究色全味香、品种多样，自制的奶酒早被醇香四溢的名酒和甘甜可口的饮料所代替。

现今，阿敦高勒的居民迁移至此已有十余年的时间，在村委会的帮助下，居民普遍参加过粮食、蔬菜的种植培训，有的蒙古族牧民甚至能够成为当地的种粮能手，政府也给予一定的良种补贴、机械补贴，居民们食用到新鲜的蔬菜、粮食已经不是难题了。

① 茶食

日常生活一日三餐，不能没茶。来自草原的牧民们一般均饮用湖北省赵李桥茶厂所产“川”字牌青砖茶。其制法是：用铜、铝制饮具将水煮沸，视水量多少加入青砖茶和适量食盐即可饮用的茶水，称为黑茶。具有清香扑鼻、维生素不受损坏、助消化作用。在制成的黑茶里再加上适量的鲜奶（牛、驼、羊奶均可），视茶色变成乳白，煮沸即可饮用的茶水，称为白（奶）茶。具有奶香浓郁、可口绵甜、助消化、增食欲之功效。

② 奶食

阿敦高勒的蒙古族居民将奶食品通称为“查干伊德”（汉译为白色食品）。奶食品又分饮用、食用型。饮用有鲜奶、酸奶、奶酒、奶茶；食用有奶皮子、奶酥、奶油、奶酪蛋（奶豆腐）等。这些奶食品均具美味可口。营养丰富的优点。蒙古族至今沿用传统方式制作的奶食品有以下几种。a. 酸奶：将鲜奶放入木桶内进行搅拌发酵，直至酸香味溢出。饮酸奶可解热止渴，增加营养，滋补气血。b. 奶皮子：将鲜奶入锅，文火煮沸后不断地用勺扬奶，直到奶面上出现泡层不便再扬为止，待冷却凝固后，将泡层奶面慢慢夹出，放在平整的用具上压展，折叠待用。c. 奶酪：将发酵的酸奶入锅，文火煮熬，待水分蒸发后出锅入漏水器皿中加压 2 ~ 3 小时，便成固体状的奶酪。d. 奶油：将鲜奶倒入木桶，以木棒徐徐搅动，使奶脂泡浮起后稍等片刻取出脂层为白油，再将白油入锅，文火煮至水分全部蒸发出锅，称为奶油（黄油）。e. 奶酥：将制作奶油的脱脂奶水入锅，文火煮，待水分蒸发后出锅，入布袋挤压控水，晾干为奶酥。

③ 肉食

蒙古族都喜食牛、羊肉，而来自草原的阿敦高勒牧民更是如此，他们不喜驴肉和鱼虾，尤以羊肉颇具特色，按其传统的待客习俗分别炮制成羊背子、手抓肉、肉馅灌肥肠、灌血肠食之。

羊背子。蒙古语称“乌查”或“秀斯”，其制法是将挑选的羊杀掉、剥皮、去头、蹄、内脏、胸叉、先板骨上端的脆骨、膝骨及与脖颈相连接处的两根小肋骨，在保留羊背、羊尾完整的基础上，视羊背大小一般留 3 ~ 5 根（以撑平羊背）肋骨，其余按骨骼活动节卸成大块入锅。待熟后再照羊体顺序依次摆至盘中，端羊背上桌。食时，唯先板肉请在座的长者分之。

手抓肉。蒙古语称“布和力麻哈”。其制法是将羊腔肉从骨节处卸成若干块，冷水下锅，加食盐少许，煮至熟嫩即可。食时用手抓刀割，不用其他餐具，故称“手抓肉”。按照额济纳蒙古族吃手抓肉的习俗，在一般情况下，用一块先板肉配四条肋骨和胸椎骨肉装盘上桌，请宾客进餐。若来宾中有嫂嫂做客，需以胸脯肉相待，先板肉请长者分给在座者分享，而小孩子忌吃羊尾和桡骨肉。

此外，在阿敦高勒嘎查，还流行着阿拉善地区蒙古族特有的烧驼峰、凉拌蹄黄等特色美食。

（3）住

阿敦高勒嘎查的居民在2004年搬迁之前，均住在草原的蒙古包或土木结构的房屋里，其实这种土木结构的房屋只有旧时的蒙古贵族才能居住。在20世纪70年代就一改天幕式的居所而住上土木结构房子的牧民能达到80%以上，80年代以后，部分牧民更是盖起砖木结构的住房，面积增大。而生态移民工程实施以来，牧民群众绝大多数已住进了砖土木结构的居室，结束了千百年来逐水草而居的游牧生活，开始迎接他们崭新的“定居生活”。

蒙古包，也称毡房，蒙古语“蒙古勒格日”。主要由木架、毛毡两大部分组成，外形呈圆平尖顶。木架部又分壁围（哈那）、撑杆（乌尼）、天窗（陶高努）、门（屋德）四部分组成。毛毡部由围毡（图日嘎）、地毡（哈亚布其）、顶毡（德布日）、窗毡（鄂如和）、门毡（屋登熬日胡勒）五部分组成。大小之别由围壁多少而定，多高则大，少矮则小。分别由4、5、6、8、10、12叶壁围。每叶17根杆头（即壁围两杆交叉处顶1根撑杆）撑起木架，外围毛毡，一般门朝东南方向搭起。而包内用品的陈设、来客入座的传统习俗是：（以进门向）左上方为来客入座处，左下方为家务活动处，右上方是主人的用地，右下方为放置炊具和行炊用地。

还有一种移动过程中选择的居住方式，称为切金格日或无哈那，是一种简易蒙古包，由蒙古包的乌尼、陶努组成。一般在移牧过程中使用，其拆叠、驮运比蒙古包更为方便。

（4）行

阿敦高勒嘎查所属的李井滩地区地域辽阔，现今的村落之间相距都比较远，而早期的牧民为便于放牧，各家独居，每家相距二三十公里。两家同居一处或相距几公里的情况比较少，同时放牧生活又迁移不定，且遍地皆为荒草、沙漠、戈壁而无道路，出门较难。昔日，牧民在进行移牧搬家、传递信息、出牧走亲、来往贸易、兑换产品等生产活动中，主要依靠马匹、骆驼，此外还有驴和骡子，夏季多骑马、驴、骡，冬季以骆驼较多。男女老少都善骑，上驼马认定方向后加鞭奔驰，一般取直线而行，若遇大沙丘或红柳不能穿过时，则绕过行走。牧人骑驼马均备有华丽的鞍韂，穿马靴，骑马必备鞍，二者不备而出门者易被人轻视；对步行者极鄙视，称为“亚不岗”，意即穷至“无代步畜”。牧人最贫者也有驼马或驴、骡做代步之用。骑驼马者常披羊皮袄，带奶酪一小袋，或带水壶，便于在驼马上随时饮食；若遭有急事，日夜兼程，极困之时随地以羊皮袄兼作被褥休息；醒时上驼马即行，单骑快驼、快马可日行 80 ~ 150 公里。此外，改革开放以来，除个别深居戈壁、山区的牧民乘骑马匹、骆驼或用以搬家移牧外，绝大多数的牧民随着收入提高，越野小汽车、摩托车、小四轮拖拉机为主的现代化交通工具迅速地走进了家庭。

而移民工程实施后，附近居住的牧民都搬迁到嘎查上，基本上家家户户都有电动车、摩托车、小轿车等出行工具。为了方便居民出行，孪井滩示范区还设立了公交线路，直通示范区内的每个嘎查。

2. 礼仪民俗

（1）礼俗

阿敦高勒嘎查虽然蒙古族居民较少，但在日常生活中，蒙古族居民的一些礼仪习惯，如路遇长者、亲友、熟人或逢年过节、走亲访友等“宁可折骨也不能失礼”的礼节传统，在当地居民中广为流传。

问候。来客互相问好。如路遇长辈，若是乘马骑驼，须先下马（驼）后再向长辈请安，以示尊敬。晚辈在长辈面前说话和气，以尊称呼之，不直呼其名。入蒙古包后，先向主人请安，问全家平安、牲畜兴旺、牧草丰美之后再道来意。

待客。蒙古族居民以热情好客著称，牧民虽深居草原、戈壁，却具有热情好客的民风。凡客临门，主人不管是否相识、远近，全家老少出门迎接，也不问讯与家人有什么关系或来自何方，即使是陌生人也均以礼相待，宾主互相问候“塔赛音白努”、“赛音、赛音、塔赛因”（躬腰，大臂下垂，小臂向前平伸，手心向上），主人热情谦让客人入室入座，将酥油、奶皮、奶酪及油炸的方便食品、茶水献上，以“谁能负锅行路，待客饮食，自属应尽义务，何得需所”之遗俗待客，指路相助。客人在饮茶叙话中，热情的主人还会斟满美酒敬向客人，以示对来客的敬重和爱戴，此时，如若客人道不会或推让再三不喝，主人便会认为所来之客瞧不起人，不愿与己以诚相待。为此，主人敬酒时，理应接杯，能饮者尽饮，不饮者品尝少许将酒杯递还主人，待主人以次相客敬酒完毕，客人礼应斟酒回敬主人，以示谢意。

阿敦高勒的居民还有特别尊重老师和远方贵客之俗，他们认为没有老师就没有人类文明，若是老师光临，全家老少会一起出门相迎，热情款待。像嘎查上一向重视教育的居民田多荣，他但凡遇见老师，哪怕不是自家孩子的老师，也要格外尊重。我们调研组此次入村访问，就得到了居民们的高度配合和热情款待。

献哈达。如果特殊的欢庆场合，当地的蒙古族居民在迎送宾客、馈赠礼品、相互拜年时常行献哈达这种仪式，如托起哈达献向贵宾、长辈，敬献者向前弯腰，将哈达折口对准客人，双手伸平捧哈达过头（以示尊敬、否则为失礼）敬给；平辈人之间互赠时，双手平举捧哈达递向对方；长辈对晚辈行祝时，一般将哈达披搭项肩，有时也将哈达披其他礼品之上一并托起赠给。为渲染献哈达的气氛，有时还吟唱吉祥如意的赞祝歌。

敬鼻烟壶。当地蒙古族有相互敬鼻烟壶的传统习俗，意似今日见面时握手问好之习。而他们在互敬鼻烟壶时的特殊礼节是：若是双方同辈，用右手心托壶互相交换，倒出少许烟沫于手心，再用手指沾烟沫送鼻孔吸闻后，相还烟壶；若是长辈，则先请其入座，晚辈曲身，双手捧壶敬之；小辈则不嗅鼻烟；女子要先把鼻烟壶举己前额轻轻一碰，向前躬身，将烟壶打开一半，以左手扶壶，右手托起递给长者。鼻烟壶精致美观，小巧玲珑，携带方便，一壶在手令人百看不厌，是当地蒙古族男子穿蒙古袍、束腰带时不可缺少的一种特殊装饰。

(2)“乌嘎拉嘎”仪式

“乌嘎拉嘎”（汉语为“洗三”之意）是当地蒙古族群众为婴儿出生第三天所举行的人生第一件喜庆（即洗澡，睡摇篮）仪式。与汉族居民共同生活后，部分蒙古族居民也开始在孩子满周岁的时候举行“抓周”仪式。

举行“乌嘎拉嘎”仪式的程序是：

筹备。备好肉、奶、藏粑、油炸果（饼）、糖等一应食品，请喇嘛如时前来焚香吟经，邀亲属、左邻右舍、朋友届时光临。

洗礼。主人以礼向客人献茶，各式食品上桌，由奶奶或守生婆用加食盐少许的温水给婴儿洗头遍澡，其意是：用盐水洗澡，消炎护肤，愿孩子今后生活像大海里的白宝取之不尽，年年富裕。再用松柏叶所煮之水洗第二遍澡，其意是：祝愿孩子像松柏一样坚强，在人生的旅途中岁岁平安，长命百岁。指沾酥油少许抹婴儿前额，放到母亲身边，恭请长者为婴儿赐名，洗礼结束。

宴客。接上序，应邀前来的客人依次手捧礼物，口念祝词（多是祝愿健康成长，长大成材之类的吉祥语），用手指沾酥油抹到婴儿前额，将贺礼献给母亲。待祝赞词完毕，主人以丰盛宴席招待客人，直宴到全部来客一一辞别，整个仪式方告结束。

（3）“达和”仪式

阿敦高勒嘎查的蒙古族居民还保留着阿拉善地区蒙古族的传统仪式，普遍有为子女（男三周岁、女四周岁）如期举行“达和”（汉语译为剪胎发）的习俗，举行“达和”仪式一般是选定在风和日丽、畜肥草美的金秋季节。

仪式大致如下：待客人基本到齐，主人用洁白哈达托起盛满鲜奶的银碗，先请吟诵祝词人为孩子诵祝词，吟祝词完，祝颂人举起盛满鲜奶的挂彩银碗，代表孩子家长向宾客说明用意，剪胎发的孩子将系有哈达的剪刀放在盛有奶食或父母赠给孩子礼品的盘子之上，先请吟祝主持者剪第一撮头发（男孩从右边，女孩从左边），将剪下的头发及所赠礼品一同放在盘里。依次待所有来客剪发赠礼完毕，开“达和”宴。酒过三巡，主人会展喉高歌阿拉善流行祝酒歌，以表达自己对来宾的谢意。“乌查”（即羊背子）上桌待客，有时欢宴通宵方散。

因路程或他事耽误迟到，未行亲手给小孩剪发的亲朋、好友，可随到随剪、送礼，主人同样热情款待。被剪下的胎发，包进哈达入柜或置于高坡、庙宇附近。

3. 节日民俗

蒙古族居民有很多传统节日，而且这些节日具有鲜明的草原文化特点和群众集会性特点。其中有春节等年节性节日，有那达慕大会等生产性节日，还有祭敖包等宗教性节日。现在受文化共同的影响，蒙古族居民和汉族居民往往会一起欢庆节日，很多汉族青年非常愿意参与到那达慕大会这样的庆祝活动中，在他们眼里这是地区内少有的结识朋友的平台。

（1）春节

蒙古族称春节为“查干萨日”（汉译白节）。视白色为万物之母，象征着纯洁、吉祥。农历腊月就开始缝制节日新装，准备各类食品、糖果、美酒佳肴，选好乘骑。腊月二十三日，扫除房内（包）屋外一切尘垢，始做各种油炸果子，傍晚祭灶。

除夕之夜，全家人一起吃肉馅饺子，以示团圆、幸福。谁若是吃到钱饺子（饺子内包硬币），就象征着来年大吉大利，财源滚滚。然后“开羊头”（垫门槛把仰头上下颌扳开）献佛。其后是通宵达旦的家庭游艺（即玩“真德”，下蒙古象棋，猜谜语，玩羊踝等）活动。

初一清晨，大人、小孩早早起床，穿起节日盛装，点燃篝火，拜祭天地，祈祷来年顺利、安康，全家人回屋（包），儿女们即捧起哈达向父母及兄长行礼拜年，长辈为晚辈逐个赐词祝福，祝贺新春愉快。向长辈敬酒，送给礼品祝贺，长辈也给回赐一些礼品及糖果等。全家人坐在一起吃年早茶，人人均要将以示吉祥的食品一一尝之。当太阳从东方冉冉升起时，牧人们便跨上早已备好的骏马或壮驼，三五成群地奔向亲戚或朋友、左邻右舍拜年，直至正月十五日结束。

（2）那达慕

“那达慕”意为“娱乐”之意，为传统集会，多在草场好、牲畜肥壮之年的夏、秋季举行。蒙古族对“那达慕”大会一往情深。其中据史料记载，阿拉善盟的“那达慕”盛会始于清代，乾隆三十二年（公元1767年）旺扎勒策仁袭扎萨克多罗贝勒之职，举办首次以赛马、射箭和摔跤竞技为主的“那达慕”盛会。

嘎查上的老人说，新中国成立后，1955—1993年阿拉善地区共举行“那达慕”盛会9届，在每届“那达慕”上，除有传统的竞赛项目外，还随时代的发展增添了田径、球类、骆驼竞赛、文艺演出、社火、体操表演、物资交流、经济合作、对各条战线的劳动模范和先进人物进行表彰等新内容，使“那达慕”盛会群英毕至，声情并茂，更具有时代生气和地方特色。而举行“那达慕”盛会多选在果实累累牛羊肥壮的金秋九月举行，全旗性“那达慕”一般是5~7天。

过去各苏木（社）、场所举办的“那达慕”，基本是随全旗性“那达慕”而举行。而改革开放以后，随着生产的发展、农牧民生活水平的提高，当地牧民家庭联办和自办的“家庭那达慕”也派生成风，成为常年深居戈壁的人民进行体育竞技、交流生产经验、推广生产技术、增进团结的盛会。

(3) 祭敖包

蒙古族堆积敖包（汉译为堆子），最早是人们用来在浩瀚沙漠、戈壁中以识别方向的标志，同时人们也用这种方式来表达对家乡的淳朴感情。后来，随着藏传佛教在蒙古族中的广泛传播，给敖包蒙上了神秘的色彩，逐渐有了每年祭祀敖包的习俗。

敖包大都用梭梭、胡杨木或石块垒扎。呈圆形，顶竖一高杆，上悬经文布条，周围插满树枝，设有祭祀时用来焚香、放供品的垫石。祭敖包的含义最初为祭天地、山川、水草之神，后来演变成了祭祀家乡的标志，如今已成为牧民群众集会，以庆贺一年一度牧业丰收的习俗活动。

祭祀敖包又大致分为血祭、酒祭。以杀羊供奉血祭；以鲜奶、奶油、奶酪、奶酒供奉，称酒祭。在《蒙古秘史》中称此仪式为“酒注礼”。按照阿拉善蒙古族的传统习俗，祭祀敖包一般要在上午举行，其意是草场茂盛，牧业兴旺。祭祀时，凡来参加祭祀的人们都要在敖包上添石块插树枝、敬献哈达，并把带来的祭品虔诚地放在敖包前，祭祀主持人吹响螺号、喇嘛诵经声起，行祀的人们从左向右绕敖包三周，祈祷来年风调雨顺，人畜兴旺。

祭礼完毕，风行草原的摔跤、赛马等竞赛活动紧锣密鼓地开始，并为各项优胜者发给一定的奖励。祭祀仪式才告全部结束。

4. 婚嫁民俗

婚礼标志着一个人进入了建立个体家庭、发展家庭的重要阶段，是人生中“划时代”的大礼，因此，不论阿敦高勒地区的蒙古族居民还是汉族居民，都特别重视婚礼，而蒙古族的婚嫁礼节根据地方民族特色有所不同。新中国成立前，当地的蒙古族大多为一夫一妻，也存在一夫多妻制。贵族和平民之间、贵族与外地贵族之间、平民之间可以通婚，但贵族之间、同姓之间不能通婚，姐妹之间的子女可以通婚。新中国成立后，蒙古族人民实行婚姻登记制度，逐步废除了旧的婚姻制度，男女之间自由恋爱，双方持介绍信到当地的乡、镇人民政府领取结婚证后，变为合法夫妻。

传统的阿敦高勒蒙古族的婚嫁礼俗繁多，具体来说有以下几个程序：

求婚。昔日，男女青年择偶由家长包办决定，结婚须得到家长同意。如今恋爱自由，全由自己决定终身大事。经相互了解。情投意合，确定了恋爱关系，在征得双方家长意见，明确婚约关系时，由男方请媒人备哈达及一应礼品前往女方家求婚。女方家长表示允婚，择日另行定亲。当地汉族的求婚，除不需要备哈达外，其他是一样的。

定亲。男方家同善于辞令的提亲说媒人携带哈达及定亲所需一应礼品到女家，请安、说明来意，过定亲礼（送给女方父母、兄弟姊妹每人一份礼物）之后，再在述谈中循序渐进地将何日迎亲完婚等事宜全部商定告结。

婚前准备。双方家长根据约定的迎娶时间，开始为他（她）们置办嫁妆，约请好主婚人（阿哈拉其）、伴娘（孛日根）。由男方备齐新房内（以蒙古包）西侧所设的床、毡垫、被褥、居中的一对箱子、锅撑等。女方备齐东侧的床、柜橱、佛龛、毡垫、被褥等。待新房及其内设家具、用品全部备齐后，男方便择吉日邀请双方的长辈及亲朋到新房光临“新房落成仪式”，俗称新房茶。

过礼。完婚的前一天，男方家同过礼者乘马携带过礼所需一应礼品到女方家，向女方父母献以绵羊、哈达、衣物，以示答谢父母的养育之恩，再向亲属及兄弟姊妹各赠送一份礼物后，即将所带宴品上桌，双方在欢宴中将具体迎娶事宜一一互通商定，即策马而归。

迎娶。按照选定的完婚日期，男方将蒙古包提前搬到距女方家不远处（约一百米左右），待良辰举行婚礼，迎娶当天，新郎起早与提前选定（与新郎属相吻合）的迎亲人携带娶亲所需一应礼品在众人的美好祝愿下，策马驰到女方家，进门后男方主婚人向女方主婚人、长辈及宾朋一一问候，女方家即献茶、摆宴迎新郎，待新娘打扮就绪，男方娶亲人即从女方伴娘手中接新娘上马，娶亲者请送亲人上马共绕女方家蒙古包一周，拨转马头驰回新郎家。当新娘和娶亲队伍行至距新房不远时，男方家欢迎者即前来朝着新娘驶来的方向鸣放礼炮迎接新娘，新娘行至新房门前，在双方伴娘的照应下马落到新房门前的白毡上，新郎以左手、新娘以右手握一羊胫骨，面朝东方跪拜天地（意示骨肉之情，永不分离）。

拜见“哈德妈”。新郎新娘拜过天地，伴娘陪新娘即拜见“哈德妈”（汉译拜见公婆），当行至婆婆门前，新娘欲入门时，有两位身强力壮（事先选定）的小伙子堵在门前行阻，双方即行对答（可即兴发挥），以试高低。当双方精彩的对答赢得客人阵阵掌声和公婆默许，方迎新娘登门。新娘入屋后隔着彩帐，借伴娘手向公婆及长辈敬献哈达，递鼻烟壶问好。公婆接过哈达，再在此哈达上放糖果盒其他礼品也通过伴娘手递给媳妇（以示婆家为媳妇掀掉盖头，露其容颜，称为家庭一员）。

新房宴。新郎新娘依次行过上述礼仪，请客人及双方家长到新房就座，主婚人代表双方家长向来宾请安问好、献茶、敬酒。在喜气洋洋的气氛中，开始趣味横生的抢羊头、打火镰、赛马三项游戏比赛。比赛结束，双方宾客唱三首宴歌，相互敬酒，男方设整羊席款待宾客，称“新房宴”。

谢幕。婚后第三天，由双方的伴娘将新房床前的幕帐从蒙古包的乌尼上卸下，扇在床上，新娘以主妇的身份设宴招待客人称“谢幕”。至此，主婚人当众宣布双方父母划拨给儿女的牲畜及资助新婚夫妇独立生活的其他财产，整个婚礼告终。

随着婚姻法的贯彻执行，地区经济的高速发展，不论蒙古族还是汉族都开始崇尚青年男女婚姻自主，部分婚姻习俗在逐渐改变，如叩拜天地，一些烦琐的旧俗语逐渐减少，也有部分蒙古族青年仍保持着浓浓的民族特色，婚礼议程虽仍然按婚姻习俗进行，但受到汉文化的影响以及蒙汉通婚等原因，逐步向简朴的方向发展。

5. 丧葬民俗

阿拉善蒙古族无论老年、壮年和幼童死亡，均赤身装入白布口袋（蒙语“筒格尔其格勒呼”）里，在家放 3 ~ 7 天，诵经焚香。死者如果是女人，还要将其头发散开。死者如果是小孩要给装点点心、糖果等食物，扔在道旁，迷信这样转生快。老人死后也可装在柜子里，但柜子上的铁吊一定要启下来，这也是为了转生快。死者出灵时，尸体一般都由窗户抬出。协里台吉以上的人用拉车拉运或有人扛抬。一般台吉则用驼驮，平民也用驼驮。驼驮有时用双架，有时用单架，尸体一定要头向外侧横驮。装柜子时，在另一边驮柴以取其均衡。一般由死者的子女牵驼徒步引行，不得乘骑驼马，迷信出葬时骑牲畜，要减返活人福气。安葬死者的人们返回时，留在家里的人在离家远点的地方点起两堆火让他们从中走过，并端来一碗奶食，让每个人品尝一下，以图吉利。

丧葬的方式为土葬、火葬、天葬三种。土葬必须请喇嘛择阴地，并向山神土地求坟地，将死者躺在木棺中，挖一深坑，进行埋葬。火葬较为普遍，请喇嘛择安葬之地，定出灵之时将死者送到安葬之地，以干柴焚化遗体，直至完全烧尽为止。焚后由拾骸人拾起遗骸，骨灰装入小罐，随地掩埋或送庙上匿藏。天葬不多见，天葬是将死者的遗体弃至人迹罕至的荒野，数日后家人前去视看，若遗体被禽兽食尽，为大吉，否则还要请喇嘛念经，另想办法灭尸。

父母兄死，都要服孝21～100天，在戴孝期间，互相不问安，妇女不得梳头，不参加喜庆宴会或唱歌，头上不戴装饰品，或将装饰品用黑布包上。死者若是长辈，两耳耳环须都取下；若是兄长，取下右耳耳环；若是弟时，取下左耳环。男子不得剃头刮须。出嫁的姑娘对娘家父母兄长穿孝与否，随其自愿。父母去世，一般服孝49～100天。如果父母在年底去世，过年时已过7天，便可拜年，不足7天，须待翌年初五后，才可拜年。

6. 禁忌与忌讳

以蒙古族为主的阿敦高勒嘎查，在日常生活中有较多忌讳，这种忌讳一方面源自蒙古族习俗的传承，而一方面也源自该地与宁夏较近的地理位置导致的风俗相容，当然也有来自汉族的禁忌。这些禁忌随着社会的进步和发展，有一些已经逐步消失和改变。

称呼忌讳。要称长辈或比自己年长的人为“您”，忌称“你”，这一点在现今的日常生活中已经逐渐被大家取消了；忌直呼长者其名或用其他词代替。媳妇在公婆、大伯和丈夫面前不能随便坐或呼唤他们的名字、子女讳称父母的名字。

火忌。禁忌在火炉上烤脚、跨越炉灶，不得在炉灶上磕烟头、摔东西、扔赃物，不能用刀子挑火，也不得将刀子插入火中或用刀子从锅中取肉。

客忌。骑马或坐车到牧民家，要在距蒙古包稍远一点下来，入蒙古包时，注意整装，切勿挽着衣袖，也不可提着马鞭子、棍棒、绳索等物进屋，要把鞭子等物立着放在蒙古包门外的右方，进蒙古包后（以进门分左右）男从左边坐，女到右边坐，忌坐佛龛前。进家后，先向主人问好，然后再问草场和牲畜等情况。妇女迎接客人的时候须戴帽子或围头巾，向别人敬酒和接收别人的敬酒须扣好衣扣、放个袖子。临别时要向主人打一声招呼，并邀请主人到自己家做客，忌不声不响地离去，给客人敬酒、行礼时忌不戴帽子、不穿外衣，否则视为失礼。来客人或客人走后不能扔灰尘、垃圾，不能扫打毡土。

门忌。到牧人家作客，出入蒙古包时，忌踩蹬门槛。

水忌。早期，阿拉善地区的蒙古族忌讳在河水中沐浴、扔垃圾，牧民有节约用水和注意保持河水、泉水清洁的习惯，并视水为生命之源。

其他。兄长不能和弟媳开玩笑；媳妇在公公和大伯面前不能光着头、露着脚；守孝期间不问安、不问好；父母或兄长的忌日不向外借东西；儿子不能给父亲剃头；妇女忌讳乘骑儿驼、儿马；怀孕期间不能上敖包；不能在有佛爷和祭火呃屋子里生产；小孩在3岁或5岁剪发，忌讳在双岁剪；人们不能从小孩的衣服上跨过；家人在旅途中忌讳用棍打蒙古包的哈那；阉割牲畜和祭火之后的3日内不能向别人或借给别人东西；盐、葱、蒜、辣椒等物，相互不能直接过手，否则会结仇；儿媳妇不许从佛龛前面过，以示对佛爷的尊重；举行婚礼时被请来的喇嘛不能坐席吃宴；不请的喇嘛和寡妇不能参加婚礼；移居新址后，在一切还未安排好之前，忌讳来喇嘛和寡妇；不能无故空剪剪刀，否则狼要猖獗，剪刀不能张着放，也不能碰门，因为这样会招凶；烧火做饭时，锅不能斜放，锅里不能放刀、叉之类的东西；请人吃饭不能把羊脖子端上，摆好的“羊背子”绝对不能从上跨越；不许用指头戳人的头等。

（二）宗教民俗

1. 藏传佛教

阿拉善盟的土尔扈特蒙古族的先民们信仰萨满教，明万历四年（公元1578年），控制漠南蒙古后，西部蒙古部的阿拉坦汗遣使到西藏迎接三世达赖喇嘛到漠南（现青海省）传播喇嘛教的新派——黄教教义。因此，卫拉特四部之一的土尔扈特蒙古也皈依了黄教。1730年，当时阿拉善第二位王爷阿宝，奉命护送达赖喇嘛入西藏，驻藏四年，回来后将藏传佛教中的黄教传入阿拉善盟。据有关史料载：17世纪30年代，为了有效地传播这一宗教，曾在《1640年蒙古——卫拉特法典》的前言中就明确了“向迄今仍转法轮的高贵尊者宗喀巴，继续继承神圣的托音（释迦牟尼）之主叩拜”，“向护法者达赖喇嘛和为（济度）众生缠纪黄法依的阿弥陀佛的再来者班禅额尔德尼两位尊者叩拜”的条文。

清朝时期，清廷在蒙古族集居区继续提倡和推行了对喇嘛黄教的信仰。按其律有喇嘛不应差役、不纳捐税、不属政治范畴、居各阶层之上之规定，故使蒙古人迎合，以剃度喇嘛为荣。不但普通百姓家凡有二子以上者，除留一子持家外其余全部入寺剃度，甚者还将独生子也送去寺院剃度，阿拉善额济纳的二世贝勒（丹忠）、七世扎萨克（达西撤楞）也令三子中的二子入寺剃度，故使阿拉善的喇嘛寺庙也逐渐发展起来。据有关资料载，在同治五年（公元1868年）的鼎盛期间，在阿拉善地区，仅额济纳旗就有500余人入寺剃度为僧，喇嘛僧众占全旗总人口的1/3，规模不同的寺庙也发展到32座。

喇嘛有住庙和不住庙之分。住庙者要终年住庙诵经、修行、拜佛，必要时还云游青海、西藏的名寺学经、拜佛。此喇嘛的地位较高，普受广众敬慕。不住庙者，当地蒙古人称之为黑喇嘛。他们在重大节日或全部喇嘛集中诵大经时才入寺住庙，其余时间均在家诵经，从事生产。

喇嘛中地位最高者称之为“呼毕拉罕”（汉译活佛），依次是：大喇嘛（总揽主寺）、温子德（负责诵经传教）、格斯贵（负责戒律）。在此权班之下再设德下其、栽桑、格依格、查布尔、聂日巴等一套佛事和寺务管理人员。所有入寺喇嘛要依序按律，使其诵经、修炼的熟练程度，由班丁（徒弟）依次升为格茨勒、格楞、嘎布吉、道荣布、塔荣布等法号职级。

新中国成立前，由于种种原因，阿拉善内喇嘛较多。新中国成立后，宗教信仰自由。宗教活动主要有各类庙会，如寒赞会、麻龙会、水盅会、署赞会、敖包会、珠拉会等。1951年前，每年的正月、五月、六月、八月、十月、十一月，按喇嘛对其修行寺庙的属性，所有喇嘛均分别云集于三座规模较大、香火兴盛的寺庙吟诵祝颂经17天、甘珠尔经108卷、海编经45天并行达拉干、敬佛灯、古德尔、祭祀佛祖等法事活动。1951年后，随着中国共产党对少数民族地区群众信教自由的方针、政策落实，广大蒙古族人民生活的提高、思想意识的逐渐转变，就连已出家剃度的不少小喇嘛也陆续走出了寺庙，踏上了学习文化知识和发展生产之路。到1958年，住庙喇嘛只剩84人，并将三大主庙合一。在“文化大革命”中，各种宗教活动被迫停止，喇嘛被逐，寺庙遭毁。喇嘛中有的被强迫劳动改造，有的被隔离审查交代所谓问题。刑讯逼供，致死喇嘛24人，致残20人。“文化大革命”结束后，全面贯彻落实了党对信仰宗教自由的一贯政策，宗教活动恢复，并对为所有受害宗教人士落实政策的同时，对他们的生活、居住等诸方面均给予了照顾。部分喇嘛返回了原来所属的寺庙，但年轻人中很少有人再当喇嘛。为满足信教者和信仰者的膜拜还愿，由国家下拨专项资金，于1984年在松都拉音赛日再造一座喇嘛庙。1985年，阿拉善人民政府批准夏日嘎、特布希寺庙为宗教活动点。1987年，阿拉善人民政府又批准巴丹吉林庙为宗教活动点。

2. 寺庙

清代，由于阿拉善旗喇嘛教颇为兴盛，大量集资修建喇嘛寺庙，仅二三万人口的地区，就建造了近40座寺庙。其中有著名的八大寺——延福寺、广宗寺、福因寺、昭化寺、承庆寺、宗乘寺、妙华寺、方等寺等。

各大寺庙均设有扎仓（佛经）学院，分为四大部。洞克尔多根（殿）为时轮学部，传授数学、天文、地理、占卜和历法；却依林多根（殿）为宗教学部，传授宗教哲学，经常进行喇嘛演讲和辩论活动；满巴多根（殿）为医学部，传授医学，培养藏医人员；日木论多根（殿）为教义学部，专门传授喇嘛教义、教规和教史。各寺庙内均有神像雕塑和壁画，具有较高的艺术价值，是研究当地喇嘛教兴盛和发展的重要资料。最有名的延福寺、广宗寺、福因寺，在“文化大革命”期间，均遭到严重破坏，延福寺虽然幸存，寺内却被洗劫一空。此外，昭化寺、达里克庙经殿内的陈设也荡然无存。自 1981 年以后，这 3 个寺庙逐渐得到修缮，对国内外游客开放。

延福寺。亦称“衙门庙”，设于旗衙门所在地。蒙语名“布音阿日比特哈其苏木”，藏语名“格吉楞”。乾隆七年（1742 年）开始修建大殿，后陆续完成周围的建筑。乾隆二十五年（1760 年），清帝赐满、藏、蒙、汉四种文字书写的“延福寺”金字匾。延福寺是阿拉善寺庙中年代久、影响广、保护和修复较为完整的寺庙，被内蒙古自治区列为重点文物予以保护。

广宗寺。俗称“南寺”，位于巴彦浩特镇东南 23 公里处，是阿拉善八大寺中名望最高、影响较大的寺庙。广宗寺蒙语名“沙经巴德如拉格其苏木”，藏语名“葛丹吉楞”。始建于乾隆二十一年（1756 年），是由班自尔扎布台吉之子阿旺多尔济遵照师父六世达赖喇嘛遗愿所建。后因供奉六世达赖喇嘛的肉身灵塔而名扬蒙、藏地区。乾隆二十五年（1760 年），阿拉善第三代王罗布桑多尔济上报清理藩院，御赐用蒙、汉、满、藏四种文字书写的“广宗寺”金字匾。修剪后的广宗寺成为阿拉善地区规模最大的旅游景区。

福因寺。位于巴彦浩特镇东北 25 公里处，俗称“北寺”，蒙语名“布音温都斯勒格其苏木”，藏语名为“格图布楞”。建于嘉庆九年（1804 年）。嘉庆十一年（1806 年），经阿拉善旗第五代王玛哈巴拉上报清廷，赐用蒙、汉、满、藏四种文字书写的“福因寺”金字匾。福因寺，地处贺兰山腹地，四面环山，山清水秀，空气清新，林木茂盛，1998 年，经重新修缮后对外开放。

（三）体育民俗

阿敦高勒嘎查每年都会响应镇里的号召举办农牧民运动会，运动会除了传统的体育项目外，属于体育竞技和游戏的民俗事项很多，且都具有鲜明的民族特色和地域特色。如蒙古族别具特色的赛马、赛驼、摔跤、蒙古象棋、抛查干毛道、掷沙盖、玩包格等体育活动项目继承下来，并利用“乌日斯”、祭敖包、赶庙会等群众集中之机一试高低。这得益于阿敦高勒嘎查把发展民族体育作为贯彻民族政策、促进民族团结、增强人民体质、振奋民族精神的一项重要工作加以落实，民族体育得以蓬勃发展。

1. **沙拉宝尔式摔跤**

此项运动是阿拉善和硕特蒙古族人所保留的一项传统体育运动，也是从古代“乌日斯”演变到今日“那达慕”盛会上必设的体育竞赛项目之一。过去当地蒙古族摔跤分为儿马式和公驼式两种形式。儿马式摔跤是指穿摔跤坎肩摔跤；公驼式摔跤即沙拉宝尔式摔跤。

“沙拉宝尔”一词中的“沙拉”是从蒙古语“沙拉巴”（意为迅速）、“沙拉玛盖”（意为敏捷的）派生而来，沙拉宝尔式摔跤技艺中的砍铲、膝折、抓领等动作就是模仿公驼相互斗争的动作特征而命名的。在摔跤比赛中一般也不分体重，不限时间，取单淘汰，一跤定胜负；参赛人数必须是 2 的乘方数；运动员着摔跤服（上穿短内衣或赤背、下穿布面毛毡裤；古时则赤膊、赤足，用袍带结两个扣套系在大腿根部），跳狮舞步或鹰舞步出场，视裁判手势运动员相互抓好对方腰带，开始角力；主要用“剪式”技法，运动员不准抱腿或用腿攻击对方，即用上肢力量和腰胯动作合力将对方摔倒，双肩着地，方算获胜。

按照当地蒙古族传统，在全旗性比赛中夺魁选手均予褒奖绵羊等九种奖品，并依其获胜叠次次数由大会分别授予“那沁”（隼）、“扎恩”（象）、“阿日斯楞”（狮子）等称号。对年老不能继续争雄，曾在全旗性比赛中多次夺魁的老将由旗级主管部门授予“达尔罕阿搏日古”（神圣的摔跤手）最高荣誉称号，以此终身博得草原上人们的敬重。

2. **蒙古式摔跤**

据出土西汉文物考证，今日蒙古式摔跤这项运动早在十三世纪就已在北方匈奴人中盛行。元代，已将此项运动列为军体。进入清代，酷爱此项体育运动的阿拉善蒙古族人民将它巧妙地揉进了草原上传统“那达慕”盛会和重要节日，重大祭祀活动的重要比赛项目里。

比赛开始前，摔跤手上着用牛皮或帆布制成、边镶闪光铜或银泡钉、后背中间镶有圆形银镜或吉祥文字、颇显民族色彩而又古朴庄重的“着德格”（跤服），下着特制的肥大摔跤裤，外套一条绣有民族风格图案套裤，腰扎红、蓝、黄三色绸腰带，脚蹬蒙古高筒靴，在三唱摔跤歌声中跳狮舞步、凤舞步或者鹰舞步出场。

蒙古式摔跤，参赛人数必须是偶数，如 32、64、128；其赛事可分大、中、小三型，大型比赛参赛人数要达到 512 人以上，中型比赛要达 256 人以上，小型比赛参赛人数也在 64 人以上；在赛前先推选出一长者，对参赛者进行编排、配对；比赛不受时限，不分体重级别，采用单淘汰，一跤定胜负；随着裁判口令，运动员相互握手致敬，视手势运动员可抓肩、搂腰或从对方腋下进攻，但不能抓腿、抱腿或跪腿，使用推、拉、摔、扯、压等 13 个动作进攻，运动员要以膀、背、腰、腿部合力，在对抗中以上百个基本动作显示自己的技巧与实力，致对方膝盖以上任何部位着地为胜。

对比赛中获胜摔跤手，除获得一定数额物质奖励外，还要授予获胜名词标志——五色彩带制成的“景嘎”，其项佩“景嘎”越多，也就显示获胜次数越多。而在大型竞赛中夺得冠、亚、季军的摔跤手，不仅荣获荣誉称号和大奖，还被公认为勇士。

近年来，为进一步继承和发展民族体育运动，体育研究人员对蒙古式摔跤原 13 个基本动作和上百种合力变化方法、摔跤规则都作了改进，使之更宜于此项运动的开展。从 1988 年 5 月 1 日起，内蒙古自治区体育运动委员会将“蒙古式摔跤”更名为“搏克”（汉译为摔跤）。并于 1986 年、1991 年分别被列为内蒙古自治区和全国少数民族传统体育运动会正式比赛项目。

3. **赛马**

蒙古族牧民人人善马是众所周知的事情，而赛马运动已然成为“乌日斯”“祭敖包”“庙会”等较大活动中主要参赛项目。蒙古族人在日常生活中视马为得力伙伴和通人性的牲畜，对马还有特殊颂歌、祝赞词和传奇故事。凡是对带马的食品、用品也视为纯洁、吉祥，如马奶酒为最纯洁的食品，马夹、马褂、马靴为最庄重的服饰，马头演奏为最动听的音乐。每次举行赛马，牧人们必从四面八方赶到赛马点观看草原上别开生面、又富有趣味的传统比赛。

赛马预备。首先选定有望夺魁的良马，一年前就进行基本训练。距赛期前一个月左右开始“吊马”，即晨系马桩至午后下桩，驱马空腹长跑，以练耐力、速度，到马匹渐渐大量排汗停练，遛马刷洗，夜加草料，赛前 3 ~ 5 天停练蓄锐。

赛马类别。有走马、跑（奔）马赛之分。走马赛要以坐骑行走平稳、速度、外观、体健、形美综合性比赛取胜；跑（奔）马赛主要以马的耐力和速度取胜。

赛马规则。参赛人数，从几十人打数百人均可；参赛者不分男女老幼，骑手头扎彩带，身着华丽蒙古袍，赛马仅备精致的缰辔，大都免加鞍辔；那达慕赛程是40公里左右，其他赛事则10～40公里不等，先达终点者为胜。

据老年人传说，在过去还有王爷、活佛指派的参赛者，头系黄色飘带以别于其他庶民选手，起跑时黄带马站前20～30米，赛途若骑手落马，黄带马还能随其他赛马同达终点，可照计名次。

名次排列。依据参赛数量而定受奖者多少，一般按到达终点先后顺序排定名次。

接蹬。按比赛惯例，如拟定取前10名或30名，必备10名至30名接蹬（终点裁判）人，乘马、手持蓝、红、黄、白、绿五色顺序旗（稗）依次排好，准备“接蹬”。而接第一名到达终点的接蹬者，必须是一位德高望重者。

颁奖式。隆重的授奖仪式开始时，获得名次的骑手乘赛马在接蹬人陪同下，手持名次顺序旗牌，入场绕行一周到主席台前列队，有吟颂祝词人用醇郁的奶酒将马头点画，把洁白的哈达系在马项，高声朗诵良马产地、雄姿、赛跑中的特点、所获名次及驯马手和骑手简历等内容的赞马词，待赞词完毕发给优胜奖。跑在最后的一匹赛马也发给象征性奖品，赞扬参与精神，这意味着有此后者才衬托了前者。

4. **赛驼**

由于阿拉善左旗产驼，所以阿敦高勒的蒙古族牧民对骆驼也格外钟爱，没有搬迁前，当地的牧民从孩童起就以习乘骆驼技能高超为荣，在平日三五人相逢时也要自发地一试乘驼奔驰的技能。赛驼已成为民族运动会上一项主要竞赛内容。

与其他嘎查苏木一起参加左旗的赛驼比赛，多在秋冬举行。参赛者不分男女老幼，赛程一般为5～40公里，先达终点者为胜。

近年来，为增添赛驼项目观赏性和趣味性，赛用现代运动比赛方法，有场地骆驼团体赛，4×5000米接力赛、3000米、5000米、10000米速度赛等。

5. **诺日布和达留**

“诺日布”和“达留”，均由刻画有十二属相或八宝及红白色圆形等图案的长方形小木块组成，其中诺日布60块，达留64块（也称天九），参加游玩的人数以4～6名为限。在阿敦高勒嘎查及原阿拉善左旗的部分苏木流行较广。

6. **蒙古象棋**

蒙古象棋是阿拉善左旗的蒙古族人世代相传、长盛不衰、迄今仍被视为是斗智斗勇、增进友谊的一项娱乐活动，而长期生活在左旗的阿敦高勒居民们也非常擅长这项活动。细分又别于中国象棋和国际象棋（蒙古语称“沙塔拉”）。

阿敦高勒的居民们常在农闲的时候在家里打牌或是下棋。这种常见的蒙古象棋棋盘，棋子均涂黑白两色，设黑白相间、竖横排列8×8小方格、以相同色格对角相连棋盘，置黑白两色棋子32枚（每色16枚，由民间艺人雕刻而成，形态逼真，象征王爷、狮子各一，骆驼、马、车各二、兵八个），对弈双方对练布防战术。由于历史和地域等原因，阿拉善地区的蒙古象棋有些步法与其他地区有异，但大体与国际象棋和其他地区蒙古棋相同。据《阿拉善盟体育志》载：“蒙古象棋原无统一竞赛规则，一般取一盘定胜负，不计时，后经改革，多采用国际象棋竞赛编排法和裁判法比赛规则”。20世纪80年代末期，古老的蒙古象棋被内蒙古列为全区那达慕大会和少数民族传统体育运动会竞赛项目之一。

7. **布格**

布格（汉译为鹿棋），是早期在左旗民间十分盛行的一种娱乐活动。用白布或白纸按规定画格制盘，共设26枚棋子，分设将2个、兵24个。其阵法为两人对抗，即一人用兵，一人用将，兵围将，将吃兵，每间隔一格，将起跳一次吃掉一兵，以将吃兵少而被困或兵被将吃多而决胜负。其棋子可用羊拐、石子或其他物品替代，牧区男女老少均乐以此为消遣。现今，受汉族文化的影响，很少有年轻的村民还擅长这样活动，一般都是上了年纪的蒙古族牧民会。

8. **沙盖**

拾沙盖（汉译为接羊拐拐），阿敦高勒地区常见沙盖用羊拐（踝骨）替代，这种娱乐方式，在蒙古族与汉族共同居住的时间里，被证实是蒙汉想通的。玩师将沙盖的四面分为背（宽凸面）、目（窄凸面）、耳（窄凹面）、心（宽凹面），人别代表绵羊、山羊、马、骆。将沙盖抛起落地正立叫“阿查”，倒立叫“昂高”，以拾或打的总数多少分胜负。具体玩法很多，常有拾沙盖、打沙盖、接羊拐拐等，参加人数不限，男女老少皆宜。此项活动不但在民间盛行，还视为是开发智力、加深友谊的经济活动。随着社会发展、人民生活提高，近年来，有人将玩沙盖移于宾宴，不猜拳行令，照样活跃场面。

（四）语言文学

1. 语言文字

现今阿敦高勒嘎查居民多使用汉字或者蒙文，多属阿拉善左旗额鲁特蒙古和硕特部落的文字传承。阿拉善左旗地区蒙古族居民自古以来就使用、发展这本民族的语言、文字，无论是在日常生活还是涉外交往中，均以自己的语言、文字作为交际工具。当地民众多是由新疆、青海迁入定居，虽临近蒙古国喀尔喀部，但在语言方面受影响不多，仍保持着本部落语言特点。它经过几百年的发展，形成了独特的地方特色。至今在全盟性的较大型会议或是发至各苏木、嘎查的文件，均以蒙古语文和汉语文并行。

（1）阿拉善和硕特方言

阿拉善盟左旗普遍使用阿拉善和硕特方言（以下简称阿方言），它经过几百年的发展，形成了独特的地方特色。阿拉善左旗方言语音系统除保留蒙古古代语的声母外，还含有喀尔喀方言和额鲁特方言等的韵母。阿拉善方言共有 29 个韵母。

特殊韵母解析

①非唇（a）（ai）前移形成的非唇前移韵母——（æ），例文字：碗；标准话：[ajaG]；阿方言：æγ

②非唇（e）前移形成的非唇前移韵母——（e’），例文字：布；标准话：[əd]；阿方言：e’d。

③（o）韵母前移形成的韵母——（ø），例文字：蓝；标准话：[xox]；阿方言：køk。

④双唇韵母（ui）前移形成的韵母——（y），例文字：话；标准话：[g]；阿方言：yg。

特殊声母解析

①（β）——两唇擦音。

在（b）结尾的音节（d、t、tʃ、s）时（b）前移成（β）。例文字：衣服；标准话：[xubtʃ as]；阿方言：xuβČas。

②在词中的（b）后接（a、u、i）时（b）前移成（β）。例文字：分数；标准话：[xwbi]；阿方言~xoβ。

③在词尾（b）变成（β）。例文字：拿去；标准话：[ab]；阿方言：aβ。

④（γ）——在（g）后，加（a）、（o）、（u）时移变成声母（γ）。例文字：老实；标准话：[gundu:]；阿方言：γundu。

⑤（x）——在（h）后，加（a）（o）（u）韵母时，将（ha）（ho）（hu）念成声母（x）。

⑥（k）——在（h）后，加（i）（e）（o）（u）韵母时，将念成（ki）（ka）（ko）（ku）。

⑦（q）——舌尾塞音：稍后移的（h）将念成（q）。例文字：歪；标准话[xajī：x]；阿方言：hajīīq。

⑧鼻音（ng）后的（h）将念成（q）。例文字：窗子；标准话：[tʃηx]；阿方言：congq。

⑨（z）——舌尖塞音，在（z）后，接（a）（e）（o）（θ）（u）韵母时（za）（ze）（zo）（zθ）（z）将被念成（zǎ）（zě）（zǒ）（zθ）（zǔ）。在特殊情况下（d）也被念成（d）。例文字：教；标准话：[da：x]；阿方言：zaax。

⑩（c）——舌尖塞音：在（c）后，接（a）（e）（o）（u）（θ）（u）时，将念成（ca）（ce）（co）（cu）（cθ）（c）。例文字：雪；标准话：[tʃas]；阿方言：cas。

⑪（n）和（1）相互转换。例文字：羊绒；标准话：[n：1w：r]；阿方言：looluur。

⑫（s）和（c）的相互转换。例文字：一样（高）；标准话：[satʃ u:]；阿方言：cacuu。

⑬（d）和（s）的相互转换。例文字：孩子；标准话：[xxed]；阿方言：kkes。

特殊词汇解析

①阿方言保留了蒙古古代词语。如：晚上——[asxan]；早晨——

[run]；近来——[∫ itarxaŋ]；剑——[olt]。

②词首加“字头”。例文字：奶；标准话：[su]；阿方言：s；例文字：(小孩）可爱；标准话：[xo：rxon]；阿方言：ΘhΘrhΘn。

③词首、词中、词尾的减音。例文字：昨天；标准话：（ot∫ ogdor)；阿方言：čΘgdΘr。例文字：洗；标准话：[uGa：x]；阿方言：γaaq。例文字：不；标准话：[ugwe]；阿方言：gΘΘ。例文字：房子；标准话：[baj∫ iŋ]；阿方言：baŠing。例文字：喊；标准话：[xa∫ girax]；阿方言：hækrax。例文字：绵羊；标准话：[Xŋə]；阿方言：hækrax。例文字：夜；标准话：[∫ onə]；阿方言：sɵɵ。

④词首、词中、词尾韵目声目的相互转换。例文字：肓肠；标准话[Gl-Gi]；阿方言：olgoi。例文字：暖瓶；标准话：[taŋxw]；阿方言：nanhu。例文字：外面；标准话：[Gada：] 阿方言：gazaa。例文字：牛粪；标准话：[arGal]；阿方言：argas。例文字：小孩；标准话：[x：xed]；阿方言：huhes。例文字：(往这边）来；标准话：[na：∫] 阿方言：naar。

(2) 汉族方言

阿敦高勒地区的汉族语言深受甘肃民勤方言、金塔方言和宁夏方言的影响，所以这一地区的汉族方言属于西北次方言的兰银官话系统，其中以旗府所在地巴彦浩特镇为代表。作为北方话的一种，与普通话有许多相近或相似之处，但作为方言，同时也与普通话有很大差异。由于社会文化教育的迅速发展，普通话的推广和应用以及与外界交往的不断加强，阿敦高勒嘎查居民所属的阿拉善左旗的方言已经发生了很大变化，与普通话的差异逐步缩小。而由于人们年龄、文化程度和职业的不同，方言的普通化程度也不同。年龄大、文化程度低、从事体力劳动的人，方言的变化程度最小，中年人或文化程度较低，从事体力劳动的人次之，青少年或者文化程度较高，从事脑力劳动的人变化更大。其中以学生、教师、机关干部最为突出。

声母。阿拉善左旗汉族方言的声母与普通话有规律性差异及其对应规律：“l”与“n”混淆不清，即把有些该发“l”的声母发声成声母“n”，把有些该发“n”的声母又发成声母“l”。其规律一：普通话中声母“l”与前面有“i，ü”的韵母“i、ian、iang、iao、ie、in、ing、iu、ü、üe”组成的字音，在本地方言中大都发为“n”声母。例如把“离、粒、李、礼、里、理、立、丽、利、历”（li）等都读成“ni”，把“连、联、脸、怜、练、炼”（lian）等都读成“nian”，把“凉、梁、良、两、亮、量”（liang）等都读成“niang”，把“僚、辽、聊、料、了”（liao）等都读成“niao”。其规律二：普通话中声母“n”与前面无“i，ü”的韵母“a、ai、an、ang、ong、uan”组成的字音，在本地方言中大都发为“l”声母。例如把“那、呐、纳、拿”（na）等都读成“la”等。以上两种情况构成了阿拉善左旗汉族方言的一大特色。舌尖前音声母“z、c、s”与舌尖后音声母“zh、ch、sh”分不清，把部分舌尖后音读成舌尖前音，例如把“挣扎”（zhengzha）读成“zengza”等，但并不是全部舌尖后音都发成舌尖前音，有些字的发音与普通话基本相同。例如，“真、正、镇、张、知、吃、石、招、常、烧、闪、上、身、升、出、毡、树”等。此外，阿拉善左旗汉族方言的声母与普通话之间还有一些无规律性的差异，例如把饿（e）读成“wo”，把肃（su）读成“xu”，把鞋（xie）读成“hai”等。

韵母。阿拉善左旗汉族方言的韵母与普通话话韵母有规律性差异及对应规律：普通话中韵母“ian”和“uan”在方言中大都发成“iei”和“uei”音，形成了当地方言的又一大特点，例如：把“圆圈”（yuanquan）读成“yueiquei”，把“片面”（pianmian）读成“pieimiei”等；前鼻音韵母与后鼻音韵母无区别，即普通话中前鼻音韵母“en、in、un”在当地方言中大都发成后鼻音韵母“eng、ing、ong、iong”，形成了当地方言的第三大特点。这也是当地人学习普通话最大的难点。例如：“奔、崩”不分，“林、令”不分，“昆、空”不分，“群、穷”不分等等；韵母“an、uan”与“ai、uai”混淆，即把多数“an、uan”组成的字发成“ai、uai”韵母，例如把“但、旦、蛋、担”（dan）读成“dai”，把“宽、款”（kuan）读成“kuai”，把“还、换、环”（huan）读成“huai”，把“盼”（pan）读成“pai”等。也有少量的“ai”发成“an”音，如把“歪”（wai）读成“wan”；由于发声方法的差异，普通话中韵母“o”和“uo”杂方言中均发成“e”和“ue”，也就是说方言中无“o、uo”韵母，例如把“播”（bo）读成“be”，把“国”（guo）读成“gue”；普通话中“gei、kei、hei”三种字音的韵母“ei”，在方言中均发成一种无法用汉语拼音准确表达的韵母，其发音方法非常特殊，即：发声前准备动作近似于“e”，但不发出声，发声舌根部上抬，贴近软腭，气流从这个窄缝中穿出发的声音即是此韵母，例如“黑、给、胳、隔、儿、耳、二、而”等均系此韵母；普通话中韵母“ei”与声母“l、n”组成的字音“lei”和“nei”在当地方言中大都发成“ui”韵母，例如把“雷、蕾、擂、累、儡、垒、泪、磊”(lei)和“馁、内”(nei)读成“lui”；普通话中韵母“e”与声母“g、k、h”组成的三种字音“ge、ke、he”，在当地方言中有一部分发成“uo”韵母，例如把“哥”(ge)读成“guo”，把“棵、稞、骒”(ke)读成“kuo”等。此外阿拉善左旗汉族方言韵母与普通话韵母之间还有一些无规律性差异的常用字读音，例如把“脚”(jiao)读成“jue”，把“拍”(pai)读成(pia)，把“备、被”(bei)读成“bi”，把“药”(yao)读成“yue”等。

声调。阿拉善左旗汉族方言是多种方言的混合产物，所以声调也比较复杂，这给学普通话造成困难。当地方言中有一部分字的声调近似于普通话的四种声调，但由于说话的口形、发声部位、声音长短和语意表达方法的差异，使一些与普通话声调基本相同的字也存在一些细微的差异。当地方言与普通话声调错位的字很多，但无明显的规律，其蛀牙差异主要有几种：其一，普通话中的阴平有些读成近似于上声；其二，普通话中的阳平有些读成近似于去声，有些则读成上声；其三，普通话中的上声与当地方言大部分相似，有少部分读成近似阴平；其四，普通话中的去声，在当地方言中大部分读成上声。

除了上述四种声调错位的现象外，阿拉善左旗汉族方言还有一些与普通话相似的声调也有一些细微的差异，比如有的阴平调的字，在滋阴末尾稍向下滑一下，成“—”，有的去声的字，在字音末尾又稍向上挑一下，成“V”。

2. 谚语

阿敦高勒嘎查的各族居民在阿拉善左旗的大环境中，长期共同生活、生产中，依照风俗习惯、自然环境、气候节气、又以蒙古族谚语为主，以其自然朴实、形象生动、比喻得体的谚语给人启迪。

(1) 节气类

傍晚火烧云，明日天必晴。

跑马云，淋湿人。

早看东南，晚看西北。

春天似孩面，一日变三变。

冬冷不算冷，春冷冻死羊。

早上连阴，定要刮风。晚风不住，刮倒大树。

冷在三九，热在中伏。

黑云低悬，起风即散(指下雨)。

东虹日头，西虹雨。

(2) 农牧事类

种地不改土，一辈子白受苦。

作田不换种，累得腰打弓。

无土难打墙，无苗不打粮。

地里省种子，饿断脖梗子。

夏旱不算旱，秋旱连根烂。

夏至小麦不出头，割回家里喂老牛。

瞎（草）地怕勤汉，伏天再去翻两遍。

三分种，七分管。

宰羊一瞬间，育羔得半年。

山羊九掉膘，绵羊春打盹。

春水漫灌，秋收粮满。

二月羊羔四月马，五月的牛犊不用打（指壮）。

骆驼见灰就打滚。

(3) 修养类

一年种谷，十年成林，百年育人。

人不教不才，树不修不果。

满眼荣华何足贵，一家和睦赛千金。

齐心的蚂蚁咬倒鹿，合群的喜鹊啄老虎。

一箭易折，十箭难断。

缎衣不发硬，情愿不怕苦。

肯帮别人，得以他助。

刀不磨要上锈，人不学要落后。

人往高处走，水往低处流。

宁可折断骨，不能没有礼。

有理走遍天下，无理寸步难行。

爱徒如爱子，尊师如尊父。

灯光虽小，能明一屋；学士一人，能育众人。

种田不锄一季荒，养子不教一世枉。

栽树忙一天，得利在百年。

现在人栽树，来日树养人。

养家不致气，致气不养家。

一年之计在于春，一生之计在于勤。

有一分耕耘，得一分收获。

在嘴上逞能，不如在劳作中加劲。

好骑手爱骑烈马，好猎手爱打虎豺。

不要前怕虎、后怕狼。

（4）其他类

家乡的水是仙水，家乡的土是金子。

树高千丈，叶落归根。

亲不亲，故乡人；美不美，乡中水。

喝什么地方的水，随什么地方的俗。

宁可三日无盐，不可一日无茶。

一方水土养一方人。

各处各乡俗，一处一规矩。

儿不嫌母丑，狗不嫌家贫。

为人一身正气，走路两袖清风。

毛毛雨湿衣裳，流言蜚语和气伤。

只有个穷家，没有个穷滩。

遍地都是宝，看你找不找。

（5）谚语类

河水年年流，谚语代代传。

茄子不开虚花，谚语都是实话。

井水里没有鱼虾，谚语里没有假话。

马头琴会乐人，好谚语会助人。

名花添春色，谚语增智慧。

太阳照亮世界，谚语启示人生。

3. 民间故事传说

由于阿敦高勒嘎查搬迁来的居民生活在左旗的各地，来自阿拉善盟各个旗镇的民间传说、故事颇多，以口头传说为主，其内容大致可分神话传说、动物寓言、讽刺、幽默、生活琐事五大类型，主题思想多为对英雄模范的赞颂、对官吏善恶的褒贬、对恶劣行径的痛斥揭露、对封建婚约的反抗、对美好生活的追求等。广为流传的民间传说有：《苍根乌拉》、《雅布赖山》、《黑将军的传说》、《云青马的传说》、《阿尔·巴尔达尼克勇士的传说》、《放牛犊的小伙子》、《居延海的传说》、《希日布的故事》、《大脑子和大胆子》、《猫鼠哥俩的故事》等。1980 年，阿拉善盟民族宗教事务局、文化馆分别对阿拉善的民间故事、传说加以搜集整理，这些民间故事也在一定程度上反映了部落的构成、迁徙、祖先的神化以及生产生活场景，题材广泛、思想内容健康。1984 年，将征集的 50 余首民间故事、传说整理成册并发行。1989 年，由甘肃省民族出版社出版发行的《西蒙古卫拉特传说故事集》中，又收录了阿拉善的民间故事和传说 10 余篇。结合调研对阿敦高勒嘎查老人的采访和资料收集整理，仅对与该嘎查相关的阿拉善和硕特建旗源流简要介绍。

（1）阿拉善和硕特建旗源流

“阿拉善”一词，最早见于记载的是《蒙古秘史》。成吉思汗率兵西征唐古特时，西夏国“有阿剌筛营之地”，新译简注《蒙古秘史》的“阿剌筛”原文旁注谓“贺兰山”。明译亦同。日本学者村上正二先生据《元和郡县图志》驳马的记载，解释为“斑马”。伯希和先生解释为鲜卑族属一个部落的名称之转，其实是指“野马”而言。

据《圣武记》载：“贺兰山厄鲁特者，俗称阿拉山蒙古地也，阿拉山即贺兰山，亦名阿拉善山，是语音之转，地在河套以西”。河套之西乃是贺兰山阴地，当地人谓“阿拉善”。“哈剌沙儿”为“贺兰山”之对音，蒙语“阿拉善”为汉语“贺兰山”之音转。

（2）阿拉善和硕特的来源

阿拉善和硕特部本为卫拉特（厄鲁特）四部之一。清初，该部族在其首领拜巴噶斯之子鄂齐尔图车臣汗与阿巴赖等率领下同准噶尔部共同游牧于天山北路，分布在斋桑湖到巴尔喀什湖之间的广大地区。1671 年，噶尔丹夺取准噶尔部的统治权后，大肆向四周扩张。1677 年，鄂齐尔图车臣汗之妻多尔济喇布坦率领部分部众迁往伏尔加河的土尔扈特汗廷，而鄂齐尔图车臣汗及楚琥尔乌巴什（噶尔丹之叔）的众部，先后离开了天山北路，经青海大草滩迁至河套以西地区。

迁来阿拉善的先后有两部四批五支厄鲁特人。

第一批两支：1677 年 12 月，甘肃提督张勇先后向清廷奏报说：“厄鲁特济农等为噶尔丹所败，逃至沿边”，“甘、凉近南山一带，有西海墨尔根阿喇奈多尔济台吉等，庐帐数千余；肃州境内，游牧番人头目，有济农布第巴图尔、厄尔德尼和硕齐等，庐帐万余，皆为噶尔丹所败，自西套奔来”。张勇奏报中所说的“厄鲁特济农”，即和硕特部首领和罗理，墨尔根、济农布第巴图尔均为和罗理之弟。至于奏报中所说的另外一个人厄尔德尼和硕齐，则为准噶尔部楚琥尔乌巴什之子罕都台吉的陪臣，罕都“时年十三，有陪臣厄尔德尼和硕齐者，携臣逃出”，然后逃往西套投靠和硕特部和罗理。

第二批一支：1682年，迁来西套的是被噶尔丹击败的鄂齐尔图车臣汗之孙罗布藏衮布阿喇布坦。他起初逃到西藏，以达赖喇嘛名义向清朝“表请赐居龙头山，辖西套遗众”。清朝把这部人安置在今阿拉善右旗南部一带。罗布藏衮布阿喇布坦死后，清政府命和罗理暂统其部。

第三批一支：1688年，迁入西套的主要是以罗卜藏额琳臣台吉为首的准噶尔部人。罗卜藏额琳臣是楚琥尔乌巴什的第五子，曾被噶尔丹软禁，趁噶尔丹进攻喀尔喀蒙古之机，他携“子弟台吉十余人、弓箭手五百余人计一千余口”逃来西套，请求归附，清政府令其“与罕都台吉等暂且同居”。

第四批一支：1689年，罗卜藏衮布阿喇布坦卒，因无嗣，清政府召尚在准噶尔游牧的其从弟噶尔亶多尔济继之，始携众入阿拉善境，辖其部众。

上述四批五支迁来西套的部族，便是西套厄鲁特蒙古的由来，也是阿拉善建旗后的主要居民。

(3) 阿拉善和硕特建旗始末。

自1677年始新疆天山北路厄鲁特蒙古陆续迁来阿拉善地区，到1697年清政府对他们进行安置建立阿拉善和硕特旗，前后经过了20年的复杂过程。

1676年，噶尔丹在斋桑湖附近袭杀鄂齐尔图车臣汗，逐渐并居西北地区后，一些不甘忍受噶尔丹统治的鄂齐尔图车臣汗的旧属纷纷内徙。这时清政府正集中军力镇压长江以南的三藩叛乱势力，无暇顾及迁来西套的这些厄鲁特部族。

三藩叛乱被平定以后，1682年，清政府派内大臣奇塔特出使至噶尔丹处，交涉处理迁来西套的厄鲁特部族事宜，并约定在1685年以前，处理西套厄鲁特部族。但噶尔丹这时极力图谋进攻喀尔喀，无意解决西套问题，因而一拖再拖，并未采取任何实际步骤。

1685年6月，约定的期限一过，清政府立即毫不迟疑地做出新的决定。6

月 25 日康熙在上谕中说："鄂齐尔图车臣汗之孙罗布藏衮布与巴图尔额尔克济农，当使聚合一处于所宜居之地，为之经营、令其居住、赐之封号、给以金印册，用昭示联继绝举废之意焉"。为了这件事，和罗理于 1686 年 2 月率属众到北京朝见。康熙接见了他，"赏宴视大台吉例，以御服貂裘赐之"，不久，又派理藩院官员去西套勘察地界，并为西套厄鲁特各部族制定法规，予以约束，为下一步建立旗制基本上做好了准备工作。

1688 年初，噶尔丹借口土谢图汗部与札萨克图汗部的冲突，向喀尔喀地区引兵三万大举进攻，并进而把兵锋指向清朝政府。从 1690 年到 1697 年间，清政府集中大批兵力，三次出征漠北，镇压噶尔丹的反清势力。噶尔丹进攻喀尔喀后，威胁到阿拉善的安全。西套厄鲁特各部首领的政治态度又发生了变化，原属和硕特部族的和罗理、罗卜藏衮布阿喇布坦等，欲乘机攻打噶尔丹以复前仇。和罗理"乞师于朝"，准备同噶尔丹作战，罗卜藏衮布阿喇布坦则"自率兵援喀尔喀"，而原属准噶尔部的罕都台吉、厄尔德尼和硕齐等则趁机发动反清叛乱，其后，和罗理部下发生了"掠喀尔喀丹津额尔德尼牧畜，有拒者辄格杀之"的事件。清政府为了集中力量解决噶尔丹反清势力，以排除阿拉善地区动乱干扰，认为"和罗理仍留牧阿拉善，将不靖"，遂"诏徙归化城，将置诸察哈尔"。清政府的这一措施，过于仓促，引起西套厄鲁特各部族的惊恐，和罗理"以驻牧阿拉善久、不愿内徙、闻大军将至，惧讨，率众窜"，而罕都、罗卜藏额琳臣等部在和罗理的影响下，均叛逃而去。

清政府为了尽快解决西套的动乱局势，以集中力量平定噶尔丹，对和罗理等不得不由追剿而改为招抚政策。1692 年，清政府遣侍卫阿南达等去招抚和罗理，并且同意他"欲游牧何地，惟其所择，但不得扰害边塞耳"。对其他各部也一概宽免招抚。在这种政策攻势下，和罗理等部先后受抚。1694 年清政府再次召和罗理"来朝进贡"，进一步加强了对他的控制。对西套其他各支，清政府也始终采取宽容羁縻的政策。针对西套各部生活上的实际困难，清政府还发放了赈济粮款，使其生活上有所保障。清政府的这些措施收到了成效，和罗理在上书中表示"愿集游牧之众，捐躯效力"。大多数西套蒙古人安居在阿拉善，接受清政府的统治，并在其后平定噶尔丹的战争中发挥了积极的作用。1696 年 5 月，清军在昭莫多大败噶尔丹。

为了巩固在阿拉善地区的统治，同时加强对准噶尔地区的控制，1697 年 10 月 24 日，康熙帝下令："巴图尔额尔克济农授以贝勒，另为一札萨克，给予印信，将其属下丁，分编佐领，住贺兰山。”

1697 年 11 月，清廷决定，在鄂尔多斯的屯苏海这个地方正式授予和罗理多罗贝勒爵位以及札萨克印章，管辖其部落之众，并将其牧地命名为“阿拉善和硕特旗”。

（五）艺术民俗

阿敦高勒嘎查的民间文艺，更多表现为阿拉善左旗甚至阿拉善地区的民间文艺，在表现形式多样化的基础上，以口头吟唱为主的民间歌曲颇具鲜明的地方色彩和民族风格，其民间舞蹈、故事、传说、赞颂词、器乐、剪纸、刺绣、绘画等文化艺术更是绚丽多姿，世代相传。

1. 民歌

阿拉善蒙古族能歌善舞，民歌多如怪柳。有若遇喜庆之时，即兴连唱三天三夜也无重复之举。阿拉善蒙古族不但人人喜欢唱歌，几乎都具有一副好歌喉。从这里步入歌坛或载入史册的名歌手有藏盖、乌叶宝音、宝布、敖肯、力格杰、巴德玛、德德玛等。这里的民歌基本来源有三个：一是额鲁特蒙古在新疆、青海等地的民歌；二是阿拉善乡土民歌；三是从邻近地区传入的民歌。因此，随着时间演化逐步形成了独具特色的阿拉善民歌，其内容广泛，涉及宗教、历史、爱情、婚嫁、怀念家乡及亲人、赞颂牲畜、宴饮、讽刺等多方面。尤以八大民歌著称，包括《富饶辽阔的阿拉善》、《乌日斯颂歌》、《洪福》、《祝福词》、《永恒的幸福》、《神圣的阿拉善》、《亮晶晶》等。

民歌可分为三类：历史民歌，如《乌日斯颂歌》、《富饶辽阔的阿拉善》；宗教民歌，如《前世喇嘛的佛教》、《戒律》；思乡歌，如《思念》、《回家去》、《探母》；赞马歌，如《枣骝马》、《骏马》；嫁女歌，如《嫁女歌》、《出嫁歌》、《泪汪汪》；生活歌，如《四季歌》、《月光底下》、《十二属相》；爱情歌，如《夺走了我的心》、《就是不离你》、《多情的眼睛》；酒歌，如《酒歌》、《欢乐的酒宴》、《敬酒歌》；讽刺歌，如《无可奈何的乌审》、《不见了》等。

阿拉善民歌具有独特的民族风格与地区特点，不仅唱词质朴无华，通俗易懂，曲调更是简洁流畅，不拘一格；以大调为主，大小调混合为辅。调式以长调为主，小调与短调比较少，这是受辽阔的自然环境熏陶和影响形成的。

阿拉善长调民歌的结构比较自由，其词多用两句式，音调优美舒展，较完整地保留着蒙古民歌五音调式风格。其调式多用徵、羽、宫三个调式，而商、角调式较少。其旋律的特点是字少腔长、适于咏叹、而土尔扈特民歌中的三连音和装饰音大都不为固定，演唱者可根据自己的气息和现场气氛即兴延长或减短是其一大特点。因而它的唱腔、格调使人听来格外生动、亲切。目前在阿拉善盟较为广泛流传的民歌有：《广阔的额济勒河》、《土尔扈特、我的家乡》、《额济纳兔来河》、《昆都伦的云青马》、《小青马》、《小黄马》、《汗浑迪努图克》、《枣骝马》、《大红马》等。另一特点是当主歌词咏毕紧接其后是一种固定的副歌、无论是迎宾时还是亲朋相聚，凡唱完一首民歌副歌紧随其后，双手举杯过头酒敬佳宾。

中华人民共和国成立前，由于这里的生活环境和蒙古族识字者寥寥无几，使不少韵律古朴动听的旧民歌因无人整理而失传。中华人民共和国成立后，在中国共产党的领导下，广大的蒙古族群众以歌抒发经济发展、生活得以改善、提高，抒情歌更加层出不穷。1983年，内蒙古人民出版社出版发行的《蒙古民歌一千首》中就选入阿拉善地区民歌60余首。1988年，内蒙古人民出版社还出版发行了《蒙古民歌丛书——阿拉善盟（上下集）》，记录了阿拉善盟的众多民歌。阿拉善的这一民间艺术将伴随着民族的昌盛、世代相传，永不绝唱。调研中，阿敦高勒嘎查村民能够朗朗上口有代表性的名歌有如下几首：

富饶辽阔的阿拉善

富饶辽阔的阿拉善，是我们难得的故乡。
漫漫香火是虔诚的信仰，太平美满是我佛的祥光。
廉洁理政是今朝的美德，勤奋努力是为民的规章。
坚定的信念是我们的支柱，群集的密林是树根的屏障。

漫言长语忌讳的是轻薄，酒歌盛宴期盼的是欢畅。
千言万语需要的是简略，众多亲友难忘的是忠良。
尽情讴歌凯旋的是欢乐，群起迎送雄健的是少壮。
太平欢乐是今朝的恩赐，万众共享这无穷的安康。
因寰宇世道经常变故，望我佛保佑幸福无疆。

酒歌

盛夏的牧场鲜花似海洋，喷香的奶酒天上的甘露。
叙述起咱喜悦的话语，让我们的欢宴续延更长久。

寒冬的营地温都尔山阴（地名），天上的甘露喷香的奶酒。
叙述起咱喜悦的话语，让我们的欢宴续延更长久。

举起我银杯唱赞歌，敬载我甜美的马奶酒。
叙述起咱喜悦的话语，让我们的欢宴续延更长久。

灰土飞扬群骑如燕，喜悦笑迎旷世的祝福。
叙述起咱喜悦的话语，让我们的欢宴续延更长久。

尘埃弥漫众人感伤，同庆共饮前世的祝福。
叙述起咱喜悦的话语，让我们的欢宴续延更长久。

小黄马

骑上膘肥体壮的小黄马，随着晨曦初升就启程。
双鬓染霜的慈祥老母，儿要报答您养育之恩。

骑上小巧玲珑的小黄马，踏上秋日金色的草原。
辛勤一生的白发阿爸，儿要报答您养育之恩。

昆都仑的云青马

昆都仑的云青马啊，真是匹神奇的骏马，
多么遥远的地方啊，奔跑如飞即在眼前。

傍晚归巢的百鸟啊，莫夸你翅膀的神速，
当你还在巢边啼叫时，歌声未落我就到了。

2. 器乐

阿拉善人民历来能歌善舞，喜爱器乐。阿拉善左旗的民族器乐，一般是民间流行的乐器，大致有管、弦、吹、击四类，分为汉族民间乐器和蒙古族民间乐器，汉族常用民间乐器有竹笛、扬琴、二胡、板胡、三弦等，这在阿敦高勒嘎查也比较常见，多演奏一些汉族乐曲、戏剧和一些蒙古族的民间乐曲，青少年学习的也很多。蒙古族常用的乐器有马头琴、四胡、陶布旭尔、雅托克、胡必斯等。

陶布旭尔。弹拨乐器，溯其源流距今已有700余年。此器全长近1米，挺首弦轴两柄下连，椭圆形共鸣箱，用两弦连通，四度定弦，能弹奏出音质润滑、深沉、节奏明快、适于舞蹈的五种节奏。具有携带、演奏方便的特点。

马头琴。适于独奏、合奏以及蒙古族曲艺乌力格日、长调伴奏。音响用精心雕刻的木板拼成，面蒙蟒皮（以前也有用马皮或羊皮），用马尾或尼龙丝作琴弦和弓毛。琴头、音箱镶有骨雕装饰品，并将琴头刻成马头状。常用的弓法技巧有分弓、连弓、顿弓、快弓、跳弓等；指法技巧有颤指、滑音、柔弦、拨弦、弹弦等。20世纪60年代以前，几乎每个牧户都备有马头琴，古日乃苏木牧民贡嘎尔是民间演奏马头琴代表之一。

3. 舞蹈

据阿敦高勒善舞的民间艺人描述，阿拉善地区的民间舞蹈在20世纪30—40年代流传甚广，多是当地蒙古族节日庆典或重大活动中所跳。按其表演内容，可分民间舞蹈和宗教活动舞蹈。

（1）民间流传舞蹈

社火。社火是近年在阿拉善左旗内兴起的一种群众喜闻乐见的民间传统舞蹈艺术。其角色、内容和乐器均与甘肃酒泉、金塔、内蒙古巴彦淖尔市大致相同，即伴成四鼓子、四花姑、四棒槌、傻公子、丑婆子、膏药匠等人，遵循一定的表演艺术进行演出。

旱船。道具船架长约2米、宽约60厘米，木条做成。外用彩色布或彩色纸装饰，再备一柄长木浆，船中坐花姑，戏剧小旦打扮，手扶船楼柱以步行驶船，赶船老艄公戏剧贫苦老生打扮，手持木桨，头扎白毛巾，表演时做划桨动作，与花姑配合，踩着锣、鼓等打击乐器舞船步行。传入阿拉善的旱船表演一般由4人，每组一花姑乘船，一船翁舞桨，踩着锣鼓的节奏穿插舞动，表演传说中的尼古陈妙常追赶书生潘安的故事，颇具风趣。

高跷。出演人数不定，多则七八十人，少则三四十人，不分男女老少，可根据具体情况随意增减。表演者将高跷（约1.5米高木架）绑缚在腿上，扮成现代工、农、商、学、兵夹杂唐僧师徒和典型代表性戏剧人物，踩着锣鼓节奏边走边舞，表演花样与扭秧歌相同。

竹马。俗称赶毛驴，道具用竹篓扎马（驴状），突出头、尾、彩饰。表演者将马系在腰部，一手执缰，一手执鞭，随锣鼓节奏舞行碎步，表演各种滑稽的动作，饶有风趣。

狮子舞。狮头用竹篓或铁丝做架，彩饰，狮身以黄布或用麻修饰。两人扮一狮，身穿与狮身颜色相合的衣裤，在一古装少年持彩球的引导下，一人舞狮头，一人舞狮尾，可演出狮子登山、踩球、打滚等花样。表演常为两狮登场，大鼓、锣伴奏。

（2）宗教活动舞蹈

战旗舞。该舞蹈是古代阿拉善蒙古族部落欢送出征将士的舞蹈。表演形式由三勇士骑战马，高举天神、地神和全日享图案旗，头戴面具随乐节和舞旗变化而变化队形，表现出即将出征将士的雄壮、激昂和英勇不屈的民族精神。

陶布秀日舞。该舞蹈是陶布秀日欢快乐声中进行的舞蹈。有徒手、带道具和单人、多人等表演形式。单人头顶数碗，两手各拿一双筷子随着奏乐、掌声起舞，也有手拿“陶布秀日”边弹边跳者（多在婚宴、聚会场合表演）。多人表演，其动作随奏乐节拍在不求一致的基础上，每个人可即兴发挥出千姿百态的优美动作。而该舞蹈的整个过程，围绕着双膝微微颤动、硬肩、耸肩、压提腕、抖手、绕臂等典型动作，使观者有美不胜收之感。

查干毛德游戏舞。该舞蹈是阿拉善牧人们辛勤劳作一天，在月明风静的傍晚，与孩童们聚集在树林间或河边，以抛木棒（类似抛沙袋）寻找目标的游戏舞蹈。表演场面欢快、轻松、热烈，具有浓郁的乡土气息。

十二属相舞。该舞蹈是“蒙古查玛”和舞蹈动作融于一体，以单人或多人组合穿插表演的舞蹈。多出现在阿拉善喇嘛宗教活动庙会上。当大鼓、扁鼓、大锣、长筒、大小号、海螺、单布尔等器乐声起，头带十二属相面具的舞者按干支、年序、属相排列出场，随音节变化而变换舞姿队形。以其古朴、粗犷、风趣、诙谐、明快、欢乐的风格与传说喜剧融为一体，表现出祈求天降祥瑞、风调雨顺、草丰畜壮、国强民富的愿望。

4. 民间曲艺

阿拉善的民间曲艺主要有以唱为主的蒙古语好来宝，以说为主的汉语相声、快板、数来宝等。其中，蒙古语《好来宝》因其表演形式简单，延长内容通俗易懂，是广大群众喜闻乐见的曲艺之一。

好来宝，蒙古语，意为联韵，以唱为主。四句或两句一首（节），各句之间第一个音节谐韵，也有兼押复韵、尾韵，各首之间可联韵或交叉换韵。长短不同，短的三五分钟即表演完毕、长的则能表演几个小时。题材多样，有思乡、赞马、风土人情、儿女情长、生产建设、旧貌新颜、歌颂伟大祖国和科普知识等内容。好来宝的音乐变化多端，节奏轻快活泼，唱词朴实幽默，语言形象，十分动人。表演者多为男性，以四胡伴奏。分单口（自拉自唱），对口（两人问答或论理式）、群口（4至8人分齐唱、领唱、对唱式）表演。阿拉善盟乌兰牧骑演员德·班吉拉格其呼创作的好来宝成果颇丰。

5. 民间工艺

木雕。以柏、檀木或根木为原料，雕成蒙古象棋、牛、马、羊、骆驼、花草、鸟兽等。以五畜的雕技最为细腻，不但格调明快，小巧玲珑，且线条准确，栩栩如生。昔日，阿拉善牧区木雕较有影响的有如萨木金、东德布等老艺人。

剪纸。阿敦高勒嘎查的剪纸艺术也大致与邻近地区相同。用彩纸剪成花卉、“喜”字、鸟兽及牛、马、羊、骆驼等图案，在春节、婚嫁时贴在门窗、墙壁上，以增添喜庆气氛。

刺绣。使用各色彩线在丝绸、棉布上刺绣出造型各异的图案。过去，牧区蒙古族妇女的刺绣多以鸟兽、十二属相图案为主。近年来，以山水风景、戏剧人物、花卉、鸟兽等图案为主。

灯笼。每逢春节，民间素有高挂红灯笼之俗。用铁丝、竹片绑扎龙骨，彩纸或布料裱糊，造型有畜禽、农副产品、建筑物、故事人物等。阿拉善盟额济纳旗于1992年元宵节在达来呼布镇举办首届灯展（有57个单位和个人参展出造型各异的160盏灯笼）后，每年元宵节都展出精巧美观的工艺品。

加工手艺。阿敦高勒嘎查有很多工匠，有的工匠在搬迁前是银匠，加工品以银碗、耳环、耳坠、戒指、手镯、佛灯、酒壶、酒杯、烟锅头、刀鞘、鞍环、鞍桥、马嚼子等最受牧区群众的欢迎。但受到当地市场需求的影响，以加工木、铁、铜器的手工匠人居多，制造加工蒙古包门、窗、哈那、乌尼及床架、碗橱、箱子、方桌、铁火炉、火剪子、火铲子、茶壶、铜勺等。做工精细，适合居民日常生活使用，也可应用于牧民生活。

民间美术。阿拉善的民间美术多以生产、生活、民俗为主题。画面也多以蒙古包、牲畜、山川、草原为主，而绘在箱柜、桌面以上突出生格（狮子）、花卉、龙、老虎为主体的图案，四周搭配与主体物协调、呼应相一致的配图。彩绘时则多用均齐等手法，使画面显得古朴清静，浑厚有力，充分体现了蒙古族传统的绘画艺术技巧。

近年来，阿敦高勒嘎查积极响应阿拉善盟加强对农村牧区优秀民俗文化资源系统发掘、整理和保护的工作要求。在2011年的新牧区规划建设中，阿拉善盟提出了一系列开发阿拉善传统民俗文化的规划，如开展“民间艺术之乡”“特色艺术之乡”命名活动，培育赛驼、博克、蒙古象棋等民族特色体育项目，注重扶持发展以蒙古长调、牧民服饰展演为代表的民族特色文化艺术产业。在这项规划的支持下，阿敦高勒嘎查定期组织村里的群众文艺演出，创办书法绘画、民间手工艺、科技应用等竞赛活动。村委会专门抽出一间办公室改造成图书室，供村民查阅农业科技知识、了解实事，阅读大量书籍。又将一间50平方米的房间改造成歌舞厅，专供村民农闲时期娱乐、健身，或排练节目。并结合传统节日、法定假日开展经常性的群众喜闻乐见的大型广场文体活动，形成专业与业余结合的群众文化格局。鼓励引导蒙古族牧民的祭敖包、那达慕等社区活动，以此丰富牧民业余文体生活。

阿敦高勒嘎查坚持传统文化的保护与现代文明的发展相结合、文化建设中硬件与软件建设相结合、现代文明发展与传统文化保护兼顾、文化建设与经济发展相结合的原则，通过挖掘蒙古族民间传统民俗文化，保护和发扬民族优秀民俗文化传统，加强农村牧区基础文化设施建设，修缮、保护传统民俗文化设施，必将使当地人民过上健康、文明、科学的文化生活。

第二部分　农户

七、富裕家庭

（一）外省移民户李万栋家

李万栋是在我们走访的家庭中唯一一户从外省搬迁过来的移民。李万栋，男，43 岁，汉族，初中文化水平，妻子，40 岁，小学文化水平，两人的普通话说得很流利。夫妻俩还有两个孩子，16 岁的女儿和 9 岁的儿子。当我们来到他家的时候，看到李万栋的女儿在院子里的阴凉处正耐心地给弟弟辅导功课。李万栋的女儿长得非常漂亮可人，但同时也很腼腆，看到我们调研组进来，她就马上躲进自己的屋子里，直到我们访谈结束她都没有出来。就这样我们与李万栋夫妻俩开始进行访谈。

李万栋夫妻俩原来是甘肃省民勤县人，1994 年得知在孪井滩开发区安置生态移民政策后随即报名搬迁到阿敦高勒嘎查的，他也是民勤县第一批搬过来的生态移民。李万栋与本村的其他搬迁户不同，他是外省的搬迁户，并且也不是牧民，也没有草场而是一个普普通通的打工户。自从搬到阿敦高勒嘎查之后李万栋家里有了翻天覆地的变化，他们一家四口过上了幸福美满的生活。

民勤县地处甘肃省河西走廊东北部，南依武威，西毗镍都金昌，东北和西北面与内蒙古的左、右旗相接，总面积 1.6 万平方公里，总人口 30.4864 万，是镶嵌在古丝绸之路要道上的一颗绿色宝石。翻开气象卫星从高空拍下的中国沙漠分布图，可以清晰地看到：在腾格里沙漠和巴丹吉林沙漠之间，有一块狭长的绿洲。这块绿洲长期以来受到两大沙漠的夹击，却顽强地生存下来，它就像一颗“钉子”，阻止了两大沙漠的合拢。这就是甘肃武威地区的民勤县的绿化带。民勤县东西北均与内蒙古阿拉善接壤，由于上游来水逐年减少，生态环境逐年恶化，现在已沦为生态重灾区，风多沙大，碱重水苦。土地严重沙化和沙漠内侵，使许多村庄被封杀掩埋，耕地减少，地下水矿化度超过 4.18 克/升，全县沙漠化的土地已占整个民勤县土地面积的 94%，基本丧失人居条件。近年来民勤人多外流新疆、内蒙古等地，大多沦为生态移民。

李万栋告诉我们，民勤县自古以来就是一个缺水的地方。毗邻县的人流传着一种说法就是“嫁人不能嫁民勤人，这辈子喝不饱水”，就是在相亲说对象的时候也要打听那个村子有没有水，确定有水了之后老人们才愿意把女儿嫁过去，有谁家的父母愿意闺女到没水的村子去受穷受苦呢？

近 20 年间，由于民勤县的石羊河上游垦区拦蓄引水，气候趋于干旱，绿洲已由过去的阻沙天堑变为沙源，水干风起，沙逼人退。因此除了缺水，民勤县面临的是更加严峻的问题——沙尘暴。李万栋告诉我们，当他搬来之前沙尘暴非常严重，特别是春天的时候经常会出现“黑风”现象，“黑风”也是一种沙尘暴，但是它的威力比一般沙尘暴强大很多倍。当强风扬起的时候沙子就会形成一堵巨大的沙墙，携带者尘土翻滚向前，从高空飘散到数千公里甚至一万公里之外，这时的能见度几乎为零，可以说它是一个特大沙尘暴。因此，当时在民勤特别害怕刮风，一刮起风肯定会引起沙尘暴，这不仅影响家里的基本生产活动，也推动了民勤县沙化的进程。后来这里流传着一句话：“沙上墙，驴上房”，意思是沙子越刮越猛都爬到墙头了，驴都可以踩着沙子上房顶了。这句话生动形象说明了风沙的危害，并且反映了当地无奈的现实情况。面对这种严重的现实状况，李万栋随之产生了生态移民的想法，最后李万栋就成为阿拉善左旗孪井滩生态移民示范区的第一批搬迁户。李万栋对政府实施这个移民政策感激不尽，说不仅给他搬迁的机会，还分给他宅基地，让他有了最基本的生活保障。李万栋歌颂政府就像蒙古歌曲《苍天般的阿拉善》形容的一样，是政府在他艰难的时候，给了他机会，政府是他的恩人。

李万栋在民勤的时候没有从事种植业或者是牧业，而是以打工为生。李万栋初中毕业后就一直在外地打工。勤劳肯干的他，只要能干的活他都会去做，他在建筑队里盖过房子也在铁石矿上当过矿工，由此得到的收入也不少，每年平均下来都能赚 15000 元左右。他是当地少有的能干的年轻人，因此很多人纷纷给他介绍对象，直到 1994 年认识了现在的妻子，在同年的 8 月结了婚。到了 1995 年一直对民勤县生存环境充满忧虑的李万栋，从阿拉善亲戚朋友那里得知，在阿拉善左旗开发了孪井滩生态移民村，外省的也有机会参加，这使他激动万分并在最快的时间来到阿拉善左旗操办搬迁的手续。终于在1995年的8月从甘肃省民勤搬迁到内蒙古阿拉善左旗嘉镇阿敦高勒嘎查，开始了新的生活。

搬迁后的李万栋家的院子很大，院子里共有三间住屋和一个仓库，与其他农户家不同，虽然存放的东西不少但是收拾得非常利索，从院子里就可以看出他们夫妻俩是一个喜欢整洁的人。全家4口人住在70平方米左右的砖房里，屋子里收拾得也非常干净利索。我们是在李万栋夫妻俩的房间里进行的访谈，我们看到在他家的墙上贴了许多张关于种植技术的海报。给我印象最深刻的是关于提高西瓜产量的海报，上面除了印刷的字体外，还可以看到密密麻麻的笔记，都记有调配农药的浓度、施1公斤化肥的最佳面积、适中温度和湿度等知识点。李万栋给我们讲解道，这里沙子资源相对较为丰富，并且沙子中所含的微量元素适合种植西瓜，由此他们利用这个优势种植沙田瓜，沙田瓜一般个儿大、味道甜，深受人们的喜爱。这里沙田瓜的瓜瓤紧实，瓜皮较厚，因此不容易倒瓤，这一特点又为其增添了运输优势，又受到了外地客商的欢迎。2007—2010年，李万栋家种植西瓜的收入一直不稳定，但是总的来说收入不错。刚开始的头两年做的都是亏本生意。他说种西瓜与种玉米油葵农作物不同，它是需要较高的种植技术的农作物，如果想种瓜挣钱就必须不断地学习，科学地给西瓜提供生长过程中所需的必要元素，前两年的亏本生意是由于他蛮干的结果，这给他敲响了警钟：一人无知识，百事难成，深深地认识到科技文化知识的重要性。不仅如此李万栋还注意到了市场行情的重要性。在2008年，由于本地的农民纷纷投入到种瓜的行列，使得沙田瓜的产量迅速增加，出现了供大于求的现象并导致了“卖瓜难”的困难局面，李万栋也被卷入了这个黑漩涡，亏了4000多元。就是这件事让李万栋吸取了惨痛的教训，他重新开始认真地揣摩市场的奥秘，向农科所的专家请教行情，而且自己做出很细密的市场行情表，这样就很快拿到了种瓜致富的“通行证”。

表7－1　　2010年家庭主要收入情况表　　单位：元

毛收入	牧业收入	农业收入	工资收入	打工收入	出租收入	政府补贴	政府救济	经营收入	其他
79400	800	70000	–	6000	–	2600	–	–	–

2010年李万栋家里的收入情况如表7－1所示，总收入将近8万元，其中占最大比重的是农业收入，这主要是从事种植业所获得的。李万栋家可种植的地有65亩，其中35亩是自买，在这片地上主要是种植小麦、玉米和油葵。另外30亩地是承包的，在这里种植的是沙田瓜。李万栋拿到了国家实施的粮食补贴金，以一亩40元的标准拿到了2600元的补助。他说2010年在这65亩地里种植的全部收入是7万元，与2009年相比其收入足足多出了1万元。我们问到李万栋怎么做到增收1万元的时候，他自豪地指着西瓜海报说“都是它的功劳，没有它我早就把西瓜子扔掉种玉米去了”。

李万栋是邻居眼里的打工高手，之所以这么说是因为他在农忙的时候在家里种地，在农闲的时候就会外出打工。他说其他村民农闲时，放下锄头无所事事，打牌、串门成了他们日常的“必修课”，既浪费了时间，又影响了社会风气，他对此很不满意。近年来，随着县域经济快速发展，城乡经济结构的逐步调整，工业化、城镇化、农业产业化水平的不断提升，县城里也开始需要短期农民工的加入。有8年打工经验的李万栋说，这是一个很好的机会，既能使他守着家里的“金土地”，又能拿着手中的“金饭碗”。李万栋说，如今阿拉善的经济发展迅速，城里很多工种都缺人，只要有手艺，头脑灵活，干活肯出力，就能找到活干。这表明现在的农民也开始更新了观念，把眼光放到了“三分责任地”之外。农忙时，他们在自家农田里种地，日出而作，日落而归；农闲时，他们到其他的旗市找打工的机会，如在工业园开发区或者是在建筑工地里务工，这样可以做到两头都能“捞”到钱。就这样从2010年的11月到2011年的2月，短短的3个月期间李万栋就赚取了6000元。

李万栋告诉我们，他住在这个嘎查上很安心，现在已经将这里当作是自己的故乡，并时时刻刻关心着这里的发展。因为李万栋曾经在水资源极度缺乏的地方生活过，所以他对村里的用水方面特别关注。近几年，他一直在学习滴灌节水的技术，他了解到与传统的管道输水相比，滴灌可以节省60%以上的灌溉水，而多家农户一起做滴灌的话，成本投入会少很多。但是，阿敦高勒嘎查的村民目前还没有能达成一致意见，直到现在还没有开始计划实施这个工程。虽然如此，李万栋并没有放弃这个想法，而是更加执着地去与阿拉善生态协会探讨关于滴灌的技术的推广问题。

他的妻子说李万栋特别珍爱家里养的几盆盆栽，有两盆吊兰，三盆仙人掌，一盆君子兰，都葱绿干净，叶片上的灰擦得干干净净。平常李万栋每天都会悉心照料这些花，时不时过来看看有没有缺水或者是缺肥，还找有关花卉资料看看、记记，按书中说的给盆栽施肥。即使是在李万栋农闲出去打工不在家的时候，他也会一再嘱咐妻子："不要忘了浇水！"妻子看丈夫这样拜托她看好花，她也觉得不能马虎对待，于是也学着李万栋去呵护盆栽。他打工回来，一进屋就会蹲在这几盆花前面，看看这段时间长得怎么样了，若要是发现花蔫了或是被碰坏了，他都会责备妻子没有照看好花。就是这样李万栋对绿色家园的渴望都寄托在这些花盆里的花里。

李万栋就是这样热爱生活、勤劳巧干的农家汉。搬迁前他没有一栋像样的房子；搬迁后，他不仅勤劳苦干，还肯学实用知识，以知识发家致富了。他还说他们那儿正在悄然出现了一种新时尚，经常看到农民群众在自己的田间地头里，拿着种植等有关内容的科技书籍施肥、预防病虫害、管理农田；还不时地向当地农科所的专家请教一些问题，还积极参加农业讲座培训班，他们正在用知识发家致富。他还说自己也正在购书、读书看报，想依靠科技知识发更大的家、致更多的富。他说，我们现在不愁吃不愁穿，就是想要读书，现在他家不缺什么，缺的就是知识。他要依靠科学知识引路，开辟出一片创业的新天地，我们也相信他会依靠科学发家致富的。

（二）有石缘的李永军家

李永军家是我们组到阿敦高勒嘎查之后第一个访谈的家庭。李永军一家热情好客，再加上时不时的幽默场面让我们的访谈进行得非常愉快。

李永军，男，42岁，汉族，初中文化水平，无宗教信仰。妻子张雪英39岁，汉族，原来是甘肃省民勤人，1998年搬到嘎查生活。儿子李嘉康12岁，现在上村里的小学6年级。

耕种是阿敦高勒嘎查主要生产方式之一，而李永军与其他村民不同之处就是他以挖奇石为职业。这次调研的过程中我们了解到阿拉善不仅是一个神奇的地方，也是一个五彩斑斓的地方，村中真正最奇最多彩的是石头。根据有关人员介绍，在数亿年前，这里还是大海，由于地壳剧烈运动，火山爆发，火山岩流，风化沙磨，日蒸月寒等特殊的内外力综合影响下，最终让这里成了盛产奇石的宝地。

2002年以来阿拉善奇石迅速影响奇石界，得到了海内外奇石界的赞誉和青睐。它的最大特征就是奇：一是形奇，二是质奇，三是色奇。阿拉善奇石大都属未成熟型玛瑙类，具有极高的观赏价值、经济价值和收藏价值，已越来越吸引海内外奇石收藏界人士的注目和青睐，并且出口到了新加坡、日本、韩国、美国等国和中国台湾、香港等地。

目前在阿拉善发现的奇石有数十种之多，其中玛瑙类分为芙蓉玛瑙、鸡血玛瑙、蛋黄玛瑙、缠丝玛瑙、紫晶玛瑙等数不胜数。最为珍贵的葡萄玛瑙可以称王，流珠挂玉，硕果累累，犹如晶莹的葡萄，摘而不忍，叹而叫绝。这种宝石仅阿拉善有，称之为王应当之无愧。

李永军告诉我们有一个叫“小鸟出壳”的奇石非常有名，现在专家估价是1.3亿元，是世界上最贵的奇石。这块奇石经多人转手之后，现官方公布由北京市市政府收藏，政府的购买价标为1.2亿元。

挖奇石，听起来是一个普通的采掘业，每个人都能干，但是他还有一个非常讲究的说法就是“石缘”。按李永军的话来讲“同样是走在一起的两个人，其中发现石头的人就可能马上成为百万富翁，另一个人就是没有这个好运气，这就看你与这个石头有没有缘分了。”他说自己虽然不是那种特别幸运的人，但觉得自己多少还算是一个有石缘的人。其实，李永军夫妻俩挖奇石的时间并不长，2010年才开始挖石头，仅仅一年的时间他们挖石头的纯收入就已经有10万元了。这充分证明了李永军是有眼力、有运气的石缘者。

阿拉善左旗乌力吉苏木是因奇石声名显赫的地方，只要是想挖奇石的人首选的就是乌力吉。李永军告诉我们，自从这个地方因为一个葡萄玛瑙石变得有名之后，不仅是当地人还有很多想发财的外来人都纷纷涌进这个苏木挖奇石。他们先是拣，然后是挖，最后都开始炸，年复一年，这里的石头已经是快枯竭了。他还说这里有一个不成文的规矩，就是进来挖石头本地人优先，外地人绝对控制。在有限的区域里，来挖石头的人之间竞争越发激烈，一般没有关系的外地人根本没办法也没有地方去挖，李永军夫妻俩就是靠一个朋友的帮助才得以进入乌力吉挖奇石行列。他们在当地人承包的一座山上挖，这不是免费的，而是每个月都要交450元的开采费，并协商好在有效期间内挖到的石头才归李永军夫妻俩所有。就这样在2010年3月开始了艰苦的淘“金”生活。听李永军讲并不是一年四季都能去挖石头，只有六七月可开采，因为在寒冷的冬天地表被冻结，工具很难去挖掘地里的石头，要是盲目用力凿开反而会把好石头弄碎，得不偿失。而酷热的夏天不能开采的原因，一是这里的温度很容易让人中暑，一般人身体都会受不了，其二是滑坡事件的经常发生，最避讳的就是下雨天去山上。在挖石头的期间，李永军夫妻俩住在一个 10 平方米大的帐篷里，吃住都在这简陋的小地方解决，直到每个月的月底他们俩才回家看儿子，但每次回来只休息两天，又马上赶回乌力吉淘“金”。挖石头是一个重体力活，张雪英也跟着丈夫一起挖土搬石头，常常会使她体力透支，一年下来他俩身体也有了一些变化。在山上有时候提取一块石头要不断地用粗毛刷，一点一点把土刷出去，这不仅需要技巧，也需要很强的耐力，张雪英一直用的是自己的右手反复去做这些动作，最终导致右胳膊比左胳膊粗了许多。也许是因为李永军夫妻俩勤劳能干的原因，2010 年他们挖了不少值钱的玛瑙石，卖出去的就有 12 万元，这就应了这个行业的一句话“三天不开张，开张吃半年”。李永军认为品相一般的石头竟然卖出了最高的价位，占总收入的一半之多，不仅如此，其他零零散散的也卖出相当满意的价钱。他又说除了卖出去的，他还收藏了一些自己非常满意的玛瑙石，并示意妻子把石头拿过来给我们看。他小心翼翼地将盒子打开，拿出几块大小不等的玛瑙石放在了桌上，让我们近距离地观赏这些漂亮的奇石。最让我们赞不绝口的是一个红色的玛瑙石，它的大小形状就像人的心脏，看起来颜色非常纯正，表面光滑透亮，大家都喜欢得不得了。当我们问到这个市场价是多少的时候，他笑了笑语重心长地说“不好说啊！”还有一个印象比较深的是淡绿色的玛瑙石，虽然并不是那种透亮的玛瑙，但是上面的形状花纹很特别，它的底面是比较平的截面，上面反而是比较粗糙，有点像留着短头发的女人，也有点像波涛汹涌的海浪。当我们见识到了真正奇石的魅力的那一瞬间多么幻想自己也是一个幸运的淘金者。

李永军儿子李嘉康 12 岁，长得非常俊秀，个子在同龄孩子中算是高的。李嘉康在学校一直都担任班长的职务，学习成绩特别优秀，一直都是在班里的前三名，而且经常代表学校去市里参加竞赛。他在文体方面也同样出色，学校组织的体育比赛他都参加，特别是足球和篮球比赛中他还是主力队员，每次都能拿到不错的奖项。李嘉康房间贴的“最佳射手奖”“三好学生”“文明学生”“优秀学生干部”等各种各样的琳琅满目的奖状，证明了这一切。其中有一个“全校主持人比赛一等奖”的奖状引起了我们的关注，李永军很自豪地跟我们说，儿子的口才特别好，普通话也说得也很流利，因此每次学校组织文艺活动时老师们都会让儿子去当主持人，而且每次他们夫妻俩都会去给他照相，留下儿子这风光的一幕。自从2010年李永军夫妻俩去乌力吉开采石头与儿子分隔两地之后，李嘉康就独自一人住在学校的宿舍里，自己打理一切事情。李永军说孩子非常懂事，即使是自己在学校再苦再累都不会跟他们诉苦也不会埋怨他们。他边给我们看儿子发的短信边跟我们说，儿子经常给我们发短信打气加油，每次累了或是想孩子了就会看看这些短信让自己充满动力。2011年学校组织去北京参观游览的活动，儿子尽管很想去，但是看父母那么辛苦不舍得花家里的钱，回来后并没有提这件事，直到李永军知道这事后想去报名时已经来不及了。李永军说，"无论如何明年让孩子出去一趟长长见识，我赚钱不都是为了儿子吗？只要为儿子好，花多少都愿意。"

李永军是1994年8月搬到孪井滩示范区的，在这之前他住在阿拉善右旗笋布尔苏木布尔都嘎查。在搬迁后的第四个年头，李永军与妻子张雪英结成夫妻，并在第二年生下了儿子李嘉康。张雪英是甘肃省民勤县人，是经过李永军亲戚的介绍相互认识。现在的住房是1994年盖的砖木房，他们家房子不大只有45平方米，分成了两间住屋，但是一家三口住还算是合理的。他们家的构造有些特别，一般家只有一个入口进去之后分成若干间，但是他们家是两间屋子配上两个门，要想从这间屋子到隔壁那个屋就要从外面打开另外一个门才可以进入。他们家还有20多平方米的棚圈，去乌力吉挖石头之前这里养了12只绵羊，直到2010年1月把这12只羊都卖了出去。院子里还停放着一个昌河牌小型面包车，这是2008年花了7万元的积蓄买的，现在去乌力吉挖石头必不可少的交通工具。

表7-2　　2010年家庭耐用消费品情况表

项目	数量	项目	数量
彩色电视（台）	1	手机（部）	3
电冰箱（台）	1	摩托车（辆）	1
洗衣机（台）	1	拖拉机（辆）	0
音响（套）	0	电动车（辆）	1
DVD/VCD（台）	0	卡车（辆）	0
电脑（台）	0	太阳能（匹）	0
照相机（台）	1	帐篷（顶）	1
固定电话（部）	1	其他：过滤器	1

李永军家庭物品如表7-2所示，与一般的家庭基本相同。其中与众不同的是他家有自来水过滤器，这是我走访的几家中唯一安装过滤器的家庭。他告诉我们这里的水质很差，含氟量超标，会导致各种疾病。于是他花了3000多元，在银川买了一台过滤器。

据考证长期饮用含氟1.5毫克/升以上的水时，可引起疾病。氟的慢性中毒主要发生于高氟地区，通过长期饮水摄入过量的氟而引起，主要造成骨骼和牙齿的损害，即所谓氟骨病或斑釉症，在我国黑龙江、吉林、辽宁、北京、天津、山西、陕西、河南、山东、宁夏、贵州等地均曾发生。斑釉症临床表现为：牙齿失去光泽，出现白色、黄色、棕褐色，乃至黑色斑点，牙齿变脆，易于折碎或脱落。骨的损害易发生在躯干骨，严重者全身大部分骨骼均受损，骨质密度增加、纹理粗糙，间有轻度软化及疏松。轻度者可仅有腰腿疼痛，严重者脊柱前弯畸形、僵直，肢体活动严重受限，神经根受压迫时，则可发生麻木甚至瘫痪。因此李永军觉得在这种情况下，为了家里人的健康购买一个自来水过滤器是非常有必要的。

李永军是纯牧民出身，在搬迁之前一直都是以放牧为生，对土地耕种一窍不通，搬到李井滩之后不得不改变自己的生产方式，开始了耕种土地的生活。尽管如此，年轻的李永军，不仅能吃苦，意志力强，头脑也很灵活。头几年的种地投入都血本无归，可后来慢慢有了自己能承包90亩地的能力，收入也是逐年的增加。就在种地收入直线上升的时候，李永军夫妇俩毅然决定把自己的地都租出去后出去开采“石头”。这对一般农民来说是很难做到的，没有头脑没有魄力的人是不会就这么放弃目前安逸的生活去冒险的，然而冒险的程度越高给他带来回报的机遇也是越多的。李永军也说，自己是比别人醒悟得早些，跑得快些，干得实些，吃苦多一些，因此乌力吉的奇石没有辜负李永军夫妻俩，2010年奇石买卖挣的收入就已经是有12万元。除了卖玛瑙石的收入外还有自家35亩地租出去的租金5000元，卖掉12只羊收入1万元，毛收入总共有13.5万元（见表7-3）。李永军家2010年一年的总支出26350。用在亲戚朋友的红白喜事的支出就有7000多元，其中侄女结婚时的5000元礼金是大头了（那时李永军刚好把一个玛瑙石卖出了好价钱，因此出手非常大方，拿出了5000元的礼金），加上给亲戚孩子的就有7000元左右。

表 7-3　　2010 年家庭主要收入情况表　　单位：元

毛收入	牧业收入	农业收入	工资收入	打工收入	出租收入	政府补贴	政府救济	经营收入	其他
135000	10000	-	-	-	5000	-	-	-	120000

表 7-4　　2010 年家庭生活支出情况表　　单位：元

总支出	食物	衣着	水电气费	日常用品	教育	看病吃药	红白喜事	交通	通信
26350	9000	2000	400	300	-	1000	7000	4500	1550

李永军对当前的生活非常满足，也对今后的生活充满信心。他说，想在两年内在嘉镇的政府附近盖个小洋楼，过上城里人的生活，这样孩子上学也方便很多，自己也做些小买卖，过一个稳定的生活。他打算在镇里盖一个 20 万元左右的小洋楼，现在已经有了一半的成本，再继续挖两年的石头也差不多能筹备盖房子和装修的资金了。现在李永军不仅在空闲时间看有关奇石的书籍，而且经常去请教玛瑙石专家学习更多的专业知识。之所以这么卖力去学习，就是想不断提高自己奇石鉴赏水平，也是想在不久的将来开一个属于自己的奇石商店。在本村像李永军这样有胆识，有超前观念的人是很难寻到的，它不仅是这个村里的一个典范性的人物，也是全国农民的先进模范人物。希望涌现更多的这样具有冒险意识、机遇意识、敢为天下先意识的农民，求真务实，奋发图强，解决生活上的各种困难，学习更多的生产技能，早日过上富裕安稳的生活。

（三）嘎查内唯一的运输户王立从家

对王立从的采访我们是在嘎查支书的家里进行的，其实早在采访王立从之前，我们就去过他家。下午的时候，嘎查长告诉我们王立从家是本嘎查唯一的运输户，我们可以对他家进行采访。王立从家离嘎查长家不远，于是我们就顺着他指的方向去了王立从家。王立从家有两间低矮的砖木房，这是他们目前住的房间，在这两间的对面还有正在装修中的四间砖瓦房，我们看见里面正在有工人进行装修。我们推开门后发现家中只有一个小女孩，是王立从的女儿，他告诉我们她妈妈出去打工去了，爸爸刚刚出去了，可能晚一点的时候才能回来，她让我们晚一点的时候再过来。等到傍晚的时候，嘎查长看到王立从从外面回来了，便直接打电话把王立从叫到了他家里，因此我们对王立从的采访就在嘎查长家的客厅里。

王立从，男，1962 年生，49 岁，汉族，初中文化水平，无宗教信仰，家中总共有四口人。妻子叫赵界梅，43 岁，汉族，初中文化水平，无宗教信仰。王立从夫妇有两个孩子，一个儿子一个女儿，儿子 18 岁，叫王乐天，2010 年职业高中毕业，目前在家里面待业；女儿 14 岁，叫王雅琪，目前正在巴彦浩特七中上初中。王立从家是本嘎查唯一的运输户，家里面有一辆大货车，王立从本人经常在外面跑长途运输，一年下来在家待的时间很短。这段时间由于家里面装修房子，而且货源又不是很多，而妻子一个人也顾不过来，所以才没有出去跑运输，专心在家里面装修房子。

王立从和本嘎查的大多数村民一样，也是通过生态移民搬迁到这个地方的。王立从老家在阿拉善右旗莎尔台苏木，以前是纯牧业户，他家有弟兄四个，王立从排行老三。王立从告诉我们他家在搬迁到这儿以前有好几万亩草场，家里养着 300 多只羊，其中山羊 220 只、绵羊 80 只。他说，1994 年的时候阿拉善盟提出为了缓解草场压力，要对部分牧民实行生态移民。据他介绍，当时当地政府承诺将会在搬迁地为他们建设房屋，并且分配土地。再加上当时天旱和过度放牧，草场也退化的特别厉害，放牧已经没有了多大的收入，因此他自己便决定卖掉所有的羊，搬迁到这个地方。而他父母和几个兄弟都没有搬迁，至今仍然生活在阿拉善右旗。

王立从告诉我们，刚搬迁过来的时候，这边什么都没有，就是一片荒滩，政府给承诺建设的房屋，他们连影子都没看到，只是给他们家分了名义上的 40 亩地。他说，当时说的是 40 亩，但自己丈量后实际亩数只有 32 亩。说起刚来那段日子王立从都不愿意去回想。据王立从回忆，刚来时由于没有房子住，他和嘎查里其他很多村民一样，都是住在挖的地窖里面，等把房屋建设好后才搬出来。由于当时风沙特别大，每次吃饭时都是和着沙子吃的。他说，比起以前那段日子现在的困难根本不叫困难。王立从告诉我们，那时候家里人听说这边如此困难后，劝说他回去算了，但是他想了想，由于把所有的羊都卖了，而户口也转了过来，回去那边也是一无所有，因此他便打消了再回去的念头。

王立从告诉我们，在刚开始那几年，种地基本上没有收益。从 1994 年到

1998年这五年基本是绝收的，这是由两方面的原因造成的。一方面，由于自己从前是牧民，从来都没有种过地，对农业一点都不了解，心里面完全没有种地的概念，不懂得如何经营管理农地；另一方面，由于地是刚刚开荒形成的，还很“生”，而且当时风沙又很大，毫不夸张地说，当时地里的苗有多高，沙子就有多厚，每年庄稼收完后还得往出推沙子，这两方面的原因造成了前几年每年都几乎绝收。从1998年以后，由于自己已经完全掌握了农业技术，这几年还有政府派的农业技术员来指导，而且风沙也小了，因此农业收益才逐步好起来了。后面感觉自己家的地太少，又买了8亩，但是总共也只有40亩地，每年的收入还是很有限。在三年前，也就是2008年的时候，他下了个狠心，托人贷了20万元的款买了一辆大货车，开始跑起了运输。王立从告诉我们，这辆卡车总共要50多万元，20万元只是首付，剩余的先赊欠，以后按期分批支付，三年内还清，2011年他已经把车款还完了。

王立从告诉我们，车刚买回来那会儿，他的压力特别大。由于自己没有经济基础，这辆车完全是赊欠的，相当于自己背着50多万元的欠账，因此他常年在外面拉货，很少回家。而且由于刚开始自己没有驾照，不能开车，并且经常跑的是长途，所以当时雇的是两名司机，一名司机一个月的工资就差不多4000元，再加上吃饭喝水，一个月差不多就得六七千元，所以前两年他真的是玩了命的在外面跑运输。幸好2011年已经将车款完全还完，自己的压力一下子小了很多。现在自己也会开车，所以只雇用一个司机就够了。而且现在他始终将安全放在第一位，尽量开慢点，能挣多少是多少，不像前几年那么拼命了。王立从告诉我们，他一般都是在银川和乌鲁木齐这两个城市间运输货物，有时候在青海、内蒙古之间拉货，但基本上没有去过南方。而且自己也没有固定的货源，需要自己去联系，如果自己联系不到货的话，一般就会到货运信息部，只不过需要交纳一定的信息费。

王立从告诉我们2010年他家的毛收入总共是18万元，主要来源就是运输业和种植业（如表7-5），其中2010年一年跑运输总共收入是15万元，种植业收入是3万元。他说，这两年运输业的利润已经大不如他买车前的几年了，现在车越来越多，而货源总是有限的，竞争很激烈，导致运费的涨幅一直很小。而油价又涨得很快，每跑一趟的成本是越来越高。现在从银川到乌鲁木齐一趟的油钱已经是1万多元了，还有过路费大概一千多元，这还不走高速，如果走高速的话，加上过路费一趟就得差不多2000元。王立从告诉我们，一般情况下如果货主要求货物到达时间不是很紧的话，他都不会走高速，但如果时间紧，就必须走高速，因为这样一趟下来能节省大概1/3的时间。随后他又笑着说其实以前利润高的一个重要原因还是很多车都超载行驶，而那时候查的也不是很严，所以很多车的利润都很高。但现在由于查的特别严，根本不敢超载，如果被查出的话，罚款是很高的。不过他又补充到，虽然现在运输业利润已大不如前几年，但是相比于农业来说，利润还是相当高的。王立从告诉我们，他家2010年种了40亩地（由于王立从经常在外跑运输，都是由妻子赵界梅一个人种的），一年下来毛收入才3万元左右，而现在化肥、灌溉费又很高，因此投资是很大的，所以一年下来种地的纯收入没有多少。我们问他："听说你妻子今天还出去打工了，是去什么地方的，收入高吗?"他说其实妻子就在本村里帮那些种地多的人干活，没多少收入，也就是能够给家里填补一下，用于日常的消费，这种活也是有的话才去干的。他们这种生活态度真的很令我们惊讶，因为照他家现在这种收入，根本用不着再去给别人家打工了，但他妻子还经常去，真是勤劳节俭。

表7-5 **2010年家庭收入来源情况表** 单位：元

职业	收入	职业	收入
从事种植业	30000	本乡镇就业工资	-
从事渔业	-	外出打工	-
从事家庭手工业	-	从事运输业	150000
从事畜牧业	-	政府补贴	-
从事养殖业	-	出租草场、耕地等	-
从事旅游业	-	其他经营收入	-

说起2010年他家的支出情况，王立从告诉我们由于他2010年一年经常在外面跑运输，家里面的开销全是由妻子负责的，很多具体的数目他也不清楚，只知道一些花费数目较大的项目。他说2010年他家总共支出大概是13万元，这其中花费较大的一项是2010年他家新盖了几间砖瓦房，花了大概8万元；另外，种地投资大概是1.5万元，包括买化肥、灌溉费、农药费、收割费、播种费等；子女教育大概是8000元。而其他的买食物、衣服、日常用

品、交通费、通信费等项目由于太琐碎，家里面根本就没具体算过一年到底花多少，因此他只能大概的估算一下。他说，现在生活条件都好了，对食物的要求也比较高，而且现在物价也高，一年下来差不多就得1万元；另外买衣服的花费也挺高，尤其是孩子，都要求穿名牌，这大概得五六千元；而其他的水电气费、日常用品、人情礼金、交通费、通信费等加起来一年差不多得1万元。王立从家2010年支出情况如表7－6所示。

表7－6　**2010年家庭支出情况表**　单位：元

总支出	生产性	食物	衣着	住房	子女教育	其他
129000	15000	10000	6000	80000	8000	10000

我们询问了王立从家的耐用消费品情况，他告诉我们这两年生活条件好了，像电冰箱、洗衣机等这些日常用电器家里都有，2010年王立从家耐用消费品情况如表7－7所示。

表7－7　**2010年家庭耐用消费品情况表**

项目	数量	项目	数量
电视机（台）	1	拖拉机（辆）	1
电冰箱（台）	1	卡车（辆）	1
洗衣机（台）	1	小轿车（辆）	0
照相机（台）	0	电话（部）	0
影碟机（台）	0	组合音响（套）	1
电脑（台）	0	手机（部）	3
摩托车（辆）	1	太阳能（匹）	0

谈起他对儿女的希望和他家的下一步的计划时，王立从告诉我们，儿子王乐天2010年职中毕业后，由于没有找到工作，现在在家待业。他说现在工作很难找，而在他们这边工作机会又少，儿子也只是中职学历，因此要让儿子自己出去找工作很难。如果实在找不到合适的工作，他就打算让儿子跟他一起跑运输。目前，儿子才18岁，还没有到考驾照的年龄，但他已经让儿子

开始跟车了，先适应一下，等到了年龄再考驾照。他说儿子适应能力很强，现在在好的路段、空车的时候也能自己驾驶了。但王立从告诉我们，他从内心里不想让儿子再跟他一起跑运输，想让儿子在城市里找一份更好的工作，因为跑运输特别的苦、熬人，每当拉上货为了赶时间就是几天几夜都在车上熬着。谈起女儿，王立从说当然是希望女儿好好读书，将来能考一个好的大学了。王立从告诉我们，目前女儿在学校年级里成绩处于中上等，学习成绩还不错，希望女儿继续努力考一个好的学校。当我们问到他想让女儿以后从事什么行业时，他说只要女儿能考上大学，可以根据自己的爱好选择专业，他不会干涉。不过他又补充到，如果考不好的话，他宁愿让女儿去上一个高职学校，也不会让她上三本之类的学校。上高职还可以学一门技术，而三本很多都纯粹是浪费钱的，根本什么都学不到。可以看出王立从对三本学校的印象不是很好。

对于他的下一步计划，王立从告诉我们，他暂时还是要继续跑运输，等到再跑几年有一定的积蓄后，他也会选择向其他行业发展，因为跑运输实在是太累了，根本不是长久之计。我们问他想向哪个行业发展，他说，他想在工商业方面发展，但是具体干什么他还没有想好，到那个时候再看吧。从王立从的想法来看，他有着一个很大的梦想，他只是把目前的运输当作一个资金积累的过程，等到有一定的积蓄后，他还会干很大的事业。我们衷心地希望他家的生活能够越来越好，王立从能够实现他的那个现在还不愿讲出来的梦想。

（四）勤劳致富的妇女主任严玉英家

对严玉英的采访，嘎查长已经提前帮我们跟她约好了。那天下午的时候，我们本来打算就去她家，结果嘎查长告诉我们，严玉英出去打工了，到了晚上才回来。不过他已经跟严玉英说好，晚上回来后就打电话给他，我们到时候过去就行。傍晚的时候，我们得知严玉英回来后，就马上顺着嘎查长给我们指的方向去了她家。严玉英家住在嘎查的最西边，再往西便是一大片田地，种着各种农作物，在田地和嘎查中间隔着一条马路。我们沿着那条马路向南走了一会便看到了一扇绿色的大门，我们知道那就是严玉英的家，因为嘎查长告诉我们那条巷子里就她家大门是绿色的。我们推开门进去后，便看到严玉英迎了出来，热情地招呼我们赶紧进屋坐，此时他们一家人刚吃过晚饭，桌上的碗筷还没有收拾，严玉英让我们先随便坐，她收拾了一下碗筷后便和我们聊了起来。

严玉英，女，45 岁，汉族，初中文化水平，无宗教信仰；丈夫叶建强，47 岁，汉族，初中文化水平，无宗教信仰。严玉英夫妇有两个孩子，一个女儿一个儿子。女儿名叫叶丽，16 岁，目前正在阿拉善左旗一所职业中学上学，学的专业是财会；儿子 11 岁，名叫叶利锋，目前在上小学。严玉英告诉我们，刚才出去的那两位老年人是她的娘家父母，是来他们家串门的，和他们并不生活在一起。

严玉英家也是通过生态移民搬迁到这儿来的，据严玉英讲述，他们老家是在阿拉善右旗塔木苏苏木，以前是纯牧业户，当时他们家大概有七八万亩草场，家里养着 50 头骆驼和 80 只羊，其中 40 只山羊、40 只绵羊。我们当时有点疑问，这么大的一片草场，为啥养的牲畜这么少。严玉英告诉我们，她是 1993 年跟丈夫结婚的，当时嫁进丈夫家时，家里还有两个小叔和两个小姑，他们结婚后就跟公婆分了家。而分家时分的牲畜就这么多，但草场还是一起用，没有分开。到了 1994 年时，有了生态移民政策，当时考虑到在老家那边一方面由于家里养的牲畜少，而草场又恶化的比较严重，没法再增加畜量，因此收入不可能有大的提高；另一方面，他们搬迁到这个地方后，交通、电力、用水各方面的条件会好一点，尤其是以后孩子上学会很方便，因此他们便决定卖掉家中的牲畜搬迁到这儿。而父母和其他家人当时都没有搬迁，小叔和小姑是以后才搬过来的。

严玉英告诉我们，当时刚过来的时候日子很苦，大概有七八年的时间基本上都没有纯收入，每年能够把投资成本收回来就很不容易了，只是最近这几年收入才逐渐好转。据严玉英回忆，刚来的那个时候，这里就是一片荒滩，而且风沙也大，自己和丈夫由于以前没有种过地，也不懂得农业种植技术，因此前几年基本上每年都绝收，种地赚钱是从 2000 年以后才开始的。严玉英的丈夫叶建强告诉我们，当时种地时由于自己没有钱，都是从农村信用社贷款的，他说村里大概 80% 的村民都是靠农村信用社的贷款种地的。

在谈到他家 2010 年的收入支出状况时，严玉英高兴地告诉我们这两年她家的收入挺不错的，反正她自己还挺满意。她说，她家 2010 年总收入是 16.4 万元，主要收入来源就是种植业，另外打工还有一些收入，但是比较少，2010 年严玉英家收入来源如表 7－8 所示。据严玉英说，他家 2010 年总共种了140亩地，其中玉米55亩、油葵50亩、花葵20亩、西瓜15亩。在这140亩地中，自己的地只有30亩，另外110亩都是租种他人的。谈起租种他人的地，严玉英告诉我们，他家从1998年就开始租种了。当时因为种地的收入少，再加上每户人家的地又少，差不多都是三十多亩，无法形成规模效益，因此很多人家都出去打工和另谋生路，而把地租给别人种。第一年，她家租了20亩，效益还不错。第二年便租了40亩，种了几年后，在前年也就是2009年的时候，开始租种110亩。她说现在租种的这110亩地都是她小叔和小姑的，每亩每年租金是200元，这个租金要比租其他人的地便宜一些。在被问到他们夫妻两人种这么多地时能不能顾得过来，是不是很苦时，她笑着告诉我们，苦一点也无所谓，只要收入高一点就很满足了，每当农忙他们俩顾不过来时，也会去雇一些人。她说，其实现在种地比前些年的苦要少得多，因为现在播种、收割都是机器，这就省下好多事。在谈到她家每年的打工收入时，严玉英告诉我们，打工其实没有多少收入，也就是能填补一下平常的家庭开销，2010年的收入大概是4000元左右。她告诉我们，由于田地里的活比较多，丈夫一般不会出去打工，而她自己也是抽空出去打零工。打工的地方都是在嘎查附近，不会很远。她说今天就是去给镇上一栋大楼打扫卫生，每天100元。严玉英还告诉我们，目前制约当地农业收入增长的一个重要因素就是灌溉水问题。这里的灌溉水比较缺乏，尤其是每到农作物生长正需要水的时候，总是不能及时进行灌溉，有时甚至延迟十多天，这样即使灌溉后，农作物也已经受到了很大的损失。严玉英希望这个问题能够得到上面政府的重视，为他们解决，这样的话她相信他们的收入还会有很大的提高。

表7-8　**2010年家庭收入来源情况表**　单位：元

职业	收入	职业	收入
从事种植业	160000	本乡镇就业工资	-
从事渔业	-	外出打工	4000
从事家庭手工业	-	从事运输业	-
从事畜牧业	-	政府补贴	-
从事养殖业	-	出租草场、耕地等	-
从事旅游业	-	其他经营收入	-

在支出方面，严玉英告诉我们，2010年她家的支出主要有两方面，一个是农业投资，这个占到大部分；另外一个是2010年她家买了一辆农用车，这个花费比较大。据严玉英介绍，她家2010年总共支出大概有170000元，其中种地投资了大概有90000元，包括买种子、化肥、播种费、收割费、灌溉费、租金等。其中买化肥大概花费了40000元，灌溉费花费了20000元，租金是22000元。严玉英告诉我们，现在随着物价的逐步上升，农资产品价格也是越来越高，像化肥的价格已经比前几年高出了好多，而且一直还在涨。像机耕费，2010年是一亩15元，2011年已经涨到了20元。她们家2011年预计要投资100000元，比2010年多投资10000元，到目前为止已经投资了有70000元了。而灌溉费因为他们这个地方缺水，所以价格一直都挺高。但她指出虽然投资很高，但是农产品价格也挺高，而且现在销售也容易，因此她家2010年单是种地纯收入就有70000元，这相比于以前已经好很多了。她家2010年的另外一笔大的支出是买了一辆农用车，花费了55000元，她说，农用车是种地不可或缺的工具，尤其是到了销售农产品的时候特别方便。而在生活支出方面，严玉英告诉我们，现在由于孩子都还小，家里面的开支不是很大，最大的一项也就是女儿上学，2010年大概花费了8000元，其他方面花费都比较小，一年下来总共花费不到15000元。严玉英家2010年支出情况如表7-9所示。

表7-9　　2010年家庭支出情况表　　单位：元

总支出	生产性	食物	衣着	住房	子女教育	买车	其他
168000	90000	7000	2000	–	8000	55000	6000

通过严玉英家的收入支出我们可以看出，她家2010年收支大致平衡，支出还略微高出收入，我们问她是不是还向别人借了钱，严玉英告诉我们，2010年支出大于收入主要是因为她们家买了一辆农用车，这个花费比较大。她说，前几年家里都没有大的开销，因此每年的纯收入都存进银行了，2010年买车是在春天种地前就买的，可以说这辆车是用以前的积蓄买的，因此他家并不欠债。

我们询问了严玉英家的耐用消费品情况，她告诉我们这两年生活条件好了，像电冰箱、洗衣机等这些日常用电器家里都有，我们发现她家桌上还放着一台电脑，她告诉我们买了有两三年了，主要就是平时闲时上上网，一般都是丈夫在上，她自己很少上。2010 年严玉英家耐用消费品情况如表 7－10 所示。

表 7－10　　2010 年家庭耐用消费品情况表

项目	数量	项目	数量
电视机（台）	1	拖拉机（辆）	1
电冰箱（台）	1	农用车（辆）	1
洗衣机（台）	1	小轿车（辆）	0
照相机（台）	0	电话（部）	1
影碟机（台）	0	组合音响（套）	0
电脑（台）	1	手机（部）	2
摩托车（辆）	1	太阳能（匹）	0

在聊到关于她任嘎查妇女主任有关情况的时候，严玉英告诉我们，她是 2001 年被选为嘎查委员的，在嘎查里主管妇女工作，一直任到现在。她说，刚开始的时候她自己根本就没想过要在嘎查里当干部，但是由于她经常积极地参加嘎查里的各项活动，人缘也比较好，所以有人就劝她入党，她自己也没多想就递交了入党申请书，结果在 1999 年的时候加入了党组织，她自己当时也很高兴。在 2001 年的时候，嘎查委员会改选，她被推选为了嘎查委员，主管妇女工作。她说，其实在嘎查里平时也没多少事情可干，但她认为她的工作很有意义。她的主要工作就是给嘎查里的妇女宣传健康知识，农村妇女很多都不懂健康知识，忽略了很多该注意的卫生问题，导致大多数妇女都患有妇科病，极大地影响了妇女的生活质量。她这样通过定期的宣传妇女保健，至少能给大家一些提醒，注意卫生，提前做好预防措施，爱护好自己。她的另一项主要工作就是每年在“三八节”的时候，组织嘎查里的妇女参加一些娱乐活动，让大家开开心心的过一个自己的节日。另外，还有一些就是例行公事，定期参加村中会议，为本村的发展出谋划策，参与组织村中的各种集体活动，接待上级来访等。严玉英已经在嘎查里主管妇女工作有 10 年时间了，证明她的工作得到了嘎查里大多数村民的支持。

谈起她对儿女的希望以及下一步的计划时，严玉英很明确地告诉我们，她对孩子最大的希望就是不想让儿女再当农民了。她希望自己的两个孩子能够好好学习，以后在城市里工作，不要再走他们这种日复一日年复一年的面朝黄土背朝天的道路了。严玉英说，他们这两年也有新建房子的打算，现在住的这几间已经有好多年了，但他们夫妻现在的重点任务还是先供养孩子上学，其他方面的事都可以先缓一缓。

（五）种植大户骆明义家

当我们到骆明义家，看到那近似“危房”的房子时，很吃惊。如果不是事先已经知道，怎么也不会把他与种植大户联系起来。砖木结构的房子，能明显地看出年代感，房门很低很窄，我们都要低着头才能进去门，一次也只能通过一个人。进入房屋内，被烟熏得已经发黄的墙壁留着墙皮脱落后的痕迹，堂屋的天花板已经破旧，透过天花板，可以直接看见木头做的屋梁。前几年有一根屋梁断裂过，他们也简单地修缮了一下继续住着。房子有三间，60 平方米左右，除了床、衣柜等这些基本家具外，还有电视、冰箱、洗衣机等家用电器，这些使得本来就不宽敞的屋子显得更加拥挤。骆明义告诉我们，房子是 1994 年从牧区搬来时盖起来的，这十六七年来基本没有整修过，也没有像其他农户那样把房子翻新扩建。主要原因还是资金方面的问题。现在骆明义与他的妻子、儿子一家三口住在这 60 平方米的房子里。

骆明义，38 岁，汉族，初中文化水平。骆明义的妻子 37 岁，也是汉族，初中文化水平。骆明义夫妇有一个儿子，2011 年 13 周岁，在阿拉善左旗巴彦浩特市巴彦霍德镇的九年制学校读书，2011 年 9 月开学后上初中一年级，而且不用交学费，所以孩子上学负担不是很重，只是在给孩子买些课外读物方面花些钱。骆明义的母亲虽然在阿敦高勒嘎查也有自己的房子，但自从老伴去世后，就只有她一个人住，没事儿的时候就来骆明义家帮他照看家和孩子。现在，骆明义他们九兄弟姐妹每年每人给母亲 500 元生活费，另外母亲每个月还有 100 多元的养老金及低保，基本可以维持生活。

骆明义向我们讲述起他们家搬迁以前在牧区时的生产和生活情况。搬迁以前，他们家住在阿拉善右旗塔木苏苏木的先锋队，虽然房子是土木结构的，但是有 7 间，140 平方米左右。骆明义兄弟姐妹共有九人，有三个姐姐，五个哥哥，他是家里最小的。当时哥哥们和姐姐们都已结婚，除了一个哥哥结婚后没有搬出家外，其他的哥哥和姐姐都已经另立门户了。所以搬迁前骆明义与父母及哥哥一家住在一起，住房还比较宽裕。那时家里虽然有一台黑白电视，但也很少看，没事儿的时候主要是听广播，看看书等，生活比较单调。当时家里喂养着140只白绒山羊、20只绵羊和35头骆驼。绵羊主要是自家食用，白绒山羊主要是卖羊毛。1993年的时候每斤羊毛大约是七八十元，一年卖羊绒、羊毛的收入大约就有1万多元；而当时每头骆驼的价钱大约是1000元，驼绒大约是12元/斤，这两项加起来每年也有五六千元的收入，所以当年的牧业收入有2万元左右。回想起来在牧区时支出比较少，生活方面，羊肉不用买，只买一些油、面及生活用品，每年大约2000元的花费就已足够，生产方面的支出主要是给羊买草料，一年差不多3000元。所以，从2万元的牧业收入中去除生活花销、生产支出，实际上骆明义家搬迁以前在牧区时，一年的纯收入有15000元左右。从收入上看虽然算不上特别富裕，但一家人在经济上没有什么压力，生活也比较轻松自在。

住在牧区也有不方便的地方。最主要的困难就是交通不方便，无论是学校还是看病的地方都离家很远，在30公里以上。骆明义回忆说，以前在牧区的时候，学校离家很远，所以不可能每天都回家，通常要一个多月才能回家一次，非常不方便，如果下雪的话要隔更长的时间才能回家一次。现在上学、看病都比以前方便很多，小学、初中都在离家不远的巴彦霍德镇。

20世纪90年代初，为了恢复生态环境，阿拉善盟着手实施了生态移民工程。在村、镇干部的宣传动员下，为了恢复草场的生态环境，也为了日后老人看病和孩子上学方便，骆明义一家在1994年就实行了搬迁，也是第一批搬迁户。搬迁过来时，因为哥哥已经结婚，所以哥哥正好借此机会分户，而骆明义是在1996年结婚前分户的，这样他们一家就分成了三户，都得到了相应的搬迁补偿：每户交50元，分到1000平方米的宅基地；骆明义家分到了30亩土地，他的母亲和哥哥家都各分到了40亩土地，但是每亩土地要向政府交100元的土地开发平整费。但是搬迁前政府承诺的搬家费及每户两间房子至今没有兑现，虽然他们曾经向以前居住的嘎查反映过这些问题，可是已经17年过去，当时的嘎查委员会如今已经换届，现在的嘎查长、嘎查委员不了解当年搬迁补偿政策，所以问题到现在都还没有解决，也没有给移民们什么说法。

从牧区搬迁到农耕区，各方面必然都有许多不适应的地方。从放牧转变为种地，生产方式的转变远比人们当初预想的困难得多。骆明义告诉我们，刚从牧区搬来时，根本不会种地，他们就跟着农技员边学习边实践，慢慢摸索耕地的门路，但因为天旱少水，头几年的收成不佳。再加上结婚、盖房及各方面的生活开支，以前放牧时攒下来的钱基本花光，这样的状况大概一直持续到2002年左右才有所改善。骆明义及妻子凭着勤劳能干，每亩耕地的收成比其他人家多一些，家里慢慢有了存款。嘎查里有些种地收入低的人家干脆就外出打工，把土地承包给别人。骆明义看准时机，2006年的时候，从信用社贷款以每亩地20元的价钱承包别人的土地60亩，接下来的几年，骆明义不断承包、扩大自己的耕地面积。2007年，他再贷款承包他人土地80亩，2009年又承包了40亩土地，自家所有土地及承包土地达到了210亩，成为嘎查里的种植大户。除了承包土地，这么多的耕地每年的农业生产支出也很大，年均从信用社贷款5万元，但他都是在每年秋收后还清贷款，因为对于贷款，信用是最重要的。

表7-11　**2010年农业生产支出情况表**　单位：元

农业毛收入	农业支出							农业纯收入
	种子、地膜	灌溉费	农药、化肥	收割费	雇工费	其他	合计	
170000	10000	34000	32000	13000	200	800	90000	80000

关于农业生产情况，骆明义给我们算了一笔账，2010年他们家共有耕地210亩，其中玉米60亩、油葵80亩、花葵30亩、西瓜40亩，毛收入大约是160000元。在农业支出方面，农业灌溉方面花费最大，以2010年来说，每亩地的灌溉费在150~180元左右。其中，油葵比较省水，每亩地的灌溉费大约是150元，玉米的灌溉费最高，每亩地在180元左右，花葵和西瓜的灌溉费介于二者中间，210亩地灌溉费总计大约为34000元。其次花费比较大的是买农药和化肥，2010年大约花费32000元。2010年每亩玉米地的收割费是110元，油葵的收割费是35元，花葵的收割费是120元，计算后收割费是13000元。2010年骆明义家种的40亩西瓜，产量是6000~7000斤，他们是雇人从地里摘西瓜，工钱是每斤3分钱，合计雇工费是200元左右。另外买种子、地膜大约还需要花费是10000元左右，2010年农业生产投入至少90000元，所以农业纯收入大约是80000元。

表 7－12　　2010 年家庭支出情况表　　单位：元

食物	衣着	水电费	子女教育	人情礼金	通信费	其他	合计
6000	2000	1500	1000	2000	2000	500	15000

家庭生活支出方面，骆明义家 2010 年在食物方面消费大约是 6000 元；买衣服上的花销基本是给孩子买衣服，大概花费 2000 元；给孩子买课外书等花费 1000 元。骆明义与妻子有两部手机，通信费是 2000 元，比其他家庭花费多一些，主要是因为骆明义是嘎查委员，每天大大小小的事都要打电话沟通，手机话费自然多一些。通过上表可以看到，2010 年骆明义家在家庭生活方面支出合计 15000 左右。综合表 7－11、表 7－12 我们可以看到，2010 年骆明义家农业生产、家庭生活支出共计 105000 元，家庭纯收入 65000 元左右。

表 7－13　　2010 年家庭物品情况表

项目	数量	项目	数量
电视机（台）	1	拖拉机（辆）	1
电冰箱（台）	1	摩托车（辆）	1
洗衣机（台）	1	小轿车（辆）	0
电脑（台）	0	电话（部）	0
手机（部）	2	太阳能（匹）	0

骆明义与妻子经过这些年的辛勤耕作，电视机、电冰箱、洗衣机等基本家用电器都已配备。为了节约农业生产开支，还购买了拖拉机。骆明义告诉我们，如果家里没有拖拉机，机耕费大约是每年每亩 80 元，210 亩地一年就要花销 16800 元。因此自从有了拖拉机，他们家每年可以省掉一大笔生产性开支。

在谈到生活及农业生产方面的困难时，骆明义明确地说，最主要的困难就是缺水，农业灌溉水无法满足需求，而且直接限制本地的农作物和经济作物的种植结构。每亩地的用水配额大概是 550 吨，但由于停电等原因，经常不能按时给水，直接影响了作物生长和产量。政府也曾多次带领村民试种过一些耐旱的作物，但都没有成功，农民也跟着赔了许多钱。像油葵这种经济作物，相对来说用水比较少，但是收益低。玉米每亩地的收益相对高些，但是耐旱能力弱，需水量大，村里规定每户每年只能有40% ~45%的耕地面积种玉米，剩下的耕地只能种植油葵等耐寒作物，虽然不是自愿选择，但多样化的种植确实有利于农民降低风险。骆明义说，为了解决灌溉水缺乏问题，大家都想了许多办法，他们也曾经向嘎查管委会建议过修建一个大型蓄水池，但是可行性比较低，没有实行。一是因为修建蓄水池的资金不足；二是由于气候干旱、日照强，蓄水池池水的蒸发量大，造成成本过高。关于挖水井，他们也考虑过，但是因为当地地下水位低，离地面距离太远，操作性也比较低。骆明义同时还表明了关于周围地区建立发展工业园区的些许担心，对于本来已经缺少的李井滩地区，如果再大力发展工业，有可能形成工业与农业抢水的局面，那时农民灌溉用水可能就更困难了。

骆明义与妻子把大部分的资金都投入到扩大农业生产方面上，而对于早被列入计划的扩建整修房子一事却一拖再拖。不过2011年他们家终于盖起了新房，三室两厅，还有厨房、储藏间和卫生间，卧室里正在搭建火炕，屋内的墙壁还没有粉刷，外墙正在贴瓷砖，他们准备在2011年入冬前搬进新房，过个温暖的冬季。

骆明义从拥有30亩耕地的普通农户到现在成为有210亩耕地的种植大户，依靠的不仅是他与妻子的勤劳，也有他们不断提高的劳动技能素质。骆明义与妻子都只有初中文化程度，但他们积极参加政府组织的各种技能培训。骆明义前些年参加农机培训，学会了开拖拉机，前两年，他还参加了计算机培训，取得了国家承认的中专文凭。如今他可以熟练地使用电脑规划每年的种植计划，而且上网查找学习农业技术知识及各种信息，比以前的学习范围更广，更有效率，也更具科学性。由于他的勤劳致头、肯学能干的带头作用，现在已经成为嘎查委员，主管文体方面的工作，组织嘎查里的各种文化娱乐活动。以前在牧区的时候，牧户与牧户之间离得很远，基本没有什么交流，娱乐活动也仅限于那达慕体育大会等这样的活动。所以当大家由牧户转变为农户，由散居变为聚居，人们之间的互动交流就变得非常重要，所以组织文化娱乐活动，不仅可以丰富人们的生活，更重要的是大家之间可以借此增进认识，增加感情。

对今后的生活，骆明义显得很有信心，认为会比现在过得更好。谈到今后的发展计划时，骆明义说，虽然现在每亩土地的承包价格已经飞涨到200至300元，但他认为应该继续扩大种植规模，2011年已经和其他村民谈好价钱，明年再承包200多亩土地，这样他的自有土地加上承包土地将近400亩。大规模集约化的经营，更有利于生产管理和生产效率的提高，同时可以降低每亩地的生产投入，增加收入。

骆明义和他的妻子通过不断的学习进步，勤劳能干，成为嘎查里的种植大户，致富带头人。他们家也正朝着富裕与幸福的生活方向前进。

（六）有想法的农业户何玉福家

在李井滩访谈过的所有的家庭中因为很有想法而让我们佩服的是何玉福与马妍夫妇，尤其是马妍的敏捷的思维是在农民中数一数二的。因为他们俩的独特的见解和主张使得他们家在整个村子里是那么的不同，以至于有村民不服气他们家的富裕、妒忌他们家的幸福。

我们来到这个令人羡慕、妒忌的家庭时正好是晚上九点多。他家的大铁门如其他人家的一样，大大地敞开着。漆黑的点缀着闪亮的星星的夜空中，何玉福家窗外灯火通明。从屋外就能看到屋内是一派温馨的气氛：何玉福夫妻俩和一名老奶奶正坐在二十几寸的大电视前看电视，三人时而说说笑笑，时而眼睛紧盯电视屏幕，其乐融融的景象确实有点让人羡慕。此刻，在其他家庭中是另一番忙碌的情景：夫妻俩刚从地里浇完水归来，妻子在做饭，而丈夫或者是在等待着吃饭时间的到来，或者是在院子里忙着收拾东西……我们被何玉福他们家的情景所迷惑：为何他们家人这么悠闲地在看电视？带着这个问题我们走进了他们的屋子。这个有着五六间屋子的盖板房子几乎是崭新的，比其他人家的土坯记房新很多，是我们在村里调查了几天以来看到的最新的房子。见我们走进屋子，何玉福迎了上来，而马妍则是照旧坐在床上，只是转了头点点头算是跟我们打招呼，而老奶奶见我们到来便转身进了另一间屋子，直到我们快要走的时候才又回来看了一下。刚才那个温馨的场面被我们的到来给打破了，我们倍感遗憾，同时更是纳闷：为什么老奶奶见到我们就躲开了，而马妍则只是转了下头仍旧伸长了腿在床上坐着。在我们来何玉福家之前，村干部只说何玉福的手有些残疾，而没有跟我们提起马妍的事情。跟我们打过招呼之后，一脸老实憨厚的何玉福告诉我们有问题可以问马妍自己就进到厨房里面去做事了，我们更纳闷了……带着疑问，我们来到了马妍坐的小木床边。这时，她才热情地和我们拉家常……从她的言谈中我们才发现她是个很健谈的人，在家里担当着主人翁的责任，丈夫何玉福一般情况下是不会反抗她的意见的。虽然如此，从她谈丈夫的语气和看丈夫的眼神中我们可以看出来她对她丈夫不是我们想象中的那样凶悍，而是特别的温柔。因此，一般情况下，何玉福他们家的主意是由马妍来出、何玉福来定的。

何玉福，男，汉族，初中文化水平，45 岁，右手食指有些残疾，不能如其他人般方便干活。马妍，何玉福之妻，汉族，43 岁，初中文化水平。家有一女一儿，女儿 17 岁，正在上高一，儿子上初三。而我们所看到的老奶奶则是马妍的母亲，因为马妍最近出了点事情，腿脚不方便，才请老奶奶过来跟马妍做伴的。何玉福一家人本来不是孪井滩人，比起我们以前遇到过的第一批移民来，何玉福家比较特殊：他们是 2000 年的时候才从甘肃民勤县搬到孪井滩的，搬来的时间比较短。马妍家的情况，我们认为在村子里应该算是比较富裕的家庭——不仅房子看上去比其他人家的要新很多，屋子里的装潢也比其他家庭好一些。地上铺着洁白的瓷砖，墙壁刷得很白，一张木制的单人床、小茶几、电视柜……看他家的装饰，和其他人家有着根本上的区别，其他人家几乎都是土炕、大方桌、高木凳……看到我们诧异地看着自己的腿，马妍主动地说起自己的腿的事情。原来，在 2011 年春天的一天，马妍有事骑摩托车出去跟一辆三轮车撞了。在事故中，马妍的腿被撞伤了，一直无法下地，就只能待在床上，过着医院——家里的床的两点一线的日子，这种日子已经过了大半年了，照医生的说法，立冬之前有望下地走动。在这段日子里，一直由丈夫来侍候，还把母亲从甘肃接过来在寂寞无聊的时候还能陪自己说说话、聊聊天。在丈夫和母亲的陪伴下，马妍觉得在床上养病的日子没有想象中的痛苦、难熬。我们刚进来时老奶奶离开这间屋子是怕我们问她一些问题，而她自己又不会说普通话所以才选择离开的。

何玉福家现在有 1000 平方米的宅基地，我们所见到的房子是 2003 年刚盖的，六间，共有 100 多平方米，在村里面的所有房子中应该算是比较好的。马妍告诉我们当时盖房的时候花了 3 万多元。家里现在有许多的电器，如二十几寸的电视、洗衣机、电冰箱、电锅等。2000 年从甘肃民勤县搬过来的时候，何玉福家给政府交了一些平地费后，分到了 1000 多平的宅基地和30亩。弈井滩虽然不如想象中得那么好，但是比起以前在甘肃的时候也要好一些。

现在何玉福家主要从事农业。除了那30亩地外，每年还会承包别人的二三十亩地来种。2010年就承包了20亩地，加上自有的30亩，共种了50亩。除此之外，在家里的院子里面养了七八只羊。在搬来后的几年里，夫妻俩会在农闲的时候出去打工以贴补家用。2011年因马妍腿脚不方便，何玉福为照顾，就没有出去打工。家里的农活也如以前一样雇佣劳动力或者租用机器来做，但2011年为此项支付的费用更多。依照前几年天气情况和2011年的具体情况，马妍认为2011年的收成不比2010年差，何玉福家的具体的收入情况见表7－14。

表7－14　**家庭收入来源情况表**　单位：元

年份	毛收入	牧业收入	农业收入	工资收入	打工收入	出租房屋	政府补贴	政府救济	经营收入（家禽、草药等）	其他
1999	30000	－	28000	－	－	－	－	－	500	－
2010	90000	－	70000	－	10000	－	2000	－	500	－

从表7－14我们不难看出，何玉福家搬到内蒙古阿拉善后收入情况明显好转。在1999年，即何玉福一家搬到阿拉善之前一年，他家的毛收入约有3万元，主要是从事农业，另外还有一些家禽的养殖。农业方面主要是种植玉米、小麦、大米等，每年都因为缺水，庄稼收成不好，每亩地只能收一二千元而已。而2010年种的五十多亩地就收了7万多元，一亩地平均收入为1万多元。在甘肃的时候，马妍会在家里养些鸡等，年收入约有500元。在2010年的时候，马妍主要养了几只羊，这些羊的羊毛在年底卖了约500元，这个收入跟马妍以前在家禽的养殖上的收入相当，几乎没有什么变化。2010年一年之内，由于何玉福和马妍都能打工干活，并且两人都很勤快，因此打工所得为1万元。除此之外，由于何玉福的右手有此许残疾，国家对此也是有补贴，但是在调查过程中马妍有点忌讳这个问题，由于其他的各种原因我们无法准确地对此进行描述。虽然有如上这些方面的收入，但是他家的收入最主要的还是农业方面的收入，这是农民的最基本的生活保障，何玉福一家也从中有了很大的获益。因为据村干部反映李井滩的条件是很艰苦的、庄稼收成

很不好，在最初移民种地的时候曾有过颗粒未收的历史，如今这种收成能让老百姓过上衣食不愁的生活已经很不错了。

何玉福家的收入还不错，够一家人过上衣食不愁的生活了，比起在甘肃民勤县的收入也好了很多。支出一般是随着收入的增加而增加的，何玉福家的支出也是如此。何玉福家的具体支出分为生产支出和生活支出两部分，具体情况见表7－15。

表7－15　**家庭生产支出情况表**　单位：元

年份	畜牧业生产支出		农业生产支出					合计
	购买牲畜	购买草料	种子、化肥、农药	生产工具	收割费	灌溉费	雇工费用	
1999	－	－	10000	5000	15000			
2010	－	－	15000	－	10000	8000	2000	40000

如表7－15所示，在1999年和2010年分别有1.5万元和4万元的生产支出。在近十年时间之内，在不同的地方有3.5万元的生产支出的增加，这只能说明现在的地方生产条件比以前地方的生产条件要好很多，与此相适应的是现在这个地方的收成比以前地方的收成要好很多倍。据马妍所说，他们家的农业支出全部都是从农村信用社贷的款，这在无形中减少了一部分的支出，增加了投入到其他方面的资金。具体来看，何玉福家以农业生产投入为主。在1999年，种子、化肥、农药三部分的支出总和为1万元，而在2010年这三部分的支出总和为1.5万元。在生产工具、收割费、灌溉费、雇工费方面，何玉福家在2010约有2万元的支出，这可能与现在的灌溉比以前的灌溉条件更方便有利有关。从以上的收入和生产支出表的对比中我们不难看出，在甘肃民勤县的时候，何玉福一家在生产方面支出较多，但是由于自然条件的影响，收成不是很好；而在内蒙古阿拉善的孪井滩嘉镇，何玉福一家的生产支出相对较少，而收成却比以前好很多。这证明了自然条件对农业生产的影响。

收入的增加在一定程度上也是生活水平的提高。何玉福一家随着收入的增加，生活支出也增加了。1999年和2010年生活支出情况，见表7－16。

表 7－16　　家庭生活支出情况表　　单位：元

年份	食物	住房	衣着	水电气费	日常用品	耐用品	子女教育	人情礼金	看病吃药	娱乐旅游	交通费	通信费	合计
1999	1000	–	1000	100	100	–	2000	1000	–	–	200	100	6000
2010	5000	–	2000	200	200	–	20000	500	200	–	500	300	30000

从上述马妍口述的生活支出情况中我们不难看出，在 1999 年和 2010 年，何玉福家的主要的支出是在不得不花钱的地方，如衣食方面。只是两年的数据有一个本质上的变化：食物和子女教育方面的费用相差很大。由于最近几年内生活条件的好转、物价的上涨、子女的长大，何玉福一家在食物方面的支出从 1999 年的 1000 元增加到 2010 年的 5000 元，这个变化对于一个农民家庭来说也算是不小的了。而在子女教育支出这方面，在 1999 年的时候，两个孩子都还小，并且全国普及九年义务教育，因此教育方面何玉福夫妻只花费了 2000 多元。而最近几年内，孩子升上了初、高中，也赶上了义务教育的优惠时期，但是一方面为了让孩子学得更好些，家长给孩子报名各种补习班，得花费很多的钱，另一方面由于学校离家有一定的距离，两个孩子都住校，这也是花费较高的一个原因。总体而言，何玉福一家人在生活方面的支出比起同村其他人家的七八万元是较少的，并且他们是为了这个家庭的未来做着合理的投资。在李井滩在孩子身上花费这么多费用的家庭是不多的。

说起目前家庭的发展存在的问题时，马妍告诉我们主要有两个问题：一是孩子们的上学问题。现在两个孩子一个已经上了高一，另外一个也在读初三了，两个孩子正是需要家人照顾的时候，但是由于学校离家远，而父母因为要忙农活都没法去陪孩子们，只能让他们住校。学校的条件是好，但是哪儿能比得上住在家里舒服啊？住不好，孩子心情肯定会受到影响，从而会影响到孩子的成长和学习成绩的。马妍还说自己没上好学、知道没文化的难处，希望两个孩子能接受好的教育，但是现在没办法只能让两人孩子住校，这对于他们家来说是个很大的问题。另外一个问题就是经济方面的，资本少，想做一些事情根本就做不了。虽然何玉福一家的生活过得挺富裕的，家里的条件也挺不错的，让全村的人羡慕，但是现在何玉福夫妻俩只是种种地、打打零工，还没有其他的能赚钱的门路。想做点生意缺少本钱，想多养几只羊也是缺本钱和劳动力。

何玉福家受到国家优惠政策的影响不少。从他们家搬到孪井滩开始，小至养几只羊，大至种地、盖房，都或多或少受到了国家政策的优惠。他们这批1999年的移民得到的优惠比前一批1994年的移民要多一些。后一批移民如果家有老人，老人每人有3万多元的养老金；如果是从阿拉善牧区搬来的，每人就会有2万元的补偿金，但不让再回到原牧区放牧；每户还在盖房的时候有补贴。何玉福家虽说只在盖房子的时候得到了政府的一些补贴，但是在其他方面还是与前一批移民是一样的。种地时国家提供贷款，想贷多少就贷多少，让有能力的每户农民家庭都能按时种好地；种地还有粮食补贴，2010年的时候，每亩地有35.75元的补贴，何玉福家总共接受粮食补贴约2000元；政府会不定期地提供一些专业技术的培训，给农民传授各方面的经验；农民参加新型合作医疗保险，每个人交50元国家给补50元，如果出现重大病情住院等情况，国家给予的报销费用也占总费用的50%～95%；农民参加养老保险，每个人交多少，国家基本上补贴多少，这为村民们的养老问题解决了一大心病……只要是村民们享受到的国家的优惠政策，何玉福一家都享受到了，并从中受益不浅。对于国家的补贴，何玉福夫妇没什么想法，认为政策挺好的，国家补贴多少国家政策都有规定的，补贴多少，农民就安心接受多少，如果不补贴国家政策也是有规定的，农民也安心接受就行了。

从上面的收入表和支出表是我们会发现一件事情：何玉福一家人在收入不错的情况下，还是如以往一样勤俭节约，有一部分的收入没有用于支出，可能是被何玉福夫妻俩存起来了。每年积攒一部分，日积月累，就会有一笔不小的存款。聊起何玉福一家的未来打算时，我们不得不佩服马妍的开拓的思维和远见！我们说他们家是有想法的农业户，也是源于他们未来的打算。马妍在谈起这个问题时比刚才更有精神，显得更自信。马妍想搞养殖业，这个养殖业不同于其他农户所说的养殖业，其他农户是养殖牛羊猪鸡等家畜或家禽，而马妍夫妇想养殖蝎子、蜈蚣。能这么新颖想法的农户在孪井滩是找不到第二家的。这个念头，是在2011年春的时候在何玉福夫妇脑中诞生的。当时看一农业节目，讲的是一大学毕业生自主创业搞蝎子养殖，刚开始挺苦的，等慢慢熟悉了养殖生活、掌握了养殖技术之后，就靠此为生，还在短短两三年时间内赚了不少钱。何玉福夫妇也想像那个大学生一样，从农业逐渐向养殖业发展。现在夫妇俩正在了解各方面的信息，如蝎子、蜈蚣的生存条件、适应的温度、温度等，只要等计划好了、了解得差不多了，马妍的腿痊愈了，就马上开始行动。养殖需要的资金一部分自己已经筹备得差不多了，另外一部分可以申请贷款，都已经打听好了。听完马妍的描述，一副欣欣向荣地景象呈现在眼前：一个收拾整洁的养殖大棚内，何玉福和马妍正在辛勤地忙活着，还有几个雇工也在帮忙，夫妻俩脸上流着汗水但是却是面带幸福的笑容……李井滩，嘉镇阿敦高勒嘎查，这个气候不太适应家禽生长的地方，已经逐渐有了一些家畜和家禽的影子，而何玉福和马妍的独特新颖的想法更是有着神秘的色彩，我们衷心希望几年后能收到何玉福夫妇俩养殖业发展起来并进一步壮大的消息。

（七）勤劳致富的种植户李永新家

提起村里的靠勤奋和踏实致富的村民时，村干部第一个推荐的是李永新；提到村里面的养殖大户时，村干部第一个说起的还是李永新家。在嘉镇阿敦高勒嘎查，村民对李永新一家人的评价也很好：李永新夫妻俩都很憨厚、老实、踏实肯干；虽然是甘肃人，但是对我们这些牧区搬来的放牧人也挺好的，从不见外；可惜条件不够，要不他早就成了大富翁了……的确，如今这个年代，老实并且勤劳的人不多矣……

上午九点钟，在村干部的带领下，我们怀着无比好奇和崇敬的心情来到了李永新家。铁栅栏门敞开着，似乎是在代表主人为所有的来访者敞开大门。一进到约有1000平方米的院子，就见到一所坐北朝南的砖土结构的房子，大概有五间、120平方米。这样的房子在李井滩是很常见的，可能是各种综合因素合成的“产品”。而李永新家的房子比起其他人家的房子略有些陈旧，砖已经失去了它本来的鲜红色而变成了暗红色。由此可见这所房子已经有些年代了，过不了几年该翻修了。而在房子的对面挨着墙根有一间很大的棚圈，里面不时传来几只牲口的叫声。

走近住房、掀开门帘，屋里的一切尽收眼底。在这间只有20来平方米的屋子里，正对门是一张可能是全家人吃饭的大方桌，窗旁的木柜上摆放着一台30多英寸的大彩电，对面是一个能容三四个人平躺的、被褥铺放整齐的土炕。这种摆放给人一种特舒服的感觉，足以体现出这家女主人的勤劳和会操持家务。屋里没有一个人影，村干部解释说主人可能是在棚圈里面喂牲口。在村干部的呼唤之下，一个男人掀开门帘跨进屋来——中年、身体健壮、一脸的憨厚、一幅有点吃惊的表情。一进屋还没等我们开口，李永新就开始张罗我们坐下，并手脚麻利地给我们倒水。他的热情好客感动了我们，也使我们本来有些许紧张的心情放松了下来。没见着女主人，我们有些诧异。后来问了李永新才知道原来女主人去村里的培育种子的地方打工了。当得知我们去李永新家的这天正好是女儿放假归来的前一天时，我们对李永新刚进屋时的吃惊恍然大悟——突然间大清早在他家出现一些陌生人，还是在村干部的带领下，他还以为是女儿在路上出了什么事情，他的吃惊表情源于对女儿的担心，而不是对我们的不欢迎或者是其他的什么。这再一次加深了我们对他们的好感。

李永新一家有四口人，除了47岁的李永新和41岁的柳丽娜外，还有一个19岁的女儿和17岁的儿子。现在农闲时，李永新主要是在家里饲养牲口，柳丽娜去村里的一家培育种子的工厂打工。大女儿现在在乌兰察布上大专，已经大二了。谈起小儿子，李永新略有些不满："娃娃太调皮了，不好好读书，初中毕业后就去上了中专，现在在左旗的滕格里工业区实习。照目前这个情况的话应该能留在滕格里（工业区）上班。以后他们（女儿和儿子）的将来我也帮不上什么忙，就只能靠他们自己打拼去了。"

李永新一家是从1994年从甘肃省民勤县搬过来的。在甘肃民勤的时候，他们一家4口人（两位老人和李永新夫妻）靠6亩地生活，因为缺水等原因每年收成不好，生活很拮据。李永新夫妻俩早在那时候就开始到内蒙古呼和浩特市打工来贴补家用，勉强达到温饱水平。后来听说内蒙古阿拉善左旗的李井滩要大量移民迁入，于是夫妻俩合计了一下搬到了阿拉善左旗嘉镇阿敦高勒嘎查，当时给政府交了4000元的地皮费、土地费等就定居在了这里。刚搬来的时候没有房子住，就在自家宅基地的地面挖了一个坑，再在上面盖上塑料布用来遮风挡雨。就这样的生活条件下，李永新夫妻俩没有退缩、没有害怕，仍然坚持着自己的选择，依旧留在李井滩过着艰苦的种地生活。等后来日子慢慢好起来的时候才盖的房子。据李永新口述：搬到内蒙古阿拉善左旗阿敦高勒嘎查以后，生活比起以前有了一些好转，他们一家人不后悔来到内蒙古阿拉善左旗的李井滩。

李永新自己家现有40亩地，这是搬来的时候分到的地，因为土地贫瘠，实际能种能有收成的只有36亩。后来承包别人的地来种，每年看情况会承包100～200亩。比如2010年就承包了140亩，加上自己的36亩，总共种了约

180 亩，收成也不错。而 2011 年承包了 110 亩，总共种了 150 多亩，看 2011 年的天气情况，收成也应该还可以。刚开始的时候，没钱种地就只能靠农村信用社的贷款来种，后来就慢慢地有了一些积蓄、生活上也比较富裕了，种地时就自家出一部分再贷款一部分。在 2007 年之前，李永新和柳丽娜在农闲的时候都会去打工，李永新在建筑工地当瓦工，柳丽娜在各种行业做临时工，一年到头两人的收入也可以贴补家用。

刚来的时候，除了 1000 平方米的宅基地和 40 亩地之外，李永新家什么都没有。而如今，李永新家里各种电器基本上都有：彩电、洗衣机、电风扇、电饭锅等，手机都配到了人手一部。还有一辆大的拖拉机，为此还专门在住房旁边为拖拉机盖了间库房。

谈起收入的时候，李永新说，他们家的收入在嘉镇阿敦高勒嘎查还算不错的，每年都会有一定的增加，不论是风调雨顺的平安年还是风雨不济的灾害年都是如此。这可能与近些年的国家的扶持有关，比如政府会不定期给农民做一些种地知识的培训、介绍专业人士来辅导农民种地等。仅 2010 年就赚了 8 万多元，比起 2009 年有了很大的增长。问起在甘肃民勤县的收入时李永新很遗憾地说那个数字太少了，每年就农业上收入只有一点点，刚够本，和现在的收入根本就没法比。具体数字见表 7－17。

表 7－17　　家庭收入来源情况表　　单位：元

年份	毛收入	牧业收入	农业收入	工资收入	打工收入	出租房屋	政府补贴	政府救济	经营收入（家禽、草药等）	其他
1993	8000	－	2000	－	5000	－	－	－	1000	－
1995	21000	－	18000	－	2000	－	1000	－	－	－
2010	185600	－	170000	－	4000	－	7500	100	4000	－

从表 7－17 我们不难看出：李永新一家人的收入在他们搬来的前一年（即 1993 年）只有 8000 元而已，并且这个收入中有很大一部分是来自李永新一家人在外面的打工的收入，而在农业方面的收入可以说是很少，根本就不够一家 4 口人生活的。并且这个产量对于 6 亩地来说也有点太少了，可以说种了一年的地只收那么多，简直是入不敷出。在刚搬来的第二年，即在 1995

年，李永新家的收入比起在民勤有了一定的增加——增加到了21000元，而农业方面我们根据李永新口述得知由于风沙大庄稼收成特别不好，投入了2万元而只收了18000元的产量。这样一来，本钱都赔了，等第二年再种的时候就只能贷款种了。而在2010年，李永新家的毛收入有19万元左右，而单单是农业收入就有17万元左右，这个数字跟1993年的2000元和1995年18000元相比，简直可以说是以10倍的速度在增长。在1995年因为物价低、打工工资少，也因为突然间田地从6亩涨到了40亩劳动力不够等原因，李永新家的打工工资相对于1993年变少了。而相应的因为各种因素的影响，2010年打工工资收入在4000元左右。在2010年，李永新家共种了约180亩地，国家对每亩地的土地粮食补贴有40元，如此一来，李永新家得到粮食补贴7500元。除此之外，李永新还养了几头肉牛和几只羊（具体数字李永新没记清楚），收入有4000元左右。在2010年，李永新还得到了政府的过节的救济补贴1袋面，约有100元。从以上这些表述中我们不难发现，到了内蒙古阿拉善左旗嘉镇阿敦高勒嘎查以后，李永新家的生活的确是变化了很多、变好了很多，在甘肃的时候大部分的收入是打工所得，自从搬过来以后，大部分的收入主要是农业所得。并且在收入上可以说是有着天翻地覆地变化。

谈到支出的时候，李永新家的支出主要是在生产方面，而在生活方面的支出跟收入相比较而言太少了。在甘肃民勤的具体的生产方面的收入因为年代的久远李永新已经印象模糊，只给出了一个投入了1500元的数字。1995年和2010年的具体生产投入见表7-18。

表7-18　　家庭生产支出情况表　　单位：元

年份	畜牧业生产支出		农业生产支出					合计
	购买牲畜	购买草料	种子、化肥、农药	生产工具	收割费	灌溉费	雇工费用	
1995	-	-	20000	20000				
2010	6000	3000	25000	1500	10000	45000	10000	100000

如表7-18所示，李永新家在1995年的生产支出全部在农业方面，约有2万元，而这2万元是李永新夫妻俩的所有积蓄，在刚搬来这一年就全部都投

在了这40亩上。在2010年的时候，李永新养了一部分的牲口，因此除了农业方面的投入之外，还有畜牧业的投入。所有在畜牧业的投入如购买牲畜和饲料之类的加起来约有10000元；所有在农业的投入如种子、化肥和农药上花费的2.5万元，收割和雇工费用各1万元，灌溉费用4.5万元，承包地的费用约1500元，这些所有费用总共约有9万元左右。在谈到这个9万元的投入时李永新告诉我们他从信用社贷了一半、自己出了一半，本来想着全部都由自己来出，但是孩子上学要用钱，从信用社贷的款基本上是无息的，而学生的助学贷款只有四年的免息期，免息期过后的利息是很高的。2010年所有这些都合计起来约有10万元。这两个投入上相比，2010年的投入是1995年的5倍，但从在40亩地上投入2万元与在180亩地上投入9万元的比例上来看，平均每亩的投入是差不多的。而这个投入的量跟在甘肃民勤的投入量相比，现在这个投入量也是以前投入量的好几倍。

李永新家在生活方面的投入与同村其他户相比略有些少，这可能正是他们一家人的艰苦奋斗作风的一种体现。我们从他们一家人搬到李井滩的第二年和2010年的生活方面的投入的比较上不难看出虽然他们的收入多了，但是他们的生活支出并不与他们的收入成比例，见表7－19。

表7－19　**家庭生活支出情况表**　单位：元

年份	食物	住房	衣着	水电气费	日常用品	耐用品	子女教育	人情礼金	看病吃药	娱乐旅游	交通费	通信费	合计
1995	4000	–	1000	100	200	–	1000	300	–	–	1000	500	10000
2010	8000	–	4000	700	600	–	10000	3000	2000	–	3000	500	40000

从表7－19我们可以看出李永新一家从牧区搬到李井滩开始到2010年，在短短五年时间内，在生活方面，从最初的1万元到现在4万元，有着一个量上的大飞跃。虽说物价上涨飞速，但是五年时间增长了3万元，不仅仅是一个数字的变化，同时也是一个生活质量提高的反映。在2010年，李永新他们家的收入就有19万元，在生产方面的投入就有10万元，而在生活方面的投入只有4万元，这足以说明他们家的生活的节俭。在生活方面的收入中，无论是在1995年还是在2010年，主要费用是花费在食物方面分别为4000元和8000元，而这个比例与收入的比例不是同等增加，而是以较小的速率增

加。人情礼金方面的花费增长比例较大——从300元增加至3000元，这说明在从最初搬到李井滩到2010年，李永新家的人际交往越来越多。另一个增加较大的费用是子女教育——从1995年的1000元增加到2010年的1万元。随着子女的长大和常识的增加，李永新家的教育投入也越大，说明李永新夫妻很重视子女的教育，肯为子女的教育花钱。而据李永新所述，儿子2010年就中专毕业了、女儿已经上了大二了，这说明早在2009年左右李永新家的教育费用应该更高，可能不止1万元。

从李永新家的收入、支出表来看，李永新家的收入逐年在增加，而支出也在增加，但是它们各方面的增加的比例是不一样的——生产支出与收入增长的比例相当，而生活方面的支出少于生产支出。问起原因时，李永新很诚实地告诉我们说他们苦日子过惯了，不想在生活方面花太多钱，想把钱攒着供女儿上学和翻修新房。

李永新向我提出了目前他们家发展存在的困难和问题：在种植方面缺乏技术，在其他方面比较缺乏资金。谈起种植方面时，李永新一家的在技术方面比较欠缺。比如说根本就不懂种子、化肥的配方等技术，种起地来就比较盲目，40亩地该种什么农作物，这些农作物怎样搭配种植比较合适，什么样的农作物需要更多的施二胺较多点，什么样的农作用施肥时需多施点尿素，西瓜生长到什么程度时需水多点、什么时候无须浇太多水……诸如此类的问题如对其他庄稼人一样一直困扰着李永新一家，让他们夫妻俩头痛不已。幸运的是，最近几年时间政府一直给村民提供各种各样的培训，还专门请专业人员到田间地头来给村民们讲解并亲手做示范帮助村民。自从在第一次的培训中学到了化肥的正确使用并从中尝到了甜头之后，每次的培训，李永新和妻子柳丽娜都积极参加，并认真学习。不仅如此，还将在培训班学到东西一点点实践到实地的庄稼种植中，做到了学以致用，没有浪费培训的费用。就连柳丽娜现在所打的工也跟他们家在种植方面的技术学习有关——到外地人在本村中开的农机工厂里面做培育种子的工作。虽说是临时工，但是在工厂里面也不断地学到了很多知识，这些知识可以完全运用到自己家的农作物的耕作中。李永新也在平时闲着的时候跟村里的种植大户交流经验、虚心向他人讨教、学习。谈到资金问题，李永新一家信用比较好，所以农村信用社的贷款、国家的很多扶持项目他们都能很容易地享受到。虽然如此，但是由于主要靠种植业谋生，并且每年要承包种植的田地的承包费都在增长，2010年还是八九十元，2011 年就涨到了一百多元，光一百来亩地的承包费用就得一万多元。虽说有粮食补贴，2011 年每亩地也有 40 元，承包费用和粮食补贴相抵消会减少一部分的承包费用，但是总体算下来还是得好几千元。仅仅为田地的使用权要付出这么多钱，在种子、化肥、灌溉等方面的投入更是笔大数目了。每年想多种点地，但地不够、劳动力不够等问题都得花钱，农村信用社的贷款还有那些项目扶持的资金根本就不够花销，自己投的钱也总是不够。如果想投点其他方面的产业来干，那资金就是一头拦路虎。

对于政府的政策，李永新一家认为都挺好的，国家能为村民做的都做了。现在对于老百姓来说，政府最好再解决下水的问题，让村民的灌溉水更充足点。另外，在农作物的销售方面多给村民提供点方便。现在国家和私人都会到村里来收购农作物，但是李永新家更愿意出售给私人。理由很简单，在同等价格下，私人的要求标准比国家低；在同等质量上，国家的价格更低。作为一个农民，李永新家如其他农民一样希望自己的收成能卖个好价格，让自己的劳动成果更值钱，让自己的血汗得到一个更好的价格。

李永新一家期望自己能把种植业搞起来，比现在搞得更大些，做更专业的种植户。他希望自己和妻子能有机会到外面的专业部门交流学习，然后能有所收获回来当技术员发展自己的种植业，如果有可能就帮助大家一起把种植业搞起来。谈起这个期望的时候，李永新憨厚的脸上出现了激动的表情，眼睛中闪烁着希望的火苗，满怀期待。李永新家这个靠勤劳致富的种植户的这个愿望会在不久的将来在李井滩这个农业大村实现。

（八）村庄带头致富户杨根元家

村干部往往是村里最有资格、最有能力带动村民致富的人，在嘉镇的阿敦高勒嘎查就有一个这样的人物引导他的家庭慢慢富裕起来，并逐渐带动着整个村的村民走向致富之路，那就是杨根元委员。

杨根元一家三口人生活在村里——他和老伴还有一个儿子。自 1994 年从阿拉善右旗的阿滕敖包苏木搬到阿左旗的嘉镇阿敦高勒嘎查以来，一直过着幸福美满的生活。在搬到阿敦高勒嘎查的这二十多年内，从住窝棚开始一步步努力到现在的砖瓦房、从以前的每年只有几千元的收入甚至赔钱到现在的每年有几十万元的收入慢慢走过来了。这些艰苦的岁月如一把利箭般在杨根元的脸上飞快地划过并无情地刻下了一道道痕迹，使杨根元的脸显得那么饱经沧桑。但这种种的沧桑并未抵消他的热情和和蔼。在接受我们采访之前，他就已经与我们共甘共苦了好些日子，从我们刚到孪井滩的时候开始就一直为我们忙活着。他很热情地给我们介绍孪井滩、嘉镇的阿敦高勒嘎查的具体情况，细致到每家每户的人现在身在何处、此刻在干什么。他还不辞辛苦地亲自率领村里的其他委员带着我们访遍了整个村庄里所有的家庭。他无私地为我们的工作而工作着、默默地为我们的任务而奔波着，他的热情和和蔼可亲深深地感动着我们，我们在心里也悄悄地感谢着他。村里的村民和委员会其他的委员提起杨根元和他的家庭的时候都竖起了大拇指称赞他们家人的好，尤其是杨根元的爱人，称赞她一直在督促着杨根元委员为村民办事、是杨根元的背后的强人。由于时间的紧迫和工作的需要，在我们离开孪井滩之前杨根元委员代表他们家在村委会的二层小楼的办公室内接受了我们的采访，因此对杨根元家的房子等情况只能凭他的口述记录下来。

杨根元，49岁，初中文化的他是村里的第二把手，为村里的事情常常忙得焦头烂额，但他和家人从未有过抱怨。杨根元如今身兼数职，单单他在村里的职务就给我们唠了几分钟，最终我们将其职务表述如下：他是村里的党支部委员、嘎查委员、农民用水者协会会员，并主管村里的计划生育、兼斗长。提起他的这些职务的时候，杨根元很自豪地说“村民相信我、信任我，所以才选了我！那我必须要为村民的信任而认真负责！”杨根元的爱人比他小四岁，是和他一起从阿右旗搬过来的，小学文化程度，听村民介绍说阿姨是个老实巴交的人，平时说话不多但每次张口都是能说到人心坎里的话语。杨根元这样描述自己的爱人：“她踏实肯干、肯跟着我过苦日子、挺支持我的工作的！她身体不好，眼睛因视网膜脱落从1999年开始看病，直到2007年因没法治好而使左眼永远失去了看到事物的能力。但为了让我多为大家干点事情把家里的大部分的活都包了，所以现在她表面上看上去比她的实际年龄更苍老一些。”2011年23岁刚刚从职业学校的化工专业毕业的儿子暂时在家待业、帮上了年纪的杨根元夫妇干活。

据杨根元描述，在阿拉善右旗牧区的时候，姐弟俩共有3.4万亩的草原，杨根元弄了辆手扶拖拉机运输草料来贴补家用。这样的生活勉强能够使整个大家庭解决温饱问题。后来结婚后积极响应国家的宣传和号召，分家搬到了嘉镇的阿敦高勒嘎查。刚搬来的时候，因为缺钱，也因为环境的恶劣，夫妻两人学着别人的样子在地面上挖了个洞、上面用塑料盖住，就这样搭了个简易的窝棚住在里面过日子。那时候由于风沙很大，每年庄稼收成不好。没过两三年，从牧区带来的积蓄就被消耗完了，而生活也没有多少起色。幸好每年农村信用社都有对农民的惠农政策——在春季贷款给农民种地，在秋收后收回贷款。由于辛勤地耕作，杨根元家的生活也一点点慢慢变好了。从2008年开始，杨根元家就不用再贷款种地了，仅仅靠自家的积蓄就能应付这一切的费用。如果杨根元老伴的眼睛没有出现什么问题的话，估计他们家早在2008年之前的几年就不用再贷款种地了。因为杨根元在从1999—2007年八年间为爱人看病花去了六七万元，在物价还没有飞速上涨的那个年代，六七万元远比今日的十几万元强。

杨根元一家三口现在住的是4间砖瓦房，约有120平方米，有1000平方米的宅基地。有一间棚圈，大概有四五十平方米。别说彩电、洗衣机、冰箱、摩托车之类的，早在2008年时候就已经置办了电脑，可以上网查点资料、看个电影之类的。在2007年的时候为了农忙的需要置办了一辆四轮车，为平时的生活也方便了很多。现在家里有100亩地，其中有40亩是1994年阿滕敖包苏木巴音塔拉嘎查搬过来的时候分的，另外60亩是早在20年前自己家花每亩100元买的。

杨根元家的主要生产方式为农业。杨根元自己这样说："我只是个聘的，最主要的是管计划生育。平时去地里忙，这边有活的时候我就撂下手里的庄稼到这里来忙。工资也不多。"他掐着指头给我们算他的工资：计划生育工作每月300元，党支部委员和嘎查委员每月200元，斗长是每年1500元。除此之外，计划生育工作做得好还有奖金，每年600～1000元不等。所有的这些加起来每年总共大概有8000元的收入。因此，他家的收入主要是种地的所得。2010年毛收入就有15万元，其中投入了6万元的成本。在2010年，杨根元家种了玉米、葵花和西瓜。其中，玉米种的最多，大概有五十多亩，因为西瓜销路不怎么好，因此就只种了二十来亩。而葵花虽然卖出价格比较好但是因为需要花费的肥料费用较高、对第二年的种植在土壤上有一些影响，因此也不适合种太多。除此之外，杨根元家还养了45只羊，只是羊毛就卖了三四千元。现将杨根元家2010年和前些年收入对比如下：

表 7－20　　家庭收入来源情况表　　单位：元

年份	毛收入	牧业收入	农业收入	工资收入	打工收入	出租房屋	政府补贴	政府救济	经营收入（家禽、草药等）	其他
1993	40000	30000	–	–	–	–	–	–	5000	–
2007	100000	–	90000	–	–	–	1000	–	–	–
2010	170000	–	150000	8000	–	–	1500	500	4000	–

从表 7－20 杨根元家的收入表我们可以看出：在搬到嘉镇阿敦高勒嘎查之前一年，即在 1993 年，他家的收入约有 4 万元，主要是牧业收入，其次还有小本经营——运输草料。但是对于一个人口众多的家庭而言，4 万元只够解决温饱问题。在 2007 年，即杨根元的爱人左眼失明并停止看病那年，他家的收入已经达到了 10 万元，其中农业收入占较大的份额，另外还有政府的土地补贴。因为没有家禽之类的，儿子在上学也没有多余的劳动力出去打工，虽然在这一年杨根元被选为农民用水者协会会员但是没有实质性的收入，所以生产方式比较单一，即农业是唯一的生活来源。就 2010 年的收入而言，杨根元家的较大部分的收入还是来自农业，占整个家庭收入的 95% 以上。而杨根元的工资所得也占有一定的比例。由于物价的上涨，政府的土地补贴也较以往有了一定的提高，100 亩地约有 1500 元左右。另外，还有新型农村合作医疗和养老保险的补贴，两部分所交费用是杨根元和老伴每人交 1000 元、儿子交 100 元，国家补贴的原则是“交得多，补得多”，总共也差不多会有 1000 元左右，这一部分收入也占有一定的比例。在 2010 年卖羊毛所得的 4000 元也不容忽视，约占 1% 左右。从这三年的收入情况来看，杨根元家的收入在逐年递增，并且涨幅很大，随着花销方面的减少，杨根元家的积蓄会有较快增长。

在支出方面，杨根元家的支出分为两部分：一为生活支出，二为生产支出。在生活花费上，占较大比例的是食物，现对杨根元家 2010 年和 2007 年的生活支出结构对比如下：

表 7-21　　家庭生活支出情况表　　单位：元

年份	食物	住房	衣着	水电气费	日常用品	耐用品	子女教育	人情礼金	看病吃药	娱乐旅游	交通费	通信费	合计
2007	10000	-	3000	400	500	-	10000	2000	-	-	1000	1500	30000
2010	30000	-	5000	700	600	-	-	7000	-	-	3000	2000	50000

从表 7-21 中我们可以看出：在 2007 年，杨根元家的花销主要用于食物，约有 1 万元，其次是他们夫妻俩比较重视儿子的教育问题，因此在教育上花费较多，约 1 万元。其余的部分都是一些必需的地方，并且花费的费用在总的支出中占的比例较小。在 2010 年，物价的急剧增长导致各家各户的各方面的支出也快速增长。杨根元家的支出也是如此。在食物支出方面也由 2007 年的 1 万元增至 3 万元；衣着的涨幅较小，由 3000 元增至 5000 元；家用各种大小电器的增多导致水电气费的增加，由 400 元增加到 700 元；据杨根元所述，最近三年内亲戚朋友的儿女结婚的较多、生老病死的较多，所以红白喜丧事情较多，由此在人情礼金方面的花费也较多。再者，近些年手机的普及导致通话费的剧减，原来每分钟 0.2 元降至在本村打每分钟只花 7 分钱，而儿子的待业在家导致通信费用由原来的手机费用增加为网络费用和手机费用，在数量上也由原来的 1500 元增加到 2000 元。由此可见，2007—2010 年三年时间内在食物和衣着的花费上有着很大的增长，说明杨根元家的生活条件和质量在最近三年内有着很大的提高，但综合考虑各种原因，我们还是认为他家一直以来都是很节俭朴素的，除了必需花钱的地方之外没有乱花钱、高消费的任何迹象。

在杨根元家的生产支出之面，他家与其他人家相比的话，可以用一句很经典的话来形容：“投入也多，收入也多。”2010 年他家的生产方面的支出与 1993 年和 2007 年相比也有很大的变化。（见表 7-22）

表 7－22　　2010 年家庭生产支出情况表　　单位：元

年份	牧业生产支出		农业生产支出					合计
	购买牲畜	购买草料	种子、化肥、农药	生产工具	收割费	灌溉费	雇工费用	
1993	－	5000	－	－	－	－	－	5000
2007	－	－	－	5000	－	－	－	50000
2010	2000	3000	17000	－	5000	23000	5000	70000

从表 7－22 中我们不难分析如下：在 1993 年的时候，生产方式为牧业，主要支出也在牧业方面，投入了 5000 元，相比收入的 4 万元而言，5000 元的投入相对较少，但是牧业主要是靠天然生长的草原和较少量的购买的草料来进行生产活动的，对自然环境来说在一定程度上是破坏可持续发展的，这种生产方式在一定范围内具有靠天吃饭的特点。在 2007 年，杨根元家已经搬至嘉镇很多年了，他家的生产方式已经转变为农业。此时，由于劳动力和经验的缺乏，家里也没有任何的牲畜。投入较多，但是由于农业生产技术的缺乏，纯收入也只能在 10 万元的毛收入中占有一半左右的比例。而在 2010 年，杨根元开始饲养家畜，购买羊只花费了 2000 元，购买草料花费 3000 元，购买种子、化肥、农药总共花费 1.7 万元，庄稼收割花费约 5000 元，灌溉费用较多为 2.3 万元，100 亩地的雇工花费 5000 元。其中，玉米需水较多，灌溉费用也相应较多，每亩约 100 元，葵花相比需水较少，费用为每亩 30 元。由此可见，牧业和农业的投入差别是很大的，但是这个投入上的差别也造成了收入上的差别，也由被动地靠天吃饭的方式变成了主动地进行生产的方式；从 2007 年和 2010 年的收入上的差别来看，杨根元家在生产中投入的人力、财力、物力对收入都有很大的影响，并且种植业和养殖业的综合发展是杨根元家近年来快速致富的一大秘诀。

综合杨根元家的收入和支出来看，从 1994 年搬到嘉镇阿敦高勒嘎查以来，杨根元家的纯收入在逐年增长，并且这个增长的幅度也是越来越大。作为村里的第二把手的杨根元家的逐年的富裕在村民看来也是一种激励和引导。

谈到家庭发展的问题时，杨根元告诉我们，对于嘉镇阿敦高勒嘎查的种植户而言，种植面积少，水利条件差。现在杨根元家有 100 亩地，但是由于土地贫瘠、灌溉条件达不到一般农田的需水量的标准，每亩地的产量较少。在这种条件下，只有多种地才是行得通的办法。但是在有限的土地之上，要想凭空制造出更多的田地是不可能的，所以只得向外发展寻求更多的种植面积。在嘉镇，当地水资源稀缺，所有的农户的灌溉水都是从黄河引过来的，在引流的过程中更多的采用的是地上引流，在引流过程中一部分的水由于当地的高温天气蒸发了，这在一定程度上是对水资源的一种浪费。

杨根元作为村里的第二把手，对群众是时时关心，自己致富了不忘和乡亲们分享经验。村里的村民告诉我们说：杨根元是个好带头人，在他的带领下村民们一步步发展起来了、富裕起来了，他总结的种地的经验会传授给村民。当提到生产经验的时候，杨根元很谦虚地说出了一句话："多吃苦，多种地，科学种地，多投多收。"从他们家的收入和支出的列举中我们不难看出他这句话正是他家致富的法宝。在说到科学种地的时候，他告诉我们村里每年会不定期地举办一些培训班来传授科学、合理种地的知识，正是这些培训使他和家人懂得了很多高效率、高产量的种地方式，而不是像市面上所流传的用催化剂、增大素之类的来破坏植物内部的生理结构。在农闲的时候，他会和村民一起交流经验、传授知识经验。

村里有很多的惠民政策，比如粮食补贴、新农保、新医保等，杨根元会下发通知到户，有什么优惠政策会优先考虑村民。增大对农民的扶持力度、多一些惠农政策，正是杨根元的期望。杨根元指出，近几年农资增长的速度超过了国家的粮食补贴的速度，从而使得很多村民有难言的苦衷和很多的无奈。如果国家在此方面对村民有一些合适的扶持或者引导，农民的生活质量会有一些提高。另外，对于国家，杨根元还希望政府能给予更多的项目扶持惠及更多的人。虽说现在有一些项目挺好的、对农民挺有利的，但是这些项目是有针对性，只针对某一些人，而无法惠及所有的人，甚至有些人是根本就没有享受到过、体验过这些项目和惠农政策，更谈不上因这些项目而致富。除此之外，杨根元期望同村的村民们能多吃苦、多种地、多收入，希望自己家能以种植业为主、专心种植，并且能将村里面的工作一直干下去、对得起村民的期望。

杨根元作为一名普通的村干部，他时时想着村民的利益、事事为村民着想，得到了上级领导和村民的一致好评。我们相信在他的带领下，他的家庭越来越好，村民的日子越过越好。

（九）小康家庭黄发财家

黄发财，男，汉族，36岁，初中文化程度，无宗教信仰。移民之前住在内蒙古阿拉善右旗塔木苏苏木，1994年当地政府宣传移民政策时，刚分家不久的黄发财夫妇响应移民政策，成为第一批搬到孪井滩的移民。目前，黄花财一家共有三口人，除了黄发财夫妇，还有一个16岁的儿子。儿子黄雪峰现读高一，平时住校不回家，只有放寒假、暑假的时候才回家。儿子黄雪峰的学习成绩在班里一直名列前茅，多次被评为“三好学生”“优秀班干部”等。在2010年中考中取得近500分的优异成绩，这在孪井滩是较罕见的，如果此成绩一直保持下去，黄雪峰考上重点大学的希望很大。黄发财夫妻俩身体都很健康，下地、打工什么都能干。这是一个在孪井滩让人人羡慕的家庭——人口不多、收入和支出也在孪井滩占中等位置、夫妻恩爱、家庭和睦、儿子成才，是一小康家庭。

黄发财在牧区的时候，与妻子结婚不久由于家庭人口众多、生活吃力就分家了。分家时分到土坯房四、五间，草场有500亩。那时候黄发财夫妇养了250只羊，其中有绵羊250只、山羊50只。当时是定居放牧，就那500亩草场不管草长成什么样用以谋生的那些羊都得在那里面放养。如此的牧业生产，卖羊毛、牲畜等每年也能挣二三万元，至少也会有个一两万元，这个收入跟现在的收入按一定的比例划个价的话，现在的收入只比当时高一点点。在塔木苏苏木的时候，学校和卫生所离住处都不是很远，只有二三十公里，这在牧区是比较难得的。在牧区，一般有学校的地方就有卫生所，有的人家要想让子女上学或者看病就得到百公里以外的地方去，而只有二十多公里的路程的牧户很少。因此，黄发财一家子女的教育和医疗条件都很好，不像其他牧民那样困难。那时候，闲暇时间比较多，黄发财除了放牧就没有其他什么事情可做，当时也没有通电，就只能和邻近的牧民聊聊天、打打牌，生活除了放牧就是打牌、聊天，日子过得特别单调乏味。当时就觉得特别缺乏赚钱门路，天天想着怎么赚钱却总也找不到门路。1994年政府开始宣传移民到孪井滩的时候，政府提出的条件很好，既给地，又给房，还有很多的优惠政策。黄发财夫妇一合计，到孪井滩的生活肯定会比在塔木苏苏木的生活好，最起码离开了牧区各方面的条件都会比在牧区好、方便，于是就毫不犹豫地卖了草场和牲畜搬到了李井滩。

1994 年 7 月，刚来李井滩的时候，环境非常恶劣、生活非常艰苦。周围是一片沙丘，政府所承诺的田地，也只是这些沙丘中的 30 亩，每亩还被收去 100 元的平地费。而政府给的房子，也因为政府资金有限，只有 1000 平方米的宅基地而已，住的房子还得自己盖。当时为了种地，盖房一事就被耽搁了，就只能和其他人一样，先在地上挖个坑再在上面盖上塑料布遮风避雨。但是，由于李井滩的风沙太大，第一年几乎就没有什么收成，几乎赔光了大部分的积蓄，包括卖草场和卖牲畜的钱。当时黄发财夫妇也曾后悔过、也想过要回到牧区去、也曾怨过政府，可是在牧区已经什么都没有了，想回都回不去了，只能留在李井滩。后来，幸亏有政府的帮扶，否则地也没法种了……从第二年开始就一直有农村信用社的贷款可以贷来种地，再加上自己的辛勤地耕作，慢慢地土质也变好了，庄稼也开始有点收成了。过了两三年，孩子也有了，房子也盖了三间，生活也逐渐有点生活的样子了，心里慢慢地也开始感谢政府了。到 2000 年，手里有了一定的积蓄，就翻修了房子，在原来的基础上又加盖了两间，现在有五间砖瓦房。黄发财他们家盖房子的时候还不流行在装修方面大费功夫，所以黄发财家也没有怎么装修房子，只是把地拿水泥一灌、把墙用白粉一刷就住了进来。在搬到李井滩嘉镇阿敦高勒的前十年内，如果单单靠种地的话，那么吃喝就很成问题。虽然土质有了一定的改善，但是地里的庄稼得不到灌溉、经不起风沙的猛烈攻击，每年的收成都不怎么样。因此，生活主要是靠打工。黄发财到处找活干，主要是到建筑工地做小工，每天还能赚一些钱。虽然日子是有点苦，但是一家三口人的小日子过得还是蛮幸福的，令他人羡慕。现如今，家里有彩电、洗衣机、各种小的家用电器，但是因为要为孩子上学攒钱还没有买电冰箱，家里住房也如刚盖时一样。在黄发财家的院子里我们见到了一辆拖拉机，一打听，才知道这辆拖拉机在黄发财家有两个用途：一是种地农用，有几十亩地而自家没有拖拉机之类的农用机器的话的确特别不方便，处处得求人、处处得花钱雇车。买了车以后就会省很多麻烦，自己想怎么用就怎么用、想什么时候用就什么时候用、想用多久就用多久，也不用看人眼色。二是做小生意。每年秋收季节，既可以被人雇，也可以收点农副产品拿到收购的地方去卖，这样也能赚到一笔不小的数目。收农副产品收得多了、卖得多了，就认识了一些收购商人，就开始做农民和收购商之间的中介人，收取一定的中介费用。这也是拖拉机用途的一种延伸，不仅仅解决了目前的一些种地问题，还有了多种赚钱的门路。黄发财说 2001 年买拖拉机的时候花了 3000 元，而 2002 年的时候就已经把本钱给赚回来了，还从中有了一定的利润。

现在黄发财家有 30 亩地是真正归他们使用的，并且这 30 亩地都是清一色的水浇地。如果哪年的灌溉水跟不上庄稼的需水量，那么这一年的庄稼收成就很差。这 30 亩是黄发财夫妇刚搬到李井滩的时候分到的。仅仅靠这 30 亩地，在李井滩对于一个农民家庭来说有点少，产量不够一家人吃饭。于是，黄发财夫妇也学一些种植大户那样每年会从别人手里承包几十亩地。承包地的亩数因每年的地钱不同而不同，前几年每亩地只要几十元，从 2010 年开始都涨到一二百元了，所以承包面积也从以前的 50 多亩减少到 30 亩。我们了解到黄发财一家 2010 年的主要收入来源是农业收入，其次是打工收入，见表 7－23。

表 7－23　　家庭收入来源情况表　　单位：元

年份	毛收入	牧业收入	农业收入	工资收入	打工收入	出租房屋	政府补贴	政府救济	经营收入（家禽、草药等）	其他
1993	30000	–	30000	–	–	–	–	–	–	–
2010	90000	–	70000	–	5000	–	2500	100	12000	–

从表 7－23 中我们可以看出，1993 年即黄发财夫妇搬到李井滩之前的一年的毛收入是 3 万元，当年的收入都来自于牧业，是放牧 250 只羊的所得。2010 年的毛收入有 8 万多元，其中绝大部分来自于农业收入的 7 万元，打零工赚了 5000 多元，粮食补贴有 2500 元，政府在过节的时候给过的补贴有 100 元，别人雇用拖拉机、经营农副产品 1 万元，还养了三四十只羊，卖羊毛收入大约 2000 多元。在 2010 年，黄发财家种了 60 亩地，分别种了玉米、油葵、西瓜。从黄发财的口述中，我们可以得知最近几年的收入中打工占的比例较小，在刚搬到李井滩的前几年内的收入中打工占的比例较大，这个打工比例的转变就可以说明最近几年内的农业方面的收入较多、庄稼的收成对于黄发财家的发展越来越重要，这也说明黄发财家的生产方式已经成功地从牧业转变成农业、从牧民身份转变成了农民。黄发财家 2010 年 9 万元的收入和其他家庭的十几万甚至二十万元的收入或者是两三万元的收入相比，黄发财他们

家的收入占中间水平，在李井滩算是个中等水平的家庭，一个幸福的小康家庭。

黄发财家的支出主要是生活支出和生产支出两部分。据黄发财所述，生活支出的绝大部分是花费在子女教育方面，且家里的一切费用总和与儿子黄雪峰的学习费用相当。搬迁前与搬迁后的生活支出结构对比见表 7－24。

表 7－24 家庭生活支出情况表 单位：元

年份	食物	住房	衣着	水电气费	日常用品	耐用品	子女教育	人情礼金	看病吃药	娱乐旅游	交通费	通信费	合计
1993	1000	–	500	100	100	–	–	300	–	–	400	100	5000
2010	5000	–	2000	200	200	–	10000	1000	200	–	1000	200	20000

从表 7－24 中我们不难看出从 1993—2010 年的七年时间内黄发财家的生活水平有了一定的提高，在生活总支出上，有了 15000 元的提高。在教育方面有了 1 万元的增加，这个数字的增加是来源于其儿子的上学费用。在未搬至李井滩的时候，黄发财夫妇没有儿子也不存在教育费用。在 2010 年的时候，儿子上高中了，并且学习成绩也还不错，于是黄发财夫妇就在教育方面加大投入，以此来满足儿子在学习方面的需求；而仅仅有 5000 元是用于家里的日常生活，如家里的水电费、人情礼金花费、通信费用、交通费用等。不管是从哪一年来说主要费用是花费在食物方面，不管是在牧区还是在农区，在住房方面的支出都为零（虽然在 2000 年的时候住房曾被翻修过，但是此处仅仅算的是 1993 年和 2010 年两个年份的支出，故此处的住房费用中不包括 2000 年的住房方面的支出）。在衣着方面是很节约的，七年时间、从牧区转到农区、家里人口从两口变成三口，但是黄发财家的衣着方面的支出只从 500 元增加至 2000 元，在物价飞涨的今日，这个数字的变化的确让人有点不敢相信，但是黄发财夫妇的确穿着很朴素——我们是提前几个小时约好了以后才去黄发财家的，但是他家除了比较干净整洁以外，在夫妇俩身上我们丝毫看不出有特意打扮的成分存在，黄发财是刚从地里回来时穿的那件白棕条纹相间的 T 恤衫，也说是穿着刚从地里回来时穿的衣服。他们平时穿的和见客人时穿的根本就没区别，只有他的儿子黄雪峰的衣服比黄发财夫妇俩的衣服多几套而已。从他们的看病吃药的极少量的支出看来，他们一家人的身体也是

很健康的，虽说在2010年有200元的支出，但是这也显示出仅仅是一些头痛感冒等药品的购买。总而言之，黄发财一家人在生活方面还是很节俭的，保持着中华民族的传统美德——勤俭节约的作风，能不花钱的地方就不花钱，并且对于他们这个人口较少的小康家庭而言，在平时的生活中真正能用到钱的地方不多，除了最基本的生活需求和儿子黄雪峰的教育。但是在最近几年内黄发财家的生产支出却不少，见表7－25。

表7－25　**家庭生产支出情况表**　单位：元

年份	畜牧业生产支出		农业生产支出					合计
	购买牲畜	购买草料	种子、化肥、农药	生产工具	收割费	灌溉费	雇工费用	
1993	4500	2500	–	7000				
2010	–	1000	16000	–	10000	12000	2000	40000

从如上黄发财口述的生产支出表中我们不难得出，在牧区的时候是纯牧业方面的投入，而在2010年即在农区，黄发财家的支出除了农业支出之外，还有三四十只羊的支出，因为羊的饲料一部分可以直接从自家种的地上获得，而购买草料主要是用于冬季羊只过冬所需，因此，在畜牧业方面的支出仅有1000元的支出。比起村里一些种植大户家的生产支出，黄发财家的生产支出在七年时间内变化算是较少的，从牧业转成农业，只有33000元的变化。而相关的生产方面的收入也只有4万元的变化。这个投入和收入间不怎么明显的数字的变化说明在这七年间，黄发财家虽然已经基本上适应了农业的生产方式，但是从技术方面而言，略有些欠缺。为了使这个本就已经达到了小康水平的家庭生活过得更理想，还需要在种地技术方面要加强。

说起自家发展中存在的问题，黄发财告诉我们他家现在主要的就是技术问题，而资金问题是一个在村里面普遍存在的问题，不是他家特有的问题。但黄发财自认为自家的技术缺乏问题比其他人家的严重，我们深有同感，这点从他们家的收入和支出的情况我们可以看出。每年投入的不比别人少，但是收获的却比别人家略少些，这不是因为黄发财夫妇偷懒、下地比别人少，而是在种地的相关技术方面比别人掌握得略少一点。我们进入嘉镇阿敦高勒嘎查的时候正是村民们忙着灌溉的时候，黄发财夫妇和别人一样早出晚归下地灌溉了。据黄发财自己分析，他家的收成不太理想主要是因为施肥的比例不太对，他家施的化肥基本上是自家按以往的经验调配的，而一些家庭则是请技术员指导调配的，自家的经验肯定没专业人士的经验丰富，收成当然也就受到了影响。黄发财夫妇希望村里的相关方面的培训能多一些，如果有条件的话下次他们家会亲自请技术员在相关方面给他们做指导。在养殖羊只方面，黄发财认为也是极缺技术，虽说以往是养羊的，但是那时候只是盲目的放牧，不懂得技术，现在进行圈养，环境变了，技术、经验方面也得有改进才行。

论起以后的发展，黄发财夫妇希望还是按现在这种生活方式生活——种地、打工，外加一些羊只的养殖。“现在这样子比起牧区的生活好了一点，我家现在也不缺钱花，也没有什么大的需要花钱的地方。就希望儿子能够成才，能够考个重点大学，供儿子上大学是我们夫妻俩的一个心愿……”儿子成绩不错，这是夫妇俩的一大骄傲，他们种地、打工、赚钱，不仅仅是为了维持他们的小康家庭的生活，更多的是为了让儿子上好学、走出李井滩去追求自己更美好的生活。除此之外，黄发财夫妇希望自己家的农业、养殖业都能有一个好的发展。目前在李井滩羊三四十只羊算比较多的，本来就是靠养羊为生的，现在希望不要丢了养羊这个习惯，能在主营农业的同时兼顾发展养殖业。农业区的养殖羊只与牧区的放牧是不同的，可以说是两种截然不同的养殖方式，比起牧区的放牧，农区的养殖羊只要费的工夫更多，黄发财夫妇在此方面表示愿意勇敢面对现实，争取将这些羊养好，如果以后有条件再进一步扩大。现在黄发财农闲的时候出去打工，而则是在家闲着，完全有能力、有精力喂养这些羊群，只需掌握一定的技术就能将养殖业发展起来。另外，黄发财希望自己的中介人的角色能得到进一步的发展，秋收了从农民手中收玉米等农产品，然后卖给收购商。现在的小生意有点小，希望能慢慢发展起来，像商人李禄庭一样。

谈起最近几年的养羊缘起时，黄发财说这是一个国家的扶持项目。国家出一部分资金将羊崽下放到愿意发展养殖业的农户中，并在五年内不收利息，等养长大了，农户将其卖了再还国家的资金。这是一种无息贷款，国家将最好的羊种下放到农户让农户养殖，并不间断地会有一些相关的技术的培训和指导，不时地会有技术员去农户家观察羊只的生长。黄发财很赞成国家的这种做法，他认为农区的农民，尤其是像他们这种从牧区搬来的，要纯粹变成农民那是不可能的，要想真正地发展起来，还是觉得跟羊比较亲近，在原来的经验的基础之上再改进一下发展起来可能会更快点。这个项目刚刚开始，虽说收入还有点少，但是随着时间的增长，经验一定会丰富起来，养殖肯定会越来越成功的。

黄发财家这个幸福的小康家庭正在按着自家的生活模式一步步向前发展着，他家虽然在孪井滩甚至是在阿敦高勒嘎查不算是富裕的，但是他家的幸福美满、和谐安康是令人羡慕的。他家已经找到了适合自家发展的模式，希望他们家的生活能够一步步地发展起来，达到他们意想中的满意度，能够让儿子顺利上完大学有个好的发展。

（十）渐入佳境的李兴德家

阿敦高勒的村民全部都是退牧还草政策出台之后从盟里面的牧区搬上来的。由于他们从传统的纯牧业户变为农业户，直接导致了家中经济来源方式的转变，农业收入的多少成为家庭收入的决定性因素。由于不善于土地经营，许多村民的生活都陷入了困境，有的直接将土地荒废或者直接承包出去。而土地经营管理水平与文化程度及勤劳程度有着密切的关系，这一点从李兴德一家经营发展的情况中可以明显看出。

当时天已经很黑了，是嘎查长把我带到李兴德家里的。走到他家看到他时，他正在上网。嘎查长做了简短的介绍之后就离开了，我说明了我的来意和这次谈话的主要内容后，他表示很欢迎也很愿意配合。我顺便问他上网主要做些什么，他告诉我主要就是看一些农业方面的信息和现在的粮食价格，没事的时候也会看看电影、聊聊天什么的，接着我们的谈话就开始了。

李兴德是这一家的男主人，44 岁，汉族，初中文化水平，讲着一口流利的普通话。女主人刘玉琴，43 岁，汉族，小学文化水平，夫妻两人的籍贯都是在甘肃省民勤县，是在结婚之后才搬迁到内蒙古的。家中有一个儿子名叫李世旭，18 岁，目前在当地的一所大专学校上学。李世旭小学是在孪井滩示范区希望小学读的，由于当地没有初中，所以初中是在巴彦浩特读的。他现在在宁夏回族自治区石嘴山市人民医院实习。

在 1994 年搬迁之前，李兴德住在阿拉善右旗树贵苏木哈日木台嘎查，离阿敦高勒嘎查有几百公里。当时家里面有3间70多平方米的土木结构的房子，3.5万亩草场。另外家里有5匹双峰骆驼，140只山羊，骆驼是当时的主要交通工具，羊是家里所有收入的来源，每年大概有1万多元。当时家里的主要花销包括日常用品和口粮、人情礼金等。由于当时孩子还小，子女教育支出很少，因此生活过得很快乐。那时李兴德住的地方相对还是很方便的，离当地苏木比较近，大概有1公里的距离。孩子上学和看病就医、购物等都很方便。他告诉我他们当时生产和生活中遇到的主要困难是通信和交通不方便，各方面信息相对比较闭塞，他们的一切信息都来源于嘎查长，时效性比较差，例如每年卖羊肉和羊皮的时候都不知道外面市场的价格，导致很多牧民都赔了一些钱。骆驼和马匹是当时他们的主要交通工具，班车每两三天才有一趟，每次人都很多，需要很早去苏木候车，去迟了人满了，车就走了，基本上不按规定时间发车。他们当时的娱乐活动主要就是听广播、看电视(14寸黑白电视)、聊天等。我问他你们是自愿搬迁吗？李兴德告诉我："搬迁的时候，是多次做工作才搬的。当地政府宣传得很好，说房子都给盖好了，有自来水、有暖气，下地干活可以坐公交车等。但是来到这里，发现什么都和宣传的不一样，房子是很小的简易房，没有自来水，需要自己买，用电也很麻烦。当时很想回去但是也回不去了，因为搬来的时候把家里面的骆驼、山羊都卖了，只好就这样待了下来，一住就是十几年，"说到这里他不时地叹气。

李兴德一家是1994年8月从牧区搬到这里来的，属于比较早的一批。由于草场退化、沙化很严重，再加上有自然风险和市场风险等因素影响，导致牧业经营的成本上升，增收难度越来越大。当时国家又开始提倡退牧还草，如果再没有了牲畜，或仅剩少量的牲畜，生活必将陷入困境。他和妻子商量了整整一个晚上，最后决定搬到了阿敦高勒。搬迁后政府一共给分了90亩土地，其中有他父亲的一份，每亩地需要交100元的开荒费，另外自己又花钱建了3间大概60平方米的砖木结构的房子。这些资金是他们在牧区的全部积蓄。刚来的那几年是他们生活最困难的时期，第一年主要是用自家原来的骆驼和山羊卖掉所得的钱，去买口粮来维持生活。从1995年下半年开始靠借粮食维持生活，一直到1997年情况才有所好转。往后几年期间，都拿自己的土地和房子做抵押，贷款来投入农业种植。由于以前在牧区从来没有种过田，都不会种田，李井滩管委会在了解了这种情况以后，前后组织了几期相关方面的培训，他每次都去参加了，也学到了一些种田的经验。刚开始的时候，由于土地贫瘠，灌溉设备、农药、化肥等各个方面都不到位，种田基本上都收不回来成本。他告诉我在 1996 年他种了 13 亩的玉米，到收割的时候一共才打了 1000 斤不到，而现在每亩都可以有 1300 多斤产量，形成了鲜明的对比，收入上也有了天翻地覆的差别。

李兴德告诉我，他们家的生活质量从 2007 年开始有了比较大的改观，不需要再借粮过日子了，贷款也已经还清，年末还会有一定的存款。他告诉我："随着国家惠农政策的出台，各项补贴也跟上了，并且国家惠农力度每年都在加大。现在农副产品价格比以前有了很大的提高，销售的渠道也宽了很多。而且现在种田的经验丰富了，土地相比以前也肥沃好多，另外像化肥、农药、种子等农用物资种类和质量上有了很大的提高。因此现在每年土地收入是家里面主要的收入来源。"

他告诉我 2010 年他们家的全部毛收入大概有 10 万元，基本上都是来自农业。2011 年他又把自己家里面的几亩荒地开垦了出来，扩大了种植规模。2011 年他家种植了 36 亩玉米，亩产 1500 斤；油葵 42 亩，亩产 500 斤；西瓜 10 亩，亩产 8000 斤。因为这里的土地沙化比较严重，再加上气候和灌溉等一些因素，所以比较适合种植这些农作物。按照 2011 年市场上粮食的价格，玉米 0.91 元/斤、油葵 2.1 元/斤、西瓜 0.2 元/斤，这样核算下来，2011 年的毛收入大概有 11 万元。随着 2011 年物价的不断攀升，像种子、化肥、农药等农用物资的价格也不断攀升，每亩地的成本大概提高了 100 元左右，再加上灌溉费、收割费、雇工费等其他费用，平均每亩地的成本大概在 750 元左右。这样算下来每年农业纯收入大概 4 万元左右。这几天属于集体灌溉期，嘎查农田灌溉全部是引黄灌溉，2011 年是水最好的一年，前几年不是错过灌溉期就是水太小跟不上，对庄稼的影响比较明显，他昨天晚上也是刚刚把自己的田全部灌溉完，目前庄稼地里也没有什么大的事情了。在农忙完之后，夫妻两个人也到巴彦浩特打短工或者在嘎查里帮助其他村民干一些农活，一年下来，打工收入也能有五六千元。现在家里面有 2 间大概 100 平方米的棚圈，喂养着十几只绵羊，一部分育肥留着自己吃肉，其他的卖出去，大概也能有 2000 元的收入。这样下来一年的纯收入大概有 4.5 万元。李兴德告诉我，虽然现在的收入提高了，但是随着物价的不断上涨和孩子的逐渐长大，生活中各方面的花销比以前大了很多，感觉现在的压力更大了。

李兴德告诉我，近两年每年的支出是2万~2.5万元，而且每年还会增加，因为粮食如炒米、小米、面粉的价格的涨幅均在50%以上，有的甚至涨了一倍多。除去必要的吃穿、人情礼金，子女教育每年也要花七八千元。他家还有一辆摩托车和一辆小型拖拉机，随着油价的不断上扬，油费开支比较大，2010年油费一共用了2700多元。现在通信畅通了，相关的电子产品也便宜了，家里面每个人都配有一部手机，三个人加起来，每年的通信费用大概也有3000元左右。他的妻子近两年身体不太好，每年看病吃药花费四五千元，不过全家都参加了农牧区新型合作医疗和新型养老保险，可以报销一部分，这对他们来讲可以节省很大一笔开销。

李兴德告诉我，搬迁后，各个方面都有了很大的改观，特别是交通、电力、通信、教育、社会医疗等基础设施比以前要好很多，精神文化生活也比原来丰富了。虽然现在不怎么参加那达慕、祭敖包等民俗活动了，但是夫妻两人没事经常去嘎查里面的活动中心参加活动。活动中心有篮球、乒乓球、图书馆等，有时候嘎查里面也放电影给大家看，极大地丰富了日常文化生活。“现在村里面一个急需解决的问题是生活用水不太方便，由于当地水质不好，水中氟的含量比较高，长期饮用容易得骨质疏松，牙齿发黄等症状。现在嘎查里面年纪大的患病的比较多，近两年来他们家做饭和饮用水都是买的矿泉水，只有洗衣服和饲养牲畜才使用当地的自来水，特别希望当地政府能把这个问题早早地解决了”。他这样告诉我。

最后我问李兴德，最近几年对生活有什么打算以及有什么好的设想吗。他告诉我，把自己的庄稼种好，想明年再承包几十亩地，扩大种植规模。现在住的房子，由于盖得时间比较久，一些地方已经开始漏雨了，想2011年把房子翻修一下。最近嘎查通知有一项危房改造政策，感觉自己各个方面的条件都比较符合，所以他想申请国家危房改造这个项目，自己再添一些钱好好把自家的房子给修整修整。他还告诉我他有一个想法，也是通过网络查阅资料之后才产生的。他说现在嘎查里面种植的农作物品种单一，在市场上没有竞争力，他想种植一些新的农产品像土豆什么的，但是因为自己种成不了规模，形成不了大的产业链，再加上这里的交通也不太方便，很担心销路，所以现在不敢轻易去种植。过几年等他资本充裕了再去尝试也不晚。李兴德告诉我他最远只去过银川，还是因为送孩子读书才去的。再等上两年，他想买辆小轿车，开车带着全家去旅游，看看外面的大千世界，感受一下外面的社会。

李兴德的努力与勤劳，换来了现在的好生活，加上他对未来的期待和设想，相信他的生活会越来越好。每年除去花销的收入李兴德都会存起来，为自己孩子上学、将来成家和买房子或盖房子做好准备。他告诉我们以前他们在牧区基本没有储蓄的意识，但是随着教育和生活水平的提高及生活环境的影响，现在已逐渐在改变。但嘎查里面现在还有一些文化素质比较低或者年纪大的蒙古族消费观念仍比较滞后，不懂得去理财和规划生产生活，投资的观念还没有深入人心。嘎查村民奔向小康生活的路途任重而道远，文化教育作为现代化事业发展的支撑应该被提升至重要的地位。

八、中等收入家庭

（一）单亲黄永元家

我们访谈黄永元家的时候已经是晚上 9 点了。他们家位于村里的最南边，村道上又没有安置路灯，我们是摸着黑很不容易找到了他们家。我们看到，在昏暗的灯光下黄永元父子俩正在吃晚饭，听到我们的来由之后他马上把饭菜收拾起来，热情地接待了我们。他们刚从地里回来，好不容易吃上几口饭又被我们打扰，让我们愧疚万分。黄永元家看上去比较特殊，那就是没有一般家庭那种温馨的感觉，总是觉得缺少点什么。后来访谈的过程中得知，黄永元在 2000 年就已经与妻子离婚，直到现在他自己一个人带着两个孩子过着非常拮据的生活。看到他对前妻的事情有些避讳，出于对他的尊重我们就没有再追问下去。

黄永元，男，汉族，1962 年出生，50 岁，高中文化水平，婚姻状况，已经离异，现在与 23 岁的儿子、22 岁的女儿一起生活。儿子原先在额济纳旗打工，目前在家里帮父亲干农活。黄永元在本村里算是文化水平相对比较高的一位农民。也许是这个原因他的普通话说得很流利，填写问卷的时候也不需要我们过多的解释，访谈过程中沟通得非常顺利。黄永元说他上学的时候学习成绩一直都特别好，是嘎查里第一个上高中的，在当时考上高中是一件很不容易的事情。考上高中的黄永元让家里人又高兴又自豪，但不幸的是到了高二的时候家里的生活条件不允许再让他读下去了。父母上了岁数干不动活了，收入也慢慢少了很多，兄弟姐妹虽都成了家，但当时大家生活条件都比较艰苦，实在是没有救济他上学的能力。孝顺的他为了不让父母为难，自觉地把学退了，回到家帮着父母养骆驼，从此他就成了家里的顶梁柱。黄永元说退学对他的打击很大，但从来没有在父母面前表现出失落，只能晚上躲在被子里偷偷地哭。也许是对上学的渴望，他希望自己的孩子能替他完成这个心愿。其实，现在我们平常家庭对大学生并不觉得像以前那么稀罕了。这有几个原因，一是由于社会、经济的发展给予了孩子们上学的好条件和机会，跟着入学率也提高了很多，二是人们的整体素质有所提高的同时更加重视教育水平的提高，所以尽可能地让自己的子女得到高的学历。尽管如此，在这个相对落后的村子里，上大学仍然是一件不容易的事情。大儿子小时候因贪玩，交上了一些社会上的朋友，不爱学习，只念到初中就退学了；小女儿还算争气，学习成绩也不错，刚经历了高考并且分数下来了，竟然比平时成绩高出很多。这让黄永元高兴得不得了，已经迫不及待地给她购置各种各样上学的物品。黄永元说只要女儿想学习他就供她到底。

谈起孩子他对小女儿一直很内疚，自从离了婚，孩子跟着他没能过上像一般家庭那样的温馨的生活。离婚的时候女儿黄雪梅才小学二年级，正是需要妈妈在旁边的照顾的时期。但是孩子很早就懂事，孩子对父母的离婚也很快接受，那么小就知道帮他干活，大人种地她也帮着种，还帮大人拣菜洗衣服。他说："孩子挺争气的，跟着大人吃了不少苦，但都挺过来了，现在她身体健康，学习好，能上大学，这我就知足了。"

黄永元家可以说是我走访的所有家庭中生活条件最差最艰苦的一户了。现在住的砖房还是1994年搬迁时候盖的，直到现在都没有整修过。屋顶并没有用砖瓦来盖，而是用一排排扎好的草"扇"绑在椽子上，虽然叠层很密，但一到夏天好几个地方都漏雨，外面下大雨，屋里落小雨。另外被打湿的草已经烂得都变成了黑色，下雨天还会散发出一股霉味。聊天时，我们还发现他们家的灯光特别昏暗，抬头一看他家的灯用的不是我所熟悉的白光灯而是那种早已经淘汰的白炽灯，在黑乎乎的屋顶和灰暗的灯光下这个家显得格外的寂静和冷清。房子一共是60平方米，有两间屋子，从门口进去直接就是女儿的房间，在东面墙的位置摆放着一张单人床和一个可以学习的桌子，没有多余的家具，但是收拾得很整齐。经过女儿的房间，里面的屋子就是黄永元和儿子的房间，他们家没有什么平常人家常有的家当，只有一张双人床和一张单人床。双人床的旁边有个圆桌，上面摆放着各种生活用品，并且把他当成饭桌。我们刚见到他们的时候父子俩就是在这张桌子上吃着晚饭的。村委会早就知道他们家的家境，已给黄永元家申请了危房改造的名额，但是黄永元没有多余的钱来支付自己要承担的危房改造费用，一直拖到现在还没有重新修盖房子。

黄永元1994年之前是住在阿拉善右旗塔木素苏木格日图嘎查。他们家是纯牧业户，收入来源比较单一。他家有3万亩的草场，养了8头骆驼、60只的羊，一年下来纯收入就有10000多元，除了家里的基本开销，多多少少都能攒下点积蓄。家里3万亩的草场中有的地方已经长出沙漠树木梭梭，有的时候就能采到肉苁蓉卖钱，运气好的年头就能有个两三千元的收入。但是后来他发现，因没有规划好，无序放牧，加上阿拉善的气候干旱导致自家草场的退化非常严重，自己的收入逐年减少了，而购买草料的费用逐年增加了。后来政府推行生态移民政策，这个政策让整个村都紧张了起来，其一是不了解这个政策的具体内容，其二是离开这里搬到孪井滩开发区，要从牧业改为种植业，这对牧民来说是要彻底改变祖祖辈辈延续的生产生活方式，是一个非常大的打击。但是乡亲们看到故土慢慢成为沙漠，不得不痛下决心跟随政府的步伐搬到了阿敦高勒嘎查，开始了种地的生活。

1994年搬到这个嘎查之后，他家得到了1000平方米的宅基地，并且花了6500元盖了现在住的这个房子。黄永元自家的种植地有40亩，其中35亩是花钱买的，另外5亩是村里多拨给他家的。这是因为村里的灌溉水渠正好要经过他们家的地，因此作为相应的补偿就多分给他5亩地。35亩地一共花了4000元，其中自己掏出了3000元、村里补助了1000元。搬来的第一个年头，由于对耕地知识极度缺乏，不但没有赚到钱反倒倒贴了将近5000元，这让黄永元夫妇受到了沉重的打击。更不走运的是其后的三四年一直都是亏本的，黄永元说他每天都早出晚归，还非常卖力地干活，但一直收成不好，同样的地比邻居家收成还少很多，这让他心里更加难受。也许是因为这个原因黄永元夫妻俩的矛盾日益被激化，最终走到了离婚的地步。一般情况下换一种生产方式必定是需要一定的学习时间和累积生产生活经验的过程，这绝对不可能在短时间内完成的。这就需要钻研相关的知识，然后总结失败的原因并寻找解决问题的方法。2000年与妻子离婚后，法院把两个孩子判给黄永元抚养，从此他就成了家里唯一的劳动力，这不得不让他更加卖命的去干活养家。在他坚持不懈的努力下，离婚的第二年终于有了第一笔纯收入，虽不是很多但刚好3口人够花。黄永元说一个人种地虽然比其他人累一些，但是现在已经积累了一些生产经验和自己的种地方法，所以不觉得那么累。另外把村里多分出的5亩地也开荒成肥沃的土地，提高了家庭的收入。

表8-1　　2010年家庭耐用消费品情况表

项目	数量	项目	数量
彩色电视（台）	1	手机（部）	3
电冰箱（台）	1	摩托车（辆）	1
洗衣机（台）	1	拖拉机（辆）	0
音响（套）	0	电动车（辆）	0
DVD/VCD（台）	0	卡车（辆）	1
电脑（台）	0	太阳能（匹）	0
照相机（台）	0	帐篷（顶）	0
固定电话（部）	0		

从表8-1中可以知道黄永元家里的家庭物品与其他一般家庭差不多，生活的基本用品如彩电、冰箱、洗衣机都已经具备。但是从我们看到的这些家电都是比较陈旧的，黄永元说有的家电是亲戚不用给他们的。家里一直没有安装固定电话，现在家里三口人每人一部手机。家里的主要交通工具就是一台2002年买的摩托车，黄永元说在村子里下地干活就必须骑摩托车，这样会节省很多时间。在院子里还停放着一辆大卡车，经黄永元介绍这辆车是给儿子跑运输用的。

表8-2　　2010年家庭主要收入情况表　　单位：元

毛收入	牧业收入	农业收入	工资收入	打工收入	出租收入	政府补贴	政府救济	经营收入	其他
66200	-	45000	-	20000	-	-	1200	-	-

2010年黄永元家里的毛收入有66200元。其中黄永元种地的收入有4.5万元。在40亩地种了小麦、玉米和油葵三种农作物，收成还算是不错的。减去生产支出1.5元和信用社贷款1万元。儿子毕业之后一直在额济纳旗一个石矿打工，就在此期间他发现在矿里跑运输会赚钱，就把这个想法告诉了黄永元。黄永元听到孩子想大干一场的决心后，2009年1月想办法从亲戚朋友那里借了些钱加上自己的一些积蓄凑够了6万元买了这辆二手卡车。儿子也开始鼓足干劲，在最短的时间内拿下了驾照，2月中旬就到原来的矿里跑运输。按照儿子的说法2009年一年除了油费纯挣了3万元，这让父子俩很惊喜，想着第二年就能把本钱捞回来了。但是就在2011年7月这个石矿由于常年亏损原因倒闭了，之后他辗转找了好几个石矿都没有找到稳定的地方。只好把车开到家里帮周围的人跑跑短途的活儿，这个车由于是二手的用的时间也长，所以经常就要拿去维修，2010年扣除修理费和邮费的收入就只有1.5万元，要想捞回本钱还要等待些时日了。这给儿子带来了很大的打击，现在已经拖亲戚朋友帮他们寻找稳定的去处了，目前也有一两个地方需要招人，但还没有确定，估计幸运的话2011年的10月能上岗。

除了种地和儿子打工的收入外，他们家还能拿到每个月100元的低保收入。在这个村子里低保的名额非常有限，而且黄永元条件与低保的要求并不符合。但是村里的干部知道黄永元一个人带着两个孩子不容易，还要供女儿上学，这些情况大家都看在眼里、放在心里。因此在村干部的帮助下，在2005年黄永元得到了低保的资格。2005年至今，已经拿到了6600元，黄永元说能拿到低保他非常感激，不仅要感谢国家的好政策，更要感谢村里的干部费心为他排忧解难。

表8-3　**2010年家庭生活支出情况表**　单位：元

总支出	食物	衣着	水电气费	日常用品	子女教育	看病吃药	红白喜事	交通	通信
23000	6000	1000	400	500	10000	200	300	100	1800

从表8-3中我们能了解到黄永元家里的生活支出一年要23000元，其中孩子上学花费占了很大一部分。他说现在物价上涨得很厉害，孩子上学的费用也比以前多了很多，除了学费，住宿费和伙食费还有孩子的零花钱加起来一年要1万元才够。这笔钱就已经占据了家里一半的收入，还要花去日常消

费，家里就所剩无几了。孩子马上又要上大学了，听到他正在想办法凑大学学费时，表现出满脸的无奈。他委婉地说道，家里穷，自己可以勒紧裤腰带生活，但不能让贫穷挡住孩子的读书路，希望政府能在孩子上学期间给些照顾或者是其他社会团体能给些帮助，替他减少些负担。

从我对单亲家庭的了解情况来看，单亲家庭面临的首要问题是经济问题，较低的经济收入对单亲家庭的生活质量和生活水平以及子女的求学都产生一定的负面影响，这是其一；其二是单亲家长只能自己解决面临的困难，独自承受着由经济窘迫带来的巨大压力；其三是单亲家长虽有一些朋友，但是由于他们自身的经济条件也不是很宽裕，他们也要顾及自己的家和孩子，因此他们在经济方面能给予支持也非常有限；最后是一些社会性帮扶组织只是出现在城里，在农村地区还很少出现。因此，单亲家庭面临着巨大的经济压力，他们自身无法解决，这样，贫穷累及到了他们的子女。因此他们急需政府和社会的救助。

在中国农村，像黄永元一样的单亲家长希望孩子读书成才，但又在经济上无法支持的农民还是不少的。即使现在国家的教育政策已经很完善，但毕竟还是忽略了这些特殊情况的农民。希望国家的政策给予这些特别的群体更多的关怀和照顾，也希望他们一家早日从贫困中走出来。

（二）安享晚年的骆思界家

骆思界夫妻俩是我们采访的农户当中年龄最大的一户。骆思界，男，汉族，77 岁，没有上过学，没有宗教信仰。他的妻子，70 岁，汉族，也没有上过学，也无宗教信仰。老两口的普通话说的不是很好，能听懂也能讲一些。

当我们进入家门是看到，老奶奶带着灰色头巾，正在把鸡都赶进鸡窝里，看到我们后非常热情地让我们进屋坐坐，这样我们就开始了这对老人的访谈。夫妻俩个子都不高还有些瘦小，但是看上去非常精神。

老两口共有 6 个孩子，其中有三个孩子在本村里成家，其他的孩子都不在这个村子里生活。本来老两口是和三儿子一起生活的，但是 2010 年三儿子一家去城里打工，现在家里只有骆思界与妻子两人生活。

骆思界的房子在本村最东边的位置，挨着一大片油葵地。油葵地与房子之间有一条石沙小路，盛夏季节这个景色看起来像优美的一幅画，我们感叹道是一个养老的好地方。在骆思界家发现，他们家竟然用竹竿并排编成了一扇拱形的大门，而且在上面画了蓝色大海和海鸥的图案，看起来非常精致漂亮。这是骆思界老人花了一个星期的时间完成的大门，是他的得意之作。这个大门与其他家有一个不同之处，就是没有用锁的地方。代替锁的是一个细铁棒，在上面拴上麻绳，然后在两根竹竿绕一圈插在一个相应大小的螺丝帽里。他们说从来没有锁大门的习惯，只是防止家里的牲畜家禽跑出去。在这里我们不难发现这对老两口对邻居是非常信任的。

他们家院子里有两个住房，南面的是1994年盖的砖木结构的房子，另一个北面是2008年新盖的砖瓦房。骆思界说旧房子是1994年刚搬到本村的时候花了6000多元盖起来的，旧房共有3间屋子，大概有50平方米。到了2008年后，骆思界和三儿子花了2万多元盖了60平方米左右的砖瓦房，一共4间屋子。他们说夏天的时候老两口搬到旧房子里住，到了冬天又会搬到新房子里住。那是因为旧房子比较低，屋顶是不易吸热材料构成的，夏天比较凉快，晚上睡觉比砖瓦房舒服，相反到了冬天老两口又会在砖房的热炕上过冬。

骆思界的6个儿女都非常孝顺。老大嫁到本村里，住在村里的西南边，与骆思界家有一小段距离。大女儿家主要也是种地，每年收入还算不错。还有大女儿每周至少一次回老两口这里看看情况，若有需要的大女儿都会帮着操办，这让其他孩子多多少少都能放心。老二和老三两个儿子本来也住在本村里，但2010年开始都到外城里打工赚钱，很少能回家看看老两口。老四、老五都在其他苏木成家，只有在过年过节的时候回来看看老父母，而且每个儿女都会在这些节日拿出不少的钱让老两口添置新东西。老两口都特别满意孩子们这样孝顺，特别是对小女儿赞不绝口。小女儿在嘉镇镇里做水果蔬菜批发零售的生意，自从2002年结婚之后生意做得越来越好，6个儿女中收入算是最多的一个。老两口至今都没有舍得拆掉老房子，除了夏天凉快搬来住的理由之外，还有是这房子让他们勾起与小女儿一起生活的许许多多美好的回忆。刚搬到这里时小女儿还没有成家，与两位老人住在一起。骆思界最疼爱小女儿，她从小乖巧听话，又非常孝顺。2002年小女儿结婚的同时搬到了嘉镇里生活，这使老两口觉得非常不舍。小女儿的丈夫彭嘉喜是一个积极上进的年轻人，每次镇里组织各种学习班他都去报名参加，现在是社区里重点培养对象。不仅如此他还非常孝顺，对老两口的态度犹如亲生父母，这让骆思界很是满意。采访的当天下午他们就是骑着毛驴车去女儿家串门，吃了晚饭才回来的。他们说每周至少一次女儿做上好吃的让老父母过去吃，毛驴车要坐上半个小时能到，虽然是有点累，但对他们来说算是锻炼身体了。

骆思界一家是1994年10月搬到本村里来的，之前他们一家在阿拉善右旗的树贵苏木，阿腾图雅嘎查。搬迁之前住在3间50平方米的土木结构的房子里，两位老人与孩子们住一起非常拥挤。当时家里有3万多亩草场，养了60多头骆驼、20只羊，算是当地的养殖大户，其中收入主要是靠卖驼绒、驼毛、驼肉得到的。住在阿腾图雅嘎查的时候因为离学校和医院的距离很远，所以孩了上学和看病就医是他们最头疼的困难。用电和用水还有交通方面也极不方便，基础条件很落后，文化娱乐场所更是缺乏，当时空闲时最多也就是听收音机、听广播了。骆思界虽然是生活在牧区里，但是从来没有参加过那达慕和祭敖包活动，也不是很清楚其内容，也许是不了解，所以对这种民俗活动、祭祀活动不感兴趣。

骆思界对国家保护生态环境而移民的态度是非常赞成的，也对其中的利益关系分析得很清晰。他说这移民搬迁政策不仅是对国家有利益，更是对我们老百姓有利益的措施。看到每年沙化推进的速度之快，他只有焦急和等待的份，并没有有效的方法去阻止它，普通老百姓更是不知道怎样去面对这个难题。因此国家政府实施生态移民的政策时骆思界是举双手赞成，并且是自愿搬迁的。

与其他搬迁户一样，搬来的时候在政府给的1000平方米的宅基地上盖了现在的旧房子，同时又花了30000元买了35亩地。骆思界夫妻对种地是一窍不通，只能跟着当地农民学习种庄稼，因为当时他们岁数也很大所以耕起地来特别费劲。但后来也慢慢熟知了技巧，再加上儿女们的帮助下，直到1998年才开始扭亏为盈。骆思界说自从2000年把全部的地分给孩子们之后，老两口就不用下地干活了，但是自己和老伴是闲不住的人，农忙时经常去孩子们的地里帮忙，没事的时候会去地里看看庄稼的情况。骆思界的院子里还有20平方米左右的棚圈，也是搬过来时盖的，现在养着8只绵羊。这些羊主要是自己还有给孩子们吃，而且每年也能卖出羊毛和一两只肉羊挣个千把元的。除了养羊之外还有几只鸡，主要是老两口可以吃到鸡肉和鸡蛋。还有一只2007年买的毛驴，它充当着两位老人的交通工具，平时去镇里的小女儿家的时候就是骑着这毛驴车。

骆思界说搬到这里来了之后明显地感觉到基础设施和交通条件比以前优越多了，最大的变化是家里有了电线和自来水。还有与亲戚朋友之间的往来多了，与邻居之间串门的时间更是多了。现在空闲时除了在家看电视外，经常与邻居打牌聊天。这是在牧区是很少的娱乐活动，现在他觉得生活在这里很满足，很安心。

表 8-4　　2010 年家庭主要收入情况表　　单位：元

毛收入	牧业收入	农业收入	工资收入	打工收入	出租收入	政府补贴	政府救济	经营收入	其他
8000	1000	-	-	-	-	3000	-	-	4000

骆思界家里的主要收入是养老保险金和国家低保金，一年有 3000 元。见表 8-4。牧业收入 1000 元就是卖羊毛羊肉的钱。除了这些，每年 6 个儿女给老两口的钱也不少，每年都有 4000 元左右。骆思界说他们给的钱我一分没花都存着呢，等哪一天孩子们有什么大事我就可以拿出来帮帮他们。

表 8-5　　2010 年家庭生活支出情况表　　单位：元

总支出	食物	衣着	水电气费	日常用品	教育	看病吃药	红白喜事	交通	通信
7220	2500	-	420	200	-	1000	2000	500	600

老两口 2010 年的生活总支出是 7220 元。骆思界说因为孩子们都比较孝顺，平时他们穿的衣服都是由女儿或者儿媳妇来买，因此在衣着方面他们没有支出。总支出中除了一年的购买食物方面花的钱最多外，红白喜事方面的支出占了很大的一部分。2010 年老两口给儿孙们的喜钱和压岁钱就有 2000 元之多。虽然他们有两部手机，但是两部手机每个月的费用都不超过 30 元，一年下来通信费 400 元就足够。2010 年骆思界去银川看病花了 500 元的车费，但平时因为老两口岁数有点大出不了远门，主要是骑毛驴车逛逛镇里。

表 8－6　　2010 年家庭耐用消费品情况表

项目	数量	项目	数量
彩色电视（台）	1	手机（部）	2
电冰箱（台）	1	摩托车（辆）	0
洗衣机（台）	1	拖拉机（辆）	0
音响（套）	1	电动车（辆）	0
DVD/VCD（台）	0	卡车（辆）	0
电脑（台）	0	太阳能（匹）	0
照相机（台）	0	帐篷（顶）	0
固定电话（部）	0		

骆思界家的主要家庭物品如表 8－6 所示。他说彩电、电冰箱、洗衣机是 2008 年盖完砖瓦房的时候购置的。家庭物品中音响是 2010 年小女儿为了让老两口多些娱乐活动特地给他们买的，就是平时放放音乐跟着哼哼歌。骆思界夫妻俩每人都有一部手机，这是村里统一办手机号的时候花了 2000 元买的两部三星手机。本来家里有一辆摩托车，后来骆思界上了岁数不种地之后就给三儿子骑。

骆思界说现在的生活条件比在阿腾图雅嘎查时好不只一百倍，现在孩子们都成家了，生活的都不错，还对对老两口特别孝顺，再加上国家政府给的补贴够两个人的基本花销，没有什么事可以让他们担心了。我们都知道，一般老人到了一定的岁数都会跟自己的儿女生活在一起，能有个照料。甚至有些儿女花钱请保姆或者是将老人送到养老院里。而骆思界他们不仅没有成为儿女的负担，反而想尽办法为儿女们做事情。他说“我养人家（儿女）是本分，是应该，人家养我是麻烦，是负担!”听了这句话让我们非常感动。

通过对骆思界家的访谈，我们了解到养老保险不管是在城市或者农村它的重要程度是不可忽视的。二人在农村每月有个几百来元的养老金，要是不生什么病，这些钱应该够花了，而且还用不完，基本上就不需要子女再给生活费了，真的是很大程度上给孩子们减轻了经济上的负担。老人在纸上工整地列出了一个清单：香烟每月 10 包，每包 2 元，共计 20 元；水费每月 15 元；电费每月 20 元；电话费每月 28 元；日用品每月 10 元；鱼、肉等物每月 50

元。现在两位老人都是70多岁，想想如果他们没有这个保障政策，子女们要买房子、养孩子，还要赡养两位老人的话，那他们的生活负担该多么沉重啊。现在两位老人都参加了养老保险，老人感觉到他们老有所养，自己的孩子又很孝顺，心里面也是乐滋滋的，在邻居面前也感到很自豪。骆思界夫妻现在的主要生活来源就是靠国家发的养老保险金，这对他们来说解决了生活中的很大的问题，更是没有拖累子女，解决了他们的后顾之忧。新出台的新型农村社会养老保险，更是得到农民朋友的青睐，它采取个人缴费、集体补助和政府补贴相结合，其中中央财政将对地方进行补助，并且会直接补贴到农民头上。建立新型农村社会养老保险制度，是加快建立覆盖城乡居民的社会保障体系的重要组成部分，对确保农村居民基本生活，实现农民基本权利，推动农村减贫和逐步缩小城乡差距，维护农村社会稳定意义重大，推动社会和谐，同时对改善心理预期，促进消费，拉动内需也具有重要意义。

骆思界说，现在我们的政策是真的很好，种地几乎没有任何负担，打工创业的机会也很多，在农村里做项目、贷款一切都很方便。能不能发财，就看你有没有这个头脑和志气了，有没有吃苦耐劳的精神，所以我们不担心孩子们的生活。他还打算过着优哉的生活的，最大的希望是孙子孙女能好好读书，能有更好更大的发展。衷心祝愿老人安享幸福的晚年，能够永远健康幸福！

（三）对未来充满美好希望的王兵德家

我们调研组一行是在嘎查委员会大楼见到王兵德的，当时由于是上午十点多，大多数村民都下地干活了，我们暂时找不到采访对象。所以我们临时决定去嘎查委员会找一点与我们本次调研相关的材料并和嘎查领导班子进行座谈，在座谈即将结束时一位嘎查领导告诉我们有几个村民刚从外面回来，现在有时间并且已被约来嘎查委员会，我们可以对他们进行采访。正说着，看见几个村民推开会议室门走了进来。我们调研组临时分工后我被分到对王兵德进行采访。初见王兵德，他给我的第一印象是他是一个典型的西北大汉，身材高大壮实，皮肤黝黑红润，脸上长满了浓浓的胡须，给人一种非常憨厚的感觉。我在简单地介绍了一下我们这次采访的主要目的后，我请他坐在我身边。

王兵德，男，1973 年出生，38 岁，汉族，高中毕业，没有宗教信仰。妻子马围霞，35 岁，汉族，小学文化程度，没有宗教信仰。王兵德夫妇有两个女儿，大女儿名叫王媛，10 岁，上小学；小女儿王芳 4 岁，还没有上学。家中还有 73 岁的父亲和 74 岁的母亲。

王兵德家和本嘎查的其他村民一样，也是属于生态移民户。1994 年的时候王兵德响应政府的号召从阿拉善右旗笋布尔苏木跟着舅舅一起搬到了这儿。回忆起刚来时候的日子，王兵德脸上露出了一丝涩涩的苦笑。王兵德和其他从牧区搬来的地地道道的牧民不一样，他老家本是在甘肃，在高中毕业投到舅舅家前没有放过牧。他是在甘肃上的学，在高中毕业后没有考上大学，便回到了家里。由于当时家里地少再加上天旱，所以王兵德在家里基本上没有什么事可干。在一次家在阿拉善牧区的舅舅到他家探亲时，得知舅舅家里面缺少劳力，他便跟着舅舅去了他家帮舅舅放牧。在问到当时他为什么没有去城市里打工，而选择了帮舅舅家放牧时，他说当时在外面打工一方面是工作特别不好找，而且当时工资也特别低，所以自己选择了去舅舅家帮忙，舅舅也给一定的工资，并且家里面也放心。在舅舅家放了几年牧以后，在 1994 年阿拉善盟提出为了缓解草场压力，开展生态移民工程后，他便随着舅舅一起搬迁到了现在的这个地方。他说，当时来的时候这儿可跟现在完全不是一个样，就是一片荒滩，什么都没有，刚来的时候都是住在地窖里的，风沙还特别大，吃饭的时候都是就着沙子吃的。而且当时也不太懂农业种植，再加上地生，所以刚开始几年每年都赔，从 1995—1999 这五年每年都基本绝收，从 2000 年以后才逐步好转。并且当时刚来的时候由于就他一个人，所以日子特别苦，在 1998 年时父母才搬过来和他一起种地，日子才好过了一点。在这期间他认识了从陕北来这儿打工的妻子马围霞，并与她在 2000 年结了婚，再加上当时收入也逐渐好转，所以他感觉生活总算有了奔头，幸福的日子终于一步步的来了。

当我问他“你家现在生活应该过得很幸福吧”时，他脸上又显露出些许无奈的表情。他说，刚结婚的前几年，日子虽然还有些苦，但当时感觉真的很幸福，日子很滋润。由于当时土地在种了几年后，已经没有了刚开始种时由于土地生庄稼长不好的情况，而且风沙也得到了很好的治理，对庄稼的生长的影响也减小了，再加上自己对农业种植技术的掌握以及和妻子的辛勤劳动，每年的产量都在增加，收入也越来越高，生活条件有了很大的改善。可是由于家里面土地有限，只有36亩，收入很难有再大的提高，当时他和妻子决定承包别人家的土地，他相信凭着自己和妻子的辛勤劳动，他们一定能过上美好的生活，绝不能让自己和妻子受过的苦再出现在孩子身上，一定要让他们过上幸福的生活。可是在他们准备扩大土地规模的时候，一场突如其来的疾病打乱了他们的计划。

王兵德说，在2007年前后的时候，刚开始有好长一段时间，他都感觉自己的腰部不适，常常有疼痛的感觉，但当时自己也没在意，认为自己这么壮实，过段时间就好了。可是随着时间的一天天过去，疼痛非但没有减轻，反而越来越重，终于在疼的实在受不了的时候才去医院做了检查，查出是腰椎间盘突出。医生告诉他必须立刻住院进行治疗，而且以后不能再干重活了，这个消息对于王兵德夫妇来说犹如晴天霹雳，家里这个主要的劳动力不能干活，那他们的生活还有希望吗。当年他住院治疗以及药费总共花了1.5万元，这个数目对于他们这种家庭来说还是很大的。在病情稍微好转一点后，他便回到家里面养着，因为住在医院费用实在太高。

在谈到自己看病方面的问题时，王兵德是既愧疚又无奈。他说看病花费方面虽然这几年没有再花大的钱，但是断断续续的医药费也一直没有停过，总共花了多少钱他自己也记不清了，因为自己从来也没有记过账。但让自己最愧疚的还是感觉对不住妻子。王兵德说，自己自从从医院回来后，就没有再干过活，不管是地里的，还是家里的，全都是妻子一个人在干。妻子有妇科病，每当干完活回到家后，看着妻子痛苦的表情，他的心里真的很不是滋味。因此以前扩大土地种植规模的想法再想都不敢想了，因为妻子一个人根本顾不过来，就种现在的这些地都够她一个人受得。这两年虽然自己的病情已经有了很大的好转，可是还是不敢干，因为他怕病情再复发，这样非但帮不了妻子多少忙，还可能花更多的钱。王兵德告诉我们，在生病后感觉对未来生活完全失去了希望，他总是感觉别人看他的眼神都和以前不太一样了，他也主动减少和邻居之间的交往，因为他认为自己有病不能帮助别人，总是受助于人家不太好意思。不过当我问到在他生病后，当地政府有没有给过他帮助，他说真的很感激他们。王兵德介绍道，在自己生病后，嘎查里先是给他家办成低保户，地税局也对他家进行帮扶，家里养的猪地税局帮助销售，每年过节的时候都有同志来慰问，送一些生活用品。

当我问到他家2010年的收入支出状况时，他告诉我们近两年的收入较以前稍微好一点，主要原因是农作物这两年的价格都比较高，而且销售也基本不存在问题。2010 年王兵德家的总的毛收入是 42000 元（见表 8－7），该收入的大部分是来自于种植业（西瓜、玉米），另一部分来自于养殖业。据王兵德介绍，他家自己有 36 亩地，2010 年种了 10 亩西瓜，26 亩玉米，2010 年的收成还算不错，而且销售时也卖了一个好价钱，总共大概卖了 32000 元。养殖业收入主要是 2010 年卖了 12 头猪，王兵德说本来 2010 年不打算卖的，准备 2011 年盖房子时再卖，可是不料猪生病了，不得已才卖掉了，12 头猪卖了大概 10000 元。王兵德告诉我们他家的收入来源本来就很单一，主要靠种地的收入，另外每年再养几头猪，要想增加家庭收入唯一的办法就是扩大土地种植规模，而自己又无法劳动，家里目前只有妻子一个劳动力，目前种自己的这 36 亩地都顾不过来，更别说扩大规模了，说起来这些他又一次露出了对妻子的愧疚之意。

表 8－7　**2010 年家庭收入来源情况表**　单位：元

职业	收入	职业	收入
从事种植业	32000	本乡镇就业工资	－
从事渔业	－	外出打工	－
从事家庭手工业	－	从事运输业	－
从事畜牧业	－	政府补贴	－
从事养殖业	10000	出租草场、耕地等	－
从事旅游业	－	其他经营收入	－

王兵德说，他家 2010 年最大的开销就是生产性支出，在生产性支出方面，王兵德告诉我们由于近两年物价涨得太快，因此农资价格也随着涨得很高，他家 2010 年种地总投资差不多就有 15000 元，他说在农业投资中，主要是化肥和灌溉费比较高，2010 年买化肥花了大概 7000 元，灌溉费大概 6000 元，另外还有收割费、播种费、农药费等，另外 2010 年一年购买饲料总共花去 7000 元，因此 2010 年一年的生产性支出总共大概有 22000 元。而在生活性支出方面，王兵德告诉我们，由于孩子还小，家里面 2010 年没有什么大的开支项目，主要就是食物穿衣方面，他家 2010 年在食物穿衣方面大概花费了

10000元，另外在看病吃药上花了大概4000元，人情礼金花了大概2000元，其他方面的花销因为都不算大，所以自己也记不太清楚。王兵德家2010年开支情况见表8-8。

表8-8　　2010年家庭支出情况表　　单位：元

总支出	生产性	食物衣服	看病吃药	人情礼金	交通费	通信费	水电气费
39900	22000	10000	4000	2000	500	800	600

通过王兵德家的收入支出状况我们可以看出，他家一年下来收支基本上是平衡的，纯收入没有多少。而王兵德在跟我们聊的过程中还告诉我们他家2011年又新建了4间砖瓦房，我们当时很奇怪，就问他建房子钱是从哪儿来的，因为根据我们的判断他自己应该没有多少储蓄。他说建房子钱主要是贷的款，2011年他自己贷了7万元，朋友又帮着贷了一部分。房子已经建好了，但还没有装修，总共投资了6万元，剩下的钱投资到地里面去了。我们当时很惊讶，问到那他准备怎么还这些贷款，因为根据他家的收入支出状况，每年纯收入并没有多少。他笑着对我们说，他2011年的病情已经大为好转，基本上已经不怎么吃药了，好多轻一点的活也可以干了，在他和妻子商量后，又承包了30亩地，再加上自己家的36亩地，2011年总共种了66亩地，其中，有16亩玉米、40亩油菜、10亩花葵。他说，这样一年下来收入就可以比前一年翻一番了，虽然可能更辛苦点，但是他跟妻子都认为如果实在顾不过来的时候可以雇人，这也花费不了多少钱，但收入可以增加很多。这样最多两年就可以还清贷款了。他说，他家现在住的房子还是很早就建的，已经很陈旧了，所以必须新建房子，给孩子提供一个更好的家庭环境。王兵德说，大女儿现在虽然还在上小学，但是学习非常刻苦努力，很懂事，因此作为家长一定要给他们提供最好的条件，全力供养孩子上学，他们受过的苦一定不能再让孩子去受，一定要让自己的孩子过上幸福的生活。在王兵德的眼中我们看到了他对孩子寄予的希望和爱，真心祝愿两个孩子能在学业上能有所成就，不辜负父母对他们的期望。

说起平时闲暇时他有什么娱乐活动，王兵德说以前没生病时，他很喜欢打乒乓球，而且乒乓球打得还相当的不错，每当一有空的时候他就会约上几个人一起出去打。但是自从生病后，因为不能剧烈活动，所以再没有打过。

现在的娱乐活动也就是每天在家里看看电视和邻居聊聊天。我们还询问了王兵德家的耐用消费品情况，王兵德告诉我们虽然他家比较贫困，但是随着时代的发展，很多电器已经是家庭里面不可或缺的物品，而且现在很多电器价格都很低，因此一些基本的家用电器现在家里面都有。2010 年王兵德家家庭耐用消费品情况见表 8-9。

表 8-9　　**2010 年家庭耐用消费品情况表**

项目	数量	项目	数量
电视机（台）	1	拖拉机（辆）	1
电冰箱（台）	1	卡车（辆）	0
洗衣机（台）	1	小轿车（辆）	0
照相机（台）	0	电话（部）	1
影碟机（台）	0	组合音响（套）	1
电脑（台）	0	手机（部）	2
摩托车（辆）	1	太阳能（匹）	0

王兵德说，这几年要不是得病，他家现在肯定不是这样子的，但既然是上天给的病，也没办法。但现在病情已经好转，他相信凭着自己和妻子勤劳的双手，生活一定会越来越好。我们从他坚定的眼神中可以看出，他对未来充满着美好的希望。我们也衷心希望王兵德能够早日完全康复，为了他美好的希望和他的妻子一起勤劳致富。

（四）朴实勤劳的张青松家

我们采访张青松家的时候，已是傍晚，此时张青松还没有回家。他父亲张向明得知我们的来意后，热情地招呼我们到屋里坐。他告诉我们，张青松去给邻居家帮忙盖房子去了，还没有回来，估计还得等一会儿。他表示我们可以先采访他，儿子家里的一些基本情况他还是挺了解的，不了解的地方等到儿子回来后我们可以再向他了解。

张青松家一共有 3 口人，张青松夫妇，还有一个女儿。张青松，1975 年出生，36 岁，汉族，初中文化水平，无宗教信仰；妻子叫唐丽，34 岁，汉族，初中文化水平，无宗教信仰；女儿 11 岁，在镇上读小学四年级。张向明老人告诉我们，他和老伴并不和儿子张青松生活在一起，他们还在老家阿拉善右旗塔木苏苏木，这次是专门过来看孙女的。他告诉我们，由于他们老家离这儿大概有 500 多公里，他们一年也就来个一两次，每次来都要在这住上一两个月才回去。

张青松老家在阿拉善右旗塔木苏苏木乌仁图雅嘎查，以前是纯牧业户，当时家里有好几万亩草场，分冬场和春场。但是由于他们是外来户，在人民公社解体后分牲畜时，他们家仅分了 15 头骆驼，到 1994 年他们搬迁时家里也仅仅有 30 头骆驼。张向明老人告诉我们，当时除了养的这 30 多头骆驼外，再没有其他的收入，因此家里面的生活过得很苦。1994 年阿拉善盟提出为了缓解草场压力、解决草场沙漠化严重的问题，需要对部分牧民实行生态移民搬迁。政府当时宣传，搬迁后会给安排工作，而且搬迁地交通、电力、用水等各方面都很方便，考虑到自己家当时的收入情况和所处的环境，张青松一家没怎么考虑就搬了。他们想着不管怎么着到外面总比继续待在那个地方好一点，更何况政府还承诺给安排工作。张向明老人告诉我们，他当时和儿子一起搬了过来，但他们的户口还在塔木苏苏木，并没有迁移过来，而且家中的牲畜也没有卖。但是等到搬迁到这个地方后，发现除了基础设施比原来的地方好以外，其他的并不是像政府承诺的那样。当初说是给每家分地，但是每亩地自己还得要出 100 元，这在那个时候相当于买了，而且亩数还不够，说是四十亩，但实际上只有三十几亩。而工作的事更是没有的事了。

张向明老人说，刚来的时候，一方面由于自己从来都没有种过地，不懂得农业种植技术，另一方面，当时地“生”，再加上环境条件恶劣，风沙大，刚开始的几年每年都基本没有收成，这让他们一家又重新陷入了绝望中。在 1997 年政府要求把他们的户口迁移过来的时候，他和老伴决定和儿子分开，自己选择重新回到阿拉善右旗塔木苏苏木从事牧业，而让儿子继续留在这个地方。说起这件事儿，老人庆幸地表示自己当初做了一个很正确的决定。他说，他们那个地方在 2003 年的时候实行了退牧还草的政策，当时给他家就补了 24000 元；在 2009 年的时候有了养老保险政策，现在每人每月是 660 元，这个比起左旗来说要高多了，现在他和老伴把所有的牲畜都卖了，光靠养老保险就能过上很舒适的日子。老人告诉我们，如果当初他和老伴选择留在这个地方，那右旗的那些政策他们就都享受不上了。而儿子张青松在这个地方生活了几年后，生活也逐渐好了起来，现在每年的收入都还行。他说，在这个地方对年轻人就是好，什么都方便，包括交通、信息等，可以让他们更好地了解外面的世界，开阔视野。只要年轻人勤奋努力，生活没有过不好的。而最方便的还是孩子上学，而且教育质量还好。老人告诉我们，他们家对孙女的期望很高，希望她能好好学习，以后有一个好的出路。

当我们谈起张青松家 2010 年的收入支出情况时，老人表示这个他不知道，得等到儿子回来后问他。而这个时候张青松正好从外面回来，老人笑着跟儿子说，他回来的正是时候。张青松简单地洗漱了一下后，便热情地跟我们聊了起来。据张青松介绍，他家 2010 年总共收入大概是 4 万多元，主要收入来源是地的租金、打工收入还有挖玛瑙石。他说，2010 年一年挖玛瑙石的收入大概是 3 万元，这项占 2010 年收入的一大部分；另外他家有田地 37 亩，2010 年以每亩 200 元的租金租了出去，这样一年下来租金是 7400 元；而他和妻子在外面打工挣了大概 6 千多元。张青松家 2010 年家庭收入来源情况见表 8 - 10。

表 8 - 10　　2010 年家庭收入来源情况表　　单位：元

职业	收入	职业	收入
从事种植业	-	本乡镇就业工资	-
从事渔业	-	外出打工	6000
从事家庭手工业	-	从事运输业	-
从事畜牧业	-	政府补贴	-
从事养殖业	-	出租草场、耕地等	7400
从事旅游业	-	其他经营收入	30000

张青松告诉我们，他家就 37 亩地，如果只种这些地的话，每年的收入不会很多，也就是 1 万多元。而且一旦种地，夫妻俩就都被困在家里了，没法再出去打工，地里面总是有很多活要干。而等到庄稼收完后，天气已经冷了，没法再出去打工，因此一年的收入基本上就这些。现在的农资价格又很高，投资越来越大，种地少根本不划算，因此他决定把地租出去，这样每年的租

金也有7000多元，而自己又可以和妻子出去打工。他说，妻子一般都是在家附近打工，不出远门，因为还要在家照看孩子上学，而自己一般都离家比较远。但是打工并不是他主要的收入来源，只是在挖玛瑙石的间歇时间才去打打零工的，他的主要收入来源是挖玛瑙石。张青松告诉我们，他每年都要和朋友开车出去挖玛瑙石，地点一般在左旗和右旗交接的地方，那里有戈壁、沙漠、大山等，玛瑙石比较多。他说，挖玛瑙石不需要什么特殊的技能，只是很简单的体力活，但关键是要能够找到材质好的或者是形状好的玛瑙石，这类都比较值钱，好的玛瑙石有的一块能卖上千元。而劣质的玛瑙石则根本不值钱，有的甚至没人要。

据我们了解，玛瑙是火山晚期热液充填早期洞隙后生成的矿物，石英质，硬度6.5~7级，超过水晶。其颜色是微量金属或着色矿物所至，纯质玛瑙应为白色，形状多与生成空间有关，经风沙凌砺，石面光润，有鲜明的通透感。色彩极为丰富，黄、白、红、赭、兰、紫、灰各显其美，流光溢彩、斑斓纷呈。在我国有西藏玛瑙石、辽宁玛瑙石、阜新市玛瑙石、宁夏玛瑙石等，在内蒙古西部沙漠中也有。玛瑙石坚硬、质密细腻、颜色美观，是雕琢美术工艺品的上等原料；玛瑙经切磨、抛光后，可以用来制作各种装饰品及摆件，也可制造耐磨器皿和罗盘等精密仪器等，有很高的应用价值。而且很多天然的玛瑙石，晶莹剔透、色泽艳丽、造型精巧，浑然天成，极具观赏价值和收藏价值，备受很多收藏家的喜好。可以看出，张青松找到了一条致富的道路，只要用勤劳的双手去拼搏，他家一定能走上幸福路。

谈起他家2010年的支出情况，张青松告诉我们，由于他家2010年没有大项的开支，因此总的开支相对收入来说少多了。2010年他家一共支出16000元，其中食物支出最多，大概有5000元；买衣服花去2000元，一年的水电气费大概是1000元，日常用品大概花去3000元，看病吃药为2000元，交通费为1000元，通信费为1000元；另外由于孩子才上小学四年级，因此子女教育费用才1000元。2010年张青松家支出情况见表8-11。

表8-11　　**2010年家庭支出情况表**　　单位：元

总支出	生产性	食物	衣着	住房	子女教育	其他
16000	–	5000	2000	–	1000	8000

我们询问了张青松家的家庭耐用消费品情况，他告诉我们，他家目前有一台电视机、一台电冰箱、一台洗衣机、一台电脑、一辆摩托车和两部手机。2010年张青松家庭耐用消费品情况见表8－12。

表8－12　　2010年家庭耐用消费品情况表

项目	数量	项目	数量
电视机（台）	1	拖拉机（辆）	0
电冰箱（台）	1	卡车（辆）	0
洗衣机（台）	1	小轿车（辆）	0
照相机（台）	0	电话（部）	1
影碟机（台）	0	组合音响（套）	0
电脑（台）	1	手机（部）	2
摩托车（辆）	1	太阳能（匹）	0

平时闲暇时间，张青松比较喜欢下象棋、看电视和上网。他告诉我们，他每当有空时总会找人玩一会，但有时候也找不到人一起来玩，因此他就会上网，在网上跟别人下。他笑着说，现在的网络很发达，两个不知道对方在什么地方的人，都可以随意的切磋棋艺，而且还可以找到很好的棋友。除了下象棋之外，他也会在网上看一些新闻，通过网络了解外面的世界。可以看出，张青松除了辛勤劳动之外，他的业余时间也过得很充实。

在我们看来，这是一个欣欣向荣、努力奋发又充满欢乐的家庭，祝愿他们的生活越来越红火。

（五）普通种植户陈生勇家

拜访陈生勇家时他与妻子正在院子里干活，见到我们就立刻放下手中的活儿上前欢迎我们的到来。他们家院子很大，大约130多平方米。院子里有3间棚圈喂养着16只绵羊，主要是自家食用。老屋的对面盖起了新房，但正在装修还没有入住，所以先把我们领进了老屋。

陈生勇家的房子是砖木结构，分有4间，共100平方米左右。堂屋的摆放极其简单，一张炕、一张饭桌以及一台电脑。仔细了解到我们拜访的目的后，陈生勇与妻子开始和我们讲起他的家庭和生产、生活情况。

陈生勇47岁，他的妻子45岁，他们有两个儿子。大儿子22岁，在阿拉善盟电大读大专；小儿子2011年考大学，前几天刚知道高考分数，孩子对于分数不太满意，准备再补习一年，明年再继续参加高考。虽然家里有两个儿子上学，开支比较大，但是他们认为已经比以前在牧区时的生活好很多了。

陈生勇一家是1994年的8月从阿拉善右旗笋布尔苏木恩格尔乌素嘎查搬过来的。谈起在牧区的生活，陈生勇记忆犹新。那时在牧区，一家四口住在只有两间不足50平方米的土坯房里，发电靠的是草场上的风力发电机；也没有自来水，人畜饮水全靠的是挖的一口深水井。冬天草原风大、气温低，遇到连日大雪，更是寒冷难耐。在草原，牧户与牧户距离非常远，不能串门聊天，家里以前也没有电视，平常闲下来时只能听听广播。他们家虽有20万亩草场，但多是戈壁、荒漠，所以可利用的草场极为有限。1983年实行包产到户，那时他们家有近百只白绒山羊和四五十头骆驼，但从1984年开始连续十年干旱，大面积的草地退化为沙地，草场的草量是一年不如一年。牲畜数量急剧减少，白绒山羊仅剩下40只左右，骆驼也不足30头，家里的收入也随之减少一年不如一年。当时每年的收入损失还不止这些。陈生勇家的草场与蒙古国相邻，白天放羊时常有小羊会越过边境线跑到对面，每当这时只能尽量想办法唤回小羊，但经常有小羊跑到蒙古国就回不来的情况发生。夜晚，偶有野狼袭击羊群或者骆驼，咬死后拖走小羊或小骆驼，因此，每年这笔损失在两三千元。另外，在冬季以及草量不足的年份里，还需要给白绒山羊买草料，平均每年要3000元左右。那时，饲养牲畜还要交税，每只白绒山羊的税是8元，每头骆驼的税是5元，这部分开销也占了很大一部分。如今，国家为了减轻牧民的负担，废除了牧业税。虽然仅仅依靠放牧，每年牧民的收入并不高，但在牧区的生活花费相对来说比较低，所以每年还可以存一些钱。搬迁前一年，也就是1993年，全年生活支出在2000元左右，其中在食品方面的支出大约1000元；人情礼金支出大约500元；买衣服等其他方面支出500元左右。收入方面，以每斤羊绒90元、每头骆驼900元计算，收入一共6000元左右，挖苁蓉每年大约有5000元收入，所以一年的纯收入在5000元左右，生活过得比较轻松自在。

1992年时，苏木和嘎查开始宣传生态移民政策，是为了动员他们保护草原环境实行退牧，鼓励牧民勇敢地走出草场，去过新的生活。虽然在牧区生活多年，不想改变固有的生产和生活方式，但他们还是在1994年第一批就搬迁出牧区。搬出牧区有几点原因：第一是考虑到大儿子已经5岁，即将面临上学，而离家最近的学校也有200公里，而且交通非常不方便；第二是小儿子的户口问题，按照当年的计划生育政策，即使是牧业户，一家也只能生一个孩子。陈生勇家因为违反计划生育政策生二胎，被罚了4000元，户口问题仍然没有解决。但是，这个时候政府答应他若要搬出牧区就能帮他儿子办好户口问题，解除后顾之忧。所以，为了大儿子的上学问题和小儿子的户口问题，他们决定从牧区搬迁到阿敦高勒嘎查。

搬迁前，政府承诺给他们优厚的生态移民搬迁补偿。主要是分给每户40亩土地，两间房子，柏油马路，可以坐公交车进出村，还发给搬迁补贴等。但搬过来之后，政府非但没有给盖房子，分给每户的1000平方米的宅基地，每户还要付50元。实际到手的土地也只有36亩，并且每亩交给政府100元的土地开发费。政府给的800元的搬迁补贴并没有直接发到他们手中，政府说直接补贴到土地开发中去。搬出地的苏木补贴给每户搬迁户200元的盖房补贴。陈生勇一家的新生活就是在这片荒地和只有宅基地的空地上开始的。刚搬来的时候，陈生勇与妻子白天在地里平整土地，晚上一家四口只能住在帐篷里，后来他们盖起了现在这个房子，这些年他们又不断地进行维护和扩建。当时他们对于搬迁的决定感到后悔，但又别无选择，因为草场已经退牧，回不去了。在最初的几年，家里几乎都没有收入，而种子、化肥、农药、灌溉以及生活的方方面面都要花钱，在牧区存下的钱很快就花光了。为了继续农业生产以及维持一家人的正常生活，他们只能向亲戚朋友借钱。就这样，陈生勇和妻子凭着勤劳能干，艰难地渡过了最困难的时期，家里渐渐地也开始有了收入，到2005年的时候他们终于还清了借款。随着农业生产的好转和收入的增加，家里生活质量也在逐渐好转，陆续添置了彩电、洗衣机、摩托车、拖拉机等，更是为了孩子方便学习还添置了一台电脑。

2007年，嘎查里的一个农户因为家里两个孩子上学，没有钱偿还信用社贷款，所以作为贷款抵押的30亩土地，被信用社以每亩100元较低的价钱向外承包。陈生勇当时也正在考虑扩大种植面积的事情，所以当下就贷款承包了那30亩土地。加上自有土地，陈生勇家一共有66亩土地，主要种植玉米、花葵、油葵、西瓜等。其中，玉米收益最高，但因为耗水量大，种植面积是受到严格限制的。然而，油葵比玉米耐旱省水，但收益差很多，所以他们一般都是在种植玉米之外的地里，再种植些其他经济作物。扩大种植规模后，陈生勇一家的收入也有所增加。但这两年物价上涨的厉害，种子、化肥、农药以及雇工费等也都跟着上涨了许多。特别是灌溉费，这几年涨到了每吨水0.31元，一年仅灌溉费一项就超过10000元。虽然国家取消了征收各种农业税费，但实际收入比前几年有所下降。除了物价上涨因素，陈生勇认为影响收入增加的另一重要因素就是灌溉水不足。因为这个区域是经过宁夏银川引黄河水来灌溉的，所以黄河水的流量、银川地区的用水量都会直接影响到他们的灌溉用水。特别是2005年以来，几乎每年都不能按之前规定的执行，也就是说达不到20天给一次水，甚至这两年30天才给一次灌溉水。陈生勇家2010年种的西瓜就因为缺水，最后连种子钱也没有收回来，赔了很多钱。他们也去找嘎查委员会反映过问题，希望能保证农业用水的按时供水，但供水情况基本没有任何改善。

2010年，陈生勇家66亩土地分别种植了玉米、油葵和西瓜，农业纯收入也只有30000元左右。为了增加收入，农闲时，陈生勇在嘎查里给别人打工，主要是用脱粒机给玉米脱粒，所以这两年工资比以前高了，每天能挣100元。陈生勇2010年断断续续打了一个多月的工，收入4000多元。妻子没有去打工，主要喂羊和承担家里的所有家务事。这样，陈生勇家2010年就有34000元纯收入。从数字上看，陈生勇家的收入还不错，但是他们家支出也比较大。

表8－13　　　　**2010年家庭生活支出情况表**　　　　单位：元

食物	衣着	水电气费	子女教育	看病吃药	人情礼金	交通费	通信费	其他	合计
2000	1000	800	18000	–	1000	200	500	500	24000

从表8－13中我们可以看到陈生勇一家2010年生活支出情况。2010年陈生勇家生活支出总共24000元，其中，开支最大的一项就是子女教育。陈生勇家两个儿子现在都在读书，大儿子读电大，一年的费用大概是8000元；小儿子所就读的高中因为学校离家比较远，所以平常住在学校，只有假期才回家一次，生活费方面花销比较大，一年费用至少需要10000元。在食物方面，陈生勇家因为喂养18只绵羊，主要是自食，所以在这方面支出比较少一些，

一年花费2000元左右。

通过综合的收入、支出问卷完成情况，我们可以了解到陈生勇一家2010年的纯收入在10000元左右。虽然比在牧区时收入高很多，但现在物价持续上涨，生活压力也非常大，相比之下，陈生勇他们更羡慕那些没有搬迁出来，现在还在牧区的牧民。当时未从牧区搬迁出来的牧民，后来享受到国家退牧、禁牧补贴政策，国家发给每户牧民每年1.8万元，年轻的牧民可以外出打工，年长的牧民可以每月领取养老保险金，与陈生勇家相比其实收入不相上下，且生活比较轻松，压力也小。他们希望国家的退牧、禁牧补贴政策也能惠及到像他们这样的更早退牧、从牧区搬出来的牧民。他们和后来退牧的牧民一样都为保护生态环境做出了牺牲，可以说他们是做出了更大的牺牲。

谈到养老保险金，陈生勇告诉我们，他和妻子现在也都加入了新型农村养老保险金，是为了等老了以后生活有个保障。现在，每人每年交100元，等到了60岁，就可以每个月领取100元；到了70岁以，每月就可以领取120元；到了80岁，每月就可以领取130元。他们还加入了新型农村合作医疗保险，不过全家人身体健康，还没有去卫生所看过病。

对于2011年的生活，陈生勇向我们表示了他的忧心。他们家2007年承包的30亩土地到期，土地发包方希望到期后收回土地。而且最近两年土地承包价格每年都在涨，每亩土地的承包价格在200～300元之间，并且越来越不好承包到土地，陈生勇非常担心在承包合同到期后承包不到别的土地。这样家里收入一下就会减少很多，更重要的是，如果明年小儿子考上大学，孩子的学费、生活费又是一笔不小的开支，仅靠自家的30多亩耕地的收入很难供养起大学生，所以家里经济情况可能会变得比较紧张。他希望能赶快找到其他的挣钱门路，缓解即将到来的“经济危机”。

访问结束时，陈生勇夫妇又带领我们参观了他的新家。房子是2011年新建起来的，花了6万元，砖木结构的三室两厅，有106平方米，外墙的瓷砖已经贴好，房屋建设也基本完成，现在屋内正在进行装修。他们还打算在装修好后，买台新彩电和新的家具搬进去，入冬前还要安装上太阳能热水器。陈生勇一家都十分期待着来年能在新房里度过一个温暖又一不一样的春节。

（六）普通种植户刘明国家

在一位村民的带领下，我们来到一户人家的院门口，院子的地上堆着水泥和沙子，院里有五六个人正在盖房子。村民进去跟一位中等身高的男子说了几句话后，便把我们领进屋子，见到了正在往墙壁上抹水泥的刘明国。这并不是刘明国的家，而是邻居家盖新房，他和村民们就一起来帮忙干活。刘明国一边干活一边接受了我们的访问。

刘明国，蒙古族，34 岁，初中文化程度，汉语听说都很流利。刘明国是 1994 年的夏天随父母一同从牧区搬迁过来的。2003 年结婚后才分户，现在有了自己的家。

搬迁前，刘明国与父母一起住在阿拉善右旗笋布尔苏木恩格日乌苏嘎查。家里住得是土坯房，分为 6 间，大约有 120 平方米。当时，发电靠的是草场上的风力发电机，人畜用水基本依靠自家挖得水井。刘明国一家当时大约有 30 万亩草场，而且草场质量比其他牧户家的草场要好一些，基本没有退化，所以饲养的牲畜也比别的牧民家多，大概有 80 来头骆驼和 140 多只白绒山羊。当时家里的收入来源主要就是卖骆驼肉和驼、羊绒。平均每年能卖五六头骆驼，1993 年的时候每头骆驼的价钱差不多在 1000 元左右，驼绒大约是每斤 9 元，羊绒大约是每斤 80 元，一年的毛收入大约有 25000 元。而且在牧区的生产支出比较低，夏季时草场有丰富的绿草，冬天时需要给山羊买草料，一年的费用最多 3000 元。生活支出就更少了，牧民主要是吃肉，一年到头很少买菜吃菜，更多是买食用油和白面。当时穿衣服也很省钱，辽阔的草场人烟稀少，很少与外界接触，每天除了自己家人就很少见到外人，也没有买新衣服的必要，所以每年生活方面的花销对于一家四口来说 2000 元就足够。以 1993 年国民收入水平来看，一个四口之家一年 20000 元的纯收入应该说是比较不错的。刘明国一家当时在牧区的生活还是很富裕的，生活压力也比较小。在牧区唯一不方便的地方就是学校和看病的地区离得太远，差不多有 100 多公里的路程。当时刘明国家里还没有摩托车，骆驼就成了唯一的交通工具。上中学时，因为家离学校太远，刘明国都是骑着骆驼去上学，每年只有寒、暑假时才能回家一次。

20 世纪 90 年代初，随着生态环境的恶化，从国家到民众都逐渐意识到保护生态环境的重要性。特别是在阿拉善盟，沙漠面积的急速扩张和草场的不断退化，已经威胁到当地人民的生存。为了恢复草场的本来面貌，从1992年开始，从盟里到嘎查，开始积极进行生态移民搬迁的宣传、动员工作，同时政府也给出了“丰厚”的搬迁补偿政策，在政府人员多次动员后，为了保护草原生态环境，支持国家政策，刘明国与父母放弃了原有的轻松富裕的牧区生活，他们主动报名同意生态移民。1994年，刘明国一家成为第一批生态移民搬迁户。怀着对草原的恋恋不舍及对新生活的忐忑不安，刘明国与父母告别了祖祖辈辈生活的草原，告别了羊群和骆驼，开始了另一种完全陌生的生活。但是，刘明国一家搬迁后，政府仅仅分给他们家1000平方米的宅基地和40亩土地，但是分给他们家的宅基地交给政府50元，每亩土地交给政府100元土地开发费。

刘明国一家在空地上盖起了房子，把高高低低、长满野草的荒地变为了田地。他们足足用了五六年的时间，跟着农技员学播种、浇水、施肥、打药、收割，学会了种玉米、种油葵等，其中的艰辛不言而喻。但是因为灌溉条件有限，农业收入一直不好，种地赔钱，不种地没有钱，以前在牧区时存下的钱很快就全部花光了。所以生产和生活只能靠跟借钱维持，先是跟亲戚朋友借，后来就跟信用社贷款，因为农业收入低，所以家里的贷款年年贷却又偿还不上。2003年，刘明国结婚分户后，家里就不再种地，父母亲外出打工挣钱。而偿还贷款的重担，就落在了刘明国与妻子的肩上。

谈到这里，刘明国手中的活暂告一段落，于是带我们去他家继续访谈。大概只走了两三分钟的路就到了刘明国的家。我们见到了他的妻子和孩子。

刘明国一家现在是四口人，他的妻子李雪玲，34岁，女儿8岁，9月开学上小学二年级，见到我们后很有礼貌地向我们问好。儿子只有4岁，坐在电脑前专心致志地在打电脑游戏，而且还开着音响。因为音响声音开得很大，我们之间的谈话要很大声才能听得到。对于一个4岁的小孩玩电脑游戏这件事，让我们颇感担心。刘明国的妻子告诉我们，虽然儿子已经4岁，但因为家里经济条件不好所以没有去上幼儿园，平常他们去地里干活时就会带着儿子一起去，让儿子在地里玩儿，回到家后儿子一般就是打电脑游戏、看电视有时也和邻居家的朋友在外面玩游戏。他们也比较担心孩子的视力问题，但因为比较忙，也无暇顾及儿子，只能放任他一个人玩电脑或者看电视。

刘明国的妻子李雪玲是甘肃省民勤县人，2000年的时候，她与父母、姐姐一起从民勤县搬迁到李井滩。在民勤县的时候，她们一家生活非常贫困，一家四口人只有七分地，那几年又遇到干旱、生态环境日益恶劣，农业收入完全不能满足家里的开销。李雪玲只好放弃学业和姐姐一起去外地打工，但是当时的工资每月也只有 200 元左右。当时从亲戚朋友那里听说与她们相邻的阿拉善盟在实行生态移民，条件比民勤县好很多，于是李雪玲一家就举家搬迁，搬到了李井滩。搬迁过来之后，她们家买了一块宅基地，自己盖起了房子，后来通过土地转让，她们家有了 30 亩土地，一家人的生活终于安定下来。搬迁过来后的生活比在民勤县的时候好很多，因为耕地多，灌溉相对好很多，一家人过得非常知足。

2003 年，26 岁的李雪玲经人介绍认识了阿敦高勒嘎查的刘明国，不久之后二人结婚，李雪玲也搬到了阿敦高勒嘎查。刘明国分户后，嘎查里给他分了 1000 平方米的宅基地，但是没有土地。刘明国父母贷款给儿子盖了房子，大约 110 平方米，是分为四间的砖木房。按照当地习俗结婚时，男方除了要有房子，还要赠送女方金银首饰做彩礼，但是李雪玲非常通情达理，考虑到刘明国家经济条件不好，有贷款，所以结婚时再没有要求其他的彩礼。后来，刘明国与妻子从信用社贷款 3 万多元，通过土地转让，他们有了自己的 35 亩土地，接着他们承包了 25 亩土地，2010 年又承包了 20 亩土地，加上自有土地，刘明国家如今共有 80 亩土地，主要是种植玉米、油葵、西瓜等。

表 8－14　**2010 年农业生产支出情况表**　单位：元

农业毛收入	农业支出					农业纯收入
	种子、农药、化肥	灌溉费	收割费	其他	合计	
50000	12000	8000	4000	1000	25000	25000

从表 8－14 中我们可以看出，2010 年农业总收入有 50000 余元，但是农业支出比较多，其中，仅灌溉费一项就花费近 8000 元，种子、化肥、农药的花销是 12000 多元，收割费是 4000 元左右，再加上雇工等其他费用，农业支出达到 25000 元，占到农业收入的一半，农业纯收入也只是有 25000 元。

为了多挣些钱，除了做家里的农活外，刘明国也会时常给别人打工。农忙的时候，刘明国就给别人做些农活，劳务费是每天 100 元；农闲的时候，他就与妻子轮流外出打工和照看孩子，一年打工收入能有 5000 元左右。嘎查里的村民盖房子需要用工的时候，刘明国也会去帮忙，虽然钱不多但总可以填补些家用。就像我们见到刘明国的时候，他就在邻居家帮忙做工。2011 年，由于他们家承包土地的期限已到，而且每亩土地的承包价已经涨到 200 ~ 300 元，土地承包成本太高，所以他们 2011 年就没有再承包土地。现在他们一家四口仅靠着 35 亩土地的收入和刘明国打些零工来维持生活，而且他们身上还背负着贷款，因此经济状况非常紧张。结婚前，刘明国的父母欠下的 6 万元贷款，自己担负 2 万元，分给刘明国 4 万元，再加上刘明国自家的 2 万多元的贷款，共有 6 万多元的贷款等待他们偿还，所以家里负担特别重。

表 8 - 15　**2010 年家庭生活支出情况表**　单位：元

食物	衣着	水电气费	子女教育	看病吃药	人情礼金	交通费	通信费	其他	合计
5000	1000	1000	500	-	1000	2000	1000	500	12000

从表 8 - 15 中我们可以看到，2010 年刘明国一家四口的生活消费是 13000 元左右，其中购买食物等大约花费 5000 元，给两个孩子买衣服一年至少需要 1000 元，水电气费方面大约花费 1000 元，女儿上学买教辅书等花费 500 元左右，亲戚朋友红白喜事送的份子钱一年有 1000 元左右。因为地里和家离得很远，为了带着小儿子去地里方便，2009 年时刘明国花 4000 元买了一辆二手面包车，一年的汽油钱在 2000 元左右。刘明国与妻子一人一部手机，两部手机的手机费大约也要 1000 元，购买生活用品等其他方面的费用在 500 元左右。

表 8 - 16　**2010 年家庭收支情况表**　单位：元

<table>
<tr><th rowspan="3">项目</th><th colspan="2">总收入</th><th colspan="3">总支出</th><th rowspan="3">纯收入</th></tr>
<tr><th>农业总收入</th><th>打工收入</th><th>农业总支出</th><th>生活支出</th><th>偿还贷款</th></tr>
<tr><td>50000</td><td>5000</td><td>25000</td><td>12000</td><td>8000</td></tr>
<tr><td>合计</td><td colspan="2">55000</td><td colspan="3">45000</td><td>10000</td></tr>
</table>

综合以上情况，我们可以得到刘明国一家 2010 年的收支基本情况，农业收入 5 万元，打工收入 5000 元，农业支出 2.5 万元，生活支出 1.2 万元，偿还信用社贷款 8000 元，最终家庭纯收入只有 1 万元。对于刘明国来说，现在

收入比以前在牧区时差很多，但是生活质量确实提高了。不但在吃的方面更加多样了，而且用水、用电都非常方便，像电视机、电冰箱、洗衣机、电脑等家用电器家里都有。

刘明国告诉我们，现在家里的经济压力完全落在了他身上，既为人子，又为人夫、为人父，生活压力特别大。对于刘明国，现在最需要的就是资金。因为缺少资金，既没有钱扩大农业生产规模，也没有钱投资做生意，生活状况难以改善。

即便如此，在谈到今后几年的生活时，刘明国与妻子依然是充满了信心。刘明国告诉我们，他一定会找到好的生意门路，或者找到一份好的工作，有一份不错的打工收入，那时他们家生活一定会比现在过得更好。

（七）支持女儿学美术的付金花家

晚上 8 点，正要去拜访李玉光家的时候，在门外遇到了他的妻子付金花，在明白了我们的来历后，她显得很为难迟疑了一下，但还是热情地把我们请进了门。一进院门，就给人空空的感觉。偌大的院子，只有一个鸡舍，养着 20 多只鸡，没有看见牛、羊等其他牲畜。李玉光开拖拉机给别人干活，经常很晚才回家。家里的所有的大大小小的事情就落在他的妻子付金花身上。刚才我们在院门外遇到时，她就是刚从地里浇水回来。虽然还没吃饭，但她欣然接受了我们的访问。

进了屋子，付金花热情地给我们倒水，趁空我们也稍稍环顾四周，房间里摆设极其简单。堂屋里除了一张炕、一个饭桌、一台洗衣机外再别有其他什么东西。这么简陋的环境，让我们略有吃惊。付金花告诉我们，她文化程度低，只上过小学，不怎么识字，而且她汉语说得也不好，所以希望我们另换一家做访谈，她的突然拒绝让我们一下不知如何是好。这时，一个电话打进来，付金花立刻接起手机，讲起了电话，虽然用的是方言，我们听不懂，但能看出至少这是一个令她开心的电话，脸上露出愉悦的表情，而且之前的紧张感也荡然无存。付金花挂了电话，便直接讲起了自己的女儿。

原来刚才的电话是她的女儿打来的，9 月女儿开学后升高三，是美术特长生。为了得到更专业的美术指导，女儿和同学们一起去呼和浩特市求学。刚才那个电话正是女儿从银川火车站打回家报平安的，她和同学们已经买到火车票，一会儿就上火车，预计第二天早晨就可以到呼和浩特市了。

付金花边聊着女儿，边找出了女儿以前的绘画作品给我们看。女儿是从初中开始正式学习美术的，基本都是油画，虽然我们对油画不太了解，但能看出有一定的绘画基础，画得还是有模有样的。这其中只有一张是素描，付金花递给我们看时，还有些不好意思。画里的人物正是付金花。她说这张素描是女儿在上高中前特意画来送给母亲的。上高中后，因为学校远，必须住校，所以每年回家的时间也只有寒暑假而已，而付金花和丈夫也因为太忙很少去学校看女儿。闲下来想女儿的时候，就拿出来这些画，透过这些画她仿佛看到了女儿在画板前认真画画的样子。每当这时，她就觉得为了女儿能好好学画画，再辛苦也都值得了。正如人们所知道的一样，培养一个美术生并不是一件容易的事情，在资金方面需要很大的投入。特别是对于一个普通的以种地为生的农村家庭来说，供养一个美术生远比我们想象的还要困难。付金花和我们谈起了这些年她家的生活、生产情况。

付金花，汉族，44 岁，她的丈夫李玉光，汉族，53 岁，他们有两个孩子。除了上面讲到的美术特长生的女儿，他们还有一个儿子 25 岁，初中毕业后就开始外出打工，在前几年回家后，在阿拉善左旗巴彦浩特镇，开了一家门市，专门经营锁阳、肉苁蓉等土特产生意。儿子现在还没有女朋友，虽然在城市里男子 25 岁没有谈对象、没有结婚是很普遍的事情，但在当地，如果男子 25 岁还没有对象，就绝对算得上是“剩男”了。付金花目前对儿子最大的心愿就是找到一个善良的女朋友，早点结婚生子。

付金花一家，以前并不住在阿敦高勒嘎查，他们是 1994 年夏天的时候搬迁过来的。他们家以前住在阿右旗塔木苏苏木格日图嘎查，有 80000 亩草场，主要以放牧为生。20 世纪 90 年代初的时候，因为连年干旱，草场质量下降，大面积草场退化为沙漠，草场载畜量也下降，已经不适合养羊等牲畜，家里只养着 30 多头骆驼，每年卖点驼肉、驼绒的收入，也就是五六千元。有的时候，还可以挖肉苁蓉增加 3000 元的收入。当年家里生活方面花销并不大，大概 1000 多元，儿子上学花费也要 1000 多元，加上其他方面的花销，一年大概要三四千元，所以家里只有少量的存款。当时除了草场的连年退化之外，在当地生产、生活方面也有不少困难。主要是没有通电，照明只能用煤油灯；人畜饮水完全依靠一口深水井；还有交通非常不方便，孩子上学、老人看病都要走上几十公里的路，等等。种种困难使得一家人的生活越来越艰难，30

多头骆驼已不足以维持生计。适逢当时国家开始进行退牧还草、退牧还林工程，阿拉善盟开始逐步推行生态移民工程。在苏木政府、嘎查干部关于生态移民的多次宣传、动员下，他们决定进行搬迁，成为阿敦高勒嘎查的第一批生态移民。但是他们刚搬过来的几年，生产、生活方面实际遇到的困难比想象中的多很多。当时这里尚未开发，是一片荒野，没有地方住，政府只给了1000平方米的宅基地（交给政府50元）所以新生活只能在自己搭建的帐篷中开始。作为搬迁补偿，政府给每户分了40亩地，但实际只分到了36亩地，并且每户每亩地必须交100元土地平整费，用于清除地里的荒草。搬迁过来后，把土地变为田地，付金花和丈夫两个人就用了一两年的时间。种地，对于像他们这样的牧民来说，是一个完全陌生的领域，他们只能跟着同村人学种地。头几年几乎就没有什么收成，赔了许多钱。再加上盖房子，家里的积蓄不但全部花光，而且还跟亲戚朋友借了些钱，生活极其艰难。

付金花说，实际上女儿从小开始就很喜欢画画，但因为买画纸、画笔等美术用品花费太高，当时家里经济条件又不好，她就没有同意，只希望女儿能专心学习，将来读书成才。但是性格倔强的女儿并没有因此就放弃，依然坚持着自己的兴趣爱好，母亲去地里干活的时候，或者夜里家里人都睡着的时候她就偷偷学画画，对于这些事情付金花并不是不知道，只是睁只眼闭只眼，认为女儿坚持不了多久自会放弃。但是有一天女儿画画居然还捧回个奖状，这是付金花怎么也没有想到的，后来拿回家的奖状越来越多，付金花一方面为女儿的坚持所打动。一方面付金花意识到女儿在画画这方面确实有天赋，后来开始支持女儿学美术。支持并不只是口头上说说，还需要在经济方面提供支持。家里只有36亩地，每年的收入也就在10000元左右，非常有限，而女儿在美术方面的花销却是越来越大的。为了支持女儿学习，付金花与丈夫在36亩地上精耕细作，他们家平均每亩地的收入常常高于嘎查里其他的农户。

除了辛勤耕作，付金花与丈夫不断学习、提高种地技能，家里的收入也有了很大的提高。2005年，他们不但还清了以前的借款，还略有结余，这让一家人高兴不已，更是充满了干劲。2006年，他们家向信用社贷款，承包了土地，之后又经过几次承包，到现在已经共承包土地50亩，加上自有的36亩地，共86亩地，规模是以前的两倍多。他们主要种植玉米、花葵和油葵等。付金花告诉我们，从信用社贷款，最重要的是信誉，当年的贷款当年一定要还清，这样来年才容易贷到款，在数量方面也可以多申请一点。他们家就是这样，每年开春时从信用社或者阿拉善左旗的方大村镇银行贷款，用于买种子、农药、化肥、交灌溉费等，秋收后再还钱给信用社和银行。2010 年，付金花一家 86 亩土地共收入 80000 元左右。除了种地，前几年家里买了拖拉机，丈夫李玉光就开拖拉机四处给别人打工赚钱，每年还能给家里再增加 5000 元左右收入。这样，2010 年，付金花家的收入大概就有 85000 元。付金花告诉我们，现在收入多了，但是各方面花销比以前在牧区时也多了。

表 8－17　**2010 年家庭生活支出情况表**　单位：元

食物	衣着	水电气费	耐用品	子女教育	看病吃药	人情礼金	交通费	通信费	其他	合计
5000	2500	1000	3000	20000	7500	1000	500	1000	1500	43000

从表 8－17 中我们可以看到，2010 年付金花一家主要家庭生活支出情况，食物支出 5000 元，明显比在牧区时增加，这主要是饮食结构的变化和物价上涨引起的支出增加。水电费平均每月八九十元，一年 1000 元左右，而在牧区生活时没有电、用的是井水，所以生活支出里就没有水电费这一项。搬迁过来后，上百户人家住在一起，穿衣方面也比以前在牧区时讲究了，特别是女儿现在这个年龄，正是喜欢穿漂亮衣服的时候，现在衣服价格也高，特别是他们这个地方，衣服特别贵，2010 年买衣服大概花费 2500 元左右，主要就是给女儿买衣服。付金花说，她与丈夫平常都是能省就省，穿衣方面也没什么讲究了。女儿的教育费用 20000 元，这是她们家最大一笔开支了，这其中主要是女儿在学校的住宿费、生活费以及学美术的各种花费等，大约比普通高中生家庭多支出 10000 元。为了让女儿更方便学习，2010 年他们花 3000 元给女儿买了台电脑。看病吃药这一项 7500 元主要是付金花看病花费的。近几年付金花的身体状况一直不好。但因为看病不方便，大病什么的都要去银川，所以她也是拖到 2010 年才去银川的大医院做检查，医生诊断结果是心脏病。她当时并没有住院，只是拿了些药就回家了。因为没有住院，而且大部分药品都不在新型农村合作医疗的报销范围，所以看病拿药的 7500 元基本上都是自费。现在，干活累的时候或者天气状况不好的时候，身体就会有些不舒服，去镇上中心医院拿药基本上也都是自费。所以除非特别难受的时候，一般情

况尽量不去医院。付金花一直没有把她心脏病的事情告诉女儿，因为她只想让女儿专心地去学美术。从表中我们看到，2010 年付金花一家在生活方面的支出在 43000 元左右。

2010 年在农业支出方面总支出近 40000 元，其中种子、化肥、农药、收割费等花费在 20000 元左右，灌溉费一项的费用就将近 20000 元。付金花告诉我们，农业生产方面最大的困难就是灌溉水，不但水费贵，而且常常不能按时供水，影响正常的农地灌溉。他们从牧区刚搬迁过来时，灌溉水费是每吨 0. 18 元，现在已经涨到每吨 0. 31 元，浇一次地就需要 35 元，平均每亩地一年的水费大约是 200 元，付金花家 86 亩地一年的灌溉费大约就是 17200 元。而且，这两年总是不能按时供水，本应当是 20 天供一次水，现在平均 30 天左右才供一次水。因为不能及时供水，直接影响了农作物的产量。国家为了减轻农民负担，已经免除农业税，又给发粮补，但是这些都不足已抵消化肥、农药的上涨造成的损失。我们综合付金花家 2010 年的收支情况，总收入 85000 元，生活支出 43000 元，农业生产支出 37200 元，辛苦奋斗一年，付金花一家只有不到 5000 元纯收入，平均每月只有 400 元收入，可以说是收入微薄。

在谈及对今后两三年的生活期许时，付金花沉思了片刻，然后叹了口气，语气略带沉重地说，再过两三年，家里生活可能会比现在更艰难些。一是来年女儿要参加高考，如果考上大学，学费又是一笔不小的开支，而且在大学里美术专业的学费通常会更高一些，另外还有住宿费、生活费等，预计每年至少 30000 元左右。还有就是儿子买房和结婚方面还要一笔很大的开销。2010 年儿子在巴彦浩特镇买了一套住房，不算装修费是 35 万元，儿子自己付了 7 万元，家里给他出了 10 万元，剩下的 18 万元是从银行贷款，由家里和儿子共同负担。儿子已经到了结婚年龄，过两年订婚、结婚又是一笔不小的开支。付金花说，如果身体状况允许，她会尽可能经营这 80 多亩地，但她身体状况现在不是很好，打算从明年开始不再让丈夫开拖拉机给别人干活，在家和她一起种地。

付金花为了女儿能学好美术，可谓是全力支持。但她并不奢望女儿以后能成为什么大美术家、艺术家，只希望明年能考上大学，毕业出来做一名美术老师，这样她就心满意足了。付金花说，她作为一名母亲，为女儿做这些事都是理所应当的，如果女儿能考上大学，她再辛苦也都是值得。付金花对于女儿的这般付出与爱，让我们非常敬佩。在中国，不管在城市还是农村，像付金花一样，为了子女无怨无悔地付出的母亲处处皆是，她们无私的爱，令她们无比的伟大。

（八）蒙汉联姻家庭张光锁家

我第一次去张光锁家，是在下午五点半左右。当我走进他家的时候，只有他的小女儿在家中看电视，他女儿告诉我夫妻两人去地里浇水了，这一段正是集体灌溉（引黄灌溉）的时间，她告诉我爸爸妈妈要到晚上 8 点半左右才能回来。

吃过晚饭，我早早地来到了阿敦高勒嘎查，在村主任家里面坐了一会儿。虽然现在已经快八点，但是这里的夜来的比较晚，天还亮着。过了大概 20 分钟我就从嘎查长家去张光锁家，当时天已经开始黑了，我凭着下午记忆中的路线寻找他家。由于这里的建筑太相像了，我找了两次都没有找到。最后我来到一户人家门前，看到有位老大爷和一位大娘坐在院子里聊天，就上前很礼貌地问路。大爷和大娘非常热情，大娘让大爷领着我过去，我实在不想麻烦他们，但是这位大爷还是很坚持地把我领到了张光锁家。一路上还给我介绍了他家和嘎查里的大概情况。他告诉我，嘎查里民风很淳朴，可以用夜不闭户、路不拾遗来说吧。现在他们家只有他和大娘在家了，他有两个孩子，一男一女，都已经结婚。儿子和儿媳妇在外地打工，常年不回家，现在老两口也不种庄稼了，靠养老保险生活，还是比较幸福的。

来到张光锁家门前，大门紧闭着，大爷敲门喊了他，一个身高大概 1.7 米、皮肤黝黑、穿着一个背心的男子走了出来，他就是张光锁。张光锁很热情地请大爷和我走进屋子，他告诉我们他家刚刚吃过晚饭，女儿告诉了他我下午来过，所以今天晚上就在家等我们，没有出去串门。走进屋子，里边是用一大间隔开成了两小间，有 30 平方米左右，外间装饰好像蒙古包的一些东西，摆了一张大床，床右边的桌子上摆着制酸奶常用的器具。张光锁把我们领进里屋，里边有一个很大的土炕，占据了大概整个内间一半的面积，旁边摆着一张写字台，写字台上有一台台式电脑。在写字台的上方挂满了照片，大部分都是全家合影，写字台的右面摆放了一个立柜式冰箱。他让我在炕下的四方桌旁坐下，接着他和大爷坐在了炕上抽起了烟，看起来他们的关系很好。后来我了解到，这个嘎查真的像大爷说的那样，嘎查里村民的关系都特别的融洽，全村的村民之间没有吵过架，都喜欢相互串门。我看到他的妻子正在忙着刷洗餐具，梳着两个小辫子，一边涮洗餐具一边微笑地看着我们，下午见到的他们的女儿好像没在家。

张光锁48岁，汉族，讲着一口流利的汉语，和他沟通起来很方便。他告诉我，家里面有姐弟三人，自己在家中是最小的，他还有一个哥哥和一个姐姐。现在哥哥在阿拉善右旗工作，姐姐在额济纳旗种田，虽然姐弟三人没有生活在同一个旗，相距也比较远，但是他们在过节和空闲的时候经常来往，时常通电话。

他的妻子整理完之后，给我倒了一杯茶，这里喝的茶叫砖茶，茶里面都放了盐，比较咸，如果我们第一次喝可能都会感觉到不习惯。她给我倒完茶之后没有去土炕上坐，而是在门旁边找了一个凳子坐了下来。当我和张光锁谈话时，她只是静静地看着我们。张光锁的妻子名叫沙仁其其格，46岁，是蒙古族，能听懂汉语，但是讲得不流利，她姐妹五人，3个姐姐，还有1个妹妹，只有她一个人随着张光锁从牧区搬迁了出来，其他姐妹一直都在牧区生活。

在牧区时，张光锁和沙仁其其格两家离得很近，大概有20公里，这个距离在牧区算是比较近的了。在牧区放牧的时候，张光锁认识了沙仁其其格的姐姐，通过沙仁其其格的姐姐介绍，两人才慢慢地认识了。那时候张光锁已经28岁了，哥哥姐姐都已经成了家，当时双方家庭的长辈都比较赞同和支持。虽然张光锁是汉族，但是从小在牧区长大，身边的朋友大部分是蒙古族，他讲的蒙语也很地道，风俗上没有太多的讲究，生活习惯基本上和当地蒙古族相同。当时置办婚礼的形式是按当地蒙古族结婚的方式举行的，蒙古族的婚俗有自己的独特风格。张光锁的婚礼举办得很隆重，说到这里时，夫妻双方的脸上露出了微笑。他的妻子又拿出了几张当时的老照片给我看，能够感受到他们当时的幸福。蒙古族的传统婚俗有很多礼节，随着社会的发展，婚俗中优良的传统一直流传到了现在。现在的婚俗，除了男女见面，迎亲工具等方面有些变化之外，婚礼中的细节也有所变化，即具备了现在的一些特征。张光锁告诉我，他打算在两个女儿结婚的时候也按照蒙古族的风俗举行婚礼。

张光锁一家是1994年8月第一批从牧区搬到阿敦高勒来的，原来在阿拉善右旗塔木苏苏木格尔图嘎查以放牧为生。家中有7间130多平方米的土木结构的房子，还有一顶帐篷，大概有 10 万亩草场，方圆有 5 公里，还有 3 公里左右的自然林。离他们最近的医院和学校都在三十公里以上，孩子上学、看病就医比较困难，交通也很不方便。当时路过他住的地方的班车每两天才有一辆，如果去外面买东西或者看病，大部分情况下以骑骆驼为主。当时家里养了 50 多峰骆驼，100 多只羊，其中绵羊 6070 只，山羊 30 多只。那时候家里面的主要收入来源于畜牧产品，像驼绒、羊毛、羊肉、驼肉和野生的肉苁蓉，每年的收入加起来大概有 15000 元。家里面每年大部分花销在吃饭、交通方面。当时孩子还小，基本上没什么花销，这样一年所有花费下来大概需要 10000 元，还有一部分结余，家庭生活得幸福和睦。那时家里还有一台 14 寸的黑白电视，闲的时候可以看看电视和听听广播。

当时张光锁一家考虑到孩子将来的教育以及家人在交通、看病等方面的问题，自愿从牧区搬迁过来，而他的哥哥们都没有搬来。当时政府承诺给两间砖房，分 40 亩地，另外搬迁费和安家费一共还收取了 3000 元。但是来到阿敦高勒嘎查后，却只给了一间很小的房子，还要住自己从牧区带来的帐篷。他们又拿出自己多年的积蓄找了当地的砖匠建房。现在住的房子也是他们这几年慢慢地存钱建起来的。刚搬来的时候，他的妻子沙仁其其格特别想搬回去，但那时的户口已经迁过来了，再加上在牧区养的骆驼、羊都卖了，也就不搬回去了。刚来的头几年不会种庄稼，生活各方面不习惯也不方便。连水都要买，当时的水价是 0. 25 元可以买到 30 斤。一直到 2003 年饮水的问题才基本解决，现在每个家庭里面都通上了小机井用来抽水，饮水非常方便。刚搬来两年多的时间，张光锁把自己在牧区 4 万元的积蓄就花完了。从 1996 年到 2001 年都是依靠贷款生活的，拿自己的房子做抵押。当时的利率是九厘，算是比较高的了，于是逐渐形成恶性循环。从 2007 年以后生活水平有了很大的提高，现在土地开始平了，不用再去开荒了，种地的经验比以前丰富多了，基础设施也相当完善了，日常的娱乐活动也丰富了。嘎查村委会有了村民娱乐中心、篮球场、图书室等设施。现在每年的收入比以前也有了很大的提高，家里底子厚了，电脑、手机、冰箱、洗衣机、拖拉机、摩托车都有了。

现在正是农忙季节，他们刚刚给自家的田浇完水。夫妻俩一般早晨六点就去田里干活，田地离他们住的地方有四五公里，都是骑着摩托车或者开着拖拉机去。目前家里面种了 12 亩玉米，亩产 1500 斤左右，每斤可以卖到 0. 91 元。另外由于这里的土壤沙化比较严重再加上气候干旱少雨，比较适合种植油葵和西瓜。他家种植了20亩油葵，在嘎查里算是一般的种植户，油葵亩产500斤左右。油葵2011年的价格是每斤2.1元。还种植了14亩西瓜，这里的西瓜不仅又大又甜，而且产量高，2011年平均亩产达8500斤左右，好的时候可以卖到每斤0.35元，现在的价格是每斤0.15元。40亩的毛收入可以达到5.8万元，除去种子、化肥、农药、收割费、灌溉费、雇工费用等费用，每年有1.6万元左右的纯收入。现在张光锁家还养了30只绵羊，主要是为了自己吃肉方便，其次每年还有3000元的收入。在农闲的时候，他和妻子也出去打短工，一年算下来也有4000元的收入，除去食物、住房、水电气费、交通通信等各项费用，每年还有七八千元的存款。

夫妻两个人育有两个女儿，根据盟里计划生育的有关政策，少数民族只能生两个小孩，而且是第一胎生了五年之后才能生第二胎。大女儿名叫张晓梅，蒙古族，2011年19岁，在阿拉善左旗读的职业中专，护理专业毕业，目前在左旗开发区医院工作。她是位合同工，每个月只有1800元的工资，每两个星期才回一次家。小女儿名叫张晓丹，14岁，蒙古族，现在阿拉善左旗第七中学读初中二年级，学习成绩在班里属于中等偏上，每个月才回一次家，暑假期间回来了，帮父母做饭、干一些农活。两个女儿身份证上都是按照她们母亲的民族蒙古族登记的。她们保留着蒙古族的特质，擅长歌舞，二女儿还经常代表学校参加各种演出。前两年两个女儿的教育支出每年都需要1万多元，他告诉我们不管花多少钱也要供两个女儿上学，只要她们愿意去读书。

张光锁夫妇是阿敦高勒嘎查里唯一蒙汉联姻的家庭，2010年被评为了“三好家庭”。张光锁夫妇在饮食上还保留着原来的饮食习惯，每天都喝酸奶。现在家里面养了一只奶羊，每天都可以喝新鲜的酸奶，每个月基本上全家都要吃掉一只羊。夫妻之间日常说话基本上都是用蒙语交流，就连看电视也经常看蒙语频道。只是搬到阿敦高勒嘎查之后，就很少参加一些在牧区的传统活动了，例如那达慕大会、祭敖包等。张光锁告诉我，现在他们一家也开始慢慢地过汉族的节日，比如春节大家一起去拜年、包饺子等。

最后张光锁告诉我，现在最大的愿望是希望自己的小女儿能考上大学，为国家做一份奉献，也希望她自己能找一份好的工作，走出阿敦高勒。

张光锁一家是个特殊的家庭——蒙汉联姻，但是随着经济的发展，在风俗、文化、饮食、生活方式等方面也慢慢地发生了变化，这些变化都是朝着有利于生存、有利于家庭收入增加的方面发展的，这样他们才能更好地去适应这个社会、融入这个社会。

（九）重视教育、勤俭持家的王桃香家

我刚刚参加完嘎查组织的座谈会，正巧碰到了这次采访的主人公——王桃香。

王桃香大概1.6米的身高，背微微有些弓，身着灰色短袖、裤子，脚上穿着一双沾满泥土的布鞋。看到我迎上来时，她面带微笑，给人一种很朴实慈祥的感觉。刚开始和她交谈的时候有些困难，她的普通话讲得不太流利，也听不太懂我在讲什么。我让她说话放慢些，自己讲话也刻意地放慢，这样我们的交谈就正式开始了。

王桃香，57岁，汉族，小学文化程度，家中共有四口人，一个儿子和一个女儿，但现在只有她一个人在阿敦高勒嘎查生活，丈夫常年在外打工，孩子在外地上班，也不经常回来。她的丈夫叫张文忠，是家中的户主，56岁，汉族，小学文化程度，一年四季基本上都在外打工，也没有什么特殊技能，主要从事建筑行业的苦力劳动。他工资很低，每天要工作十个小时左右。春冬两个季节因为盟里面找工作的人比较多，工作不好找，所以在离家比较远的地方打工；而夏秋两个季节基本上在本盟工作，这时候也是农忙季节，有时间可以回嘎查帮忙，来回比较方便。王桃香的家中还有两位老人，因为身体不是很好，所以在搬迁的时候考虑到交通不太方便，就没有跟着过来。两位老人也不想离开他们生活的地方，现在一直生活在牧区，由张文忠的弟弟负责照顾。从搬迁过来，夫妻两人有八年没有回过牧区看望过老人。虽然很想去看望两位老人，但因为刚刚搬上来的时候，家里非常困难，连来回的车费都付不起，再加上交通也很不方便，就一直没能前往探望。现如今，家里面的经济情况比以前好了一些，通信也比较畅通了，每隔一段时间会打个电话，每两到三年的时间去看望两位老人一次，时间基本上都是在夏天农忙完之后，夫妻两人一起过去，从阿敦高勒到牧区大概有500多公里，没有直达车，中间需要转3次车，加起来大概需要一天的时间。一般在牧区待三到五天帮父母干些农活，就回来了。

王桃香一家是1995年2月第二批从阿拉善右旗巴盟苏木苏海托嘎查搬迁到阿敦高勒来的，是经过村干部多次做工作才搬迁的。现在在这里居住已经

有16个年头了。她告诉我，在牧区的时候，他们过着定居放牧的生活，是个半农半牧家庭。那时，家里面有2间50多平方米土木结构的房子，一个旧的蒙古包，现在已经废弃了，还有10亩草场，23亩耕地。另外家中还有60只绵羊，是家里面的主要经济来源。当时住的地方离最近的医院和学校都在30公里以上，交通、看病就医、子女上学是当时他们感觉遇到的几大困难，每年出去不了几次，大部分时间都待在牧区。去过的最远的地方都没有出过阿拉善盟，一直到现在也没有离开过阿拉善盟。在牧区没有任何娱乐设施，最多没事的时候骑骑马、过节的时候看看摔跤和听听广播。那时牧区没有水没有电，所以家里面也没有任何家用电器，只有一个装电池的旧收音机，也没有钱装风力发电机，照明主要依靠蜡烛，每个月大概用掉20支左右，一般晚上没有事情的话，就早早休息了。生活用水靠自己打的小型机井，但是生活开支比较小，基本上都是日常生活开支，一年也买不上一套衣服，全部算下来每年只有2700元左右的花销，每年全部的收入大概是5000元，虽然生活比较简单，甚至有些单调，但是日常生活中没有太多的压力，日子过得还算幸福。

刚搬迁来到这里的时候，分到了30亩土地，其中几亩还是荒地，需要自己开荒。另外还交了3000元的土地费，这些钱是当时把家里的羊卖掉得到的，还有政府分的一间简易的房子，生活十分困难，什么东西都需要置办，就连水也需要买着喝，当时0.25元可以买到30斤水，但是对他们来说也是比较奢侈的，也没有钱去买。因为搬来之后他们所有的收入只能依靠农业了，第一年拿房子作抵押就向信用社贷款3万元，全部投入了农业种植，在牧区的时候基本上没有种过农作物，一般都是种草。由于没有经验，加上气候也不太好，风沙大，土壤贫瘠，一年下来，贷款基本上全赔进去了。后来没钱种地了，加上贷款也还不上，又不能再去贷款，夫妻两人迫于生计只能外出打工。

政府分的简易房子，不仅面积小，而且随着使用年限的增长早就不能遮风挡雨了。在1998年的时候夫妻两人商量买了别人的两间砖房，因为考虑到两个孩子都大了，并且是一个男孩一个女孩，放假回家之后没有地方住也不方便。2009年，在原来的基础上翻盖了4间砖瓦房子，房子结构的80%都是夫妻两个人盖的，王桃香给自己的丈夫打下手，没敢花钱雇别人盖，因为现在雇工费太高了。所有的费用下来一共花了4万多元，其中2万元是向自己的兄弟借的，现在都已经全部还上了。

2006年的时候，王桃香把家中30亩耕地全部承包了出去。自己不会种，也没有能力和资金去种，承包价格是每亩地每年200元，全部承包费用来还了贷款。从搬来到现在王桃香一家一直生活得很清贫节俭，八到十天才买一次肉，而且基本上都是以鸡肉为主，因为鸡肉比其他肉类要便宜很多。她告诉我，现在鸡肉的价格是每斤7~8元，猪肉的价格是每斤17~18元，羊肉就更贵了，是28~29元左右。对于在牧区生活了这么多年的家庭来说，不经常吃肉是很难办到的，也是很不习惯的一件事情。日常生活主要以吃白米饭为主，好的时候吃些咸菜，一年也买不上两套衣服，更谈不上走出去逛逛和旅游了。现在家庭的经济情况虽然比以前好了一些，但还是不容乐观，家中全部的收入都是打工挣来的，不打工就没有钱花。从搬迁到这里，这种状况一直在持续。来到阿敦高勒嘎查之后，虽然交通、电力、教育、卫生医疗等基础设施方面比在牧区有了很大的提高和改善，家里面也有了电视机、手机、拖拉机、摩托车等一些常用的电器，但是现在孩子们都越来越大，近几年物价也慢慢涨了起来，家庭生活支出每年比以前要多1万多元，加上自己现在每个月都要花掉100~200多元的医药费，所有加起来每年大概花费2万元，而夫妻两个人一年的打工收入也就是3万元左右，她告诉我："感觉现在的生活压力比以前更大了。"

王桃香告诉我，在2004年冬天她在外出打工干活的时候不小心把自己的腿摔伤了，当时家里没有钱，就临时向邻居借了200元看病，医院说她需要做手术，但是需要一大笔手术费。于是王桃香只让医生做了最简单的处理。在医院住了两天，由于住院费太贵了，就出院了。虽然医院不让提前出院，但是在王桃香的坚持下，第三天就回家修养了，输液是丈夫给自己扎针，丈夫不在的时候她就自己扎针，就这样在家一直躺了2个多月，才能下床走路。过了半年，她的儿女一直要求她去医院做手术，于是她不情愿地向嘎查借了3000元，去医院做手术，目的是把腿治好了以后就能继续打工挣钱来补贴家用。可是一旦做手术的话，光手术费就需要2万多元，再加上医药费，最低也要花到3万多元，最后她只好放弃了。现在全家都参加了农村医疗保险，每年每个人需要交100元，但是这样算下来整个手术加医药费还是需要花掉1万多元，而这两年刚刚盖了房子，家里没有什么存款，所以王桃香一直到现在都没有去做手术。现在走起路来虽然不痛了，但还是需要长期吃药，不能干太多的重体力活，也不能外出打工了，只能在嘎查里给其他人家干干农活，打打零工来维持日常生活。在我们交谈之前，她刚刚给别人家浇水回来。

当我问到他们孩子的时候，王桃香脸上露出了微笑，让人感觉到很是幸福。夫妻两人有两个孩子，一个女儿，一个儿子，现在都已经在外地工作了。在牧区的时候，姐弟两人小学在苏木上读的，离家很远，每周末才回一次家，需要走 20 多公里的路，等搬到这边来的时候，两个人在巴彦浩特读初中，每个月才回来一次。姐弟两人从小学习都比较刻苦认真，成绩在班里面一直都不错。在家里面经常帮助他们干一些农活，比较能吃苦。把两个孩子培养成为大学生，是夫妻两人最大的心愿。在他们家里最困难的时候王桃香就是借钱，也依然坚持让他们上学并且是比较好的学校。嘎查里面像她家这种情况的家庭早早地就不让孩子上学了，孩子们都外出打工了，这也是为什么王桃香一直没有富裕起来的原因之一。现在比较高兴的是孩子们都毕业了，都有自己的工作了。女儿名叫张芳，25 岁，2010 年刚结的婚。她说女儿非常要强，无论是在学习还是在工作中，生活上也非常节俭，和她的性格很像。女儿高中毕业之后考上了呼和浩特的一所大专院校，在上学期间，学习也很努力，每年都获得学校的奖学金，两个孩子 1 ~ 2 年都不回家，春节基本上也不回家的。在上学的时候，放假就在外面打工，自己挣自己的学费和生活费，给家里减少一部分负担。到现在为止，大概有六年了，全家都没有团聚过。说到了这里，王桃香有些哽咽了，沉默了一会儿过后，王桃香说：“现在通信方便了孩子们经常给我打电话，一个月打个两三次，每次打电话的时候我都非常高兴，因为心中特别想孩子，夜里经常做梦能够梦见他们。”女儿大专毕业之后，留在呼和浩特铁路上工作，现在还在试用期，一年之后转正。试用期每个月能拿到 2000 元左右的工资，生活上有比较大的压力。儿子名叫张永恩，24 岁，在阿拉善左旗初中毕业之后，在巴彦浩特又继续读了三年的中专，那年旗里面征兵，儿子很想去当兵，就报名去了。新兵集训之后被分在呼和浩特，当了五年的武警。2010 年退伍，因为他属于农村义务兵不在国家安置范围内，因此退伍之后得到了一笔退伍费，大概 1 万元。儿子把钱都寄回了家，将这笔钱用在建房上。张永恩现在一直在包头打工，每个月能拿到 1500 元左右的工资，基本上没有什么结余，生活上压力很大。她曾经劝过儿子让他到巴彦浩特找一份工作，但是儿子想自己在外面闯两年再回去，她就没有再劝儿子了。王桃香说儿子到现在一直没有结婚，也没谈过对象，这件事情是现在她最担心的。考虑到儿子快到结婚年龄这个问题，以前因为家里没有房子，也没有钱盖房子，孩子也一直在外面，有邻居给说亲的，她都委婉地拒绝了。现在房子都已经建起来了，儿子也退伍了，她打算过年让儿子回家让别人给她介绍个对象，但是如果自己能找到更好，希望儿子能早点成家是她目前最大的愿望，也是她这两年不断努力挣钱的动力。

最后王桃香告诉我："自己这几年遇到了很多很大的困难，但是一想到自己的孩子，都挺过来了。现在看到孩子们都成才了，他们能为国家的发展做出自己一点点的贡献，生活不再像他们夫妻两人这样艰辛了，她心中的压力减小了一大半。"王桃香希望孩子的日子能一年比一年过得好，过得开开心心的，希望有一天出去看看自己的孩子们在外面是怎么生活的，生活得好不好，她心里很想念孩子，两个孩子是他们夫妻两人最大的牵挂。

和王桃香谈完之后，我感觉这位母亲是伟大的，她那么辛苦地培养两个孩子去上学。嘎查里有一部分人现在可能不理解这种做法，但是总有一天他们会明白的。目前，嘎查牧民的生活水平虽然相比以前提高了不少，但是他们的文化教育素质与之不相匹配。很大一部分牧民还不知道教育的重要性，没有树立起培养下一代的意识。文化教育是重点也是基础，作为现代化建设的重要支柱，我们应该高度重视牧区的文化教育事业。

（十）不擅长种植的孟根巴根家

孟根巴根，男，56 岁，蒙古族，没有任何宗教信仰。他的妻子叫拉德玛，54 岁，也是蒙古族，夫妻二人都是小学文化水平。家中有 4 个儿子，都尚未成家。32 岁的长子图孟朝格勒和 28 岁的三子额尔登础鲁在家务农。次子哈斯乌拉 31 岁，初中学历，目前在巴彦浩特搞奇石经营，常年在外居住。四子布赫 22 岁，在内蒙古化工职业学院读大专。另外，家中还有一个女儿，名叫乌兰高娃，已经出嫁居住在外。

孟根巴根一家是孪井滩生态移民示范区阿敦高勒嘎查中一个典型的蒙古族生态移民家庭。阿敦高勒嘎查位于嘉尔嘎勒赛汉镇以西，是孪井滩生态移民示范区一个重要的移民安置点。这里的居民全部来自于巴丹吉林沙漠腹地生态极其脆弱的牧区，以蒙古族为主体，汉族占大多数。目前，种植业是当地居民的主要收入来源。

由于阿敦高勒嘎查是在生态移民项目开始时由政府统一规划建设的，所以整个嘎查的布局十分规整，类似于一张放大的棋盘。所有的住宅庭院均为面积相等的长方形，整齐地排列在街道两侧，街道宽阔笔直，连通着嘎查的各个角落。孟根巴根家位于阿敦高勒嘎查的西南部，一条8米宽的碎石路从他家的东侧经过。他家的南侧是一块空地，周围几户人家把秸秆和干柴堆放在这里。他家的院子由两米多高的红砖墙四面围合，面积有1000平方米，朝向东方的大铁门也刷成了红色，与整个围墙融为一体。院子的东南角是一间土木结构的仓库，透过玻璃窗可以看见里面摆放着铁锹、耙子、锄头、水桶等劳动工具，还有一辆旧自行车。院子的西南角是一间木板搭建的厕所。院子的北部是一间重新加固的砖瓦房，大概有60平方米，这是全家人的起居场所。在这间大屋的西侧是厨房。院子南部的空地上停放着一辆摩托车。整个院子打扫得很干净，但是略显空旷。

一走进孟根巴根家住的砖瓦房，就是长子图孟朝格勒和三子额尔登础鲁居住的房间。在房间的南部是一铺大炕，靠着房间的北墙整齐地摆放着四个大木箱，大木箱上摆放着一些书籍、杂志，还有一个收音机。大木箱的旁边有五六个塑料板凳摞在一起。在靠近门口的地方放着一个脸盆架，上面放着洗漱用具，旁边是两个铁皮暖水瓶。房间的地面露着红砖，地上是一张大圆桌。从房间的摆设可以看出这是一家人的主起居室，也是餐厅和会客厅。穿过这个房间，就是孟根巴根夫妻二人的卧室，卧室里靠墙的旧写字台上放着一台35寸的彩电。在阿敦高勒嘎查，他家这样的生活条件只能算中等偏下。

我们来访的时候，只有小儿子布赫在家。今天正赶上是他家灌溉的时候，他的父母和大哥、三哥都还在田里忙碌。布赫身材较高，可能是由于常年上学务农时间不长，所以还没有被晒黑。他的眼睛很大，炯炯有神。穿着黑色T恤衫和深色牛仔裤，脚踏一双运动鞋，充满了年轻人的朝气。他拿了两个塑料板凳放在圆桌旁边，示意我们坐下，然后说他只了解家里的一般情况，详细的信息可能要等一会儿父母回来才能说清楚。布赫的普通话十分流利，语速不快，但是发音标准，吐字清晰。我们的访谈在他家的这间起居室里进行。

据布赫介绍，他家以前住在地处巴丹吉林沙漠腹地的阿拉善右旗塔木素格布拉格苏木格日勒图嘎查。5岁时他跟父母、哥哥和姐姐一起搬到这里。刚来的时候孪井滩还没有幼儿园，他平时只能自己在家玩。1997年9月，年满7周岁的布赫开始在离家最近的嘉尔嘎勒赛汉镇小学的蒙古族班里读书。蒙古族班除了汉语课和英语课，其他课程都是用蒙语讲授的，所以又叫蒙语授课班。当时学校里有一个蒙语授课班，只有 15 名学生，而汉族班有 3 个，每个班里有二三十人。那时的学制是小学 5 年，初中 4 年。小学毕业后一般都是就近升学，布赫就直接进入位于孪井滩的阿拉善左旗第七中学的蒙语授课班读初中。当时七中有 4 个汉族班，每个班有三四十人，1 个蒙语授课班，班里只有 25 名学生。读初中时，国家还没有“两免一补”政策，每学期家里要交七八百元学杂费，还有 500 元的在校伙食费。好在布赫的成绩不错，每次考试都能保持在班级前三名，每学期能得到四五百元的奖助学金，这样就为家里减轻了一些负担。布赫告诉我们，当时班里每学期都有 10 个奖学金的名额，一等奖 2 人，二等奖和三等奖各 4 人，奖金额度都在 400 到 500 元之间。2006 年，布赫在升学考试中取得了全班第一的好成绩，收到了阿拉善蒙古族完全中学的录取通知书，得以在阿拉善盟行署所在地巴彦浩特镇继续读高中。但是与此同时，他的初中同学中有五六人没有继续学业，而是选择在孪井滩当地的饭店打工，或者在家帮助父母干农活。更多的同学则选择到阿左旗职业中专学习一技之长，为就业做准备。在高中阶段，学习任务比较繁重，竞争十分激烈，稍微松懈就会在班里落后。经过不断努力，布赫终于在 2009 年高考中顺利考入位于呼和浩特市的内蒙古化工职业学院应用化工技术专业读预科和大专。2011 年 9 月开学后他将升入专科 2 年级。

布赫说，当年蒙语生考高中的分数线并不算高，考大学也可以借助民族政策考入分数线较低的预科，只要本人愿意并且家里支持就能继续升学。许多同学不再读书主要是考虑现在高学历的人太多，即使高中顺利毕业考进大学也不一定会找到理想的工作。他之所以一直坚持上学，多亏了二哥哈斯乌拉的支持和鼓励。布赫的二哥哈斯乌拉初中毕业后就离家搞奇石经营，去过全国很多地方，见过很多世面。他告诉布赫，在大城市里赚大钱的或者当大官的，大部分都上过大学，读书是一条提高自身素质、改变自身命运的捷径。

在谈到大学毕业后的打算时布赫说，学校已经教给他很多石油化工方面的技术。现在内蒙古很多地方都在开发煤炭、石油和天然气资源，石化产业发展十分迅速，他想在毕业之后进入呼和浩特、鄂尔多斯、大庆或者乌海等城市工作，最好能进入中石油等大型国企，通过自己的努力改善家里的经济条件，回报父母的养育之恩。

最后，布赫还针对当地少数民族学生的中小学教育提出了自己的一些意见。他认为，学校应该开设一些少数民族传统文化方面的课程，比如马头琴演奏、蒙古族民歌演唱、蒙古族摔跤以及蒙古族民间传统工艺美术等。这样不仅有助于少数民族传统文化的传承和发展，还可以提高学生的综合素质，让学生增加谋生的本领。

正说到这里，布赫的父亲孟根巴根回来了。他一边和我们打招呼，一边用毛巾擦着脸上的汗水。他比布赫稍微矮一些，但是身材相当魁梧，一双炯炯有神的大眼睛点缀着黝黑的脸庞。布赫告诉我们，家里人平时都是用蒙语交流，父亲孟根巴根虽然能听懂汉语但说得很少，有些话只会用蒙语表达，他可以帮着父亲翻译。孟根巴根喝了一大口水，点燃一支烟，然后开始介绍家里的情况。

搬家前他们一家七口和父母、兄弟住在一个院子里，共有五间土坯房，一共 150 平方米左右。阿拉善右旗塔木素格布拉格苏木格日勒图嘎查位于巴丹吉林沙漠腹地，那里的气候干旱，饮水困难，远离城镇，交通非常不便。长子图孟朝格勒和次子哈斯乌拉那时候为了读小学，每天不得不在 50 公里以外的学校住。平时有个头疼脑热的小病，也必须跑到离家 60 公里的卫生所才能看病买药。由于当地没有供电设施，也没有电视信号，平时只能靠听广播了解外面的世界。娱乐活动也很有限，只是找几个朋友在一起下棋，或者和家人聊聊天。

当时家里主要的收入来源是放牧，有大约 750 亩网围栏和 30000 多亩戈壁草场，但是由于气候干旱，草长得很慢，数量又少，孟根巴根只好经常离家很远寻找适合放牧的地方，晚上就只能在自己带的帐篷里过夜。在生态移民的前一年，家里还有 140 峰骆驼和 80 只山羊，全年的毛收入大约有 8000 元。而在食物、衣着、子女教育等方面的花费一年就将近 5000 元，再加一年购买草料的 3000 元开支，收支基本持平，很难有什么积蓄。

1994 年 9 月，阿拉善盟生态移民项目正式启动。塔木素格布拉格苏木达和副苏木达来到格日勒图嘎查，向当地牧民介绍征地、移民搬迁的补偿标准。听了政府的宣传，孟根巴根认为移民搬迁有利于自己家脱贫致富，更有利于国家的生态保护，于是携家带口自愿加入了第一批生态移民的搬迁队伍，从老家千里迢迢来到了位于孪井滩生态移民示范区嘉尔嘎勒赛汉镇阿敦高勒嘎查的新家。阿敦高勒嘎查北距盟府巴彦浩特 106 公里，东距宁夏青铜峡市 60 公里，南距宁夏中卫市 55 公里，距离最近的医疗点和学校也只有 2 公里远，沥青路面贯通，交通十分便利。

刚搬来阿敦高勒嘎查的时候，政府就按照搬迁合同的约定，为孟根巴根一家免费提供了现在这套住宅。当时，院子里只有2幢60平方米的土木结构平房。由于家里孩子较多，所以夫妻俩和女儿乌仁高娃、小儿子布赫都住在坐北朝南的一幢房子里，老大、老二和老三住在另一幢房子里。孟根巴根一家虽然是生态移民，却并没有享受到国家统一的退牧还草以及公益林补贴。而在整个阿敦高勒嘎查，也没有任何一户移民家庭享受到这样的政策。这可能是由于李井滩的生态移民项目早于国家的整体规划，所以当地的一些具体做法保留着鲜明的地方特色，与国家政策有所差异。通过深入访谈我们还了解到，搬迁合同中约定分给孟根巴根家的土地有43亩，已经签订了土地承包合同，并颁发了土地经营权证书。但是，他家实际的种植面积却只有18亩，远远小于土地承包面积。在我们询问具体原因的时候孟根巴根说自己家的种植能力有限，农产品销售价格又低，种得越多亏得越多，索性把闲置的25亩地租给了擅长种植的其他家庭。

根据搬迁合同的约定，他家每年可以享受的政策性补贴包括粮食直接补贴、农资综合补贴以及粮种补贴。其中，按照他家实际种植的18亩地计算，粮食直接补贴是以每亩6元的标准发放，每年的补贴金额是108元；农资综合补贴是以每亩30元的标准发放，每年的补贴金额是540元。2010年，孟根巴根家的18亩地全都用于种植玉米，粮种补贴是以每亩粮食作物10元的标准发放，每年的补贴金额是180元。

这样核算下来，孟根巴根家2010年得到的政策性农业补贴总共有828元。他家在2010年还把土木结构的平房改造成砖瓦房，得到了每户5000元的危房改造配套补贴。除此之外，他家2010年还享受最低生活保障金，7口人共有9220元。汇总可知，孟根巴根家2010年各项补贴收入为15048元。

政府提供的住房以及各种形式的补贴暂时解决了孟根巴根家的基本生活问题，但是如何在新的环境发展农业生产又成了一个更大的难题。虽然这里和巴丹吉林沙漠腹地相比有比较明显的区位优势，但在刚搬到这里的时候，要在这样一片荒地上发展农业生产也有着不小的困难。那时的阿敦高勒土地比较贫瘠，土壤肥力不高，水资源缺乏，风沙比较大。由于之前的积蓄有限，孟根巴根一家无力购买任何农机具，生产效率不高，生活水平低下。为了改善农业的用水条件，李井滩生态移民示范区启动了高扬程引黄灌溉工程，

2005年国家水利部批准孪井滩灌区年取水5000万立方米。扬水灌溉项目非常显著地改善了阿敦高勒嘎查的农业生产条件，为生态移民区的繁荣奠定了基础，更为孟根巴根一家勤劳致富提供了方便。

除了用水问题之外，孟根巴根家还面临着很多难题。首先是孟根巴根和妻子拉德玛都只会说蒙语，不会说汉语，写汉字，与当地的汉族居民很难交流。并且，过去以放牧为生的孟根巴根一家都不会种地，他们对新的生活方式、生产条件也不太适应。为了能顺利熟悉新环境，尽快脱贫致富，夫妻二人先后参加了由盟委组织部牵头，盟农牧业局、人劳局、科技局等单位举办的多种技术培训。最早开办的是种植技术培训班。通过一个星期的集中学习，孟根巴根一家基本掌握了玉米的种植技术。孟根巴根和妻子拉德玛还积极参加了孪井滩生态移民示范区举办的汉语培训班，现在已经掌握了很多常用的口语。

2010年，孟根巴根家的毛收入为35418元。他家种植的18亩玉米，共收获10800公斤，市场收购价1.4元/公斤，折合人民币15120元，净占全部收入的47%。除此之外，他家没有种植其他农作物。闲置25亩的土地已经租给了其他家庭耕种，按照每年每亩地130元的价格计算，土地年租金收入为3250元。另外，他家全年的补贴收入15048元，农闲时候在镇上打工收入2000元。在阿敦高勒嘎查，每年35000多元的收入只能算是中等水平。

2010年全家支出总额为63750元，最主要的是翻盖扩建了90平方米的砖瓦房，工钱料钱还有新购置的家具总计45000元。农业生产投入大概6350元，其中包括：买种子要花600元，买农药200元，化肥1500元，生产工具50元，收割费200元，玉米脱粒花费200元，灌溉费一年3600元。此外，买食品支出3500元，全家添置衣服花销300元，生活用水、电、液化石油气罐一年花费600元，购买日常用品1000元，红白喜事出份子钱一年2000元，看病吃药2000元，交通费主要是摩托车的油费支出，一年需1500元，家里四部手机每年的通信费1500元。2010年，由于孟根巴根家翻新住宅，产生了很多的额外开支，所以支出金额远远高于收入金额。

在谈到他还需要什么帮助时，孟根巴根说，在搬迁之前塔木素格布拉格苏木的领导曾许诺给每户1500元安家费，但这个承诺一直没有兑现，政府应该尽快履行当初的诺言。

说到这里，孟根巴根的脸上显露出一丝倦意，我们看了看表，原来午休时间快到了。在离开这一家庭的时候，我陷入了沉思。孟根巴根一家有6个劳动力，本应该是一个多子多福的家庭，却还要依靠最低生活保障金维持生计，这是多种因素共同作用的结果：老两口的汉语不流利，和外界交流有一定障碍；子女们思想保守，安分守己，不愿意外出闯荡；政府对他家生产方面的帮扶力度不够……在我看来最根本的原因是，孟根巴根一家的思想观念还停留在以放牧为生的那个年代，没有完全适应现在以种植业为主的生产方式。正是受到这种传统思想观念的阻碍，他们不去考虑如何能提高耕地的产量，不去想怎样能搞多种经营脱贫致富，更不去操心怎样能改善家里的生活质量。不过令人欣慰的是，我们在小儿子布赫的身上看到了家庭振兴的希望，他有理想，有眼界，更有知识。我们在心里默默地为他加油，愿他能学有所成，早日实现自己的理想，改变家庭的面貌。

（十一）幸福美满的李德良家

李德良，男，53岁，汉族，没有任何宗教信仰，初中文化水平。他的妻子叫徐金秀，49岁，也是汉族。家中有两个儿子。长子李君超27岁，未婚，现在就职于阿拉善右旗人民银行，每年春节时回家，户口已经迁往工作地。次子李君神24岁，未婚，目前在国防科技大学攻读硕士研究生，户口转入军籍。李德良一家是孪井滩生态移民示范区阿敦高勒嘎查中一个典型的生态移民家庭。阿敦高勒嘎查位于嘉尔嘎勒赛汉镇以西，是孪井滩生态移民示范区一个重要的移民安置点。这里的居民全部来自于巴丹吉林沙漠腹地生态极其脆弱的牧区，以蒙古族为主体，汉族占大多数。目前，种植业是当地居民的主要收入来源。

由于阿敦高勒嘎查是在生态移民项目开始时由政府统一规划建设的，所以整个嘎查的布局十分规整，类似于一张放大的棋盘。所有的住宅庭院均为面积相等的长方形，整齐地排列在街道两侧，街道宽阔笔直，连通着嘎查的各个角落。李德良家位于阿敦高勒嘎查的南部，一条8米宽的碎石路从他家的东侧经过。朝向东方的大门上贴着金色的福字，门框上方镶着绿色的瓷砖，有一种淳朴的美。他家的院子由两米多高的红砖墙四面围合，面积有1000平方米。院子的东南角是一间土木结构的旧房，门窗已经被拆掉，门前堆着砂子、筛网和砖头，显然是正在改建。院子的西南角是一间砖瓦搭建的厕所。

院子的北部是一间经过改扩建的砖瓦房，有100平方米左右，房顶上安装着太阳能热水器。在这间大屋的西侧是厨房。院子南部的空地上停放着一辆农用三轮车和一辆摩托车，靠着院子西墙种着几株玉米。

一走进李德良家住的砖瓦房，就进入了客厅。正午的阳光透过铝合金窗户照在四白落地的墙壁上，整个房间都显得十分宽敞明亮。客厅里典雅的小矮柜上放着一台35寸的大彩电。除了放置电视机的那边外，另三面都放着柔软的咖啡色布艺沙发，沙发前面是一张大茶几，透过茶几上一尘不染的玻璃桌面可以看见铺在地上的白底碎花地砖。客厅布置得整洁而现代，生活条件明显优于周围的几户居民。

我们的来访打扰了男主人的午睡，但他仍然微笑着从卧室来到客厅，在沙发靠扶手的位置上坐下。虽然沙发很大，但是女主人还是习惯性地搬出塑料板凳，坐在丈夫身边。从这样的落座习惯可以看出，丈夫李德良是一家之主，妻子徐金秀贤惠体贴，夫妻俩的关系也应该比较和睦。李德良身材瘦高，阿拉善的明媚阳光晒黑了他的皮肤，岁月的沧桑在他的额头上留下了深深的皱纹。他的眼睛不大，却总是炯炯有神。他穿着长袖的格子衬衫和深灰色的料子裤，脚踏一双黑布鞋。这身衣服已经有些旧了，但很干净。徐金秀已人到中年，乌黑的头发整齐地扎在一起。她比丈夫稍矮一些，身穿白底红色条纹的短袖衬衫和浅灰色灯笼裤，显得很精神。他们说话的语速都很快，带着一些甘肃口音。我们的访谈在他家的客厅里进行。

据李德良介绍，他家以前住在地处巴丹吉林沙漠腹地的阿拉善右旗笋布日苏木阿门乌素嘎查。家里有三间土坯房，一共60平方米左右。那里的气候干旱，饮水困难，远离城镇，交通非常不便。自己小时候为了读初中，不得不住在70公里以外的笋布日苏木。平时有个头疼脑热的小病，也必须跑到离家60公里的卫生所才能看病买药。由于当地没有供电设施，也没有电视信号，平时只能靠听广播了解外面的世界。娱乐活动也很有限，只是找几个朋友在一起下棋，或者和家人聊聊天。

当时家里主要的收入来源是放牧，有大约50000亩戈壁草场，但是由于气候干旱，草长得很慢，数量又少，李德良只好经常离家很远寻找适合放牧的地方，晚上就只能在自己带的帐篷里过夜。在生态移民的前一年，家里还有40峰骆驼，15只绵羊和45只山羊，全年的毛收入大约有7000元。而在食物、衣着、子女教育等方面的花费一年就将近4000元，再算上一年购买草料的 3000 元开支，收支基本持平，很难有什么积蓄。

1994 年 9 月，阿拉善盟生态移民项目正式启动。笋布日苏木以及阿门乌素嘎查的基层干部来到李德良家，向他介绍征地、移民搬迁的补偿标准。听了干部的宣传，李德良认为移民搬迁有利于自己家脱贫致富，更有利于国家的生态保护，于是携家带口自愿加入了第一批生态移民的搬迁队伍，从老家千里迢迢来到了位于孪井滩生态移民示范区嘉尔嘎勒赛汉镇阿敦高勒嘎查的新家。阿敦高勒嘎查北距盟府巴彦浩特 106 公里，东距宁夏青铜峡市 60 公里，南距宁夏中卫市 55 公里，距离最近的医疗点和学校也只有 2 公里远，沥青路面贯通，交通十分便利。

刚搬来阿敦高勒嘎查的时候，政府就按照搬迁合同的约定，为李德良一家免费提供了现在这套住宅。当时，院子里只有 2 幢 60 平方米的土木结构平房。由于家里人口不多，所以全家都住在坐北朝南的一幢房子里，把另一幢当作仓库。李德良一家虽然是生态移民，却并没有享受到国家统一的退牧还草以及公益林补贴。而在整个阿敦高勒嘎查，也没有任何一户移民家庭享受到这样的政策。这可能是由于孪井滩的生态移民项目早于国家的整体规划，所以当地的一些具体做法保留着鲜明的地方特色，与国家政策有所差异。通过深入访谈我们还了解到，搬迁合同中约定分给李德良家的土地有 35 亩，但是时至今日尚未签订土地承包合同，也没有颁发土地经营权证书。而在整个阿敦高勒嘎查的 189 户居民中，尚有 98 户没有正式办理土地承包手续。我们的另一个疑问是，李德良家的搬迁合同上约定的土地分配面积是 35 亩，而他家实际的种植面积却是 46 亩，二者为什么会有这样的差异？李德良介绍说，这是因为前些年油葵的收购价格高，家里扩大了油葵的种植面积，从其他家庭租种了 11 亩地。

根据搬迁合同的约定，他家每年可以享受的政策性补贴包括粮食直接补贴、农资综合补贴以及粮种补贴。其中，按照他家实际种植的 46 亩地计算，粮食直接补贴是以每亩 6 元的标准发放，每年的补贴金额是 276 元；农资综合补贴是以每亩 30 元的标准发放，每年的补贴金额是 1380 元。2010 年，李德良家种植了 26 亩玉米和 20 亩油葵。粮种补贴是以每亩粮食作物 10 元的标准发放，他家每年的补贴金额是 260 元。这样核算下来，李德良家 2010 年得到的政策性农业补贴总共有 1916 元。除此之外，他家在 2010 年还开始把土木结构的仓库改造成砖瓦房，并且修建了无害化卫生厕所，因而得到了每户

5000 元的危房改造配套补贴以及农村牧区改厕项目补贴 1151 元。汇总可知，李德良家 2010 年各项补贴收入为 8067 元。

政府提供的住房以及各种形式的补贴暂时解决了李德良家的基本生活问题，但是如何在新的环境发展农业生产又成了一个更大的难题。虽然这里和巴丹吉林沙漠腹地相比有比较明显的区位优势，但在刚搬到这里的时候，要在这样一片荒地上发展农业生产也有着不小的困难。那时的阿敦高勒土地比较贫瘠，土壤肥力不高，水资源缺乏，风沙比较大。由于之前的积蓄有限，李德良一家无力购买任何农机具，生产效率不高，生活水平低下。为了改善农业的用水条件，孪井滩生态移民示范区启动了高扬程引黄灌溉工程，2005 年国家水利部批准孪井滩灌区年取水 5000 万立方米。扬水灌溉项目非常显著地改善了阿敦高勒嘎查的农业生产条件，为孪井滩生态移民示范区的繁荣奠定了基础，更为李德良一家勤劳致富提供了方便。

除了用水问题之外，李德良家面临的另一个难题是，过去以放牧为生的李德良和徐金秀都不会种地，对新的生活方式、生产条件也不太适应。为了能顺利熟悉新环境，尽快脱贫致富，夫妻二人先后参加了由盟委组织部牵头，盟农牧业局、人劳局、科技局等单位举办的多种技术培训。最早开办的是种植技术培训班。通过一个星期的集中学习，李德良和徐金秀基本掌握了小麦、玉米、食葵、花葵、西瓜等农作物的种植技术。结合自己家 46 亩土地的实际情况，李德良决定用 26 亩种植产量比较稳定、适应力强的玉米，而另外 20 亩灌溉条件较好的土地用来种植经济价值较高的油葵。此后，阿拉善盟又在孪井滩生态移民示范区有针对性地开展了很多次农业技术培训，包括养牛、养兔、葡萄种植等探索性的培训项目。特别是 2007—2009 年，阿拉善盟农牧业局对阿敦高勒嘎查开展了共 6 次农业技术培训活动。通过深入访谈我们了解到，徐金秀曾经参加过养兔培训，并且自费购买了一些獭兔，希望能依靠新的产业类型来增加家庭的收入。但是，有些獭兔无法适应孪井滩地区的自然条件，经常患病。她找来培训班里的农技人员，可是他们对此也束手无策。疾病很快就传染了整个养殖场里的獭兔，导致獭兔全部死亡，造成了比较严重的经济损失，而当地的养兔产业最终也没能形成规模。

2010 年，李德良家的毛收入为 47907 元，收入的大头是种植业，总共为 37840 元，占全部收入的 80% 左右。其中玉米种了 26 亩，共收获 15600 公斤，市场收购价 1.4 元/公斤，折合人民币 21840 元；油葵种了 20 亩，共收获 400

公斤，市场收购价 4 元/公斤，折合人民币 1600 元。另外还有，全年的补贴收入 8067 元，农闲时候在镇上打工收入 2000 元。在阿敦高勒嘎查，每年 47000 多元的收入水平还是比较高的。

2010 年全家支出总额为 85401 元，最主要的是翻盖扩建了 90 平方米的砖瓦房，工钱料钱还有新购置的家具总计 60000 元。修建卫生厕所花费 1401 元。农业生产投入大概 11000 元，其中包括：买种子要花 1600 元，买农药 240 元，化肥 2000 元，生产工具 50 元，收割费 480 元，玉米脱粒花费 200 元，灌溉费一年 5000 元，额外租用的 11 亩耕地按照每年每亩地 130 元的价格计算，土地年租金为 1430 元。此外，买食品支出 2500 元，全家添置衣服花销 300 元，生活用水、电、液化石油气罐一年花费 600 元，购买日常用品 1000 元，红白喜事出份子钱一年 2000 元，看病吃药 2000 元，交通费主要是三轮车和摩托车的油费支出，一年需 1500 元，家里两部手机每年的通信费 600 元，冬季取暖买煤花费 2500 元。2010 年，由于李德良家翻新住宅、修建厕所，产生了很多的额外开支，所以支出金额远远高于收入金额。好在夫妻俩平时生活节俭已经有了些积蓄，并且大儿子李君超已经工作，能从工资里省下钱来补贴家用。

说起对今后生活的预期，李德良认为现在家里已经陆续把住宅翻新，未来的生活质量肯定会得到很大的改善，但是收入应该不会再有这么多。主要的原因是 2011 年 7 月，李井滩遭遇了近几年最严重的一场大风，他家有 3.6 亩玉米被风刮倒受灾，预计会带来 3000 多元的经济损失。另外，由于建设工程已经完成，他家以后几年也不会再享受 5000 元的危房改造配套补贴以及 1151 元的农村牧区改厕项目补贴。这样，预计 2011 年的收入将会减少 10000 元左右。

在谈到搬迁后应该主要依靠谁的时候，徐金秀说年轻的时候主要靠自己勤劳致富，以后年纪越来越大，身体也干不动体力活了。她一方面希望政府能尽早把养老金发下来，另一方面就要靠着两个儿子了。她告诉我们，按照搬迁合同上的约定，政府会为搬迁户代缴 15 年的养老保险，标准是每人每年 100 元，搬迁居民在 60 周岁以后将会领到每人每月 1034 元的养老金。她说现在国家规定的退休年龄是男性 60 岁，女性 55 岁，生态移民养老金的发放也应该如此，把女性领取养老金的年龄提前到 55 周岁。说起家里的两个儿子，李德良就难以掩饰发自内心的骄傲。兄弟两个从小到大都很懂事，不仅脑筋聪明，而且学习刻苦，不像别的孩子那么贪玩。长子李君超是李井滩当年的高考状元，但由于估分以及填报志愿的失误没能进入理想的学校，被内蒙古财经学院录取，本科毕业后考入中国人民银行阿拉善右旗支行工作，现在每半年会往家里寄一些钱。在哥哥的带动下，次子李君神的学习成绩也非常突出，2006年高中毕业考入国防科技大学。当时为了送儿子上学，有晕车症状的李德良坚持乘火车赶到湖南长沙，亲手帮儿子穿上了那身笔挺的军装。那是李德良有生以来到过的最远的地方，也是自己从小到大感觉最快乐的一次旅行。2010年本科毕业前夕，李君神又顺利地通过了硕士研究生入学考试，得以在国防科技大学继续读研。李德良说，他的两个儿子一次又一次地为整个家庭带来惊喜，他们夫妻二人为拥有这样的孩子而自豪。

在这次访谈结束之前，李德良对生态移民项目提出了一些自己的建议。根据搬迁时的宣传，搬迁户每户可以得到1600元安家费，但始终没有兑现。他认为政府应该尽快履行自己的承诺，不要一再拖延。其次，政府应该扶持年纪比较大或者体力有限的移民发展一些舍饲养殖项目，这样不仅能扶贫增收，更能在家吃到放心肉，提高生活水平。第三，高扬程引黄灌溉工程的供水很不稳定，经常因为设备问题而中断供水影响农作物生长，而且每年的灌溉费用偏高，家里的水费负担较重。另外，现在嘎查里的老年人越来越多，但是基本都孤单地待在自己家里，嘎查里应该多开展针对老年人的集体活动。

九、贫困家庭

（一）因病致贫的刘全福家

一直以来，专家学者们关心牧区人民的生产生活水平，而没有更多去关注生态移民后在陌生的农村定居生活的人们的生活状况。从这一次的农村调研中我了解到，总体经济实力一般的一些农村地区，好多的农村贫困户是因病致贫的。这些人生活上饱尝困苦、生理上饱受折磨、精神上承受着巨大压力。有的家庭连日常生活都难以维持，自己无钱治病，子女无钱上学。疾病导致贫穷，贫穷加剧疾病，形成疾病和贫穷的恶性循环。刘全福是个典型例子。

刘全福，男，汉族，46岁，初中文化水平，没有宗教信仰。他的妻子叫王小红，汉族，46 岁，小学文化水平，家中还有一个 22 岁的女儿刘珍珍和 15 岁的儿子刘志明。女儿初中毕业后没有继续读书而是一直在外地打工，只有在过年的时候回一趟家，平时只有 3 口人在本村里生活。

调查他家的时候是晚上 7 点左右，刘全福不在家，而整个屋里弥漫着刺鼻的浓浓的中药味。没过多久刘全福大汗淋漓地进入家门，由于他刚从地里回来，看起来有一些疲惫，但还是非常热情地接受我们的访谈。

经过访谈我们了解到，刘全福被胃病折磨了将近十几年了，特别是 2010 年病情突然加重、体力急剧下降，一整年都不能下地干活。一个家庭里主要成员的劳动能力的丧失，断绝了这个家庭的主要经济来源。这几年下来，家里的贷款和亲戚朋友那里借的钱有八九万元，现在他自己也不好意思向别人借钱看病了。因病加重了家庭的经济负担，这给刘全福增加了更大的精神压力，使他简直是喘不过气来。

他们一家是 1994 年的 7 月搬到阿敦高勒嘎查的。搬迁之前他们住在阿拉善右旗的塔木素苏木的格日图嘎查。当时住房是土木结构的房子，大概有 5 间左右，家里还有一个小的蒙古包。当时他们拥有 3 万亩的草场，40 几头骆驼是刘全福一家的主要经济来源。搬迁之前，那里的基础设施相当落后，没有供电设施，也没有通自来水。特别是交通非常不方便，学校、医院也离这有 30 公里以上，这就导致了子女上学难、看病就医难的现象。

刘全福曾经是一个养骆驼高手。当问起关于骆驼的情况时，他特别自豪地跟我们一一解说。他出生的时候家里就开始养骆驼，觉得与骆驼有着天然的关系。从骆驼的繁殖到骆驼的各种病症他都能给你一个详细的介绍。不仅如此他每年都会在当地那达慕大会上参加骑骆驼比赛，而且每次都能拿到不错的成绩。家里骆驼最多的时候有过将近 60 多头，当时在村里算是养骆驼大户。由于刘全福对骆驼的知识是在当地人算是最了解的，因此他对骆驼的病症了解得特别准确，每当别人家里的骆驼有了疑难病时都会来找刘全福帮忙治病，这使他在本村里成为不可缺少的人物。

由于当地牧民无序放牧、开垦，传统的数量型畜牧经营，使草原荒漠、退化，再加上连年的干旱，刘全福家里的 3 万多亩草场沙化问题特别严重，草场越来越小，提供给骆驼的草料越来越少，他也不得不下决心把骆驼卖掉，加入生态移民的行列之中。他告诉我们，卖掉最后一只骆驼的时候，他心疼地都哭了，因为他卖掉的不只是一头骆驼也卖掉了一个牧民的生命线。当我问到是不是后悔搬到这里，离开养骆驼的牧民生活时，他毫不犹豫地说“不后悔，要是继续在那里放牧，沙漠化就会更严重，骆驼都营养不良，一定会饿死的。还是保护草场，治理沙漠更重要啊！”

他们是1994年的7月搬到这个村子来的。新家的建设费用来自政府的补贴和个人筹资，来的时候政府给了1000平方米的宅基地，在这基础上他们自己盖了3间50多平方米的砖房，过了一年在旁边又盖了一个大概20平方米的库房和24平方米的棚圈。自己又花了积蓄买了35亩地，开始准备在新居过耕地的安定生活。新居的硬件基础设施也比以前的牧区齐全得多。特别是体现在水、电、路三方面。刚开始他对自己的未来充满了信心，希望自己的生活越来越好。

他家祖祖辈辈都是牧民，都没有种过地，不知道地是怎么种的，因此他一开始就找当地农民学习有关种地的知识。第一年，他在好心农民的帮助下，在自己的35亩地里分别种了麦子、油葵、玉米三种作物。即使他披星戴月，早出晚归，多么卖力地去干活，但是搬来的前几年血本无归，欠下了一屁股债，留下的只是满手的茧子。这种生活使他好困惑，而且对祖祖辈辈以放牧为生的游牧生活充满了无限的眷恋，直到2000年之后家里才有了纯收入，他们终于开始有了一些积蓄。他总结说，因为刚来的时候这里的土地没有开垦，土地质量不行，再加上他对种地一窍不通，缺乏政府的指导，所以导致前几年的亏本，但后来粮价慢慢涨了，产量也开始有所增长了，自己种地技术也纯熟了。

除了种地，他们家还养了15只左右的羊，主要是为自己家里吃，要是有剩余的就会卖掉。在这里养不了骆驼就以羊为替代品了。

就在家里生活蒸蒸日上的时候，刘全福犯上了严重的胃病，俗话说：“祸不单行，福不双至。”随即他又诊断出了乙肝、胆囊炎等病症。刘全福从2007年得病以来，为了治病，他和他的爱人到处去寻医抓药，不仅花了手中的所有的积蓄，还欠下了数目不小的债。每年买药的花销就有一两万元，找大夫看病花的就不计其数了。胃痛是刘全福的老毛病了，纠缠了他几十年了。但是2007年在医院检查出各种病症之后，每顿饭的食量只是以前的一半，加上对食物的严格控制更加让他痛苦不堪。直到2010年，因身体过于虚弱，根本没办法下地干活，因此只好把家里的地租出去，自己好好的在家养病。妻子就开始出去找零工赚些钱来添补家用，但由于妻子王小红体格也很弱小，干不了太重的活，因此打工的收入也少得可怜。女儿虽在外打工多年，但还没有帮家里承担大头的能力；再加上小儿子还在上学，学杂费也不少，这一家子的生活就更加艰难了。在这里我们感受到，一个农户家庭，只要主要劳动力因病丧失劳动能力，那么，这一家的经济是一瞬间就垮掉的。我们应该重视这种因病致穷，因病返穷的现象，作为农业发展主力军的他们，在经济上有困难的时候能依靠的地方只有政府。

表 9-1　　2010 年家庭收入来源情况表　　单位：元

职业	收入	职业	收入
从事种植业	-	本乡镇就业工资	-
从事渔业	-	外出打工	12000
从事家庭手工业	-	从事运输业	-
从事畜牧业	-	政府补贴和社会救济金	-
从事养殖业	-	出租草场、耕地、房屋等	6000
从事旅游业	-	其他经营性收入	-

刘全福一家 2010 年的纯收入不到 2 万元。租出去的地收入也就 6000 元左右，妻子和女儿打工的收入也就 1 万多一点，这些年来都没有接受过国家、集体和社会的补贴救济资金。虽然家里养了一些羊，但是由于各种原因 2010 年一只也没有卖出去。

女儿刘珍珍现在在巴彦浩特镇里打工，一个月收入只有 700 元，出去自己吃住的花销也所剩无几。家里对她最大的愿望就是能嫁个好人家，好好过日子，一个女孩子在外面漂泊还是不放心的。

2010 年，刘全福家没有生产性支出。家庭生活支出如下表。

表 9-2　　2010 年家庭生活支出情况表　　单位：元

总支出	食物	衣着	水电气费	日常用品	教育	看病吃药	红白喜事	交通	通信
33800	5000	200	700	500	8000	15000	1000	2200	1200

从他家的支出情况，我们不难发现看病吃药支出占有相当大的比例，花

了这些钱对他的病来说还是杯水车薪，根本根治不了他的病。这与收入相比真正是入不敷出的情况，不得不又要在亲戚朋友那里欠下债款。平时尽可能的压缩一切开支，夫妻俩连一件衣服也没有买。2010 年为了看病好几次都到银川，车费就花了不少钱。本来说好儿子上初中就要给他买一个电脑，但是一直到现在都没有兑现。家里情况越来越拮据，根本就没有能力去买。

经过一年的休养，刘全福身体比他们想的恢复的要快，现在多多少少可以下地干点农活了。刘全福天天要服用四五种的西药和一大碗苦涩的中药，他说他也知道小病可能拖成大病，大病也可能拖成不治之症，但是就是没有钱买好药、贵重的药，所以只能服用最便宜的药，这样治病的效果也不太理想，尽管这样开春到现在买这些药就已经花了将近 5000 元。他说，他一边吃着药，一边努力去种地，就是为了减轻家里的负担，供儿子上学，希望儿子能考上好大学，为他争光争脸。2011 年他们在方大信用社以 8 里的利息，贷了 5 万元作为种地成本，在家里的 35 亩地里种了玉米和油葵两种农作物。他说玉米和油葵一般产量比较稳定，还有比其他的农产品好卖一些，就选了这两种。要是身体状况再好一些，他想明年多承包一些地去种西瓜。因为近两年本村里种了西瓜收益还算不错，现在每家都开始研究种植西瓜，所以他也想试试，能够带来更多的收入。2011 年刚过完年，家里花了 3000 元买了一辆电动三轮车，为了春天农忙的时候用。刘全福一家对未来的希望是太美好了，但眼前的困境又是让人太心酸了。

儿子刘志明在家里是一个特别懂事的孩子。自从知道爸爸生病之后，放学回来就帮家里干活，从打扫房间到地里的农活他都自觉地去做，从来都没有怨言。刘全福说，现在刚好是学校放暑假，儿子白天跟着他去地里干活，晚上回到家里吃完饭就开始写作业。看到小小的儿子因为自己生病，去干这些繁重的农活，心里一直很内疚，也非常感谢儿子这么懂事。说他无论如何要供儿子上大学。

妻子王小红长得非常漂亮，但是体格非常瘦小，虽然没有什么大病，但是身体一直很虚弱，干不了太重的活。在访谈的这段时间，发现她对丈夫刘全福很是体贴，访谈期间她一直在丈夫旁边，看到他出汗了就拿湿毛巾给他擦汗。到了吃药的时间她就把熬好的汤药送过来。看出两人的感情非常好。

“一旦遭遇疾病，不要说低保家庭，就是中等收入家庭也可能一夜致贫”

这是现在的农民的切身感受。刘全福的生活水平虽然还没有达到中等收入家庭，但也不是低保家庭，所以不能享受国家的低保保障待遇，他的病拖累了一家人，因此他们一家的生活越来越处于困境，很难自拔出来。没有农民的小康，就没有全面的小康。在农村，生活一般的农民“因病致贫”的现象不可忽视。像刘全福这样的因病致穷的例子也不是个例。从电视等媒体中看到，虽然我们的农村的医疗卫生事业取得了很大进步，但是离满足村民对医疗卫生的需求还有一定差距。尤其是患大病或慢性疾病的村民，由于受到经济条件和地理位置的制约，不仅看不起病、吃不起药，还要日常辛苦劳作。为了缓解农民看病难、看病贵、因病致贫的情况，党和政府在加强普及新型农村合作医疗的同时，加大政府的资金投入，为村民提供有效、价廉、方便、安全的医疗卫生，提高农村的医疗卫生水平，实现人人都能享有基本医疗服务。希望乡、村政府能够给予高度重视，切实给予各方面的帮助，使他们一家早日能够解决困难，摆脱困境。

刘全福是一个意志力非常强的人，为了家里的生计，忍着病痛，坚强的去面对现实，相信他最终凭着自己的辛勤劳动总有一天能过上好日子。我们希望政府和社会帮他解燃眉之急，改变他们一家的困苦之境；也希望村委会帮他们申请最低保障资助；我们也祝愿刘大叔战胜疾病、早日康复，创造幸福美满的生活！

（二）享受低保的李开雄家

在嘎查领导带着我们调研小组走进李开雄家的大门时，李开雄和老伴正要驾着驴车出去给羊拔草去，在听明了我们的来意后，立刻把驴车停了回去，热情地把我们领进屋里，招呼我们随便坐。我们在院内和屋内四周看了看，发现这位腰已经弯得很厉害的老人是我们这几天采访农户中最贫困的一家。李开雄老人家的大门是用一些木棍和铁丝扎起来的，院内有三间房子，其中两间很低矮，另外一间似乎是新盖的。我们走进了比较低矮的一间，这是老人目前住的屋子，据老人介绍，新房子还没有收拾好，过段时间才能搬进去。屋内的陈设很简单，除了日常的生活用品外，没有其他的东西。而电器类的家具我们只看到了有一台旧的21寸的熊猫牌电视机和一台冰箱，其他的再没有什么。家里平日做饭都是在土灶或者是铁炉子上做的。李开雄家2010年家庭耐用消费品情况见表9－3。

表9－3　2010年家庭耐用消费品情况表

项目	数量	项目	数量
电视机（台）	1	拖拉机（辆）	0
电冰箱（台）	1	卡车（辆）	0
洗衣机（台）	0	小轿车（辆）	0
照相机（台）	0	电话（部）	0
影碟机（台）	0	组合音响（套）	0
电脑（台）	0	手机（部）	0
摩托车（辆）	0	太阳能（匹）	0

李开雄家就他和老伴两人。李开雄，77岁，汉族，没有上过学，无任何宗教信仰；老伴杨兰英，70岁，汉族，也没有上过学，无宗教信仰。李开雄告诉我们，他们总共育有四个孩子，两个儿子和两个女儿，早都已结婚成家，大孙女都快结婚了。两个儿子结婚后都就分家了，现在都在本村从事农业，住在离他家不远的地方。大女儿结婚后就和丈夫搬到了巴彦浩特镇上，现在在那边和丈夫以打工为生；小女儿高中毕业后在宁夏银川找了一份工作，现在是一家电焊公司的工人。说起他的儿女子孙们，老人就很兴奋，他说现在儿女们对他们老两口很孝顺，虽然儿女们都没有怎么上学，但是孙辈们都挺有出息。大儿子生有两个女儿，大女儿2010年大学毕业，现在已经在巴彦浩特一所公司上班，小女儿在巴彦浩特上高中，学习也相当不错。小儿子就生有一个儿子，现在在宁夏银川上中职，他告诉我们，孙子今天就要去学校参加学校组织的实习去。

李开雄老人老家在阿拉善右旗塔木苏苏木，他是1996年才搬迁过来的，而两个儿子早在1994年就搬了过来。他告诉我们他和嘎查里其他的人并不一样，他以前不是牧业户，家里面当时并不养牲畜，他的职业是毛毡匠。李开雄老人告诉我们，在1979年以前，他在塔木苏苏木手工业加工厂上班，当时他的工作就是做毛毡，这个手工业加工厂是当时公社办的。老伴也是加工厂的工人，当时老伴的工作是口袋匠，主要负责做口袋，他和老伴就是在这个厂子里认识并结为夫妻的。他和老伴一起在这个加工厂工作了有20多年的时间。他说在当时那个生活水平下，他和老伴一个月能赚大概80多元，厂子里扣除一部分后，到手的也就50元左右。但是在那个时代，50元还是很值钱的，能买很多东西，因此他家的生活水平还算不错，不是特别的苦。在1979年的时候，人民公社解体，这个手工业加工厂由于是公社办的，因此也就随着公社的解体而倒闭。他说当时厂子倒闭后，由于他掌握着做毛毡的技术，他便和妻子一起在自己家为大队做毛毡。李开雄告诉我们，当时大队里面负责为他们收羊毛，他们只负责做，最后按件计工资。他这样一直工作到1996年的时候由于年龄大了，所以就再没干。当时由于两个儿子都已经搬迁到这个地方了，因此他也跟着搬了过来。

李开雄告诉我们，刚搬到这儿的时候，他和两个儿子的生活都很苦。他说，刚来的那几年大家都一样，种地基本上没收成。但是他家和别的牧户不一样之处是，别的牧户在搬过来的时候，都把家中的牲畜卖了，因此到了这儿还有一定的积蓄，最起码的生活还可以维持。但是他家由于以前什么也没有，完全是靠手艺吃饭的，他们来的时候是两手空空来的，而当时庄稼一点也不成，因此日子过得是非常苦，这几年才好了一点。他告诉我们，他来的时候分得了17亩地，种了几年后由于年龄大种不动了，便把地给了小儿子。说起把地给小儿子的事，他笑着说当时给的时候大儿子还闹意见，说是他偏心。他自己也觉着这样可能对大儿子不公平，因此便想要回来一部分给大儿子，可是小儿子怎么也不还他，他也没办法，只能又问小儿子要了五千元，算是卖给他了，这样一来大儿子也没啥可说的了。

当我们问他现在也不种地，生活收入来源是什么时，他告诉我们，他们老两口现在的生活来源主要就是低保和养老保险，另外每年儿女还会给一些，但是不多，因为低保和养老保险基本够他们老两口生活了。据李开雄介绍，2010年他们的低保是每个月210元，他自己的养老保险是每月120元，妻子的是每月100元，这样一年总共是5160元，另外2010年大儿子给了500元，小儿子由于2010年给他盖了房子，所以没给，小女儿给了1500元。这样李开雄老人家2010年的总收入就是7160元（见表9－4）。李开雄老人笑着告诉我们，现在政府的政策好，农村老年人也给养老保险，虽然金额很少，但这在以前听都没听过，总比没有好。他说，前几年嘎查里让他交养老保险和农村合作医疗，他当时不愿意交，嘎查领导就威胁说不交就不给地里灌溉水，为此他还和嘎查领导吵过架，后来小儿子没办法帮他交了农村合作医疗，但养老保险由于数额大，一直没交。他说，他没想到虽然他没交，但2010年开始还是给他和老伴养老保险，不过就是比较少。他说，如果那个时候把养老保险补齐的话，现在可能领的还更多。李开雄老人还告诉我们，现在每到过年过节的时候，都会有人下来慰问，送一些生活用品。2010年的时候把他家房子评为了危房，给了他1万元的危房改造费。他说，他当时并不想再新建房子了，就在现在这个房子里凑合着过，因为新建房子光是给的这1万元并不够，而自己也没有钱。但是小儿子不同意，说是借此机会也算是好好敬一下孝心，不够的钱他来补，这才把房子盖了起来，前两天才装修好，最近这几天就打算搬进去呢。他说现在能够住进新房要完全感谢政府的帮助。不过从老人的话语里我们还可以听得出来，他对儿子的孝心也是非常的满意和高兴。

表9－4　　**2010年家庭收入来源情况表**　　单位：元

职业	收入	职业	收入
从事种植业	–	本乡镇就业工资	–
从事渔业	–	外出打工	–
从事家庭手工业	–	从事运输业	–
从事畜牧业	–	政府补贴、救济	5160
从事养殖业	–	出租草场、耕地等	–
从事旅游业	–	其他经营收入	2000

谈起他家2010年的支出情况，李开雄老人告诉我们，他家现在基本上没有大的开销，主要就是他和老伴看病吃药和日常的饮食开支。他和老伴2010年看病吃药大概花了有3000元，剩下的都基本上是平常吃喝了。他说，他和老伴的衣服基本上都是由小女儿给买的，自己很少买，至于娱乐费用、通信费和交通费，那都是年轻人的事，自己和老伴现在哪儿也不去，也没有手机，平常也没啥娱乐活动，因此这些都没有花费。我们问他现在不是有农村合作医疗吗，怎么还会花这么多。李开雄老人告诉我们，农村合作医疗只能在住院后花的钱多时才能报销，他和老伴都是小病，他主要是高血压和关节炎，

而老伴也就是头疼感冒，这些病都是平常吃吃药就行，根本用不着住院治疗。但是像高血压这种病，一年四季药都不能停，因此花的钱多但又不能报销。2010 年李开雄家的支出情况见表 9－5。

表 9－5　　2010 年家庭支出情况表　　单位：元

总支出	生产性	食物	衣着	住房	教育	看病	其他
7160	–	4160	–	–	–	3000	–

李开雄老两口现在由于不再从事生产活动，因此平时主要就是在家看看电视，和邻居聊聊天。李开雄老人还告诉我们，他家现在养着 8 只绵羊，他每天早上起来和老伴还有一项任务就是去给羊拔草。他说，他和老伴都是闲不住的人，感觉一天到晚在家待着太难受，本来想去儿子的地里面帮忙，有点事干，但是儿子怎么也不同意让他们去。因此便买了这 8 只羊，一方面可以让他们每天都有点事可以干，另一方面还可以省去他们买肉的钱，当想吃肉时便可以宰一只。我们可以看出李开雄老两口现在虽然靠着政府的低保和养老保险过日子，平常生活挺拮据，但是相比于中国很多农村的老年人来说，他们现在的晚年生活还算是幸福，最起码有生活保障。我们衷心地祝福他们老两口能够健健康康、快快乐乐的安度晚年！

（三）重视教育的多桂学家

我们调研小组采访多桂学家的时候，天色已晚，他们一家人刚吃过晚饭，此时多桂学和他的母亲正在屋檐下乘凉。在嘎查领导帮助介绍了我们的来意后，主人热情地表示可以接受我们的采访，并招呼我们到屋里坐。我们到屋里坐下后，多桂学的妻子也从里屋出来热情地向我们打招呼，我们发现她穿着一身睡衣，似乎已经休息了，便连忙为对她的打扰表示了道歉，她笑着说其实还没有睡着，只是在里屋里看电视呢。

多桂学家的房子跟嘎查里大多数家庭的房子相似，是砖木结构的，这些房子都有一个特点，就是比较低矮，感觉不是很宽敞。多桂学告诉我们，他家总共有 7 间房子，面积大概有 110 多平方米。我们进来的时候看到院子里停着一辆拖拉机、一辆摩托车，还有一辆三轮摩托车，屋内的家具摆设比较齐全，电视机、冰箱、洗衣机这些日常家用电器他家基本上都有，这家给我们的感觉是生活条件还算富裕。多桂学家的耐用消费品见表9－6。

表9－6　　**2010年家庭耐用消费品情况表**

项目	数量	项目	数量
电视机（台）	1	拖拉机（辆）	1
电冰箱（台）	1	卡车（辆）	0
洗衣机（台）	1	小轿车（辆）	0
照相机（台）	0	电话（部）	1
影碟机（台）	0	组合音响（套）	0
电脑（台）	0	手机（部）	2
摩托车（辆）	2	太阳能（四）	0

多桂学一家四口人，包括多桂学夫妇、多桂学的母亲和一个孩子。多桂学生于1962年，现年49岁，汉族，初中文化水平，无宗教信仰；妻子叫王海荣，44岁，汉族，初中文化水平，无宗教信仰；儿子叫多照彬，21岁，正在内蒙古农业大学上大学二年级，学的专业是农业机械自动化。多桂学的母亲已经75岁。

多桂学老家在阿拉善右旗塔木苏苏木，在1994年的时候响应阿拉善盟的号召搬迁到了这个地方。多桂学家以前是纯牧业户，家中总共就弟兄二人，多桂学排行老二。多桂学告诉我们，在搬到这儿以前，家里的草场很大，他也不知道具体有多少亩，也没丈量过。他家的草场包括他和哥哥两个人的，但是哥哥由于在阿拉善左旗巴彦浩特工作，并不放牧，所以这些草场实际上都归他使用。他说，当时家里养着25头骆驼和130只山羊，牲畜不是很多，草场面积相对较大，牲畜一年四季的草都不缺，所以每年靠这些牲畜的收入还算可以，而且家里面就四口人，因此家中的日子过得挺好的。在1994年阿拉善盟政府提出为了缓解草场压力，解决当地草场沙漠化严重的问题，需要对部分牧民进行生态移民的政策后，多桂学告诉我们，他刚一开始并不想搬迁。他说，他们世世代代生活在那个地方，以放牧为业，突然要搬到别的地方去从事农业生产，这种事从来想都没想过。而且当时他家的草场退化的并不是很厉害，退化的原因也只是由于天太旱，而跟过度放牧没有关系，他家根本就不存在过度放牧的问题，因此他坚决不想搬迁。在其后当地政府人员给他们做工作的时候，列举了很多他们老家那儿不方便但搬迁地方便的方面，比如交通，生活用水，电力等方面，这些都没有打动他，但当人家提出在搬迁地子女教育不但方便而且教育质量还高的时候，他的心动了。多桂学告诉我们，他就一个孩子，当时想着是怎么也要供养孩子上学，让他有一个好的未来，能像他伯父一样在城市里面工作，而不再从事他们这种乏味枯燥的放牧生活。但是他们老家那边离他家最近的学校也有四十里路，而且教育质量很差，如果让孩子在这个地方读书的话是不会有好的前途的，想到这些后，他便没有再犹豫，直接把家里所有的牲畜卖了，搬迁到了现在的这个地方。多桂学告诉我们他家搬迁过来的主要目的就是为了孩子上学，让他接受更好的教育。

多桂学告诉我们，刚搬迁过来的时候，日子过得是相当的苦。在说起这段日子时，他们一家人对政府表现出了极度的失望，连多桂学的母亲都抱怨个不停。听他们介绍，在搬迁前，政府承诺给他们建房子，给解决就业的问题，还给分田地。可是当他们搬迁到这个地方时，承诺的事情一点也没有实现。他们来时并没有看见房子，不得已只能住在自己带过来的帐篷里面，再抓紧时间建房子；说是给分地，可是一亩地还需要交 100 元，而且分得地就是用推土机在荒滩上推一下就算，亩数还不够。他们说他们亏就亏在来得太早了，后面搬过来的人，不但地分得多，而且还给补偿，他们则是从头到尾没有得到一分钱的补偿。多桂学告诉我们，他刚来时，由于以前从来都没有种过地，不懂得怎么种地，再加上当时条件恶劣，所以好几年都没有收成，直到 2000 年后收入才逐渐提高，逐步摆脱了只能勉强糊口的日子。但是由于地太少，所以直到现在他家的收入比起别人家来说依然没有什么大的提高。他说，要是还在牧区的话，现在的生活状况肯定不会是这样子的。不过令多桂学一家人最欣慰的还是儿子多照彬考上了大学，这让他们无论吃多少苦都愿意。多桂学告诉我们，儿子能够考上大学，这一方面要归功于儿子的努力，另一方面还要归功于这儿的教学质量。他说，在这儿学校不但离家近，而且教育质量还好，因此儿子得以受到良好的教育才能够考上大学。因此他们当初搬迁到这个地方的决定还是相当正确的，自己受点苦又有什么关系呢，只要孩子能有一个好的未来就行。我们从多桂学的眼神中可以看出他对于孩子的期许和爱，也让我们真正地理解了什么是“可怜天下父母心”，为了孩子他们可以舍得一切。

多桂学告诉我们，2010 年他家的总收入是 20000 元多一点，主要来源是打工和土地租金。他告诉我们，2010 年春天的时候，他从别人那儿听到一个消息，说是政府部门将不再给承包别人的土地提供灌溉水，他信以为真。他当时认为种地没有灌溉水就代表着绝收，因此地是不能再承包了。而如果只种自己的那 35 亩地，收入还没有出去打工多，因此便决定把土地租给别人，自己和妻子出去打工。结果根本就没有这种事情，不知是谁在外面乱说的，但后悔已经来不及了，地已经租给了别人。他说，他和妻子先是去了兰州的一家啤酒厂打工，干了差不多一个月，两个人挣了大概 2000 元；后面又到民勤县，在一个中学食堂干了大概两个月，他们两人总共挣了大概 4000 元。后面因为学生放假，食堂也要关，所以他们就回到了家里。回来后，就给当地种地多的人家地里干活，包括除草、施肥等，每人 80 元/天，大概挣了 6000 元，这样 2010 年一年打工收入大概是 12000 元。他 2010 年是按 150 元/亩的租金把地租出去的，他家总共有 35 亩地，这样一年下来租金是 5250 元。另外还有政府给的种地补贴和他母亲的养老保险，一共将近 3000 元。多桂学家 2010 年收入来源情况见表 9－7。

表 9－7 **2010 年家庭收入来源情况表** 单位：元

职业	收入	职业	收入
从事种植业	－	本乡镇就业工资	－
从事渔业	－	外出打工	12000
从事家庭手工业	－	从事运输业	－
从事畜牧业	－	政府补贴	2945
从事养殖业	－	出租草场、耕地等	5250
从事旅游业	－	其他经营收入	－

谈起他家 2010 年的支出情况，多桂学告诉我们，他家 2010 年最大的支出项目就是儿子的教育费用。他家 2010 年一共支出了大概有 35000 元，其中儿子的教育费用是 20000 元，家中食物支出大概是 8000 元，买衣服支出大概

是2000元，其他的比如水电费、日常用品、人情礼金、通信费等大概总共花去5000元。多桂学告诉我们，由于目前儿子的教育费用很高，因此家中的开支都是尽量的缩减，能不开支的尽量不去开支。但是现在物价太高，尤其是食品肉类的价格，而这些都是生活中的必需品，没法缩减，因此这样一年下来也花费不少。他说，2010年他们打工挣得钱不多，一年的收入基本上刚好够孩子的教育费用，而其他的开支都是靠借债。他们家2010年借的债将近20000元，这些钱都是向他妻子的姐姐借的，等2011年秋收后再还。多桂学家2010年支出情况见表9－8。

表9－8　**2010年家庭支出情况表**　单位：元

总支出	生产性	食物	衣着	住房	子女教育	其他
35000	–	8000	2000	–	20000	5000

多桂学家平时的娱乐活动主要就是看电视、聊天，妻子在闲时偶尔还会去和其他人一起跳跳舞。他说，他们平时干活都很累，根本就没有精力再去玩其他的。每天傍晚六七点从地里忙回来，还要喂羊、做饭，等吃过晚饭后已经很晚了，再看一会电视也就睡觉了，因为第二天还要早起。

问起他对以后的生活有何计划，多桂学笑着说，能有啥计划，计划总是赶不上变化，走一步看一步吧，现在就是希望孩子大学毕业后能找一个好工作就行，其他的也没有多想过，他们目前的唯一任务就是供养孩子上学。在和多桂学聊的过程中，我们发现他对今后的生活比较迷茫，对未来的生活信心不足，他付出的辛苦不比别人少，总是感觉很累，但生活总也不见好转。不过幸好现在儿子上了大学，这又让他对生活有了新的看法。我们衷心地希望他能够通过儿子上大学这件事，重拾对生活的信心，克服眼前困难，重新过上幸福美好的日子！

（四）因病致贫的谢忠仁家

谢忠仁，汉族，51岁，初中文化程度，中等个头，看上去非常瘦。谢忠仁与妻子及两个女儿，一家四口住在3间、不足85平方米的房子里。谢忠仁的妻子51岁，初中文化程度，我们拜访时她因为正在地里浇水，所以我们没有见到本人。谢忠仁有两个女儿，小女儿15岁，正在读初中。大女儿25岁，在内蒙古呼和浩特市上大学，学得是会计专业，2011年6月大学毕业后返回家乡就业，现在阿拉善左旗巴彦浩特镇的一家事务所实习。因为事务所规定新进员工有两个月的实习期，实习期间没有工资，所以她现在还不清楚成为正式员工后每个月的工资到底有多少钱。谢忠仁的大女儿告诉我们，其实事务所效益一般，待遇也不太好，员工也没有五险，因此她打算只是暂时先在事务所工作，积累工作经验。有机会的话还是希望可以再找一份更好的工作，无论是薪水还是福利都较好的工作。不过她并没有打算在外地找工作，一方面是因为在外地的话，生活等各方面都不习惯，也没有亲人在身边可以相互照顾；另一方面是希望工作地点离家近些，即使不能天天回家，但也至少每周可以回家一次看望父母。

在谢忠仁家的外墙上，挂着一块绿色的沼气使用示范户的牌子。谢忠仁告诉我们，他们家从牧区搬迁过来后，政府就给他们家免费建了沼气池，而且还免费发放了沼气灶，有专业人员来指导他们如何用沼气。在这个地区，用作沼气发酵原料的有机物主要是禽畜粪便、作物秸秆等，沼气的使用解决了农民的燃料问题，也解决了农村“三料”——燃料、饲料和肥料的矛盾。沼气的成本非常低，给农民节省了一大笔燃料费用，而且确实方便，而且清洁了他们的生活。但是近几年由于人们饲养牲畜数量的减少以及化肥价格的上涨，为了减少购买化肥的费用，大家逐渐用牲畜的粪便替代一部分化肥，这样可用作沼气发酵的原料越来越少，沼气池迫不得已也就被停用。当时与谢忠仁一起使用沼气的五十多户，现在也都不用了，沼气池全部废弃了。现在谢忠仁家用电磁炉代替了沼气灶。比起沼气，用电磁炉做饭、烧水，谢忠仁家电费比以前多了很多，但由于缺乏沼气原料，他们也无可奈何。

谢忠仁一家是1994年7月搬迁到阿敦高勒嘎查的。搬迁以前他们家住在阿拉善右旗笋布尔苏木阿门乌苏嘎查。当时谢忠仁的小女儿还没有出生，一家三口住在80多平方米的土坯房里。在牧区的生活比较单调，当时家里还没有电视，没事儿的时候只能是一家人坐在一起聊聊天，谈谈心。特别是冬季，草原的冬天特别冷，也不出去放牧，一天到晚待在家里，除了喂喂羊和骆驼，就再也没有别的事可做了。学校和看病的地方离家也特别远，要几十公里的路程，上学和看病都十分不方便。谢忠仁家拥有40000多亩的草场，喂养着30多头骆驼和几十只白绒山羊。搬迁前一年，也就是在1993年时候，每头骆驼的价钱是900元左右，一年大概卖3头骆驼，再加上卖羊绒的钱，一年的牧业收入大约有15000元。冬天给羊买草料，需要4000元左右，而生活方面的花销很小，油、面等食物方面的花销加上买生活用品等，一年大约有1000元就足够，所以，一年的纯收入在10000元左右。

20世纪90年代初，连年干旱导致草场退化，载畜量也随之下降，谢忠仁一家感到仅仅依靠放牧，生活越来越困难。同时女儿马上要上小学，如果住在牧区上学太远，十分不方便。当时，阿拉善盟正好开始推行生态移民工程，草原退化地区的牧民要搬迁出草场，谢忠仁一家所在的嘎查也在搬迁范围。谢忠仁家所属嘎查、苏木干部曾多次去他们家宣传生态移民政策、动员他们搬迁。为了恢复生态环境，支持国家政策，谢忠仁在综合考虑各种因素，他们做出了搬迁的决定。

搬迁前政府承诺的搬迁补偿并没有完全实现，搬迁后谢忠仁一家只分得了1000平方米的宅基地和40亩土地，还分别交给政府50元和4000元的土地开发费。除了想办法在这荒地上生活下去外，没有别的办法，在牧区的草场已经退牧，不再属于他们，想回去是根本不可能的。

万事开头难，谢忠仁与妻子先盖起了房子，保证一家人有地方住，他们一起学习种地，一开始种地收成不好，他们赔光了家里所有的积蓄。渡过最初困难的三四年后，凭着谢忠仁夫妻二人的吃苦耐劳，他们家的生活也慢慢有了起色，添置了彩电、电冰箱、摩托车和拖拉机等大件物品。他们还在院子里也搭起棚圈，喂养了十几只绵羊，基本都是自用，这样就可以省下很多买羊肉的钱。

表9－9　　2010年家庭物品情况表

项目	数量	项目	数量
电视机（台）	1	拖拉机（辆）	1
电冰箱（台）	1	卡车（辆）	0
洗衣机（台）	1	四轮车（辆）	1
电磁炉（台）	1	电话（部）	0
电脑（台）	0	手机（部）	3
摩托车（辆）	1	太阳能（匹）	0

谢忠仁告诉我们，前几年他们从嘎查的一农户手中承包了20亩土地，加上自有土地40亩，谢忠仁一家现在有60亩土地，主要种植玉米、油葵和花葵。2010年收成一般，毛收入有35000多元，除去买种子、农药、化肥的支出及灌溉费、雇工费，农业收入差不多有20000元。虽然收入还可以，但谢忠仁告诉我们家里生活非常困难。一是因为女儿上大学，花费大；二是因为他与妻子身体状况都不好，住院买药方面花费很大。

表9－10　　2010年家庭生活支出情况表　　单位：元

食物	衣着	水电气费	子女教育	看病吃药	人情礼金	交通费	通信费	其他	合计
2000	500	1000	13000	80000	500	1000	500	1500	100000

从表9－10中我们可以看到，2010年谢忠家一家生活支出达到100000元，是我们这组在采访中遇到的支出最高的农户。在这笔庞大的支出中，食物、衣着、水电气、人情礼金、通信方面花费大约分别有2000元、500元、1000元、500元、500元，这些方面的花费并不多，甚至比其他农户家还要少一些。2009年，大女儿考入大专院校后，家里的支出也一下子增多了，每年的学费和生活费大概要13000多元，谢忠仁与妻子为了供女儿上学，更加精打细算地过日子，省吃俭用，但依然凑不足学费，只能从信用社贷款，即使这样，他们依然坚持供女儿读完了大学。

我们看到，谢忠仁家2010年近80%的家庭开支主要是医药费。实际上，谢忠仁的身体状况并不好，长年来一直被肝病困扰。2009年，病情突然加重，必须住院治疗。但是左旗的医院医疗技术落后，谢忠仁只能去邻近的银川的大医院看病。2009年11月住院，2010年1月出院，仅仅两个月住院费与药费就花掉了70000多元。因为住院期间用于治疗的药品不包括在新型农村合作医疗的报销范围内，70000多元的花费最终只给他报销了10000多元，剩下的50000多元费用都只能自己承担。谢忠仁现在依然需要依靠长期服用药物来控制病情。但是，阿拉善左旗医院并没有这种治疗肝病的药物，谢忠仁每隔三月去银川复查的时候都顺便买回来几个月的药，一年的药费就有20000多元。这种肝病药物不但价钱高，又要全部自己承担，所以负担特别重。

表 9-11　　2010 年家庭收支情况表　　单位：元

项目	总收入			总支出		纯收入
	农业总收入	政府救济	低保	农业支出	生活支出	
	35000	1500	8500	15000	100000	
合计	45000			115000		-70000

从表 9-11 中我们可以看到 2010 年谢忠仁一家的收支情况。由于谢忠仁的治疗方面花销非常大，而且种地、生活等每件事情都需要钱，导致他们家 2010 年严重的入不敷出，只能依靠从信用社贷款维持生活。谢忠仁向民政局申请了补贴，每年能拿到 1500 多元左右的特困户基本生活救济补贴。2010 年，谢忠仁家还领到了 8500 多元的最低生活保障。2011 年，谢忠仁一家贷款了 1 万多元，如果秋收后还了贷款，仅靠余钱不足以支撑一家人的生活到年底。谢忠仁希望政府能扩大新农合的报销范围，把更多的大病重病，更多品种的药物都纳入新农合的范围，让那些同他一样得大病重病的农牧民，也能享受到新农合的实惠，不再为看病、买药发愁。

现在由于身体状况不佳，谢忠仁从事农业劳动非常有限，主要是由他的妻子担负所有的体力劳动。但谢忠仁的妻子身体状况也不太好。五六年前谢忠仁的妻子，一次在开动四轮车时，不小心受伤造成胳膊骨折。但由于受伤期间，家里农活基本依靠她一个人，她不得不做，最后致使骨折没有彻底康复，受伤的胳膊现在留下了后遗症，干活时很不灵活。为了一家人的生济，为了女儿上学，谢忠仁的妻子毫无怨言地背负起这个家。

如今大女儿已经大学毕业，也找到了工作，家里又会增加一笔收入。谢忠仁乐观地告诉我们，他们相信以后的生活会比现在更好些。

（五）特困户其其格家

在内蒙古阿拉善左旗嘉镇的阿敦高勒嘎查，各家各户在党的政策的扶持下幸福地生活着。虽然从国家的标准来算属于富裕户的没几家，但是阿敦高勒嘎查的多数村民都过着衣食充足的日子，只有很少的几家的日子过得比其他人家困难一些。我们所调查的其其格家正是其中一户。村主任介绍说，其其格一家是村里面有名的低保户，导致他们家生活困难的原因很多，一言难尽，只有详细地跟其其格聊过之后才会明白其中的原因。提起其其格一家，村民也是一直摇头咂嘴巴说其其格一家生活困难，具体的困难程度只有到了他们家才能清楚。

凭借这些天来在李井滩的所见所闻在脑海里一遍遍地想象着其其格家的样子、带着很多的悬念和疑问，我们来到了其其格家。一扇显得有点陈旧的大铁栅栏门将其其格家和外面的乡间小路分割为两个世界，一排政府统一修建的砖墙将其其格家和其他人家分隔成两家。大门内，只有三间破旧的土坯房，十分空荡。这就是其其格家的房屋和院落给我们的印象，这比我们想象中的还要简陋一些。

其其格家现有三口人，除了老两口，还有一个未出嫁的女儿，常住人口只有老两口。其其格，女，蒙古族，57 岁，不识字，信仰藏传佛教。其其格的老伴也是蒙古族，50 多岁，也不识字，同信仰藏传佛教。其其格的小女儿 25 岁，初中文化水平，常年在外面打工，平时无重要事情不回家。打工挣的钱也只够养活自己，根本就无法贴补其其格家用。其其格一家是 1994 年从阿拉善右旗的牧区搬过来的，已有十七八年了，房子至今也没有做过翻新。

进到屋子里面，比起其他人家的摆设，其其格家的也确实简单了点：一张能容两三个人睡觉的土炕，一张用来吃饭的高的木制方桌旁边放着一条已经看不出原来颜色的木凳，墙角是一个老式的高低柜子，上面放着一台十几寸的大彩电，旁边放着一台还没开封的洗衣机，洗衣机盒子上面放着一些锅碗瓢盆，其中还有一个很新的电锅。由于时间紧迫，我们没有提前预约直接在村干部和翻译的带领下来到其其格家的。因此，见到这么多人进屋，其其格一脸的惊诧和茫然，不知所措地看着村干部，想在村干部的身上找到什么线索。村干部和翻译忙将我们的来意跟其其格说明了，他这才放心地让我们就座。一扇本来就不太大的窗户上蒙着深蓝色的窗纱，使得屋里光线很暗，进来了半天才开始慢慢适应屋里的亮度。另外一扇门帘将一间看似卧室又看似厨房的屋子阻断在后面，我们进屋的时候其其格正好从里屋出来，手里还端着一个碗。当我们问到家里的彩电、洗衣机、电锅是什么买的时，她不加思索地对翻译讲起来：彩电是前几年将田地承包出去后买的，至今还像是新的；洗衣机和电锅是女儿买的，前不久刚托人送回家，因为不识字不会使用，所以洗衣机的包装一直没有打开，准备等女儿有空回家了再使用。电锅也是不久前才开封的。为了联络方便，其其格的小女儿给她买了部手机，每隔一段时间会给其其格充一些话费，方便与其其格联络。

其其格一家在李井滩属于第一批移民，是在1994年的时候从牧区搬过来的。其其格生有两个儿子、两个女儿，其中三个较大的在搬到嘉镇后先后结婚了，至今还有一小女儿未婚。当时在牧区的时候，其其格家草场比较大，大概有10万亩。家里养的骆驼、羊也很多，也算是个比较富裕的家庭。仅骆驼就有100多头，羊有二三百只，每年的收入是很多的，可以使一家六口人过着衣食不愁的生活。如果现在还在牧区没有搬到李井滩的话，按照相关政策的规定，其其格家的退牧还草的补贴等加起来每年也应该有十几万元，足够全家六口人在不打工的情况下过衣食充裕的富裕生活了。当时政府承诺移民到李井滩之后，政府给划宅基地、建房屋，还会有40多亩的田地，田地的质量很好，每年不用自己出资金种地，只需从信用社贷款就可以了；并且李井滩的气候比较好，灌溉条件也很好。如其他牧区移民一样，其其格一家人也在党的号召下，卖了家里所有的家畜、带着所有的积蓄，搬到了李井滩嘉镇的阿敦高勒嘎查。在搬到李井滩以后，其其格家由于生产方式从牧业直接转变成农业，缺乏生产经验，因此前两年的收入较差。在这样的情况下，一家人咬牙忍耐，慢慢地环境也熟悉了一些、农业技术也在揣摩中日益积累，收入也逐步上升。由于老伴在1996年初的时候因病去世了，而几个孩子当时还正在上学，劳动力就只剩下能听懂汉语但不会用汉语跟其他人交流的其其格，他们家的收入和生活条件也因此骤然下降。如今，因为家庭条件不好，两个儿子做了别人的上门女婿，大女儿也嫁出去了，小女儿一个人旗里打工、自谋生路，生活都很费劲，根本没有能力顾及老母亲和继父。其其格家里只能依靠现在的年迈的老伴可以打点零工来艰难维持，难以养家糊口，被村里评定为特困户、低保户。一提起这些，其其格满脸的忧伤和无奈，可能是在后悔做了搬到李井滩的决定。如果没有搬到李井滩的话，哪怕是老伴去世了、国家不让放牧了，其其格也不会像现在这样害怕生活、生活得这样艰难。在牧区，现在虽然已经禁牧了，但是国家还会鼓励村民去种植一些草药来固沙、护林等。听翻译大哥说起他的在牧区的一个亲戚，人也老了，儿女们也都独立出去了，但是老两口的日子过得还是挺充裕的。不是因为他们积蓄多，也不是因为国家每年补贴得多，而是老两口以种植肉苁蓉为生。肉苁蓉不同于庄稼地，只要你种了、嫁接了就不用再施肥，只要在合适的时节浇点水就行了，水的需求量也不大，一颗苁蓉就只需三四斤水就足够了。它的产量极高，每年可以收获好几茬。老两口2010年就从苁蓉上收获了9万多元。如果其其格没有搬到李井滩的话，他们家的生活也可能不是现在这样，而是另外一番景象：两个儿子不用做别人家的上门女婿，也不会到没有能力养育老母亲的地步；其其格也不会像现在靠国家最低生活保障金生活……但是，现如今已经回不去了，只得听天由命、安心享受国家的政策，充实、健康地过好每一天才是其其格所要做的。

其其格家现有30亩地，是刚搬来的时候政府分的，本来应该有40亩，但是土质不好等原因，只有30来亩地能种庄稼的。早些年的时候，其其格家的劳动力还充足，他们自己种地，现在由于孩子结婚、外出务工，家里已没有年轻的劳动力了，30来亩地只能都承包出去，每年会有三四千元的收入。因为是短期承包，承包的费用依据每年的行情不同而变动，因此其其格家在这方面的收入每年都是起伏不定的。对比这些年的收入情况，其其格家的变化还是蛮大的，具体数字见表9-12。

表9-12　**家庭收入来源情况表**　单位：元

年份	毛收入	牧业收入	农业收入	工资收入	打工收入	出租房屋	政府补贴	政府救济	经营收入（家禽、草药等）	其他
1993	50000	50000	-	-	-	-	-	-	-	-
1995	30000	-	15000	-	10000	-	1200	-	500	-
2010	10000	-	3600	-	2000	-	-	4320	-	-

在以上据其其格所口述的收入表中我们得出这样的结论：在牧区的时候，其其格家的收入已经可以划定为富裕的层次中，而在搬到李井滩之后，他家的收入由于各种情况每况愈下。具体来看，在1993年，即其其格一家人在牧区生活的最后一年，以牧业为主要生活来源的他们家的毛收入就达到了5万元。在当时，能有5万元的家庭是不多的，而其其格家的一年的收入却能达到这个数目。在1995年时候，其其格原配丈夫生病去世，当年收入也有3万元。比起牧区的收入是有点低，但是在当时的李井滩，3万元的收入也还是蛮不错的，处于中间收入的水平。3万元的收入中有1.5万元的农业收入和1万元的打工收入（当时大儿子已经不上学了，可以帮着家里干些活了，1万元是几个人的打工所得）。另外，还有粮食补贴，虽然只有1000多元，但也够其其格一家人一个月的生活费用了。除了农事，其其格还在家养了几只羊以贴

补家用，大概有500元。到2010年时，其其格的生活的主要来源是国家的救济：国家给的低保费是每人每月180元，有两人享受低保政策，因此每个月有360元的低保费；现任老伴的身体不好，因此只能在实在需要钱的时候出去打点工，一年大概有2000元的打工收入；另外还有3000元左右的土地承包收入。总而言之，其其格家的收入是很少的，并且在这个物价日益上涨的年代，对于一个生活没有保障的家庭而言，收入不增反减，是件很残酷的事情。

虽然其其格家2010年没有进行生产活动，但是他们家前几年生产活动我们还是得关注一下的。其其格家从1993—2010年十七年间，较重要年份的生产支出见表9－13。

表9－13　**家庭生产支出情况表**　单位：元

年份	畜牧业生产支出		农业生产支出							合计
	购买牲畜	购买草料	种子	化肥	农药	生产工具	收割费	灌溉费	雇工费用	
1993	10000	10000	–			–				20000
1995	–	–	5000			5000				10000
2010	–	–	–			–				–

从上表不难得出这样的结论：其其格家的生产投入在牧区和农区有一个明显的区别，那就是在牧区的时候投入的成本较大，而在农区的时候投入相对较少。与此相对应的生活支出，据其其格所述，在其原配丈夫去世之后也有明显的降低。如表9－14所示：

表9－14　**家庭生活支出情况表**　单位：元

年份	食物	住房	衣着	水电气费	日常用品	耐用品	子女教育	人情礼金	看病吃药	娱乐旅游	交通费	通信费	合计
1993	2000	–	2000	–	200	400	4500	2000	500	–	500	100	13000
1995	4000	–	2000	200	400	–	3000	1000	8000	–	200	100	20000
2010	3000	–	500	300	200	–	–	1000	3000	–	500	300	9000

从表9－14中我们可以看出：1993年在牧区的时候，其其格一家的生活

费用就已经超过了 1 万元，在总收入中占较大的比例。其中，在子女教育方面花费较多，这可能是学校离家远，四个孩子上学都得住校有关系。1995 年时候，由于家里收入的下降，支出也随之下降。其中因为其其格原配老伴要看病吃药，因此在这方面花费较大，占到所有消费费用的 40% 左右。除此之外，在食物方面和孩子上学费用方面花费较多，其他的方面能省即省，支出极少。2010 年时，全家的总支出只有 9000 元，在食物方面和看病吃药方面花费较多，各占到总支出的 30% 左右。

从以上的收入表和支出表中我们可以看出，其其格一家在牧区的生活条件明显比在农区好，收入也多、支出也多，并且一家人在牧区的时候在食物方面花费较少，而到了农区以后多年的吃肉的生活习惯和生理需求需要他们在食物方面花费较多。还有一个不容大家忽视的事实：到了农区以后，其其格一家在看病吃药方面的花费较在牧区大。这可能是与所住地点与看病的地方的远近有关系，但是同时也反映出一点：其其格一家从牧民转变成了农民，但是他们的身体好像还不太适应他们这个身份，或者可以说他们长期稳定的生存环境使得他们在十几年内很难再适应一个全新的环境，就如他们的生产方式和生产习惯一样。虽然身在孪井滩了，但是长期以来养成的各种的生活和生理习惯很难转变成一种截然不同的全新的模式。

其其格告诉我们，原配老伴去世后，她一直想养几只羊（原来家里有的几只在老伴去世之后卖了还债了），但是没有资金。在孪井滩一般的农户都可以贷款，但前提是有固定的收入保障。像其其格家这样子的，她和老伴想从农村信用社贷款都难，更别提从别人家借钱了。她现在唯一的希望是盼着小女儿能生活得好一点，嫁个好人家。说到小女儿，其其格又是眼泪盈眶：一个女孩子，一个人在外面没日没夜地打工，跟个养家糊口的男人一样，一年到头来的工钱却也只能是养活自己而已……

说起国家政策，其其格和老伴现在还是很感谢政府，如果没有政府，在原配老伴去世之后她就不知道怎么活下来了。现在国家的政策的确是好，各种各样的保障政策不知道影响着多少人的生活。在孪井滩，最基本的是每家每户，只要是种地的，都有粮食补贴，2010 年按每亩地 35.75 元的标准发放到每一户种植户家，但是其其格家因为没有种地导致这项政策优惠无法享受。如上所述，其其格家 2010 年生活主要来源是国家的最低生活保障金，虽说只有每人每月 180 元，但是这也是其其格家的最主要的生活来源，离开了这笔钱，其其格家的日子会更加艰难，在形势所迫下老奶奶有可能得出去打工赚钱。再过两三年，老奶奶就满 60 周岁了，只要一满 60 周岁，每个月又会有三四百元的补贴了。现在只要生病住院了，国家就会给报销一部分钱，对于这个生活困难的家庭而言，这又是一件让人欣慰的事情。这一系列的政府补贴，使得其其格家的生活有一些宽松，让老奶奶和老伴在生活中获得帮助。我们希望国家能对这样一个家庭有更多的照顾，让老奶奶和老伴健康地度过晚年。

第三部分　农民

十、嘎查建设的领路人

（一）见证嘎查历史的老支书何玉龙

二十年不到的时间，在漫漫的历史长河中犹如白驹过隙，快而短，谁都可以见证。但是对于阿敦高勒嘎查，十几年时间却是全部历史。这期间，阿敦高勒嘎查不断发展并发生了翻天覆地的变化。而何玉龙就是见证这段历史，并书写着这段历史的人。何玉龙，男，中共党员，生于1958年，1995—2009年间，任阿敦高勒嘎查的嘎查支部书记、嘎查委员会主任。

1994年，阿拉善盟各地相继实施生态移民政策，把生态环境较弱地区的牧民、农民移至生态环境相对较好的地区。阿敦高勒嘎查因其相对较好的区位优势被选为其中的一个移民安置点。

不到一年的时间，嘎查里搬来了来自不同地方的130多户人家。这些人在搬来之前，大部分都是牧民，以放牧为生。刚搬来时，对于已经习惯以放牧为生的牧民来说，困难重重。他们没有房屋，没有道路，没有交通设施，没有土地，没有防护林，更不懂种植技术。也就是说，所有移民都得从零开始，要白手起家，要从保障生存的最基本条件——基础设施建设着手。

无规矩不成方圆，如果没有人带领村民解决生产生活的中面临的各种困难，整个移民村就会陷入混乱的困境之中。此时，选出村民信得过、能为村民办实事的村委会领导是一件极其重要的事。在广泛听取党员和群众意见后，李井滩示范区管委会决定由何玉龙担任嘎查支部书记、嘎查委员会主任，并选出副村主任、支部委员等共5名村干部，同时示范区政府成立了专门的搬迁安置办公室，由5名政府工作人员组成，直接指导牧民拆迁、移民安置工作。

嘎查委员会成立后，临危受命的何玉龙立即带领村委员会成员，着手开展嘎查里的各项工作。面对一无所有的村庄和一贫如洗的村民，村委会的工作开展起来十分的缓慢，收到的成效甚微。通过走访村民，何玉龙发现，当时面临的最大问题不是黄沙四起的土地，也不是一无所有的村庄，而是村民的思想意识问题，许多村民搬迁来以后，难以适宜农区生活，开始怀念起旧日的放牧生活，思想意识始终没有得到解放。为了解放思想，稳定村民情绪，增强生活信心，提高种田积极性，何玉龙带领委员会成员拟定了嘎查发展规划，制订了嘎查发展目标，向村民描绘了新的蓝图。经过一番努力后，大部分村民的情绪基本稳定，对未来的生活有了憧憬，为接下来的各项工作的开展打下了坚实的基础。

在思想上稳定好村民以后，何玉龙带领村委会成员领导全村人民投入到了各项建设中。按照事先拟定的发展规划，开展的第一项工作是平整土地，修建房屋。刚搬迁来时，所有的村民都没有房子，只能住在地窖或帐篷里面，认识到房子对于成家立业、稳定民心的重要性，何玉龙带领全村人开始平整土地，修建房子。同时进行的还有分地，“光有房子没有地是不行的，”何玉龙说：“只有有了房子，并且有了土地，村民才能搞生产谋生活。”所以在土地平整完以后，就开始分地，分地的方式是，先按区域划界，然后编号抽签来决定地的归属。

平地、修房、分地、种地这些工作相继展开，而贯穿始终的是做好村民的思想工作。因灌溉困难，风沙较多，种地技术不成熟，加之设备缺乏，很多人搬来了之后就想跑，即便是修好房子之后也有人卖掉或承包出分到的土地，然后跑回牧区或出去打工。为了进一步稳定民心，实现村委会制定的各项目标，政府拆迁安置办公室和村委会共同对村民做思想工作，并辅以技术支持和业务培训。当问及修房子的钱从哪里来时，何玉龙说：“除了村民自筹一部分钱之外，其余的都向信用社贷款，贷款的钱用来买砖和木头等，而几户特困户由政府出资帮忙修建。”何玉龙还说：“修建房子时，我们以户为单位建立小组，在人力财力等方面相互帮忙，相互支持，实在缺少技术的就请一个大工（按每天 40 元工资支付）来指导，然后其他人就跟着学习。”用了不到三个月，全村的房屋都基本修建完成。

平地、修房、分地之后，为解决村民不会种地的问题，拆迁安置办和村委会共同组织了一系列的活动，旨在提高村民的播种技术，增加村民的收入，增加村民的信心，达到稳定民心的目的。这些活动包括请专家结合当地实际进行专门的培训、开展村民间经验交流、相互学习和自学活动。同时，为了不使一家一户因不会种地而失去信心，何玉龙亲自带领村委会干部直接下地教那些不会种地或技术不成熟的村民。由于身居内陆，降水较少，阿敦高勒嘎查的农作物灌溉需要引用黄河水，而黄河水闸门是定期开放，所以村民需争抢在开放期把自家的地浇灌完毕，如果不能在水闸开放期把地浇完，那么这一年的工作就会前功尽弃。而往往水闸开放期，一般多沙尘、狂风等自然条件比较恶劣的天气，部分村民因习惯于牧区懒散的生活，不愿冒着风沙去浇地，于是，何玉龙带领村委会成员组织专人开展思想工作，实在没有办法的就帮忙去浇灌土地，等到收获时，看到丰收，这些不愿干活的村民也增强了种地的信心，到第二年时，大部分村民的种地积极性都得到提高，并开始自己总结相关的种地技术和经验，参与到独立自主的种植中去。“那时候真的很苦，整天东奔西跑，在家的时间非常少，”何玉龙说，“每当想到大家对自己如此信任时，心里就暗下决心绝对不能让一户人因为不会种地而打退堂鼓。”

培训完播种技术之后，何玉龙带领村委会成员组织村民修田界路，并同时开展植树造林。“要致富，先修路，不仅要把路修到村里，而且要修到家家户户的田间地头，”何玉龙自豪地说，“只有修通了路，才能有进一步发展的可能。”由于土地离家较远，播种、收割、浇灌都极其不方便，特别是播种和收割时，需要用四轮车，但因没有路，四轮车难以进入土地，增加了播种、收割的难度和成本。为了提高效率，方便播种、收割，村委会组织村民修建田界路，既满足了播种时运送种子、化肥的需要，同时还为收割提供方便，也为购买农作物的厂家或老板提供方便，他们可直接把开车进田间地头进行收购。在修田界路时，路的两边都种上树，既起到了防风固沙的作用同时还可以明确地界划分土地，1995—2000 年，嘎查组织种树共 200 多亩，期间，各户还在自己房屋周围种树，以防风固沙，绿化环境，美化家园。

经过几年的艰苦奋斗，到 1998 年，房屋、田界路、防护林、土地平整等工作基本完成。这时，大部分村民已经适应农耕生活，思想已经趋于稳定，随着经验的不断丰富，技术的不断成熟，收入也逐渐增加，居民的生产生活逐渐步入正轨。

“万事开头难，有了良好的开始之后，接下来的工作就迎刃而解了，”何玉龙说，“盖完房、分了地、修了路，但这些工作只是发展规划的开端，要想真正让村民过上幸福的生活，还得做很多事。”之后的几年里，何玉龙带领村民实现了自来水入户、照明设施建设等工作。为了解决村民的饮水问题，何玉龙通过和邻村协商，一起挖了一条4公里长的水槽（深1.7米，这样才不会被冻住）。修水槽都是每家每户出人出力以义务工的形式完成，水槽先集体修到村口，然后再从村口分线到各户，主水槽的修建资金由政府出材料钱，分线的钱由村委会向农牧局等单位以搞养殖业的名义争取。照明设施的修建，主要是发动村民帮忙架电线杆。修完水槽，建完照明设施之后，何玉龙又向农牧局等相关部门要到资金近5万元，带领村民自行修建村民活动室，活动室共120平方米，为砖木结构，里面有60多条凳子。村民活动室的修建为村民提供了便利，不管刮风还是下雨，各种村委会会议或者活动都能正常开展，有关种植技术培训、思想道德培训、养殖培训等工作相继在此开展。2000年以后，何玉龙同志带领村民脱贫致富，开展了土地改良、防渗渠修造、养殖设施建设（青贮窖、羊圈）等工作。之后，每年坚持植树造林，包括公路林、斗渠林、农牧林，并且每年根据需要扩建房屋，并相应搞好房屋的配套绿化工作。

说起何玉龙，村民们都竖起大拇指，并亲切地称他为何书记。在何书记的带领下，阿敦高勒嘎查从无到有，实现了脱贫致富的目标。在广大村民的眼里，何玉龙是一位任劳任怨、扎实能干的好书记，除了带领村民发家致富外，这位德高望重的书记还是村里的“和事佬”，村里大大小小的纷争最终都会由他来协调解决。

这位头发花白的好书记，外表比实际年龄看着经历得更多，显得更苍老。现在他家里每年能挣4万多元，老伴因有糖尿病干不了活，儿子在外打工，女儿在内蒙古民族大学读书，家里的农活全靠他一人来打理。因事物太多，何玉龙于2009年辞去了村支书一职。在任期间，并不富足的他帮全村100多户人担保贷款，因各家资金较少，有的资金无法收回，他自己先后被银行扣除近10000元担保费。一个多小时的采访时间，笔者感受很深，这位年过半百的书记为党的移民工作可谓是呕心沥血，为阿敦高勒嘎查的发展做出了卓越的贡献。自1998年以来，何玉龙书记每年都荣获“优秀共产党员”或“先进党务工作者”等十多个荣誉称号。

采访一个多小时，何玉龙书记赶着去浇灌庄稼，笔者在拍完几张照片后，虽觉意犹未尽，还有很多问题想向这位智者请教，但想到浇灌对阿敦高勒嘎查的重要性，不好再多占用时间，只能结束了采访。

（二）嘎查的灵魂谢文清

在阿敦高勒嘎查的主干道上有一家很不起眼的小超市，这是整个嘎查唯一的超市，超市的货架上摆满了日常用品，一个40岁左右的农村妇女在招呼客人买东西。超市里人来人往，进去看看似乎又不全是买东西的人，一位成熟稳重的中年男子在和一群人聊天。一番打听之后才知道，原来这位中年男子就是阿敦高勒嘎查的嘎查长兼嘎查书记——谢文清。而那位招呼顾客的妇女正是谢文清的妻子。初看谢文清，年纪不大，40岁左右，身上有一股不同于一般人的浩然正气，举手投足之间都显得特别和蔼可亲。他的家里一共有三口人，妻子李燕霞是他的贤内助，整个超市的运作，包括进货、卖东西等都是她一个人包办，照顾儿子的生活以及对儿子的教育也大部分是由李燕霞承担，说起他俩的认识过程，谢文清露出了甜蜜的笑容。

谢文清原籍是甘肃民勤，李燕霞是阿拉善右旗人，两人是初中同学，都在甘肃民勤的一所中学上学，虽然初中三年基本上没有说过话，但是彼此的印象却还不错。毕业后，两个人各自从事着自己的工作，过着自己的生活。戏剧性的事情发生在三年后，谢文清在阿拉善右旗打工时经过李燕霞家，偶遇到了李燕霞，经过一番交谈，两个年轻人彼此有了更深入的了解，竟有一种相见恨晚的感觉。谢文清回到家后就经常写信给李燕霞，当时阿拉善右旗的通信状况不是很好，所以一封信要半个月才能到，虽然每次等信的时间很漫长，但是每当收到彼此的信两个人心里都会非常高兴。虽然他们在心里早已经喜欢上了对方，但在这通信的一年多时间里，他俩却从来没有见过面。因为当时农村的习俗是只有得到了双方父母的认可，才能正式交往。李燕霞的父母知道他俩的事情后，起初强烈反对他们交往——谢文清只是一个打工仔，工作不稳定又没有钱，跟着他李燕霞要吃一辈子苦。但是李燕霞却坚持要跟谢文清在一起，经过一番坚持不懈的努力，父母终于勉强同意了。也就在这时，两个仅仅靠通信联系感情的老同学才终于见了面，关系确定了下来。

后来的经历证明，谢文清是一支潜力股。1994年，夫妻俩一起在吉兰太的萤石矿上打工，当时谢文清是生产组长，每月只有大概300元的收入，只能勉强度日，但是他们俩却过着艰苦而快乐的生活。没有房子，他们租别人的房子住，虽然是租的房子，但是谢文清却想尽办法把房子装饰得特别漂亮，因为他想让妻子过得幸福、快乐。由于经济不宽裕，平时做饭的时候想吃油都买不了，更别说有其他的娱乐活动。虽然生活比较困难，但是夫妻俩苦中作乐，因为他俩一直觉得，能在一起已经很不容易了，能在一起就是幸福。1996年，谢文清入赘到了李燕霞家里，过了没多长时间，政府宣传搬迁移民政策时，夫妻俩都觉得保护草原生态环境是每个人的义务，政府的移民政策也很适合年轻人以后的发展，便义不容辞地报了名，跟随其他131户，330人一起来到了阿敦高勒嘎查，开始了艰苦创业。

一开始来到阿敦高勒嘎查时，谢文清夫妇可以说一无所有，一家人住在用帐篷遮住的地窖里，外面下大雨，帐篷里面就下小雨，条件非常艰苦。再加上庄稼一直收成不好，夫妻俩在吉兰太的时候又没有多少积蓄，全家人一直在为解决温饱问题而努力。1998年，谢文清家里盖起了砖瓦房，一家人终于有了一个可以安身的场所。谢文清头脑比较聪明，他发现嘎查里的居民买东西的时候要去十几公里以外的镇上，非常不方便。于是，谢文清就在自己的家里腾出一间房，开了一个超市。这样可以赚一些钱补贴家用，最重要的是能够方便整个嘎查的居民。2001年，谢文清通过选举当上了村民小组组长，他踏实肯干，时刻把老百姓的利益放在最前面，有困难自己会尽量想办法去解决，尽量不去麻烦其他人，为嘎查居民办了很多好事。2004年，通过全嘎查投票选举，谢文清顺利当选阿敦高勒嘎查的副嘎查长，选举完毕后他感觉身上的担子更重了，村民这么相信他，他一定不能辜负村民的期望，在嘎查修路的时候，他总是第一个起床，然后去召集大家，召集尽量多的人，使嘎查修路的时间比预计提前2个月完成。正是因为谢文清的勤劳、质朴，2007年他顺利当选嘎查长，要承担起整个阿敦高勒嘎查的建设重担。上任以后，他一方面抓农业生产，一方面抓社会稳定。嘎查里大事小事，居民们第一个想到的就是他。他说，有时候感觉真的特别累，有点吃不消，但是一想到嘎查人民对他的信任，他就全身充满了力量。2008年，谢文清高票当选阿敦高勒嘎查书记，刚一上任，谢文清发现村委会的办公大楼比较破旧，于是他下定决心要帮嘎查修建一座现代化的办公大楼。可是摆在他面前的问题非常现实——没有资金。面对巨大的资金缺口，他并没有畏惧，而是迎难而上。他为自己制订了一个计划，列举了许多该跑的部门，制订完计划后他就开始实施。首先就是阿拉善盟。那段时间，他基本上每个星期都会去一趟盟里，向盟政府反映嘎查确实需要新建一座办公大楼，然后向盟里反映嘎查现在遇到的资金问题，经过谢文清的不懈努力和盟里相关部门的大力支持，阿拉善盟四大班子答应拨款 8 万元给阿敦高勒嘎查。其次，就是阿拉善左旗政府相关部门。经过他长时间动之以情，晓之以理的游说，最后左旗四套班子也赞助了 5 万元。最后，他把目标瞄向了孪井滩相关部门。他基本上天天都会去示范区办公室跑一趟，争取跑来尽量多的钱，终于，苍天不负苦心人，款项终于筹集齐了。经过近一年的施工建设，一座崭新的现代化办公大楼终于建起来了。可是，另一个难题摆在了谢文清面前，大楼的办公用品还没有着落，于是他又四处联络，终于在黄河管理局那里拉到了 12 万元赞助，解决了办公用品问题。2009 年，在阿拉善盟挂职干部左海涛的大力帮助下，谢文清为嘎查争取到了 80 台多功能分草机。说到这里，他高兴地又加了一段，“其实，从我一上任，我就提倡大力发展养殖业，实行种养结合的生产方式，但是一直苦于没有分草设备，这下子，全嘎查人可以放开手干了。”这件事情不久，谢文清又通过自己的努力为嘎查争取到了 75 公里水渠的国家建设项目，希望通过水利设施的建设来进一步发展嘎查的农业，阿敦高勒嘎查是孪井滩唯一一个争取到这个项目的嘎查。2010 年，谢文清又经过多方筹措，筹集到 80 万元资金，把嘎查的两条主要巷道用水泥硬化了。接下来，谢文清说，他希望在 2 年内将全嘎查的道路都用水泥硬化。

当问到感到最自豪的事情时，他抿抿嘴笑了一笑说，其实没有什么最自豪的事情，所有他做的事情都是应该做的，谁当了嘎查支书，谁都会这么做的。在一番追问之下，他最后说，其实最自豪的事情，应该是 2010 年发生的一件事情了，这件事情直到现在嘎查居民也不敢相信，2010 年的化肥价格从开年一直在涨，谢书记经过认真分析发现了问题，当年的化肥价格在短期内不可能下降，并且仍然还有巨大的上涨空间，不能眼睁睁地看着化肥这样涨下去，如果这样的话，最后全嘎查居民辛苦一年会什么都得不到的。他想了想，与当地的农民供销合作社协会进行了谈判，并最终达成了一项协议：谢文清个人拿出 5 万元作为先期的保证金，农民供销合作社协会将当年全年对阿敦高勒嘎查的化肥供给价格提前确定为每袋 160 元。也就是说，等到用化肥的时候，不管化肥市场价格又出现了如何的波动，农民供销合作社协会都必须以每袋160元的固定价格把化肥卖给阿敦高勒嘎查居民。如果居民购买化肥时，化肥的市场价格不足160元，居民只需按市场价格出价，而不足的部分将由谢书记以个人的5万元保证金承担。从经济学上讲，这实际上就相当于谢书记自己掏腰包给阿敦高勒嘎查全体居民买了一份当年的化肥期货。谢文清这样做是冒了很大风险的，如果到时候，化肥价格不升反降，那么谢文清的5万元就有可能赔掉很多。但是，事情果然如谢书记所料，10年秋天，化肥价格一下飙升至了240元一袋。全嘎查的居民买化肥的时候都很纳闷，明明是240元/袋，怎么卖给阿敦高勒嘎查的却是160元/袋。直到现在，居民们依然不知道这些都是谢书记冒着风险为大家争取的。说到这里，谢书记笑了笑，他的笑中有一丝自豪和安慰，他做到了他作为嘎查书记应该做的。

最后，当我们快要走的时候，问了谢书记对阿敦高勒嘎查未来的发展有什么规划。谢书记这时候很严肃地说起他心中的想法，在他看来，阿敦高勒嘎查农民的思想观念有点保守，他们觉得只有种地才能挣钱。其实作为农民，种地是他们的本职工作，但是一年种地的时间也就四个月，其他的时间不能闲着，浪费时间不说，还浪费了很多商机，如果这样下去，嘎查是不会富裕起来的。其实，随着李井滩经济的不断发展，现在能挣钱的地方很多，而且国家对李井滩的政策又这么优惠，如果能及时发现商机，及时出手，那么阿敦高勒嘎查以后会大有发展的。他一直希望嘎查居民的观念能有所转变，但是观念不是说要转变就能转变的，他现在正在努力做工作。说到这里，谢文清书记悄悄地对我们说，当时建村委会办公大楼的时候，他特意让施工队在大楼前建了一个占地200平方米的农资储备库，其实用来储备农资只是现在的想法。李井滩经济发展这么快，如果经济如真能发展起来，他准备把这200平方米的房子装修一下以门面的形式出租，这样就能为嘎查增加很多收入。

谢书记的儿子15岁，正上初二。看上去特别精神，有那个年龄段聪明、好动的特点。谈到对儿子的教育，谢书记稍稍迟疑了一下，他说，其实自己对儿子有点羞愧，自从当上嘎查长以后，天天不在家里，根本没有时间去管孩子，他的心里其实有很多东西想教给儿子也有很多话想对儿子讲。他非常感谢妻子，是妻子一直在背后默默地操持着这个家，默默地照顾着孩子。不过，他后来又说，其实没有必要给孩子那么多压力，只要管着他别出事就可以了，给他足够的自由。儿子上小学 4 年级的时候，曾经有一段时间夫妻俩都管得比较紧，结果最后孩子的成绩却比较差。夫妻俩反思过为什么会出现这种情况，怎么会越严反而成绩越差呢。最后两人经过商量后决定给儿子以充分的自由，结果意想不到的事情发生了，儿子竟然在期末考试中成绩有了很大的提高。从此以后，夫妻俩对儿子管得相对宽松。对于儿子的将来谢书记有自己的想法，他意识到现在大学生的就业特别困难，所以他对儿子没有什么特别的要求，没有必要一定要考上大学，当然能考上大学最好，学好知识以后回到家乡更好地为家乡人民服务。如果考不上的话，回来照样能为家乡服务，一切顺其自然吧。

从谢书记的家里出来后，我们很欣慰，为阿敦高勒嘎查有这样一位处处为人民着想的好书记而感到骄傲。临别之时，谢书记说，等书出版以后，一定要邮寄一本给他，他要好好看看，看看嘎查有什么不足，以后的工作中就会更有重点地去做。

（三）年轻的种植能手魏平保

2011 年 7 月 14 日，我们刚到阿敦高勒嘎查，我见到的第一个人就是副嘎查长魏平保。在嘎查长的一段简单的介绍后，他就带领着我们走进村民家中做详细的调查，在路上大概给我们介绍了阿敦高勒嘎查的基本情况。

他身材魁梧，圆圆的脸，黝黑的皮肤看着很有光泽和弹性，一双乌黑的大眼睛总是微笑着，让人感觉他有很强的亲和力。草原上的风吹日晒使得大部分牧民看起来比实际年龄大了好多，但是魏平保却显得那么年轻，那么的有力量。7 月 15 号上午，我对魏平保进行了家庭和个人两方面的调查采访，这是一个非常愉快的交流过程。通过这次交流，我们得以零距离地了解了这位年轻的副嘎查长。

魏平保，46 岁，现任阿敦高勒嘎查的会计和副村主任。从 2005 年开始任职，该嘎查的干部选举每三年进行一次，实行民主投票选举。他靠自己的努力和勤劳得到了村民对他的信任，并在 2008 年换届选举中，成功地连任了副嘎查长之位。连任之后他深知村民对自己工作的支持与认可，于是在工作上也更加努力，对自己的要求也越来越严格了。魏平保一家共有三口人，夫妇二人还有一个女儿，在村里也算是比较富裕幸福的家庭。魏平保文化教育程度是高中，他从小很能干、做事很认真踏实、能吃苦，有心的他如今也颇有成就。魏平保曾在“阿左旗三个代表学习教育三项活动”中被评为生态农牧业示范带头人；曾荣获阿拉善盟劳动模范先进工作者；荣获全旗科技工作先进个人；2006 年 4 月被评为劳动模范；2005 年 4 月荣获阿拉善 SEE 生态协会首届 SEE 生态奖等一系列的荣誉称号。如此多的荣誉令村里的其他人羡慕不已，魏平保家也成了嘎查的典型示范户和五好家庭。但是他并没有停下奋斗的脚步，继续用自己的勤劳和智慧创造着新的生活，去实现自己的梦想。

魏平保的妻子名叫袁秀莲，汉族，46 岁。农忙时在家务农，不忙时经常打短工，但是现在她基本上一直在家，因为丈夫外面的工作比较多，压力也比以前大了，回家的时间也慢慢少了，一直在村委会忙碌着。她为了减轻丈夫的负担，在家中自己承担的比以前更多，但是她一点都没有埋怨，全力支持魏平保。

魏平保的家位于嘎查的最西边，靠近村里的主干道，大门外是一望无际的油葵田。现在正值油葵开放的季节，路边还有一排排高大的杨树，看上去非常的壮观，让人心胸开阔。走进魏平保的家，他家有 6 间砖木结构平房，大概有 148 平方米，是 2009 年有自己出资建起来的，建这套房子一共花了 4 万多元。院子整体布局和北京的四合院有点相似，有一个很大的院子。他告诉我主要是为了方便晾晒粮食，院子最东面有个 400 平方米的棚圈，前几年还养了一些牛羊，最近两年因为事情太多，没有继续圈养了，现在主要用来放一些杂物和粮食。院子最南边有一个 20 平方米的车棚，里面停了一辆四轮拖拉机和一辆摩托车，看起来也好久没有用了。走进客厅，最引人注意的是墙上一张张的奖状和几张魏平保获奖时开心的照片。房间里面是很简单的装修，他告诉我以前的资金全部用在了农业种植上，没有剩余的钱好好装修。现在有了一部分闲钱，2011 年打算进行精装，再购置一些家具，装修的材料都已经买好了，等农忙完了之后正式开始。说到这里魏平保脸上流露出幸福的喜悦，我们就坐在他家客厅的餐桌上聊了起来。

魏平宝是 1994 年 8 月第一批从阿右旗树贵苏木哈日木台嘎查搬迁到这里来的，当时对政府的生态移民搬迁补偿一点也不了解，来到了这里没有得到任何搬迁补偿。但是当时听村干部说为了保护生态环境而搬迁，他想了好长一段时间，最后决定搬迁到这里来，因为在牧区交通状况不方便、人畜饮水问题、子女上学问题是他们当时遇到的最主要的困难，他想让自己的女儿能得到很好的教育。以前是个纯牧业户家庭，过着定居放牧的生活。他告诉我，在牧区时，家里有4间大概96平方米的土木结构的房子，还有一个蒙古包，当时大概有4万亩草场，其中网围栏1.9万亩，还有1.9万亩林地，有近150头畜生，其中骆驼60头，山羊90只，这些畜生是那时他们重要的经济来源，另外一部分收入是挖野生肉苁蓉。魏平保以前从来没有出去打过工，也没有想过去打工，生活过的还比较宽松，比较舒服，没有任何压力；现在也没有出去打工的想法，因为家里面的土地比较多，需要人手，在家干总比出去干要好得多。

搬迁后魏平宝一家共分到36亩地，但是也交给了政府3000元作为开荒费，从一个牧业户变成了一个农业户，刚刚搬到这里来的时候，因为在牧区没有干过农活，一点干农活的经验都没有，再加上土地比较贫瘠，前几年每年种地几乎都会赔钱，通过贷款再投资，这样连续几年的摸爬滚打加上自己不断地学习总结经验，种地的收入慢慢好了起来，随着农作物价格上涨，再加上国家的惠农政策，从2005年开始家里面的经济状况有了很大的好转，生活水平有了大幅地提高。

魏平保告诉我，这里的村民主要种植的农作物有玉米、油葵、西瓜等。当地主要是沙地并且天气干旱少雨，便于发展了特色农作物——肉苁蓉。2005年他在参加旗里面一次农业技能培训时，开始认识到肉苁蓉的广阔的市场，回到家中经过多方面的了解和调查，有了大量种植肉苁蓉的想法，2006年他从其他村民手中承包了100亩土地开始种植肉苁蓉。刚刚开始的时候，心里比较害怕，没有底气，因为贷款投资比较大，自己也从来没有种植过，再加上经济状况才刚刚有改观。妻子对他的做法也比较担心，使他的压力很大。魏平保在种植肉苁蓉期间不断外出学习考察、参加培训，通过自己的摸索和实践，几年下来现在也成了嘎查半个专家，经常给嘎查里其他的村民讲解关于肉苁蓉的有关知识，他还荣获了内蒙古自治区阿拉善盟人工种植梭梭育苁蓉项目优秀奖（肉苁蓉是从一种叫作梭梭的植物上培育出来的）。现在肉苁蓉种植是他们家经济收入的主要来源。现在肉苁蓉的价格每年都有大幅上涨，他告诉我想继续扩大种植面积，在全嘎查推广开来，让嘎查人民共同富裕起来。

他还给我说明了2011年他家农作物种植结构的大概情况。其中16亩种植玉米，每亩平均产量1400斤，每斤0.7元左右；种植了油葵20亩，每亩平均产量500斤，每斤1.2~1.4元；100亩种植肉苁蓉，由于2011年气候比较干旱，比往年的产量有所下降，每亩的产量大概有500斤左右，肉苁蓉价格的规定是根据它的大小和品质来衡量的，2011年的市场价大概是干的肉苁蓉每斤在140~150元之间，比上年的价格有所提高。现在家里面的收入比以前多了很多，生活的质量也比以前好了很多。

魏平保告诉我以前在牧区的时候什么家用电器都没有，只有一台收音机，现在彩电、冰箱、汽车、电脑、手机等样样齐全。虽然目前生活、娱乐、教育、卫生医疗、收入等各个方面比以前好了很多，但是生活、种植等各方面的开支也变大了，每年的结余没有想象的那么多。现在娱乐设施活动也比以前丰富了，感觉没有像在牧区生活的那么自在悠闲。他的妻子袁秀莲告诉我牧区的生活现在也有了很大的提高，牧区每人每年补偿18000元，牛羊肉的价格也一直在上涨，感觉还没有牧区人们生活的幸福感强，生活的压力越来越大了，好像在跟时间在奔跑，每天不停地忙碌着。但是她还是希望能够在这里生活，因为这里才能真正地实现一个人的价值，有人生的理想，有自己的追求。

表10-1　**搬迁前后家庭生活支出结构对比情况表**　单位：元

项目	食物	住房	衣着	水电气费	日常用品	耐用品	子女教育	人情礼金	看病吃药	娱乐旅游	交通费用	通信费用	其他
搬迁前一年	800	-	300	-	200	300	-	200	400	-	100	-	200
搬迁后	3000	-	2500	1500	1000	2000	15000	2000	4000	-	3000	1500	2000

种植肉苁蓉给魏保平带来了很可观的收入，他家成了嘎查的示范户之一，成了带动当地致富的典型。魏保平在自己成功的同时，没有忘记对下一代的培养。他认为文化知识非常重要，知识可以改变命运。如果没有学习肉苁蓉相关的知识，就不可能种好肉苁蓉，也就没有今天的成就。他有一个女儿，名叫魏慧鑫，22岁，从小学习成绩都比较好，他一直让她在最好的学校读书。2007年女儿得了场大病，当时女儿在读高中三年级，即将面临高考，让他非常着急，也非常担心。他告诉我女儿从小身体一直不好，患有一种过敏性皮肤病，这与当地的饮用水有关。当地的水质含氟量比较高，导致体质不太好。

现在嘎查里的居民饮用水基本上都是桶装矿泉水。当年他带着女儿去了好几次呼和浩特和银川，花掉了家里一大笔积蓄。幸运的是，女儿从2007年大病之后身体状况比以前好了很多。现在政府推广的新型合作医疗，他们全家都参加了，可以给报销很大一部分，但就是报销的程序有些烦琐，拖的时间比较长。2008年高考的时候，她女儿考试成绩也比较理想，被内蒙古医学院录取，也算得上比较好的学校了。上了大学之后，女儿在学校里面的成绩也比较优秀，也是学校里学生会干部。2011年暑假开学之后女儿要读大四了，面临着考研和工作两方面的选择，他告诉我他一直很尊重女儿自己的意见，顺其自然，但是他更希望女儿再继续读研究生，有更好的学历，希望她能走出去，奋斗出一片属于自己的天空。如果女儿选择工作的话，他打算让女儿在阿左旗巴彦浩特工作，工资待遇比较高，离家也比较近，这样他自己也方便常去看看女儿。

最近两年魏平保家里面也出现了一些变故。在2008年的时候，全球经济危机，股市大跌，魏平保当时也在股市也投了一大笔钱，因为他自己也对股市不太懂，炒股也是朋友帮弄的，他自己也没有太关心。原本还赚了一些钱，因为没有及时跳出来，三个多月就赔掉了6万多元，对他的打击很大，加上当年女儿的学费靠的是贷款，这给家中的生活带了很大困难。但是他很快从痛苦中振作了起来，要踏踏实实做个农民，继续努力地去工作。现在一切都恢复了正常，魏平保告诉我从2008以后再也没有碰过股票，也没有去关注过，现在想着是踏踏实实种田，好好地过日子，做好嘎查中的工作。

年过四十的魏平保对已经取得的成绩并没有满足，他语重心长地说："现如今国家政策环境好了，相应的条件也具备了，当地政府对我们的支持力度也加大了，成功与否关键看个人行动了。"这句话言简意赅，字字彰显出魏平宝事业上的闯劲和对美好生活的向往。当我问起他近期有什么打算时，他告诉我有两个愿望：第一个是因为全家一次都没有旅游过，明年等女儿大学毕业之后，想全家一起去北京旅游一趟，看看天安门、故宫、鸟巢和水立方，爬爬长城，拍一些全家福，留下美好的回忆；第二是2011年继续扩大肉苁蓉种植，在全嘎查推广开来，进而将种植范围扩展到附近的嘎查，大力发展沙产业，既可以让嘎查的农民收入再上一个新的台阶，又可以让当地的生态环境得到保护。

采访结束的时候，听说要照相，他把妻子和女儿叫了过来，给他们全家拍了张全家福。一家人站在镜头前，脸上洋溢着幸福的笑容。接着他带我们看了他们家自己种植的肉苁蓉，这也是我第一次见肉苁蓉这种沙漠植物，并详细地给我讲了肉苁蓉的种植过程和医药作用。

在以后的几天里，我又碰见了魏平保好几次，他一直在忙碌着帮我们联系农民做相关的调查。我从心里很感谢他，我相信，凭他的勤奋和努力，在不远的将来，他的两个愿望一定会实现的！让我们真心地祝福他！

十一、农业发展的带头人

（一）精打细算、热情大方的朱虹

阿敦高勒嘎查的人都很朴实、很热情，这是我们调研组所有成员的共同感受。15 日下午，第一次在的村支书家里见到朱虹，当时村委会请了十几个村民来村支书家填问卷。我们入户回来时，他们正在填问卷，因自行答问卷有些难度，需要对她们进行指导。在十几个村民中，我对接指导的是朱虹。我到时，她已经把问卷都填完了，还做了最后两个主观问题。在聊天的过程中，我发现朱虹很热情，而且很能说，很会说，这在本次调研过程中属于第一次碰到，因她临时有事，聊的时间不是太长，当得知我们第二天还继续在阿敦高勒嘎查调研时，她热情地邀请我们第二天到她家做客。这是和朱虹的第一次接触，对她的第一印象是能说会道、干脆利落、热情大方。

通过一天的入户调查摸底之后，发现村民对朱虹的评价很高，综合分析了所有调查的对象，决定把她作为一个典型人物来写。16 日晚上，按照约定时间，我们来到了朱虹家里。我们到时，她正在给家人包饺子，虽然时间很紧，但看着他们家都还没有吃饭，我们就决定等他们吃完饭再回来，可朱虹不让走，她拿上水果盘，端上饮料，请我们在屋里坐着看电视，并请我们一同吃饺子，盛情难却，只能坐着等待。坐了不一会儿，朱虹的丈夫从外边回来，说明来意后，我们双方聊了起来。做完饺子后，朱虹跑出厨房邀请我们一起吃，但因刚刚吃完饭，只能谢绝。朱虹匆忙回去吃了一会儿，然后走出来向我们致歉，说让我们等太久了，我们也表达了歉意，让她连饭都没能好好吃，几句寒暄之后，开始了问卷调查。

朱虹，1978年生长在哈什克哈苏木，在家排行老大，还有一个弟弟和一个妹妹。在哈什克哈牧区时，家里有2间土木结构的房子，有1个帐篷，2万亩草场，150只山羊，20头牛，80峰峰骆驼，和同苏木镇的人相比，朱虹家的经济条件属于中上水平。1986年，朱虹到了上学的年龄，学校离家有20多公里远，很不方便，她就在离学校较近的大爹家寄宿。1991年，她进入初中，在阿左旗三中念初中，那时候离家较远，于是就住在学校。1994年，初中毕业时，因家里发生了些变故，没有去读高中，选择了宁夏科技学院去读中专，学的财会电算化专业。1997年，中专毕业后，在百灵矿业打工，做财务工作。

1994年，政府实施退牧还草生态移民政策，朱虹一家人从哈什克哈搬到孪井滩示范区阿敦高勒嘎查。1998年，朱虹辞去百灵矿业的工作，换到一个加油站工作，也是负责财务，一直干到2000年，期间工资为每月200~250元。2000年，加油站老板转行，开始搞建筑，自己也跟着干到2006年，期间工资为每月800元。

1994年搬到阿敦高勒嘎查后，村委会经常组织舞会等活动，朱虹在一次舞会中认识了一个蒙古族小伙，并开始交往，然后谈恋爱，两人于1999年走进婚姻的殿堂。2002年女儿出生，给家庭增添了新的活力，现在女儿在示范区读小学，成绩很好。而且通过接触，我们发现，朱虹的女儿性格和她妈妈一样开朗大方，我们到她家时，她不但没有羞涩，反而和我们聊得很开心，并问了我们很多问题。说到朱虹的家庭，让我们眼前一亮，这是一个典型的蒙古族汉族共同组成的家庭，在整个调研过程中，这样的家庭组合不是太多，在农村，一般都是汉族与汉族，蒙古族与蒙古族通婚，像朱虹家这样的蒙汉大团结的家庭还是第一次碰到。

和丈夫成家以后，朱虹一直都是家里的主心骨，家里的事基本不用丈夫操心。因是财务专业毕业，自己会把每年的收支情况都记在账本上，大到家里买车，小到买油盐酱醋，这些钱她都会记在账上。"就连我爸爸买烟的钱我妈都记在账本上"，坐在一旁的朱虹的女儿对我们说，逗得大家都乐了。当朱虹拿出一大本账本出来时，我们都惊呆了，上面密密麻麻记了很多内容。主要是家里2002—2010年生产生活的各项收支情况。看到表11-1、表11-2的内容时，我们不得不佩服朱虹是一个精打细算的人，她对生活的严谨让人钦佩。

表 11－1　　2002—2010 年农作物种植及市场价格情况表

年份	作物种类	总种植面积（亩）	油葵价格	玉米价格	西瓜价格
2002	油葵、玉米	30	0.98	0.4（粒）	–
2003	油葵、玉米	30	–	–	–
2004	油葵、玉米	30	1.3	0.51（粒）	–
2005	油葵、玉米	30	–	–	–
2006	油葵、玉米、西瓜	60	1.5	0.585（粒）	0.11
2007	油葵、玉米、西瓜	60	1.88	0.5（棒）	0.2
2008	油葵、玉米	60	1.46	0.57（粒）	–
2009	油葵、玉米、西瓜	60	1.7	0.73（粒）	0.32
2010	油葵、玉米、西瓜	90	2.12	0.9（粒）	0.3

由表 11－1 可以看出，朱虹家原有土地 30 亩，2006 年新增 30 亩，是承包的别人的土地，2010 年又增加了 30 亩，也是承包的别人的土地，现在她家共有土地 90 亩，主要种植玉米、油葵和西瓜。2002—2010 年，朱虹家的土地种植面积不断扩大，而相应的作物的市场价格也在不断提高，这给她们家带来了不菲的收入。

表 11－2　　2002—2010 年收支情况表　　单位：元

年份	毛收入	支出	纯收入
2002	9000	5000	4000
2003	–	–	–
2004	17000	7800	9200
2005	–	–	–
2006	19000	8000	11000
2007	56000	18000	38000
2008	44000	22000	22000
2009	53000	20000	33000
2010	108000	77000	31000

表 11 - 2 是 2002—2010 年朱虹家收支情况表，从 2002 年到 2010 年，朱虹家的毛收入、支出和纯收入三项都呈上升趋势，2006 年因增加了农作物种植面积，2007 年的收入显著提高；2010 年，家里卖了一块奇石，得到 40000 元收入，使得 2010 年的收入提高到 108000；同年，因花费 50000 元购置了一辆力帆 520 小轿车，使支出也增长到 70000 元。

表 11 - 3　　2002—2010 年农作物种子价格情况表

年份	油葵种子价格	玉米种子价格
2002	26	-
2003	-	-
2004	19	3.8
2005	-	-
2006	37.5	4.2
2007	37.5	2.5
2008	40	2.05
2009	70	-
2010	65	2.5

表 11 - 4　　2002—2010 年化肥、水消费情况表　　单位：元/斤

年份	尿素（袋×元/袋）	磷酸二胺（袋×元/袋）	水（$米^3$×元/$米^3$）
2002	10×48	5×88	10000×0.193
2003	-	-	-
2004	9×59	6×129	14079×0.264
2005	-	-	-
2006	20×71	8×125	13559×0.264
2007	45×70	23×124	26000×0.259
2008	30×90	18×121	31000×0.264
2009	30×100	18×140	27000×0.264
2010	38×75	18×136	25000×0.3

表11－3、表11－4分别是2002—2010年农作物种子价格情况表和2002—2010年化肥、水消费情况表。由表11－3可以看出，油葵的种子价一直在涨，而玉米种子因政府补贴一半的钱，家里出的比较少。由表11－4可知，朱虹家种地主要用的化肥有尿素和磷酸二铵，磷酸二铵的价格高于尿素，2006年以后，因土地面积增加，化肥和水的使用量都明显增加；2007年因种的西瓜较多，化肥使用量达这几年来的最高，由此我们也可以看出，几种作物里面，西瓜需要的化肥最多。由于缺少水资源，阿敦高勒嘎查灌溉水需要付费试用，主要引用的是黄河水。

从成家至今，朱虹家生活都比较顺利，一直都没有特别困难的时候，在嘎查里面属于中上水平。现在家里有1辆小轿车，电脑、电视各1台，音响1套，电话1部和手机2部。如表11－5所示：

表11－5　　2010年家庭耐用消费品情况表

项目	数量	项目	数量
电视机（台）	1	拖拉机（辆）	0
电冰箱（台）	0	卡车（辆）	0
电脑（台）	1	小轿车（辆）	1
照相机（台）	1	电话（部）	1
影碟机（台）	1	手机（部）	2
电动车（辆）	0	音响（套）	1
摩托车（辆）	1	自行车（辆）	0

她收入主要来自于农业种植，2010年收入共计108000元，其中农业收入65000元，占收入的一半以上；经营收入40000元，这笔收入来源于卖奇石的收入，不是每年都有。如表11－6所示：

表11－6　　2010年家庭收入来源情况表　　单位：元

毛收入	牧业收入	农业收入	工资收入	打工收入	出租房屋	政府补贴	政府救济	经营收入	其他收入
108000	－	65000	－	－	－	3000	－	40000	－

朱虹家有一项收入来于卖奇石所得。需要提及的是，在阿拉善灿若星辰的文化中，奇石文化可谓独领风骚，异军突起，令海内外赏石界刮目。近年来，阿拉善奇石文化产业飞速发展，已成为城市的名片和拉动阿拉善文化产业发展的一面旗帜。

阿拉善特殊的地理环境造就了极富观赏价值的珍珠玛瑙、碧玉和独具"形""色"的风砺奇石、集骨石、千层石、硅化木、水晶石等，使这里成为盛产奇石的宝地。20 世纪 90 年代中期以后，阿拉善奇石逐步走出"深闺"，得到了海内外奇石界的广泛赞誉和青睐。特别是 2002 年以来，天工独塑的阿拉善奇石更是以极高的观赏性蜚声海内外。使奇石文化产业年交易额达数亿元，成为我国北方最大的奇石集散地。形成了"南有广西柳州市、北有内蒙古阿拉善"的格局。目前，在阿拉善经营奇石的商铺有 1000 多家，奇石年交易额达数亿元，从事奇石产业者 3 万余人。

（二）理财小组里的致富能手杨胜元

我们走访的村子叫作阿敦高勒嘎查，和孪井滩示范区的其他村子一样，这里原本只是一片荒地，没有人居住。1994 年，阿拉善盟在全盟范围内进行了一次大规模的移民搬迁工作，把许多居住在其他地区的牧民迁居到这里，才有了现在在阿敦高勒居住的众多人口和祥和景象。阿拉善盟是以沙漠和戈壁为主、草原为辅的地区，全盟大约七成的面积都被沙漠和戈壁覆盖，更有腾格里和巴丹吉林两大沙漠在这里交汇，自然环境非常恶劣，草原生态环境也极其脆弱。20 世纪 90 年代，由于这里的牧民没能认识到环境保护的重要性，急于致富，在草原上盲目扩大牲畜饲养数量，造成了草原的急剧退化，许多草场沙化严重。如果继续让牧民在日渐退化的草场上放牧，那么很快就会有更多的草场变成永久性的沙漠。所以根据国家的政策，阿拉善盟在那些生态退化严重的地区实行"退牧还草政策"和"公益林政策"，这两项政策分别在 1992 年和 1994 年开始实施。实施之后，阿拉善大部分的草原都禁牧或休牧。这让原来牧区的生态得到了很大的改善。对于原来居住在牧区里的牧民，国家对其进行搬迁，将他们搬迁到城市附近或者城市里面居住，并根据当地情况对日后的生活进行安置。阿敦高勒便是通过这种方式建立起来的村庄，这里的土地原本并不肥沃，但是距离沙漠较远比较易于改造，改造后的土地可以进行农业生产。而且这里距离县城并不算远，在政府修建了公路、学校、医院等基础设施后，该地区便具有了很大的发展潜力。搬迁到这里的牧民在当地政府的协助和国家政策的支持下，发展起了种植业，该村90%以上的村民都是以从事种植业为主的。

为了使农民能够顺利地进行种植业生产，在他们搬迁到此处之时，政府给每个家庭都分了一块500平方米的宅基地和40亩的耕地，村民只要花很少量的手续费就可以得到这些土地的永久使用权。刚刚搬迁到这里的大部分村民都有着相似的生活条件和生产条件，但是有些村民便能通过自己的勤劳和智慧，以更快的速度走上致富的道路。在我们的走访中，便发现这样一位村民中致富的带头人——杨胜元。

我们见到杨胜元是在村里开座谈会的时候。我们的调研组为了能全面得了解一下村里的发展情况，和村里的干部在村办公楼里进行了一次深入的交流。杨胜元作为村里的理财小组成员出席了这次座谈会。会后，村主任告诉我们："这位同志不仅工作做得好，在村民里很有威望，并且靠着自己这些年来的努力，让自己的家也变得殷实富足，他在工作和种地上都很有一套，你们可以好好采访一下。"

我们对杨胜元的采访，便是在村办公楼的会议室里进行的。杨胜元，46岁，出生于阿右旗，阿拉腾敖包苏木巴音塔拉嘎查。在1994年阿拉善盟的移民搬迁工程中，他和村里的大部分人一样，是作为第一批搬迁者来到此处。来之前他也是牧民，家里有10000亩的草场，10峰骆驼和30只山羊。当时家里住的是土房，有4间屋，大约100平方米。他家也有蒙古包，实行半定居放牧。据他回忆，当时家里一年的毛收入也就是一两千元。生活基本上自给自足，食物主要是自家产的肉和奶，需要花钱的地方不多，一年的生活支出也不会超过1000元。当时家里没有彩电，没有电话，更没有摩托、轿车等交通工具，生活比较简朴。通过对比，我们发现，他在来到这里之前，其家里的生活条件其实和大部分的牧民别无二样，甚至还处于中等水平以下。说起以前的生活，杨胜元说，他原来住的地方交通很落后，基础设施差，村民的生活也很贫困，每年除了生活开销基本是攒不到钱的。来到这里之后，用水用电都很方便，所以即使日子过得不好，他也绝不会回到以前的牧区了。

搬迁后，杨胜元从政府那里得到的财产也和其他村民一模一样，500平方米宅基地、40亩田地。这时的杨胜元和这里的每一位村民相比，看不出任何优势。他却通过这些年来的经营，让自己的家庭迅速地富裕了起来，成为村里公认的致富带头人。

这一切，都是来源于杨胜元的苦心经营。在交谈中我们发现，杨胜元是一个淳朴的人，但思想却并不呆板，他热爱生活，也热爱探索，他对生活总是有一些自己的见解。他觉得："生活是一个很值得你去思考的东西，当你一点一点地去解开生活的面纱，你会越来越多地发现她的美丽。如果你只是埋头去干却从来不会认真地思考一下的话，那么，你的生活往往会事倍功半。"杨胜元，就是这样一个懂得思考的人。

刚开始种地的时候，杨胜元也是一个"生手"，虽然当地有政府办的培训班，专门教授如何种地，但是种地确实是一门学问。虽然从培训班里学到了如何播种、如何犁地等基础知识，可是到实践操作的时候，还是要靠自己摸索。第一年，政府培训班里具体教授大家如何种小麦，于是他把家里的田地都种上小麦。按照培训班里学的那样，播种、浇水、施肥，眼巴巴得等着小麦发芽。结果谁料想当时的自然环境恶劣，在这个本来就没有人居住的地方种地，确实还是一件非常困难的事情。当年的风沙大得惊人，一起风，风里夹着沙子，源源不断地把沙漠里的黄沙吹到人类居住的地方，一遇到障碍物，沙子就沉积下来，越积越多，直到把眼前的障碍给埋起来。就这样，小麦长一点，沙子埋一点，没过多久，地里的庄稼就全被沙子给埋死了。家家户户都跟杨胜元家一样，颗粒无收。这时，大家才意识到环境保护的重要性。为了解决这个问题，政府给村里的每一户人发了500棵白杨树苗。大家把树苗种在自己的田地周围，建起了防护林。在树苗生长的3年时间里，风沙不断地侵蚀着村民们的劳动成果，致使大家的收成都很不好。

种地不成，杨胜元就把主要的精力放在外出打工上，虽然从事的都是体力劳动，付出多、收入少，但是一年下来，倒也挣了点钱。这些年同村的人基本都是赔得血本无归，但是杨胜元靠着外出打工，却也能勉强度日。

1997年，大家普遍都发现风小了，沙子也少了，环境改善了，土地上开始能种庄稼了。这时，杨胜元也打算把主要精力放在种地上。但前两年的艰苦度日，虽然靠打工还能有点收入，想再发展生产，自己的资金已经是捉襟见肘。于是1997年他向信用社贷了款，又向亲戚朋友东拼西凑，凑了5万元，投入到种地上。杨胜元已经有了一些种田的经验，同时他发现种小麦虽然产出高，能满足自己家吃饭的需要，但是小麦的价格太低，卖不上价钱，收益太小。如果能在地里种一些经济价值比较高的作物卖出个好价钱，然后再按市场价买米买面，比自己种小麦要划算很多。正是这种想法让他放弃了种小麦的念头，这一年他一亩小麦都没种，而是全部在地里种上了经济作物。对于该种什么样的经济作物，他还专门去做了市场调查，自己跑到服务站咨询。这时正好赶上嘎查里组织人去宁夏考察经济作物的种植，于是他就报名参加了第一批考察队伍。在宁夏考察的时间里，他参观了一些种植大户的农场，学到了一些种植经济作物的经验，这让他受益匪浅。

回来后，经过一段时间思考，他这年主要在地里种植了玉米、油菜和西瓜。他说，西瓜一亩地的经济价值就能顶上三亩小麦，经济作物不仅价值高而且用水少，在这个十分缺水的地方种这些经济作物最划算。就是凭着他的认真思考和规划，他的收入开始有了不小的提高。问起他种植经济作物的经验，他说："哪里有什么经验呀，其实就是投入的越多，收获的也就越多。只要把水浇好，按时施肥，再适当地放些有机肥，多扩大种植面积，也就行了。"

1997 年，杨胜元家的收益还不是太好，大概一亩地有 600 元的收入，40 亩地挣了 24000 元。这主要还是经验不足所致，到了 1999 年，他把种植经验摸透了，所获收益非常可观。

1999 年时，他已经偿还之前欠下的所有债务，并且生活上还有盈余，家里有了积蓄。这时他开始把所有的精力都放在农业生产上，放弃了付出多、收入少的打工收入，不再外出务工了。

同时这一年，嘎查上组织了第二批的考察队伍，目标还是宁夏，但是这次的主要考察对象是养殖业，主要在宁夏的一些养殖场里参观和学习。他发现原来在草原上的一些放牧经验在这里的农业生产中也不是完全没有作用。比如：他可以在比较贫瘠的土地上种些草，把产出的草喂给自家养的羊。养羊有个很大的好处，既能给人提供羊肉和羊奶，羊粪还能给庄稼提供肥料，一举多得。

考察结束后，他就决定要把主要精力放在养殖上，在未来几年内大力发展养殖业，让养殖和种田互相结合，一定能带来更大的经济效益。发展养殖业，给羊吃免费的草，却能省下一大笔买肉和买化肥的钱，这让杨胜元喜出望外。到年底时，他们家发展养殖业就净收入六七千元，这更坚定了他继续搞养殖业的决心。

到2009年时，他家已经有40只羊，这些羊带来了可观的收入。羊羔每只能卖300~400元，一年能卖20~30只，这样每年就有1万元左右的收入。还有剪羊毛的收入，每只羊的羊毛能卖40~50元，累计起来一年也会有2000元左右的收入。

2001年，杨胜元家的生活水平已经是村里比较高的了。他很热心，也很有上进心。自己富起来之后，就开始想着为村民们做点事情。1994年搬过来之后，村子里面成立了一个“村民理财小组”，专门负责管理村子里面的公共经费的使用和保存。这是村民基层民主的一个重要组成部分，村民享有管理公共经费的权利。但这也是一项很困难的工作，村子虽然很小，可每年的公共经费都在十几万元上下。如果将这笔钱管得好，村民也就是对管理人多一点尊敬，他们自己得不到什么好处。但是如果管得不好，则会在村里留下骂名。这需要“理财小组”的成员具有很好的理财能力和让村民信得过的品性。

2001年，杨胜元参加了“理财小组”成员的竞选并且得到了村民的信任。很显然在这个“村民理财小组”的成员认定上，村民更信得过他这种靠自己的能力而致富的人，村民相信，他能经营好自己家的财产也能经营好村民的集体财产。“村民理财小组”一共有三名成员，一个组长、两个组员，他们没有工资，属于义务劳动。杨胜元说组长和组员唯一的区别就是，组长要负责保管账本。平时凡是需要村里花钱的地方，不分大小，都要由三个人共同讨论决定，并且把花钱的账目公开。

我们问杨胜元有没有觉得这个工作很具有挑战性。他笑着说：“没有，只要是真心实意地干好本职工作，把钱花在该花的地方，村民都还是支持的。”他在任的这些年里，给村子里做的事情，还是得到村民好评的。比如他们用村里的钱给村民盖了羊圈、买了羊，这些都是集体财产，由村民轮流饲养，收入归集体所有，这受到了村民的大力支持。每逢节假日村里搞活动、办文艺演出，花的钱也都是他们打理，事后把服装、道具费用向村民公开，大家也都没有异议，而且村民对他们的支持也是与日俱增。

采访的时候，我们在会议室的后墙上看到了一个架子，上面放满了各种奖状、奖杯。在建党90周年时举办的示范区“庆七一，迎盛会”歌唱比赛中，他们嘎查荣获二等奖，在2011年9月的阿拉善建盟30周年农牧民运动会上，他们嘎查赢得篮球比赛的二等奖和拔河比赛的三等奖。杨胜元说，参加这些比赛村子里花的钱，都是他们三个共同处理的，钱的使用没有问题，村民的表现也很出色。

“理财小组”每三年选一次，从2001年开始，杨胜元已经干了三届多。现在杨胜元的事业和生活都在蒸蒸日上，两个孩子一个在工厂里当了工程师，另一个2011年大学毕业，也找到了满意的工作，都不需要家里再花钱了。杨胜元对以后的生活充满了信心。

（三）靠双手创造幸福生活的李发金

勤劳和质朴一直是中国农民的本性。千百年来，中国的农民已经习惯了用自己的双手和智慧与大自然做斗争。他们开垦土地、改造土地、耕种土地，又从土地上获取生活的来源。农民的生产劳动本身就是一个与土地斗争、合作的过程，又是一个用自己的汗水去改变自然的过程。农民是第一位接触自然的人，他们无时无刻不感受着大自然的力量。然而，大自然是强大的，也是无情的，它可以用一场雨给庄稼带来滋养，也可以用一场雨冲走农民一年的劳动果实，它逼迫与它打交道的人按照它的规律生产，按照它的性格劳作。一年的时间里，它往往只给农民很少的机会，该播种的时候必须立即播种，该浇水的时候必须起早贪黑地浇水，该收割的时候又必须马不停蹄地收割。稍有偏差，错过了农时，造成的结果将是无可挽回的。面对大自然的巨大力量，农民为了生存就必须加倍努力，为了改善自己的生活条件，又必须更加的勤劳。所以在长时间的与大自然相抗争的过程中，中国的农民养成了吃苦耐劳的习惯。因为他们知道，在耕作中吃得苦越多，收获时尝到的甜头也就越大。

李发金便是中国农民中典型的一员。他依靠自己辛勤的劳动和吃苦耐劳的精神，正不断地改变着自己生活的环境，逐渐走向富裕的道路。

李发金出生于1966年7月26日，他做农民的时间还不算太久。与祖祖辈辈依靠种地为生的农民相比，李发金其实出身于牧民，当时家里有6口人，除了父母之外还有两个哥哥和一个姐姐。他来自于阿右旗塔木素苏木胡树棋嘎查，他的祖辈们都在那里以放牧为生。李发金早年也是一个地地道道的牧民。与现在相比他还是更喜欢赶着羊群或是骆驼，在草原之上蓝天之下漫步的感觉。但这种他们习以为常的生活方式，到李发金这一代开始变得越来越艰苦，生活也越来越窘迫。生态环境的恶化在阿拉善是实实在在的。李发金说，草场实行承包制以后大部分牧民都承包了一块属于自己的牧场，他的家里也是如此，当时承包的草场面积大约有 10000 亩。有了自己的牧场，放牧所得也基本都归属于自己所有，牧民的生产积极性都有了很大的提高，生活条件也渐渐地得到了改善。可是人的欲望是没有极限的，在牧民的物质条件得到逐渐改善的过程中，许多牧民也开始忽略了可持续发展的重要性，他们渐渐地淡忘了祖先千百年来在放牧中所摸索出的一套可以使草原永续利用的生产方式——游牧。其实游牧这种看似很落后的生产方式之所以在蒙古民族的生产习惯中保存了数千年，甚至直到新中国成立初期都仍然存在，是因为它的确有合理的地方。内蒙古草原虽然广大，但实际上它的生态是很脆弱的。特别是阿拉善，它地处内蒙古中西部地区，深居内陆，每年的降水量非常之稀少，而蒸发量又出奇之大，大气和土壤中的水分都很缺乏，这很不利于牧草的生长。在我们去孪井滩的路上，随处可见大片大片的戈壁，以及远处隐约可见的沙漠。即便是草场，草也长得很稀疏，一簇一簇的草从之间便是裸露在外面的土地。听当地领导给我们介绍，这些草很稀疏的草原实际上就是沙漠和草原正在“作战”的区域，源源不断的沙子从沙漠里吹来掩埋了现在的草原，而草原上的草也努力的向上生长，把沙子拦截在脚下。现在草原和沙漠正保持着一种微妙而又脆弱的平衡，一旦有人为的力量又施加于草原之上，这种平衡将会被迅速打破。在这个降水稀少的地区，如果草原上的草被牲畜吃掉，那么这块土地就会迅速沙化，而沙漠里被风吹来得沙子又会加速土地沙化的进程，退化的草场就会很快变成沙漠，而想再把沙漠变成草场，却是非常困难的事情。所以游牧民族在每个季节都选定不同的草场，在不同的草场上实行放牧和休牧，以保持草场的“草力”不至于衰退。在草原承包给各家各户之后，草原上的牧民开始渐渐地放弃了游牧的生活方式改成定居放牧，为了能尽快过上富裕的生活，许多牧民开始不顾草原承载能力的限制，大大地提高牲畜的数量。虽然在短时间内，牧民的收入有了较大改善，但随着环境的恶化，人们明显感觉到当地的风沙越来越大、降水越来越少，草场干旱了。

用李发金的话说，“搬过来之前的生活是过得越来越紧迫了。”环境一年不如一年，降水越来越少，他自己也觉得当时的放牧生活开始有点过不下去了。

1994 年初，李发金所在的嘎查接到通知，说阿拉善盟准备进行一次浩大的移民搬迁，把一些环境恶化严重地区的居民搬出来，安置到离城市较近、交通较为方便的地区。这样，一来可以让那些负担过于沉重以致严重恶化的草场喘口气，经过自我修复逐渐恢复生机；二来也可以让居住在那些严重退化草场上，生活越来越没有希望的牧民找到新的生活方式。这个移民搬迁工程给生活在环境恶劣地区的牧民带来新的希望，许多人都自愿报名。也有一些牧民因为不舍得离开故土，或是因为一些其他原因，持观望态度。李发金清楚地知道，继续待在环境一天不如一天的草场上放牧是肯定没有出路的，于是他决定立即报名，加入了第一批搬迁的队伍，迁居到孪井滩。

现在孪井滩示范区发达的公路交通系统，大街上随处可见的卡车、轿车、摩托车，以及放眼田野里广袤的翠绿，都让人无论如何也想不到，第一批移民到达这里时经历的艰辛。

1994 年秋，李发金偕妻子和儿子一起来到孪井滩，花费 4000 元从当地政府购买 40 亩地的使用权，又花 3000 元购买砖头，自己雇用建筑队在政府提供的 500 平方米宅基地上，盖起了现有的住房，当时只有 3 间 60 平方米大。

有了地、有了房子，李发金也就算在阿敦高勒嘎查安家了。正如搬迁之前政府跟他们宣传的那样，这里有政府修的引黄河水灌溉工程，不远处有学校和诊所，还有公路直通到苏木上，各项基础设施都比搬迁过来之前的地方好很多，这些都让李发金越发安心。但是，李发金很快就开始发愁了。耕地有了，灌溉水也有了，但是种田的技术自己却没有。李发金家曾经世代都是牧民，掌握的都是如何放牧的知识，对于何时该播种、何时该灌溉这种种地的知识，李发金一窍不通。当地政府也预料到，牧民忽然来到农垦区对于耕地肯定是手足无措，所以专门开设了种植技术培训班，免费教授移民种地的技能。但种田也是一门博大精深的学问，不是一朝一夕就能学成的，而且这门技术是农民经过长期的实践摸索出来的，也需要长期的实践才能学成，光靠老师教、书本学，都只是纸上谈兵。孪井滩的气候也有其自有的特点，没有长时间在实践中的摸索不可能切实掌握在这里种地的技术。所以虽然接受了培训，李发金还是在种地上栽了跟头。第一年，他带着一家人忙里忙外也不过种下了十几亩麦子。

令李发金一家没有想到的是，大自然的考验才刚刚开始。孪井滩这片区域是政府专门划分出来给牧区的搬迁户安居用的，这里以前并没有人居住，自然条件很差。据李发金回忆，他第一年来到本地的时候风沙非常大，严重阻碍了他的农业生产。在这种地方种田，有一种很有趣的现象，当你把种子撒到地里的时候，虽然有时起风沙，但由于土地上没有植被沙子并不会在这里停留，很快就被风吹走了，所以不会阻碍农业生产。一旦麦苗长出地表，由于地面已经开始出现植被，风里的沙子一遇到麦苗就会被拦截下来，落到麦苗的根部，慢慢地把麦苗埋起来，最后只让麦苗露出一个约 1 厘米的头。大自然就像在跟农民开玩笑一样，随着麦苗的生长沙子也会越积越多，但始终让麦苗露出一个小小的脑袋，既不完全埋住也不放慢步伐。

第一年，由于耕作技术的缺乏和自然环境的恶劣，李发金家基本颗粒无收，年终毛收入只有 5000 元。为了维持生计李发金不得不卖掉在牧区养的牲畜。在李发金搬迁到孪井滩之前，家里在当地是中等收入水平，有 60 峰骆驼和 50 只绵羊。1995 年他将这部分骆驼和绵羊全部卖掉，那时的生活是非常艰苦的。但李发金是一个能吃苦耐劳的人，第一年颗粒无收还赔了本钱，他并没有因此放弃。有了第一年的实践经验，他反而更加自信，继续苦干，他相信生活会好起来的。

事实也确实如此。

当地政府为了解决风沙问题，给每户牧民家里发放若干白杨树苗，专门用于建设防护林。防护林还没有长成时并不能起到防风固沙的作用，但从第 3 年开始，防护林初具规模，村子里的风沙便少了许多。

1997 年，李发金已经从事农业生产三年。这一年，风沙不像搬来时那么强烈，李发金也已经在前两年的实践中总结出一些经验，加上自己的努力，在许多当地农民还在为不懂技术而苦恼的时候，他已经扭亏为盈彻底扭转血本无归的状态。他不再种植麦子，而是改种经济作物——籽瓜。虽然种籽瓜的收入不是非常高，但李发金终于拿到作为一名农民的第一笔收入。

三年过去，凭着自己吃苦耐劳的劲头，到 2000 年时他家的生活条件有很大改善。这时的他，已经有能力把自家的耕地面积再扩大一些。刚搬迁来的时候，由于不懂技术、土壤条件差，他购买的 40 亩地有效利用的不足 20 亩。他尝试着改善土壤质量，逐渐扩大土地的种植面积，把自家的 40 亩地都种上庄稼。耕种面积的扩大，让他付出更多劳动，但是相应的也给他带来了更多的收入。后来他开始种西瓜等经济作物，收入有了进一步的提高。从来都不怕吃苦的他，一直凭借自己的劳动赢得收益。

李发金有条不紊地经营着自家的 40 亩农田，产出节节高升。一年耕种 40

亩地虽然已经很累，但他还是决定继续扩大耕地面积。2003 年起他租种他人的 40 亩地，把自家的土地耕种面积扩大到了 80 亩。一个人耕种 80 亩地并不是一件轻松的任务，但李发金相信功夫不负有心人，他凭着自己的韧劲，每天早起晚睡。年终时他不仅充分利用这 80 亩地，收获的农作物长势也非常好。此时除了种植西瓜以外，他还种了油葵和玉米。他说："我种的西瓜比人家的大，我种的油葵比别人家卖得好，自然也就比别人家挣得多。"比如种西瓜，大家都知道西瓜的经济效益好，许多农民都在种西瓜，他家的西瓜却大很多。外面的商人来村里收西瓜是分批收购的，有些商人就只收这种长得比较大的西瓜，有些商人就什么样的西瓜都收。如果专收大西瓜的商人看中了你家的西瓜，他的出价就会比普通的商人高，对于亩产能够达到 2000 斤的西瓜，每斤高出一点就能让李发金家的收入比同村人高出不少。而这一切都源自他辛勤的努力和从不惜力的劳作。为了能多挣些钱，李发金会在农闲时想办法出去打工。他基本没读过书，没有文化，打工也只能做一些以体力劳动为主的基础工作。这些劳动做起来很累，报酬不高。但是李发金觉得只要是通过自己的努力来赚钱的工作，他都愿意做。凭着这股劲，他家里的积蓄也是越攒越多。

李发金相信，幸福的生活从来就不是别人给的而是靠自己的双手和汗水去争取的。作为一个半路出家的农民，经过了十几年的耕作，他不仅得心应手而且成为村民中的佼佼者，这都是来自于他自己的努力。关于他家的生活状况，我们问他："同样是种地甚至同样种 80 亩地，为什么你家就能比其他村民家里稍微富裕一点呢?"他骄傲地说："土地是你在它上面付出的越多，它给你的回报也就越高。种地的时候你多吃一点苦，那么收获的时候也就多一点甜头。"这是来自李发金，一位普通农民的朴素的人生哲学。

就是这种朴素的人生哲学，让李发金家的生活越过越好。我们来到李发金家的时候正是晚上，村主任说："别看他家现在房子比较破，其实他们已经在村外面又盖了一栋二层小楼，装修好就搬进去了。"伴着夜色，我们看到李发金家的院子里停着一辆崭新的拖拉机，屋门口放着一辆摩托车。李发金说，拖拉机是 2010 年刚刚买的，摩托车已经使用几年了。进到屋里，李发金的老婆正坐在电脑的液晶显示屏前面聊 QQ，在电脑桌面上还养着一只"QQ 宠物"。一只可爱的小猫在屋里跑来跑去，画面十分祥和。看到我们到来，李发金赶紧让老婆给大家洗水果，整个谈话过程，进行得顺利、轻松。

李发金，他不过是中国千千万万农民中普通的一员，但他也是中国广大农民的一个缩影。他勤劳、淳朴，他用自己的双手去改善生活。虽然并没有接受过正规教育，没有高的文化水平，但他一样有自己的人生哲学。他相信苦尽甘来，相信有付出就会有收获，更相信生活会在自己的努力下越来越好！

（四）敢想敢做的农民王宝和

王宝和，男，38 岁，小学文化水平。他的妻子叫刘慧英，40 岁，小时候没上过学。夫妻二人都是汉族，没有任何宗教信仰，目前在家务农。家中有 1 个女儿，名叫王海燕，16 岁，在阿拉善左旗高级中学文科班读高一，为了方便上学住在巴彦浩特的学校宿舍。

王宝和一家是孪井滩生态移民示范区阿敦高勒嘎查中一个典型的汉族生态移民家庭。阿敦高勒嘎查位于嘉尔嘎勒赛汉镇以西，是孪井滩生态移民示范区一个重要的移民安置点。这里的居民全部来自于巴丹吉林沙漠腹地生态极其脆弱的牧区，以蒙古族为主体，汉族占大多数。目前，种植业是当地居民的主要收入来源。

由于阿敦高勒嘎查是在生态移民项目开始时由政府统一规划建设的，所以整个嘎查的布局十分规整，类似于一张放大的棋盘。所有的住宅庭院均为面积相等的长方形，整齐地排列在街道两侧，街道宽阔笔直，连通着嘎查的各个角落。王宝和家位于阿敦高勒嘎查的西部，他家院子的北墙紧挨当地的东西方向主干道“幸福路”，东侧的大门外还有一条 8 米宽的碎石路，交通十分便利。他家的院子由两米多高的红砖墙四面围合，面积有 1000 平方米。院子的东南角是一间砖木结构的仓库，透过玻璃窗可以看见里面有一台小型农用拖拉机，还有扫帚、筐、铁锹、耙子、锄头等劳动工具。院子的西南角是一间棚圈，20 只可爱的绵羊在里面“咩咩”地叫着。院子的北部是一幢 60 平方米左右的砖木结构平房，看起来比仓库略大一点，这是全家人的起居室。在这幢大屋的西侧是厨房。院子南部的空地上停放着一辆摩托车。整个院子打扫得很干净，充满了西北农家的生活气息。

走进这幢平房，就是一间客厅。在房间的南部是一铺炕，每逢节假日女儿从学校回家时就睡在这里。靠着房间的北墙的组合柜上放着一台 35 寸的彩电，组合柜上还有收音机和女儿的书包。炕的左侧是一张布艺沙发，沙发前面是一张茶几。靠墙的地方立着一张折叠起来的圆桌，房间的地面铺着带方格图案的白色地砖。穿过这个房间，就是王宝和夫妻二人的卧室。在阿敦高勒嘎查，像他家这样的布置比较普遍。

我们来的时候正赶上妻子刘慧英和女儿一起出门购物，只有王宝和一个人在家。在我们说明来意后，王宝和让我们坐在沙发上，他特地还从电冰箱里拿出矿泉水送过来。王宝和身材微胖，皮肤比较黑，头发上有明显的自来卷。他的眼睛不大，但是炯炯有神。他穿着长袖的格子衬衫和深灰色的料子裤，脚踏一双黑布鞋，很明显这身衣服已经有些旧了。在交谈的时候，我们看见了他那口发黄的牙齿。这可能是他在老家常年饮用含氟量超标的井水所造成的结果。他说话的语速不快，带着一些甘肃口音。我们的访谈在他家的客厅里进行。

据王宝和介绍，他家以前住在地处巴丹吉林沙漠腹地的阿拉善右旗树贵苏木乌仁图雅嘎查。家里有三间土坯房，一共65平方米左右。那里的气候干旱，饮水困难，远离城镇，交通非常不便。虽然自己小时候家附近有村小学的教学点，但是老师的教学能力有限，学习条件很不理想。平时有个头疼脑热的小病，也必须跑到离家60公里的卫生所才能看病买药。就是因为以前的医疗条件不好，家里又没钱，身患肺病的母亲没有得到及时的治疗而过早离开了人世。由于当地没有供电设施，也没有电视信号，平时只能靠听广播获取信息，除此之外基本没有其他的娱乐活动。

当时家里主要的收入来源是放牧，有大约20000亩戈壁草场，但是由于气候干旱，草长得很慢，数量又少，王宝和与父亲两人只好经常离家很远去寻找适合放牧的地方，晚上就只能在自己带的帐篷里过夜。在生态移民的前一年，家里还有40峰骆驼，70只山羊。此外，家里还有少量的耕地，种植18亩玉米和9亩草料，主要是供给家庭消费，基本不外销。当时全年的毛收入大约有6000元，而在食物、衣着、子女教育、种子、农药等方面的花费一年就超过5000元，收支基本持平，很难有什么积蓄。

1994年9月，阿拉善盟生态移民项目正式启动。树贵苏木的苏木达来到乌仁图雅嘎查，向居民们介绍征地、移民搬迁的补偿标准。听了干部的宣传，王宝和认为移民搬迁有利于自己家脱贫致富，更有利于国家的生态保护，于是带着年过半百的父亲、新婚不久的妻子和刚刚满月的女儿自愿加入了第一批生态移民的搬迁队伍，从老家千里迢迢来到了位于孪井滩生态移民示范区嘉尔嘎勒赛汉镇阿敦高勒嘎查的新家。阿敦高勒嘎查北距盟府巴彦浩特 106 公里，东距宁夏青铜峡市 60 公里，南距宁夏中卫市 55 公里，距离最近的医疗点和学校也只有 2 公里远，沥青路面贯通，交通十分便利。

刚搬来阿敦高勒嘎查的时候，政府就按照搬迁合同的约定，以 50 元的低价为王宝和一家提供了现在这套 1000 平方米的住宅院落。这 2 幢砖木结构平房一共 96 平方米。按照市场价每平方米 150 元计算，折合人民币 14400 元。由于家里人口不多，所以全家都住在一幢坐北朝南的房子里，把另一幢当作仓库。王宝和一家虽然是生态移民，却并没有享受到国家统一的“退牧还草”以及“公益林”补贴。而在整个阿敦高勒嘎查，也没有任何一户移民家庭享受到这样的政策。这可能是由于孪井滩的生态移民项目早于国家的整体规划，所以当地的一些具体做法保留着鲜明的地方特色，与国家政策有所差异。通过深入访谈我们还了解到，搬迁合同中约定分给王宝和家的土地有 45 亩，已经签订了土地承包合同，并颁发了土地经营权证书。王宝和按照每亩地 100 元的标准向嘎查委员会支付了承包款 4500 元。为了尽快脱贫致富，他还额外租用了 18 亩耕地，实际种植面积为 63 亩。

根据搬迁合同的约定，他家每年可以享受的政策性补贴包括粮食直接补贴、农资综合补贴以及粮种补贴。其中，按照他家实际种植的 63 亩地计算，粮食直接补贴是以每亩 6 元的标准发放，每年的补贴金额是 378 元；农资综合补贴是以每亩 30 元的标准发放，每年的补贴金额是 1890 元。2010 年，王宝和家种植了 30 亩玉米和 33 亩油葵。粮种补贴是以每亩粮食作物 10 元的标准发放，他家每年的补贴金额是 300 元。这样核算下来，王宝和家 2010 年得到的政策性农业补贴总共有 2568 元。

政府提供的住房以及各种形式的补贴暂时解决了王宝和家的基本生活问题，但是如何在新的环境发展农业生产又成了一个更大的难题。虽然这里和巴丹吉林沙漠腹地相比有比较明显的区位优势，但在刚搬到这里的时候，要在这样一片荒地上发展农业生产也有着不小的困难。那时的阿敦高勒的土地土层太薄，肥力不高，大部分是未经平整的坡地梯田，难于耕种，而且水资源缺乏，又经常受风沙侵袭。由于之前的根本没什么积蓄，王宝和一家无力购买任何农机具，生产效率不高，生活水平低下。为了改善农业的用水条件，孪井滩示范区启动了高扬程引黄灌溉工程，2005 年国家水利部批准孪井滩灌区年取水 5000 万平方米。扬水灌溉项目非常显著地改善了阿敦高勒嘎查的农业生产条件，为李井滩生态移民示范区的繁荣奠定了基础，更为王宝和一家勤劳致富提供了方便。

除了用水问题之外，王宝和家面临的另一个难题是如何能够尽快增产增收，脱贫致富。仅仅依靠种植玉米，王宝和家显然难以快速改善生活条件。夫妻二人先后参加了由盟委组织部牵头，盟农牧业局、人劳局、科技局等单位举办的多种技术培训。最早开办的是种植技术培训班。通过一个星期的集中学习，王宝和与刘慧英基本掌握了油葵、花葵、西瓜等经济作物的种植技术。结合自己家的实际情况，王宝和决定保留30亩耕地种植产量比较稳定、适应力强的玉米，而另外15亩灌溉条件较好的土地用来种植经济价值较高的油葵。在有了一些积蓄之后，王宝和决定通过承包其他家庭闲置的18亩耕地来扩大油葵的种植面积。由于自己是牧民出身具有比较丰富的养殖经验，又有敢想敢做的精神，王宝和在2000年投资3000元修建了院子里这间20平方米的棚圈，开始搞绵羊的舍饲养殖。在他的精心饲养下，绵羊的数量已经从最初的10只增至现在的20只，产出绵羊毛的质量也越来越好。通过辛勤劳动和诚实经营，他家的经济条件逐渐改善，生活水平不断提高，2008年他把家里的两幢旧平房整饬一新，2009年底他还添置了一辆价值4500元的摩托车和一台价值8000元的小马力农用拖拉机。

2010年，王宝和家的毛收入为54288元，收入的大头是种植业，收成为51600元，占全部收入的80%左右。其中玉米种了30亩，共收获18000公斤，市场收购价1.4元/公斤，折合人民币25200元；油葵种了33亩，共收获6600公斤，市场收购价4元/公斤，折合人民币26400元。2010年，他家饲养的20只绵羊共产出绵羊毛30公斤，市场收购价4元/公斤，折合人民币120元。另外还有全年的补贴收入2568元。在阿敦高勒嘎查，每年54000多元的收入水平是很高的。不过在2011年7月的那场大风过后，他家有9.9亩玉米被风刮倒受灾，预计会带来8000多元的经济损失，所以2011年的家庭收入可能会有所减少。

2010年全家支出总额为39740元，最主要的是农业生产投入，大概24440元，其中包括：买种子1000元，买农药500元，化肥8000元，灌溉费一年12600元，额外租用的18亩耕地按照每年每亩地130元的价格计算，土地年租金为2340元。此外，买食品支出2000元，全家添置衣服花销200元，生活用水、电一年花费100元，孩子每年上学花费7000元，看病吃药3000元，交通费主要是小拖拉机和摩托车的油费支出，一年需2000元，家里3部手机每年的通信费1000元。这样算来，2010年，王宝和家的纯收入有14548元。

在我们问到老父亲的情况时他说，2000年冬天，71岁的父亲由于肺气肿发病去世了。他遗憾地说，父亲要是能活到今天的话，还会有一笔养老金，还能和全家人一起住上新房子。父亲操劳了一生，到晚年还是没能过上富裕的生活，这对自己来说是永远无法弥补的遗憾。

谈到对未来生活的预期，王宝和说自己最大的愿望就是让女儿王海燕读书成才。在阿拉善左旗高级中学的文科班里，女儿的成绩总是保持在班级前5名，比较有希望考入重点大学。他希望女儿以后能走出农村，过上城里人的幸福生活，永远地告别贫困，像海燕一样在搏击风浪的过程中找到属于自己的一片蓝天。另外，他自己也要继续努力，争取尽快还清农业银行的20000元贷款。

在谈到他还需要什么帮助时，王宝和说，和老家相比这里的医疗条件虽然已经好得多了，但是像肺气肿这样的重病还是无法得到及时而有效的救治，希望政府能支持当地医院的发展，进一步增强救死扶伤的能力，为嘎查里更多的老年人驱走病痛；其次，在搬迁之前树贵苏木的领导曾许诺帮助每户平整土地，并给每个学生补助140元到初中毕业，但这些承诺一直没有兑现，政府应该对移民户负责，对自己的诺言负责；另外，高扬程引黄灌溉工程虽然改善了供水条件，但是每户家庭的灌溉间隔太长，每两次灌溉之间要等28天左右，在干旱缺水的季节这会影响农作物生长。他建议嘎查的用水者协会应该召集所有居民商量对策，缩短灌溉的时间间隔，合理分配各家的用水时段。

王宝和给我们留下的印象是积极向上的，乐观的。他对生活、对命运从不抱怨，只是坚信美好的生活要靠自己勤劳的双手去创造。应该说，生活给予每个人成功的机会是等同的，收获不同只是因为人们的态度不同罢了。王宝和敢闯敢拼、不畏困难的生活态度也令我们深受感染。我们相信，有了这样的生活态度以及那勤劳的双手，他一定会创造出幸福快乐的生活。

十二、致富新路的开拓者

（一）半农半商的李万德

调研组成员一大早从阿左旗来到孪井滩示范区，辗转于各个村落之间，进行生态移民安置及村庄调查相关工作的问卷调查。当我们来到孪井滩嘉尔嘎勒赛汗镇阿敦高勒嘎查时，已是下午时分。而这里，将是我们进行村庄调查的地点。经过一下午的入户调查，初步确定了我要采访的第一个典型人物。我们约定的时间是晚饭过后，因白天比较热，加之这两天正赶上引黄灌溉的时间，为避开了阳光的暴晒，这里的村民干活大都在早上或下午进行。当我们吃完晚饭时，已经是八点。经过一天奔波，虽有些许的倦意，但一想到这是本次调研过程中第一个需要独立完成的典型人物访谈，我怀揣着诸多的问题，带着满心的期待，开始了对李万德的采访。

李万德，男，生于 1963 年，汉族，在家排行老大，家里还有 1 个弟弟和 2 个妹妹。1981 年，李万德高中毕业，当时当地供销社和粮站都招人，他符合招聘的各项条件，高中学历还使他在竞争中有很大优势，但是由于年迈的父亲不同意他去供销社工作，最终选择了放弃。当我问及老人为什么不让他去供销社或粮站工作时，李万德笑着说："那时候父亲怕政策会有变动。"当我问及他是否为当初的选择而后悔或对父亲有没有恨意时，李万德又一次笑着说："没有什么后不后悔的，更没有什么恨，老人当初这么决定也是为了我好嘛。"的确，在那个年代，正值改革开放的初期，许多事情还处于萌芽或起步阶段，对历经了各种磨难和艰苦岁月的李万德父亲这一代人来说，他们饱受煎熬，虽然改革开放了，但是他们骨子里始终有一种对新事物的排斥或怀疑，他们行事处处谨慎，处处小心，这也是可以理解的。

1984 年，家里贷款给李万德买了辆解放牌汽车，想让他用来拉煤、石头等挣点钱，但是那时候工资较低，且活路也比较少，很多时候都是帮亲戚朋友或草场上的牧民干活，没有挣到什么钱，基本上处于收支平衡状态。由于现在的驾校价钱比较贵，当我问及他那时候学车取证花了多少钱时，李万德又一次笑了，他说："哎呀，我们那个时候不像现在这么严格，我是买了车的第二年才考的驾照，属于是先开车后拿照。”1987年，李万德走进了婚姻的殿堂，对象是父母托人介绍的，是隔壁乡镇的人，两人经人介绍认识后，交往没有多长时间就结了婚。结婚当年，李万德作为家里的长子，就从父母身边分出来，自己和老婆成了家，开始了作为一家之主的生活。李万德说，成家时，由于家庭条件有限，加之弟弟需要娶媳妇，妹妹们需要出嫁，家里根据实际给自己家分了10只羊和购置了一些家庭用具，于是就和老婆一起开始过日子。而之前买的解放牌汽车也因弟弟娶媳妇，卖了用来还账。

“那个年代，不像现在这么浮躁，大家都想着挣钱，那时候只求吃饱肚子，不求挣钱，也没有挣钱的出路。”当谈到成家以后的生活时，李万德如是说。成家以后，李万德家平时以放牧为主，冬天时，他和老婆轮流去捡发菜，一天能捡2两，按当时一斤180多元的市价，能挣近40元。1988年，卖了自己家的解放牌汽车后，李万德开始给别人开车，开过小轿车，也开过东风牌大卡车，每个月有270～300元的工资，这样干了一年。这期间，李万德还借开车之便，开始在开车经过的地方收羊绒，加上其他收入，当时一年能挣3000多元。按他的说法，这收入已经够一年的所有开支还略有结余，在同村人的收入水平中已经属于中上水平。1988年，李万德家的第一个孩子出生，家里多了一副碗筷，李万德一下子觉得肩上的担子重了，生活有了压力，但是那时候没有太多挣钱的门路，也只能凑合着过日子。

从1989年开始，李万德每年都在牧区收售羊绒。因资金不足，每次收购都采取赊账的形式，当收到一定数量时就集中拿到阿左旗去卖，卖了以后，按照赊购的价格把钱给牧民。因卖羊绒的都是比较熟的牧民，加之收购完羊绒后，不管市场行情如何，李万德都能及时把钱如数给牧民，树立了较好的信誉和口碑，所以牧民们都愿意把羊绒卖给他。李万德告诉我们，因羊绒有一定的生长期，且牧民剪羊绒的时间相对比较集中，所以收购羊绒是间断性且是定期的集中收购，每次收完羊绒后，就搭别人的便车去阿左旗卖，当羊绒比较多时，他自己也租车直接去阿左旗。后来，经过多次来到阿左旗了解市场，李万德知道那里除了有收购羊绒的地方，同时也有收购苁蓉、驼毛、羊皮等物品的地方。于是，从1989年开始到1994年搬迁前，李万德一直间断性地收售苁蓉、驼毛、羊绒、羊皮、羊等。这期间，各种收入加起来，他家每年能挣4000多元，和同村人相比，已经属于比较富裕。因信用度比较高，虽然有竞争对手，李万德的客源一直比较稳定，生意一直比较好，后来生意的覆盖范围扩大到了周边的好几个乡镇。

1994 年，李万德家搬迁至现在的居住地孪井滩嘉尔嘎勒赛汗镇阿敦高勒嘎查。当我问及是否是自愿搬迁时，李万德再一次笑着说："当时政府派工作人员去做工作，说搬到孪井滩以后，我们就住在城郊，有土地，有学校，交通便利，而且还可以坐班车去县城的企业上班。当时工作人员还宣传要在迁入区成立阿拉善中旗，搬迁户村民能在大型国有企业当工人。在强烈的好奇心的驱动下我们就搬来了。"搬到孪井滩以后，李万德就开始张罗着盖房子，当时因为资金等各方面条件的限制，只盖了两间，后来每年根据住房需要和资金实力逐渐扩建，现已经有房屋近 10 间。因一次性搬过来的户数比较多，所以选择房屋住址是通过抽签决定的，而用来种植的土地是按人口数量来分的，李万德家当时分到 37 亩地。由于对种地了解较少，分到土地，没有好坏肥瘦概念，所以分土地时大家也都没有意见。分到土地后，许多人因缺乏技术或对种地信心不足，总觉得回牧区比较好，于是就没有好好学种植技术，不仅没有收成，反倒荒废了土地，最终又回不到牧区，只能选择把土地承包出去或直接卖掉土地，出去打工。李万德家分到土地后，最初也遇到了很多困难，通过参加嘎查组织的各种培训，不断总结经验，很快就有了成效，于是他又趁很多人出去打工之际买了 40 亩地。现在家里经营着 77 亩土地，对于他们一家来说，现有劳动力和可耕地面积已基本平衡，满足了种植的各项需求。如表 12－1 所示：

表 12－1　　**2010 年家庭承包土地情况表**　　单位：亩

总面积	自有土地	购买他人
77	37	40

采访就这样在聊天式的轻松氛围下进行着，通过采访，越发觉得把李万德作为我采访的第一个典型人物是正确的。他身上有着传统的中国农民特有的朴实与勤劳，有着商人的精明与诚信，同时还有着七八十年代知识分子的卓识，可以说，他的人生阅历是一本很好的书籍。这不，1995—1998 年，李万德被推选为嘎查的配水员，负责管理和分配灌溉水。李万德告诉我，配水员需要始终坚持公平、公正的原则，特别是灌溉期，经常会有人因为水分配不均而不满。那时候，一个斗渠有 3 个配水员，在浇灌期，配水员轮流 24 小时值班，解决村民在灌溉中遇到的问题，为村民的正常灌溉提供保障，解决

村民间因灌溉导致的各种纷争。配水员一般由选举产生，他当职的几年，因各种各样的原因，先后被换了5个人，只有他自己一直干到最后，既属于嘎查里最早的配水员，也属于最后一批配水员。在当配水员期间，李万德第一年拿到1200元工资，之后每年1300元。这期间，他只种地，没有从事其他行业。1998年后，各嘎查都成立了专门协会，负责管理和分配灌溉水，取代配水员的工作，李万德也因此成了嘎查里最后一批配水员。

表12-2是李万德家2010年家庭耐用消费品情况，根据表12-2可以看出，李万德家有电视机、电脑、影碟机各1台，太阳能1个，音响1套，摩托车、拖拉机各1辆，电话1部，手机4部。为提高效率，解决土地面积较大与劳动力不足的矛盾，多功能拖拉机买于2009年，可以用来犁地、平地、拌地等，而他自己的驾车技术又重新派上用场。在耕种期间，拖拉机除了他们自己家用之外，还常用来打零工，帮其他没有拖拉机的村民犁地或拌地，一般按每亩33元收费，一天能犁60亩左右，这样的种前准备一年能有10天左右。按照李万德的说法，现在村民的耕种正逐步进入现代化，嘎查里除了有用来犁地的拖拉机，还有其他村民买了播种机、收割机等。这样，按照各自需求，可以相互弥补空缺，提高效率。在播种和收割的时候，李万德家也请别人来帮忙，播种按每亩22元付费；收割分为不同种类，玉米按每亩100元，而油葵则按每亩35元付费。可以说，嘎查里的这样的一种耕种机制，既节约成本，又充分利用了资源，还解决了劳动力不足等问题，充分的提高了劳作的效率，也算是农业现代化进程的前奏。

表12-2　　**2010年家庭耐用消费品情况表**

项目	数量	项目	数量
电视机（台）	1	拖拉机（辆）	1
电脑（台）	1	卡车（辆）	0
太阳能（个）	1	小轿车（辆）	0
照相机（台）	0	电话（部）	1
影碟机（台）	1	手机（部）	4
电动车（辆）	0	音响（套）	1
摩托车（辆）	1	自行车（辆）	0

最近几年来，李万德家的种地技术越来越成熟，庄稼收成越来越好，根据村里的总体情况来评估，他家的条件应该属于中上水平。从2010年的家庭主要收入和支出可以看出，李万德家收入主要来源于种植土地的农业收入和经营性收入，农业收入略高于经营性收入。而支出主要集中在生产性支出和教育、交通、日常交往等方面，家里人身体健康，医药支出较少；比较收入与支出，收入远远高于支出，属于非常宽裕的家庭。

表12－3　2010年家庭主要收入情况表　单位：元

毛收入	牧业收入	农业收入	工资收入	打工收入	出租房屋	政府补贴	政府救济	经营收入	其他收入
150000	–	80000	–	–	–	–	–	70000	–

表12－4　2010年家庭支出情况表　单位：元

住房	生产性支出	衣服	食品	看病	教育	娱乐	红白喜事	交通	通信
73000	50000	2000	3000	1000	8000	500	3000	3500	2000

现在，由于机器的大量运用，除了经营土地之外，村民有足够的时间来做其他事情。而李万德又开始重操旧业，发挥他自己的经商才能。可以说，他是一个与时俱进、敢于创新的商人，虽然阔别商场已久，可他很快又调整状态，找准时机，找对目标，重新出击。他充分利用嘎查里的各种资源，结合实际，收售西瓜、油葵、玉米等，而他自己诚信的品质又再次赢得了村民及收购商的信任，通过在收购商和村民之间牵线搭桥，他自己赚差价，每年能挣30000元左右。当我问及他自己在中间吃差价，村民们有没有怨言时，他说："我的主要工作是协调收购商与村民之间的矛盾，如有的村民是蒙古族家庭，不能精通汉语，我在中间翻译；又如，有的老板把价压得较低，村民利益受损时，我就集中全村之力，共同协调价格，既不让村民利益受损，同时也不让老板吃亏。"他笑着跟我说，目前，想和他合作的老板越来越多。

访谈持续了近两个小时，访谈期间，李万德夫妇非常热情，给我既倒水，又拿饮料，还让我尝到了之前一直闻而未见的锁阳。锁阳，又名不老药，是一种寄生植物，药物别名地毛球、锈铁棒、锁严子，野生于沙漠戈壁，零下

20℃生长最宜，生长之处不积雪、地不冻。有补肾润肠、治阳痿，尿血等功效。锁阳在内蒙古是比较常见的，其作为一种经济作物，为内蒙古人民带来了不菲的收入。当知道我是北京来的大学生时，李万德又自豪地说起他自己的女儿们，大女儿于2007年考入呼和浩特职业学院，读工商管理专业；小女儿正在读高二，在学生会工作，成绩也比较优秀。一谈起两个女儿，夫妇俩脸上洋溢着幸福的笑容，他们说女儿们都比较听话，非常懂事，而且很孝顺，基本不需要操太多心。供子女上学的日子虽然很艰苦，但一定要把小女儿也供出来。“等小女儿高中毕业后，希望能我们也能去北京看看”李万德满怀期待地说。

很快，访谈接近了尾声，见我对锁阳特别感兴趣，临走时，李万德给我拿了些自己家晒好的锁阳，叫我拿去给伙伴们吃，盛情难却，我只好收下一点。

（二）服务村民的奶牛大户李春桂

采访过程中，我们听说嘎查里的村民李春桂家里养了几头奶牛，供应整个嘎查的牛奶，更为重要的是，镇上小学里所有学生营养餐食用的牛奶也是由她供应的，她为孩子们的健康成长提供了重要保障。为此，我们一直希望能够采访她，约定好时间后，我们就出发前往她家。

远远地就看见一栋新盖的房子，白色瓷砖在阳光的照耀下格外显眼。走近了才知道这就是李春桂的家，她已经在大门口等着我们了。在她的介绍下，我们知道这栋新房是他们家2011年5月新盖的住房，大约有100平方米，已经基本建成，但是屋内的装修以及家电配备还没有完成，所以目前一家人还住在新房对面的老房子里。这个院里的一新一旧两套住房可真是构成了鲜明的对比。院子和老屋都比较破旧，老屋只有里外三间、一间厨房和一个仓库，访谈是在老屋中进行的，屋内灯光昏暗，李春桂告诉我们等新房盖好后就把这几间旧房改造成库房。在她的热情邀请下，我们来到了他们目前居住的老房子的客厅，开始了访谈。

李春桂说，她家是1994年4月从阿右旗的树贵苏木搬过来的。搬迁前，家里人的思想较为保守，只愿意待在一直生活的地方，不是很想来，而且大家一直以放牧为生，不会种地，在这边也没有房子，想到这些就更不愿意搬迁了。但是，在老父亲的积极动员下，他们决定搬迁，现在看来这是一个英明的决策，老父亲当时认为牧区的教学质量不高，为了各家（老父亲的其他几个儿子家）的孩子上学应该搬出来。搬过来以后，就与老父亲分家了，自立一户。当时政府给她们家分了39亩地，到现在，十多年过去了，他们家一直靠种地为生。李春桂觉得种地比放牧辛苦很多，而且刚到这里的时候，周围也是一片沙地，刚开始的几年都没有树，根本没啥收入，种地倒赔钱，非常不容易。后来环境好了，家家户户才逐渐有了收入。2010年又新购了40亩地，家里只有李春桂和她老公骆青义两个劳动力，女儿先上学，后打工，一直没有在家，儿子也一直在上学，家里劳动力根本不够。所以农忙的时候通常是雇人干活，基本上一个人一天得付100元，最贵的时候半天雇了10个人给了960元。

搬迁时政府发放的补助，只有1000元，政府做动员时，李春桂认为挺合理，但是等搬过来后，补助并没有立即发放，而是被作为生二胎的罚款就直接扣掉了，心里很不平衡，但是也没有办法，当时家里就想要个儿子，即便是罚款也只有认了。其实要知道在那个时候，1000元可是笔大数目，可能有的人家一年才能挣上1000元。

现在家里有彩色电视机1台、拖拉机、摩托车各1辆，手机4部，牛4头，绵羊14只，还有4只鸡。2010年家里的全部收入（不包含女儿外出打工的工资，女儿基本上自给自足）近6万元，其中包含国家发给的粮种补贴3500元，较比搬迁前年近5000元的毛收入，收入状况算是好了一点。但是，支出情况也非常大，现在一年光儿子上学的费用就要两万元（虽然当地实行的是十五年义务教育，但是真正减免的也只是几百元学费，学生买书、补课的费用非常高），而且现在买了新地，2010年算下来，光买种子就花了5000多元，化肥1万多元，再加上雇工费农业生产支出就要近4万元。同时，2010年购买40亩地花费5万元，李春桂说这两年的大花销基本上把家里的积蓄都花完了。

表12－5　**2010年家庭支出情况表**　单位：元

总支出	食物	衣服	水电气费	耐用品	教育	红白喜事	娱乐	看病吃药	交通	通信	其他
120000	2000	2000	500	–	20000	1000	500	2000	1000	1000	90000

表 12-6　　主要家庭物品：搬迁前后数量对比情况表

物品	搬迁前	搬迁后	物品	搬迁前	搬迁后
彩色电视（台）	0	1	手机（个）	0	4
黑白电视（台）	0	0	卡车（辆）	0	0
音响（台、套）	0	0	轿车（辆）	0	0
DVD 或 VCD（台）	0	0	拖拉机（辆）	0	1
照相机（台）	0	0	摩托车（辆）	0	1
电脑（台）	0	0	太阳能（匹）	0	1
打印机（台）	0	0	奶油分离器（台）	0	0
固定电话（台）	1	0	帐篷（顶）	1	1

同时，这几年家里一直有贷款，2010 年贷了 4 万元，从 1994 年开始每年都会贷款，1994 年就贷了 1 万元，阿敦高勒嘎查一般是每年春天贷款，秋天还款，如果当年能及时还款，下一年贷款会办得比较顺利。提到贷款，我们就向李春桂咨询了一些相关政策和贷款的利率问题，发现她基本上不知道那些政策，只知道贷款的总额，到还款的时候，银行说还多少就给多少，充分信任政府。

李春桂说，女儿 22 岁，毕业于一所桥梁建设学院，属于中专学历，还没有结婚。现在腾格里的修路工程队工作，负责对材料进行检测，每个月 1200 元工资。她的工资已经不往家里交了，基本上能够支付她自己的各项生活开支。女儿的工作很辛苦，基本没有假期，工作的这三年里，基本上是只有过年才有几天假期，其他时间没有特殊事情一般回不来。

儿子 18 岁，就读于阿盟一中，是文科生，开学念高中二年级。访谈进行的过程中，正巧他从亲戚家串门回来，我们得知，他的升学压力也比较大，假期一直在学校补课，正逢周末，多请了一天共 3 天假期，回家看看。他初中时学习不错，是通过自己的努力考上的阿盟一中。但是为了更容易升学，他在就读的高中里选择了体育特长生，擅长的项目是田径，目前正在准备报考国家二级运动员，好争取高考的加分，我们能够从他的话语中感受到他的努力。他问了我们很多关于选择什么样的大学、大学生活是怎样的、专业有什么区别等问题，我们都一一进行解答，随行的刘老师也对他进行了指导，并鼓励他好好学习文化课，争取利用体育的特长考上个好大学。

从谈话中我们了解到，李春桂家这两年挣钱较多的地方是家里养的奶牛。前两年家里有6头奶牛，每天早晚挤牛奶，然后送到镇上的小学和嘎查上的幼儿园，学校的老师会进行相应的处理，然后分发给学生。而家里卖牛奶这件事都是由李春桂操办的，早上挤好牛奶，赶在九点前开着家里的电动三轮车送到指定地点，这样雷打不动的坚持了两年，如果自己有特殊情况不能去送，她也会事先安排丈夫或是其他亲戚朋友帮忙去送。这条由李春桂建立起来的送奶专线，已经成为嘎查上一道亮丽的风景线。嘎查上的居民也会自己过来买点儿牛奶给孩子喝。有很多家庭几乎每天都来买，每次买一斤，就能满足一家人的需求。李春桂说牛奶每斤能卖到1.5元，收入还是很可观的。但是自从2010年家里多买了40亩地后，劳动力严重不足，致使难以照料牛奶生意，无奈之下只能卖了几头奶牛，于是家里只剩下3头奶牛和1头小牛犊，挤出的牛奶只作家用，基本上不拿到市场上去卖。虽然现在不卖牛奶了，但是李春桂家因为卖牛奶与邻里所结下的友谊从没断过。她说："那个时候就觉得，也没有什么挣钱路子，每天抽出那么一两个小时，去给孩子们送牛奶，挣点儿钱倒是其次，真正帮助他们有一个健康的身体才是最重要的。而且，嘎查上的人搬迁过来后基本上靠种地为生，很少从事畜牧，即使从事畜牧业也基本上养殖绵羊或山羊，多数不养牛，能为他们提供便利也是好的。"

李春桂还谈到自己的理想。她说，虽然现在自己没有卖牛奶，但是仍在设想卖牛奶的事情。她认为这是一项利人利己的重要工作，这个嘎查上目前还没有专人从事这项工作，而且，随着经济的发展，生活水平的提高，大部分人已经不像过去一样不注重健康，不懂得养生，近年来他们受各种宣传媒介耳濡目染，也开始讲求绿色环保，健康生活，对健康的重视程度直线上升。所以在嘎查上专门卖鲜奶，应该是很有市场的，何况她之前做下来的经验证明，效益很不错。李春桂表示，如果将来自己家种地的工作能由老公自己完成或是想些其他办法来完成，那么她一定会继续卖鲜奶，完成自己的心愿，也造福邻里乡亲。

李春桂不但有挣钱的经济头脑，还是一位非常热心、善良的农妇。她家隔壁住着独居的78岁老人白日珍，她平时下地干活回来的闲暇时间基本上都用来陪伴老人，每天都去老人家里看看，生怕老人出现意外情况。如果得知老人没有按时吃饭，她会特意做些老人能吃的稀粥。我们访谈的时候白日珍老人也在李春桂家里，她耳朵不是很好，但是听见我们是在表扬李春桂的善良，她非常赞同地告诉我们，李春桂对她的照顾不亚于她的亲生儿女。

现在正值农忙季节，李春桂和老公每天都在地里干活，有时候要忙到子夜一点多，有时候受天气影响要连续浇水十几个小时。她告诉我们，丈夫现在亲戚家里帮忙，采访结束后她也会过去，一同吃过晚饭后，去地里继续干活。

采访很快接近尾声，相信头脑灵活、乐观向上、善良淳朴的她一定能成为这个嘎查上居民们健康的“护航者”！

（三）闯出一条致富路的李禄庭

我们这次来到阿敦高勒嘎查的主要目的是为了调研当地生态移民的问题，了解在当地村民进行了大规模的搬迁之后的真实生活状态，以及国家的移民政策给村民们带来了多大的好处，受村民的支持程度如何等。所以，基于以上目的，我们对整个阿敦高勒嘎查进行了较全面的走访。在走访中我们发现，这里的村民都很支持国家的移民政策，并表示自己愿意为了国家的生态建设出一份力。虽然他们在刚搬迁的几年中，因为改造环境遇到一些困难，但他们都表示，谁也不愿再回到原来居住的地方过原来的生活。因为现在的居住条件比原来好了很多，不管是用水用电、教育医疗还是交通运输，都比搬迁之前好。而且在这里国家的政策好，农业户口的村民都享有养老保险和医疗保险，种地也有国家的补贴，休牧的草场也有国家发放的补偿款。所以嘎查的村民都很珍惜自己的农业户口，即使有机会也不愿转成城镇户口。

走访中我们发现，大家搬迁之前的生活条件都相差不多，搬迁之后也享受一样的国家政策（当时分给每户的田地和房屋也是按同样的标准发的），但是经过十几年的经营，村民在这个村庄的发展情况大有不同。有些人坚持种地，靠着自己的踏实肯干，慢慢地积累财富；有些人则头脑灵活，靠着自己的摸索找到了挣钱致富的途径。而且搬迁前，大家都生活在艰难的环境中，很难分出不同。但是到了这个基础设施比较完善，交通发达的地区之后，每个人思想的不同和对生活的不同见解都得以展现。这里有更多的道路可供居民选择，而走上不同道路的人们，经过各自的奋斗都享有不同的生活。

我们在采访中很幸运地遇到了一位很特殊人物——李禄庭。他是农民，却很少在村里居住，有时候几个月也不回来一趟。在我们准备离开的时候，他刚好从外地回来，便接受了我们的采访。

李禄庭，出生于阿右旗，孟根苏木的克都呼督格嘎查，出生时家里有五口人，除了他还有父母和哥哥姐姐。搬迁之前家里并不富裕，约有 1 万亩草场，200 只羊和 20 余峰骆驼，他们居住的土房大约有 80 平方米。他告诉我们，当时的收入就只能解决温饱，没有余款去储蓄。而且随着环境的恶化，放牧的收入变得一年不如一年。

1994 年阿拉善盟的搬迁通知发到村里，让大家自愿报名搬迁到其他地方居住。李禄庭马上报名，他知道在草场不断退化的情况下坚持放牧是没有希望的，如果不尽快找到其他生存方法，以后的生活将会越来越困难。这就不如尽早响应国家的号召，也给自己以后的生活谋求一个新的出路。从这一点我们就能看出，李禄庭是一个很有远见的人，他对生活的规划很清晰，能够在关键时刻做出正确的选择。他之后的生活经历也证实了我们的推断。

1994 年底，他和父亲两人带着几千元的储蓄来到了阿敦高勒嘎查。按照当地政策，他们分到 40 亩地和 500 平方米的宅基地。耕地的价格是 100 元/亩，宅基地的价格是 0.5 元/平方米。得到这些之后，他们起初也打算和其他人一样当一个老老实实的农民。但他们作为第一批搬迁户，面临着比后来人更大的考验。这里的风沙特别大，会把地里的庄稼埋得只有头部。他们家种的玉米和小麦，到年底颗粒无收。他们只得把家里以前养的羊卖掉，来维持生活。当时家里共有 200 只羊，按照每只羊 150 元的市价出售，便得到 3 万元的储蓄。而这些钱在他家 1995—1998 年的农业生产过程中，全部被赔掉了。李禄庭当时是血本无归。

到了 1998 年，由于人工土壤改造的完成和防护林的建成，嘎查周边的环境得到了一定的改善，大部分种地的农民都觉得当年的收入应该能够保本。所以大多数人欣喜地在种地上投入了更多的资金，以期得到更多的回报。但是这一年李禄庭却做出了一个让人摸不透的决定——放弃耕地，进城务工。

这在当时许多人眼里都是一个很愚蠢的举动。如果在前几年环境不好的时候，靠出去务工赚钱大家是可以理解的，在这土地已经改善种地已经到了苦尽甘来的时刻，他怎么就变主意了呢？要知道，他们这些从牧区搬迁来的牧民，没有接受过太高的教育，出去务工能做的都是比较基础的体力工作，报酬非常低而且非常累，跟种地相比村民们还是认为好好种地能多收入些。

在种地已经初见起色的时候出去打工，无疑是本末倒置，得了芝麻丢西瓜。

这就是李禄庭与别人的不同之处，他总是能站在更高的角度上思考问题。在这几年从事农业生产的过程中，他已经对农业有比较基本的了解。他发现现在虽然环境好了，种地的收入能有些提高，但是靠种地挣钱比较稳定却很难有大的提高。他种40亩地，一年大概有5万~6万元的毛收入，但其成本也高达4万~5万元，每年的净收入不过1万余元，这样的收入是不能令李禄庭满足的。如果人生是一个舞台，那么心有多大舞台就有多大，李禄庭的心就比当地的村民要大得多。他当时还年轻，趁着年轻力胜，他决定放弃农村种地的收入，去城市里面闯一闯。

1998年，他把土地租给了别人，只身来到银川。开始时他给电焊师傅当学徒，做电焊工。他本想着在城里学一门技术，然后就在那里发展，可是他这个人比较爱跑动，没有认真学习，一年后电焊的技术学并不是很精湛，城里的朋友却认识了不少。虽然显得有些游手好闲，但后来也正是这些朋友给了他很大的帮助。

1999年，由于他学了一年的电焊，但是技术不好收入也就不是很高，他回到了村子里。当时被许多村民所瞧不起，大家都觉得他放着家里的40亩地不种非要跑到城里打工，是不务正业，而且一年来，他地没有种打工的收入也是平平常常，有点儿太过浮躁，他自己也开始有些动摇。这时的他心情非常郁闷，如果回来种地不是不行，可他实在不甘心一辈子就只做个农民，也受不了周围人的目光。那段日子里他整天在村头的街边溜达，不是因为游手好闲，而是实在不想待在家里却又不知道到该到哪里去。

然而生活最低谷的时候，往往正是黎明前最黑暗的时候，也是转机即将出现的时候。就在李禄庭不知所措的时候，转机出现了。一天，他正在村头的马路上无所事事，迎面走来一个人，从长相和穿着判断像是个商人。那人向他询问有关村子里农业生产的问题。李禄庭平日里就爱交朋友，总能跟陌生人聊起来。他跟这个人聊得很投机，很快熟识起来。那个人介绍自己是做农产品买卖生意的，他把周围村子里生产的农产品收购后再成批的卖给农产品销售商，从中赚取差价。他有车、有渠道，在别的地方做这个生意已经有些年头，收益很不错。现在阿敦高勒嘎查的农业生产逐渐成熟了，而且嘎查交通便利，他打算把自己的经营范围扩大到阿敦高勒嘎查，在这收购农产品。但他是外地人，对当地的情况不太了解，不知道谁家种的瓜最甜，谁家种的油葵产油多，而且也很难得到农户的信任，想在本村找一个中间人，专门负责协调在本地收购农产品的具体事宜，同时按照收入的百分比给这个中间人提成。这个商人已经在本地问了几个人，都被拒绝了，他询问李禄庭有没有兴趣做他在本地的中间人。

李禄庭当即就答应了，他认为这正是自己事业的新起点。如果能够把这个生意做好，他将来的收入肯定比种地的收入多。

这时，李禄庭 21 岁。

从那时起，他就做起了农产品销售商的中间人。开始时这个工作做得并不顺利，经常会遇到各种各样的困难。比如：有时候在价格上谈不拢，有时会找不到销售商要求的货物，还有些时候本来已经跟农户谈好价钱，运输的货车也已经联系好，可是货车开到农户家门口的时候，他们又改变主意了，要求提高价格。各类情况时有发生，这对李禄庭来说是个考验。毕竟与那些提供农产品的农户都是同村人，他做事不能太僵硬。在对待这份工作上，李禄庭表现得非常认真，他觉得这是一份他愿意做的工作，所以不论出现什么样的问题，他都通过这样或那样的方法将其解决。他说："最终让我战无不胜的东西其实不是如何使用技巧去说服别人，而是自己的人格。"李禄庭很看重诚信，正是他实在的性格，让他赢得了别人的信任，所以在实际买卖的过程中，双方能很顺利地达成一致意见，把生意做成。生意没做成的时候也有，那一般就会给李禄庭带来一些损失，所以他总是尽全力把生意做成。

刚开始做这份工作的时候，老板按每批货货款的 3% ~5% 给他提成，也就是说他做成一笔生意就能挣到几百元。这个数额并不大，一年里面也出不了太多批的货物，开始时的收入只能算是差强人意。但李禄庭发现，这个工作和种地有着本质的区别。种地要先进行大量的投入，把土地经营好了，才可能在收获的时候有不错的收获。这期间的成本是巨大的，甚至占到了最终收入的 80% 以上，还要付出很大的人力劳动。但做中间人却不一样，他先从销售商那里得到需要收购的货物，再和农户谈好收购的价钱，联系好运输的货车，把这些工作做好之后，让货车把货物拉到指定的地点，这笔生意也就做成了。这中间需要事前垫付的资金很少，也就是说这是一个不太需要成本的生意，只要协调好各方的关系就可以了。李禄庭就是因为发现了这里面的商机，才对这个工作非常认真的。

虽然刚起步的时候挣得不太多，李禄庭却在做这个生意的过程中慢慢地弄清了其中的利益链条。凭着他喜欢跟人交朋友的性格，他在这个领域里的朋友变得越来越多。他诚信、实在的性格，也让很多人都愿意跟他长期打交道，时间一久，他就开始有了一些自己的熟悉的供货渠道和销售渠道。到2001年，李禄庭做这个工作已经有2年多时间，他手上的钱几乎达到2万元。有了这笔原始资金，他便不满足于只是做一个中间人了。这年他花了2500元买了一辆时风农用车，干脆自己干起了“小贩”的买卖。所谓“小贩”，是当地村民对来村子里收农产品的商人的别称，李禄庭最开始在路上遇到的那个人其实就是一个“小贩”，而“中间人”就是“小贩”雇来直接和农户打交道的人，在利益链条中处于“小贩”的下一级，只能从“小贩”的收入中分到一杯羹。想做一个“小贩”，可不是非常简单的事，他必须先有一定的资金实力，能够一下子买进许多的货物，这样才有和销售商或者加工商做生意的资格。其次，“小贩”还必须有“渠道”，这里面有一个固定的利益链条，并不是随便一个人就能收上来需要的货物，并且找到一个地方卖上好价钱的。而现在，李禄庭已经基本具备了当一个“小贩”的资格，他的资金基本够用，渠道也基本上摸清楚了。2001年，他摆脱了“中间人”的身份，自己直接做起了“小贩”，他在利益链条中的地位提升了，得到的收益也就更多了，这一年他的收入有很大提升。

然而，刚做“小贩”的时候他还是吃了亏。2002年，他有点被胜利冲昏了头脑，做事太过于急躁。开始时，他收上来一批质量比较好的农产品，看到农产品市场价格不太稳定，就赶紧把货物出手了。却没想到刚过几天，农产品价格飙升，他才发现自己出货出得太急了。于是赶紧又去收购，结果这次因为急于收到足够的货物，没有在货物的质量上把好关。等交货的时候在货物的质量上就出现了问题。收货商在货物里发现了质量问题，当然要狠狠地压价，没有办法，他只得在市场一片大好的时候把货物低价出售。这一年，类似的错误他犯了几次，一年下来他不仅没挣到钱，还赔了一两千元。这让他突然明白，其实货物的质量也是诚信经营的一部分，这次亏本是自己一时性急，而忽略了自己一直坚持的“诚信”二字，事后他追悔莫及。

由于2002年生意的亏本，他的收入并没有预想中的多。但是在做生意的跑动中，他却认识了许多在利益链条中处于更高级别的人，并且凭着自己的人格魅力，和这些人都保持了不错的个人关系。2004年，在朋友的介绍下，他开始结识几位“大客户”，这些“大客户”都有自己的工场，有更广阔的销售渠道，所做的生意也都金额巨大。直接和这些大客户打交道，其实就又提高了他在利益链条中的地位。这时他就已经不需要再有自己的农用车了，只要和货物供应商谈好价钱，直接打电话给专门做运输的车队去取货就可以了，自己要做的就是在质量上严格把关。随着李禄庭在利益链条中地位的升高，他的收入也是节节攀升。2007 年，是他收入最高的一年，这一年保守估计他就有 20 多万元的净收入。2004 年，他买了轿车。2007 年，他又在镇上买了一套新房，连上院子有 1000 平方米，大概花了 30 多万元，生活越来越好。

问起以后的打算，他说："现在我的经营范围已经覆盖了整个李井滩 8 个农业村，而且基本垄断了市场，外面更广阔的市场他也在做，但还是希望能在本地巩固自己的基础。"经过调查，他准备在镇上开个酒店，哪里流动人口多、市场广阔，而且现在还没有人开发，他就在哪里开酒店，就是当地的第一家。现在他家里只有一个 12 岁的女儿，正在上学，不太需要他操心，老婆又是能独当一面的人，所以家里的事情不多，以后事业扩展的空间还很大。

李禄庭的事业现在发展得欣欣向荣，最近又换了一辆轿车。但我们可以说他的发展是和所有的村民站在同一个起跑线上的，只是他与众不同的思想，让他勇敢地走上了一条村里人都没有走过的路，并且在这条路上越走越远。

（四）接受新观念走上致富路的代建军

现在农民已远不是传统概念中的旧式农民，他们中已经涌现出一批批科技致富户、企业家和一大批具有现代观念的职工。因此推进新农村工作的进程中，使农民更新观念是不可或缺的重要问题。在这次访谈中我们就见到了本村里具有现代观念的代建军。他虽然不是本村的富裕户，但与其他农户家庭的生活方式和思想观念有很大的不同，因此成为我们访谈的主要对象。

代建军，男，45 岁，汉族，无宗教信仰，初中文化水平。见到代建军的时候，他身穿一件蓝色的运动短袖，下身穿了米色短裤，显得非常年轻。我们进入家门的时候，他正坐在电脑前玩着 QQ 游戏——斗地主。这让我很惊喜，一个不算年轻的农民熟练地玩着电脑，感觉到这位农民算得上是一个赶上时代潮流的农民。他们家也是我走访这几家中唯一有电脑的一户。

他说起先是为儿子买了这台电脑，觉得城里的孩子都会用电脑上网，儿子马上也要考大学了，要是落在他们后面可就不好了。因此，2010 年 2 月花了 3600 元买了一台联想的台式机，再花了 400 元配了一套不错的音响。他说买完电脑让儿子先学然后再教给他。起初他对电脑特别生疏，连怎么开机都不知道。儿子学的就比他快很多，在儿子的帮助下他很快对电脑有了基本的了解，慢慢地喜欢上了这个高科技的东西，于是上手也快了起来。首先他把电脑的说明书看了好几遍，认清了每一个部分的名称，然后又买了一本《计算机入门》的书学习了怎样去操作。就这样代建军在短短的一个半月里懂得了如何操作基本的电脑系统。过了两个月在儿子的要求下家里安装了网线，这使代建军对电脑产生了更大的兴趣，天天在研究怎么用这个网络。但同时他也把电脑从儿子那儿搬到了自己的房间，因为他发现儿子对电脑开始入迷，学习的时间慢慢少了很多。他觉得虽然学习电脑是没错的，但对于儿子来说现在更重要的是学习成绩，他说："只要考上了大学，我给他买笔记本电脑，到时候天天玩电脑也不管他。"他现在平时下地干活回来后一有时间就上上网，先看看新浪的新闻趣事，一般喜欢看带图片的。他也找一些有关种地的知识窗口，了解自己那块地的养分含量、适合种植什么作物、种什么品种、要施什么样的肥料、施多少肥等，他感到电脑世界太神奇，电脑让他大开眼界。他平时非常喜欢在 QQ 游戏中打牌，说在电脑上打牌不用花钱，他的妻子也很高兴。除了玩 QQ 打牌游戏外，还会在网上种菜、偷菜。更让我吃惊的是他也开始发布微博，名字竟然叫"草原沙尘暴"。说让我也关注他的微博，我非常愿意地点了点头。他说他现在离不开电脑，只要想知道的，都可以在百度上搜索。本来电脑是想让儿子上大学的时候带走的，现在看样子要重新再买一台给他了。

代建军是 1994 年的 8 月搬到本村里来的。之前他住在阿拉善右旗的笋布尔苏木，布日都嘎查。当时一家三口住在 50 平方米不到的土房子里。家里有大概 7 万亩的草场，养了 50 头左右的骆驼。有时会带着帐篷去游牧，但时间不会太长，主要还是在家里定居放牧。代建军说在布日都嘎查时，他每年都参加那达慕大会，因为他是一个运动健将，所以摔跤、足球、篮球、赛骆驼等项目都会去参加，其中摔跤是他的强项，虽然看起来高高瘦瘦的，但是用起劲来谁都挡不住他，每次都能抱个好奖品回来。代建军回忆起童年说，小时候经常和他的父亲出去放骆驼，就是在那里父亲教他摔跤技术的。由于他当时身材矮小、瘦弱，总是摔不过他父亲，但是没想到这个训练使他成了当地有名的摔跤高手。现在由于各种各样的原因很少参加那达慕大会等活动，但是他说非常喜欢这种活动，也很怀念以前的这种生活。

搬迁之前他们家的收入主要来源为畜牧业的肉、奶、皮、毛等产品。有时还会去挖一些苁蓉，当作副业去赚钱。情况好的时候一年能挖六七千元。这些收入用于一家三口生活中是绰绰有余的。

唯一困难的一点就是当时没有供电设施也不通自来水，也没有路，给生活带来了诸多的不便，串门也要骑马、骑骆驼走大半天的路，再加上学校、医院也离他家有40公里以外，因此看病、孩子上学都是一件很困难的事。现在回过头来再看牧区生活时，代建军感叹道：牧区的经济、科技、教育、医疗、文化发展严重滞后，很多牧民文化和健康水平低下，甚至负债累累。

搬到本村之后在政府给的1000平方米宅基地上盖了他们的第一个砖房。房子有四间共80平方米。房子的右前方盖了一个30平方米的棚圈，花了1200元买了4只绵羊放进去，到现在家里的羊已经增加到了15只。代建军说儿子不怎么喜欢吃肉，但是对于从牧区出来的人说每顿吃点肉是必需的，因此家里的羊主要是为了家里人吃，不会卖出去。搬来那一年花了自家所有的积蓄买了35亩地。到2005年家里又买了41亩地，现在家里总共有75亩耕地。从此砖房代替了破旧的土房，握着羊鞭的手拿起了锄头。柏油路、瓷砖地，彩电、冰箱、手机，这些现代化生活的必要元素，代建军一家一应俱全。

代建军一家搬过来之后，与其他搬迁户一样在种地方面缺乏知识和经验，但是年轻好胜的他经过不断的努力，比其他人早一些从亏本中挣脱出来，到了1999年他有了第一笔存款。直到2005年他用这几年种地的积蓄又买了41亩地，打算在年轻的时候利用这些地种更多的粮食，增加家里的收入。他每年都会在银行贷款，到了秋天，收了粮食都能还得上，还能存下不少的钱。

生活正在蒸蒸日上的时候，2007年5月23日，代建军被医生检查出了胃癌早期。妻子赵玉兰得知情况后深受打击，但在这关键时刻她坚强挺住，隐瞒了这个事实没让丈夫知道。脸上挂着笑对丈夫说没什么大问题，可能要做个小手术，代建军也没有多疑。6月1日，代建军在宁夏银川附属医院做了切胃手术。医生对妻子说手术做得非常成功，这才松了一口气的妻子向代建军交代了实情。代建军很佩服妻子的勇气，也非常感谢她。回到家后每半个月都要去医院复查，经过多年的精心治疗，他才算完全康复。代建军连手术带吃药一共花了大概8万元。虽说是康复了，但不能像以前那样干重体力活了，因此现在妻子会多干一点，多辛苦一些。尽管如此，妻子从来没有抱怨过。

可以说代建军是在本村里少有的投资房地产的人。2009 年他在镇里七中的西面新开发的小区里买了一个两层的门面房。上下各 48 平方米，可用面积共 96 平方米。因当时买得早，房地产商还多给了他大概 30 平方米的院子。代建军前前后后大概花了 13 万元买了这个门面房，其中他投了自己的积蓄 9 万元，剩下的 3 万元一部分是贷的款，另一部分是在亲戚朋友那里借的。房地产商承诺 2011 年 9 月交工，将按时把钥匙递到代建军的手里。他想 2011 年拿到钥匙，就会简单地装修一下，尽量在 2012 年开春时把门面租出去。他现在估计一年租金能有 1 万元左右，幸运的话能租个 1.5 万元。他打算头几年以租金来增加经济收入，等过几年再亲自做些买卖，因此，他正在研究自己该做什么生意、投入需要多少、该怎么经营这些问题；他还在考虑着几年后将自家的地租出去，扩大生意的规模。对于投资他也有自己独到的见解：对一些已经形成潮流的项目投资要特别慎重，而对那些多数人不愿过问，且难以形成潮流的要分情况讨论。他的比喻也很恰当：如果养殖户看到眼前猪价涨了，养鸭赚了，在抓住眼下这一赚钱项目的同时，还要考虑其发展趋势，以防价格下跌，该出手的时候应该大胆出手，该收场的时候应立马收场，不然后悔已来不及了。他现在正在充分利用广播、电视、网络等新闻媒体，学习农民自主创业增加收入的典型事例和经验、他们的超前意识。他也希望政府和一些社会团体给他这样想重新创业的人进行适当的引导，让他们一步到位，少走些弯路。

相对于城市，农村农民的理财方式非常单一，基本上还是多年不变的三种：一个是存银行，赚点利息；另一个是民间借贷，通过亲戚朋友放贷给周边需要钱的人；第三选择就是盖房，不少富裕的农户将积蓄反复用在新盖、翻修房屋上。现在渴望财富增值的农民比比皆是，农民手中的财富也在增加，但他们投资理财的渠道却相应匮乏，理财方式也没有同步增加，既需要拓宽农民投资渠道，改善农村的理财环境，开通农民的投资理财的多种方式，也需要加大政策扶持力度，鼓励农民创业投资，并进一步完善社会保障制度。

代建军觉得农民的致富渠道是很广的，关键在于你勤劳程度和接受新事物的能力。要是能勤快地去种地，那么吃饱饭是很容易的。但要是更新观念，了解市场行情，放开胆子与外界多接触，就能掌握更多的信息，就会有意想不到的收获。他觉得村里的观念还很保守，要是能对现在的市场了解更多的话就可能改变现在的生活状况，不只是总是去过那种背朝天、脸朝地的单纯的农民生活。他说要是这两年家里的收入不错的话，打算在明后两年在旗里投资买一个高层楼房，他觉得以后高层电梯住房的市场会非常活跃。

我们去调查的这个嘎查中像代建军一样能积极接受新鲜事物、更新观念的农民是很少见的，很多农民思想封闭保守，缺乏大农业、大市场、大合作、大发展的理念，加上资金匮乏、技术落后、和市场信息闭塞等，这些自身和外界的实际困难无疑大大限制了农民增收活动的开展。两相对比我们更能感觉到代建军的市场意识强，能合理管理资金，有超前的发展意识。所以他们一家会在不久的将来会有很好的发展，我们也祝愿他们的生活更加幸福美满。

十三、德育工作的好模范

（一）赤脚医生卢振兰

说到赤脚医生，大部分城市居民会觉得很陌生，而对于农村居民特别是西部边远地区的农民来说，赤脚医生可是受人敬重的白衣天使。赤脚医生这个词出现于“文革”中后期，指一般未经正式医疗训练、仍持农业户口的“半农半医”的农村医疗人员。自新中国成立以来至20世纪80年代末期，乡村大多都有赤脚医生。那个时代，国家贫穷，医科专家奇缺，一时培养不出那么多有医学方面专业的医生，只有培训一批略懂医术的赤脚医生来应急。越是贫穷落后、边远的地方，生病的人也就越多，越需要赤脚医生来治病。因而，在那个年代，赤脚医生为解救中国缺医少药的燃眉之急做出了积极的贡献。本次调研过程中，有幸采访到曾经是赤脚医生的卢振兰，加深了我们对赤脚医生的了解，更使调研组一行人产生了对赤脚医生的敬佩之情。

卢振兰，女，中共党员，55岁，现任阿敦高勒嘎查妇代会主席，家里有4口人，大女儿已经出嫁，小女儿在北京读大专，家里就丈夫和她一起务农。

1973年，卢振兰考进阿右旗中学读初一，同年，因家庭贫困而辍学。1974年，旗里组织了赤脚医生培训，每个苏木派十几个人参加，培训结束后，这些人就回到各个嘎查当赤脚医生。卢振兰因读过书，又是女生，所以就被选拔去参加培训，培训结束后，她开始在阿右旗阿尔林台牧场当赤脚医生。

当问及如何选拔培训对象时，卢振兰说在乡村里，选拔赤脚医生，一般要考虑两个条件，一是从医学世家中挑选，二是从高中毕业生略懂医术病理的人中挑选。她自己虽然两个条件都不符合，但是由于在苏木里读过书的人较少，所以她就被选去参加了培训。

卢振兰告诉我们，那时候实行农业集体化，村里的房子、土地、牛羊等都是集体的，大家一起干活，凭工分到集体里领工资或食物。工分起源于新中国成立后农村建立的农业生产互助组，在农业生产合作社和农村人民公社中普遍采用。由于操作上流于形式，致使平均主义和大锅饭普遍存在，按劳分配原则无法体现，干多干少，干好干坏，工分都一样。按工分来分配，男的一般一天能完成 10 分工，而女的不管干得多好，都比男的少，一般能拿 9 分工。卢振兰自己虽然干得很多，但因为是女性，一天完成的工作只算 9 分工，按每 10 分工 1.3 元计算，她一天能拿 1 元左右。

1974 年到 1994 年搬迁前，卢振兰一直在苏木里当赤脚医生。她告诉我们，大集体时（1981 年前），药和设备由政府供给，由于经济落后，除了一个药箱，几片普通的药片，一支针筒，几块纱布，别的设备就少得可怜。施行家庭联产承包责任制后，药和设备由自己出钱采购，因地处边远地区，交通不便，加之家里不是很宽裕，市场上流通的药品也不是很多，自己能够提供的药品和大集体时没有多大区别。赤脚医生的工作内容一般分为两种，一是定期出诊，二是紧急赴诊。定期出诊是骑着马或骆驼，背着药箱，去每个村子给有需要的人看病。紧急赴诊是因病人紧急发病，被请去为其就诊。当问及能治哪些病时，卢振兰说，由于没受过系统的学习，医学病理等知识缺乏，加之一边当赤脚医生还一边忙家务，她所能解决的问题通常是一些头痛身热、擦损外伤等小病，大病、重病治不了，复杂的病更看不了。

1981 年，也就是内蒙古开始实施包产到户政策的那一年，卢振兰和与自己同岁的丈夫结婚，并于 1982 年生了第一个孩子，1986 年生了第二个孩子。结婚时，丈夫家里给卢振兰夫妇分了 6 只羊，16 峰骆驼，那时候夫妻两人轮流去放牧，卢振兰定期出诊时，就由丈夫来料理家务和放牧。1984 年国家在牧区实施政策性扶贫，给每个苏木分配一定量的羊，由牧民去放一定的时间（一般为 2～3 年），时间到时，期间多出来的小羊就归牧民所有，其他的羊如数给另外一家牧民继续放养。当时，苏木里给卢振兰家分配了 40 只羊，放三年后，留下小羊，把这 40 只羊原数给另外的牧民，到 1987 年时，卢振兰家的羊已经有了60多只。

1983年后，除了当赤脚医生外，苏木里委任卢振兰负责搞防疫工作。这样她一边搞防疫，一边当赤脚医生。防疫工作主要是去各个嘎查宣讲一些常见病的防御及治理措施，并给小孩子打疫苗，一般有卡介苗、三联防（百日咳，破伤风，白喉）、麻疹、小儿麻痹症等。由于交通不便，卢振兰就骑着骆驼，背着药箱，挨个嘎查的走，这样她就可以一边搞防疫工作，一边为牧民们看病。由于居住分散，工作人员只有自己，加之交通工具只有骆驼，一般搞完一次防疫工作需要十几天，这期间，卢振兰的吃住一般都在牧民家里。卢振兰告诉我们，虽然自己只能治小病，但也大大方便了村民群众。一是他们没空到大医院去看病，二是到大医院看病交通也十分不便，三是到大医院看病费用高。因而，村民群众十分敬重赤脚医生，都认为她是村里的大知识分子，是救命恩人。所以，她所到之处都能受到热情的接待，牧民们都免费让她吃住。让卢振兰比较头痛的是，给小孩打疫苗非常的麻烦，他们经常是又哭又闹，打过疫苗的小孩都怕她，见着她就开始躲，但卢振兰每次去打疫苗都会带些糖果给小孩，所以这些小孩是又爱又怕，爱的是每次打完疫苗都能得到甜头，怕的是这个穿着白大褂的阿姨手里的针头。卢振兰还告诉我们，搞防疫工作期间，她每年能拿到400元工资。这期间，卢振兰明显地感觉到牧民们非常需要她，但她自己的水平还远远没能达到牧民们的需求，为了提高医术，满足群众看病的需求，她于1987年自费700多元在盟卫校学习半年。

尽管艰苦，她还是尽职尽责，满腔热情地为人民服务的。不管深夜还是风雨交加的日子，只要有病人叫，她就会赴诊，就会认真地为病人看病打针服药。自己治得了的，就一心一意尽力去治。自己治不了的，就建议送医院治，有时还亲自陪着送去。当问及收费问题时，卢振兰说，看病一般只收成本钱，有的时候如果碰上困难户和五保户，就得倒贴成本费了。

1994年，政府实施禁牧政策，并把牧区的居民移居到适合耕种的农耕区。卢振兰家也在搬迁之列，并搬到了现居地阿敦高勒嘎查。搬来时，她家分到36亩地，后来有人出去打工，又承包了20亩，现在共有56亩地（如表13－1）。搬来后，由于有赤脚医生的经历，村里选举她担任妇代会主任，并一直担任至今。1994—2005年，卢振兰的工资是每年200元；2006—2008年，她的工资涨到每年400元；2008—2010年，她的工资再次涨到每年800元；现在卢振兰的工资是每年1000元。

表13－1　　2010年家庭承包土地情况表　　单位：亩

总面积	自有土地	承包他人
56	36	20

刚搬来时，因种植技术不成熟，土地面积又较少，劳动力也不足，加之大女儿经常生病，卢振兰家搬迁以后的生活也过得很拮据，为了弥补各种开销，她在阿敦高勒嘎查也开了家诊所，治感冒、拉肚子、头痛等常见病。诊所从1994年开到2008年，期间每年大概能挣2000元左右，后来因开诊所的人多了起来，而且都是卫校毕业的年轻人，卢振兰家的诊所就停业了。当问及她的大女儿身体情况时，卢振兰告诉我们，29岁大女儿李兰从小就身体不好，13岁时做过一次手术（胆囊炎），2003年结婚后有一孩子，2008年她的病又复发，去北京做了手术（肝胆内胆管结石），现在卢振兰来照顾，在北京做手术共花销6万多元医药费，和女儿的婆婆家一起各出一部分钱，医院报销一部分。

除了给人医病治病，卢振兰还有一项专业技能，那就是接生。不管是在牧区还是在农耕区，居民生孩子一般不去医院，都是请年长的妇女去接生。卢振兰虽然不算年长，但因懂医术，又长期行走于各村落，所以只要有产妇，都会来请她去接生。1974—1994年当赤脚医生期间，卢振兰接生近30个孩子。1994年搬迁至今，因主持妇女工作，经常组织妇女参加如跳舞、夜班学习、妇检等活动，嘎查里的人也非常相信卢振兰，在这期间，她共接生20多个孩子。说到妇女工作，卢振兰高兴地说，她经常组织嘎查里的妇女搞活动，同时还经常找那些思想不能与时俱进的妇女谈心，帮她们贷款谋发展，逢年过节的时候，她也不闲着，要和村委会其他成员一起去看望贫困家庭的妇女儿童。因工作出色，卢振兰先后获得过“优秀妇代会主任”等荣誉称号，而她家也被评为五好家庭。

现如今，卢振兰家的生活不算富足，但较以前也有很大的进步和提高。表13－2是她家2010年的家庭耐用消费品情况，由此可以知道，她家有电视机1台，摩托车、小卡车各1辆，还有手机2部，音响1套。

表 13－2　　　　**2010 年家庭耐用消费品情况表**

项目	数量	项目	数量
电视机（台）	1	拖拉机（辆）	0
太阳能（个）	1	卡车（辆）	1
洗衣机（台）	0	小轿车（辆）	0
照相机（台）	0	电话（部）	0
影碟机（台）	0	手机（部）	2
电动车（辆）	0	音响（套）	1
摩托车（辆）	1	自行车（辆）	0

表 13－3 是 2010 年她家的牲畜、家禽情况，2010 年她家有牛 3 头，绵羊 25 只，共可以折现 34000 元左右，这些牲畜都在家里圈养。

表 13－3　　　　**2010 年牲畜、家禽情况表**

<table>
<tr><th colspan="2">种类</th><th>数量</th><th>折算价值（元）</th></tr>
<tr><td colspan="2">马（匹）</td><td>0</td><td>0</td></tr>
<tr><td rowspan="2">牛（头）</td><td>奶牛</td><td>0</td><td rowspan="2">12000</td></tr>
<tr><td>普通牛</td><td>3</td></tr>
<tr><td rowspan="3">羊（只）</td><td>山羊</td><td>0</td><td rowspan="3">22000</td></tr>
<tr><td>绵羊</td><td>25</td></tr>
<tr><td>小尾寒羊</td><td>0</td></tr>
<tr><td colspan="2">鸡（只）</td><td>0</td><td>0</td></tr>
<tr><td rowspan="2">兔（只）</td><td>肉兔</td><td>0</td><td rowspan="2">0</td></tr>
<tr><td>长毛兔</td><td>0</td></tr>
</table>

表 13－4 是她家 2010 年的主要支出情况，总支出共计 45100 元，其中生产性支出 25000 元，占一半多，另外看病、教育两项支出也相对较高，也可以看出家里有人身体状况不好，家里还有人在接受教育。卢振兰告诉我们，虽然家庭状况不是很好，但目前还没有欠账，每年去除各种开销后还能有所

结余，由此，我们也可以反观她家的收支状况属于收入中等、支出较多，但收入略大于支出的情况。

表 13－4　　2010 年家庭支出情况表　　单位：元

总支出	生产性支出	衣服	食品	看病	教育	娱乐	红白喜事	交通	通信	住房
45100	25000	500	2000	7000	6000	500	2000	1500	600	–

作为曾经的赤脚医生中的一员，卢振兰可以说是为人民服务的天使，她的默默奉献的精神让人肃然起敬。她虽然没有洁白的工作服，常常是一身粗布衣裳，一个药箱，一峰骆驼，但却有最真最纯最热的为人民服务之心。而朴素实用的治疗模式，满足了当时农村大多数群众的初级医护需要。反观当今的医疗机构，豪华的办公室，先进的设备，高学历的人才，可给予民众的却是昂贵的费用，繁杂的程序，大而无当的治疗，频频出现的医患矛盾。赤脚医生的时代已经成为历史，但“赤脚医生”模式即使在今天也还有其现实意义，建立切合农民利益的农村合作医疗制度，为“赤脚医生”赋予新的时代内涵，可以说是一项重大的民生工程。

（二）孝妇刘红玲

来阿敦高勒嘎查进行入户调查的时间正值开闸灌溉期，村民都在忙着浇灌，采访需要提前预约。由于 7 月的白天气温较高，这里的村民一般选择下午或晚上出去干活，这和我们一般认为的白天干活晚上休息恰恰相反。按照约定的时间，我们来到了被全村人一致称赞为孝妇的刘红玲家里。

知道我们要来采访，刚刚从地里干活回来的刘红玲就和丈夫黄河元在门口迎接，看到我们进入村道，就远远地向我们招手，以防我们找不到她家。走进大门，看到不大的院子收拾得非常干净，摆放在院落的东西非常整齐，停在里面的摩托车散发着泥土的气息，看得出是刚从地里回来熄火不久。一进屋，黄河元就请我们坐在宾客的位置，刘红玲则忙着给我们倒水。简单的介绍并说明来意后，我们就迫不及待地开始了访谈，我们急切地想了解这位被全村人称道的好媳妇。

拿出事先准备好的问卷后，采访正式开始。刘红玲，汉族，小学文化，

40 岁，1991 年嫁给黄河元，18 岁的儿子中专毕业后在一家煤厂实习。说起刘红玲的孝，还得从其丈夫黄河元说起。

黄河元，46 岁，家里姊妹四个，一个哥哥（在左旗小学当保安），两个姐姐，现居于阿左旗和阿右旗。1973 年，黄河元的父亲去世，母亲牵扯大所有子女，并让子女逐渐成家。1991 黄河元和刘红玲结婚成家后，母亲就一直住在黄河元家。

1994 年，政府实施退牧还草政策，刘红玲一家搬到阿敦高勒嘎查，时年 71 岁的婆婆也随儿子一家搬到了阿敦高勒嘎查。刘红玲告诉我们，刚搬来时由于不会种地，家里条件比较艰苦。1995 年，婆婆的身体日渐变差，手脚行动不便，之后大病了一场，出现心肌供血不足，吃喝拉撒都难以自理。因地离家较远，很多时候，刘红玲和丈夫外出劳作时，老人一个人在家自己做不了饭，刘红玲先下地几个小时，然后回家，给老人热饭、喂饭，然后再回地里继续干活。由于家庭条件不太好，为了弥补家用，农闲时黄河元就外出打工，每次去都有很长时间，少则一个月，多则两三个月。丈夫在外打工，儿子在外读书，家里的劳动力就只剩刘红玲一人，她一边照顾老人，一边操持家务，一边忙于田间地头。有时候，老人病得厉害，她还要经常从镇上请大夫，或是用四轮车把老人送至医院看病，这样的日子，一过就是十几年。当问及为什么其他的子女不照顾老人时，刘红玲笑着说："在农村，儿子相继成家，女儿相继出嫁后，父母就和小儿子一起过，直到小儿子成家，如果父母还能自理，就分家，如果父母已经年迈，不能照顾自己，那么就继续和小儿子家住，由小儿子及儿媳照顾老人。"当笔者追问她们家的情况比较特殊，有没有想过和其他子女一起轮流照顾婆婆时，刘红玲又一次笑了，笑得很灿烂，她说："从来没有想过要把老人让给其他兄妹照顾，老人就应该跟小儿子，跟了其他兄妹，我自己还不放心呢。"此时，坐在一旁的黄河元也补充道，在照顾老人方面，妻子刘红玲的功劳最大，按照黄河元的说法，他们兄妹四个按儿子和女儿每年各出 1000 元和 500 元来赡养母亲，这样每年老人的赡养费用共计 3000 元，基本能够确保老人的生活费。

当问及对搬迁的看法时，刘红玲告诉我们，和搬迁以前相比，现在交通方便了，学校、医院离家近，看病读书有了保障，还喝上了自来水，村里种了很多树后，风沙也少了，加之种地技术的日渐成熟，收成多了，收入也增加了，家里有了电视机，有了摩托车，只是一直都觉得地有点少，想多种一些，可劳动力又刚好够，所以比较矛盾。一旁的黄河元补充道，搬迁时，政府说搬迁费1000元由政府来出，但实际上，到现在为止，政府一分钱也没有出。搬迁来以后，家里出了4000元分到了35亩地。当时因为不会种地，又不懂相关的耕作制度，很想回到牧区。后来，村里组织很多的培训，指导村民种地，技术才慢慢提高起来。说到医保，黄河元告诉我们，自己的母亲从1991年开始参加医保，2011年刚拿上低保，每个季度400多元，养老保险也是2011年刚下来，很遗憾是老人于2011年3月就去世了。

表13－5　　2010年家庭耐用消费品情况表

项目	数量	项目	数量
电视机（台）	1	拖拉机（辆）	0
电脑（台）	1	卡车（辆）	0
洗衣机（台）	0	小轿车（辆）	0
照相机（台）	0	电话（部）	1
影碟机（台）	0	手机（部）	1
电动车（辆）	0	音响（套）	0
摩托车（辆）	1	自行车（辆）	0

表13－5是刘红玲家2010年的家庭耐用消费品情况，2010年，刘红玲家有1台电视机，1台电脑，1辆摩托车，1部电话机和1部手机。相对于同村的其他家庭而言，刘红玲家的耐用消费品数量相对较少，且大都属于低端消费品，也是现代生活的必需品，唯一的高端消费品电脑是买给儿子学习用的，摩托车是为了方便干活和出走，能省出一大笔交通费用，手机是在外实习的儿子用，为了减少开支，家里夫妻二人只有1部电话机。

表13－6　　2010年家庭承包土地情况表　　单位：亩

总面积	自有土地	承包他人
35	35	0

表13－6是刘红玲家2010年的家庭土地承包情况表，2010年，刘红玲家

共种植土地35亩，由于劳动力有限，加之没有先进的种植耕作设施，虽觉得35亩地不能满足种植的需求，但短期之内，她家还得维持这一状况。

表13-7　　2010年家庭收入来源情况表　　单位：元

毛收入	牧业收入	农业收入	工资收入	打工收入	出租房屋	政府补贴	政府救济	经营收入	其他收入
30700	–	30000	–	–	–	700	–	–	–

表13-7是刘红玲家2010年家庭主要收入情况，2010年，她家家庭毛收入30700元，较同村其他家庭来说，她家的收入比较低，主要收入来自于种植土地的农业收入，收入来源非常单一，如果气候条件不好，她家的收入将大大减少，严重影响家庭的正常生活。

表13-8　　2010年牲畜、家禽情况表

<table>
<tr><th colspan="2">种类</th><th>数量</th><th>折算价值（元）</th></tr>
<tr><td colspan="2">马（匹）</td><td>0</td><td>–</td></tr>
<tr><td rowspan="2">牛（头）</td><td>奶牛</td><td>0</td><td rowspan="2">–</td></tr>
<tr><td>普通牛</td><td>0</td></tr>
<tr><td rowspan="3">羊（只）</td><td>山羊</td><td>0</td><td rowspan="3">–</td></tr>
<tr><td>绵羊</td><td>0</td></tr>
<tr><td>小尾寒羊</td><td>0</td></tr>
<tr><td colspan="2">鸡（只）</td><td>12</td><td>1500</td></tr>
<tr><td rowspan="2">兔（只）</td><td>肉兔</td><td>0</td><td rowspan="2">0</td></tr>
<tr><td>长毛兔</td><td>0</td></tr>
</table>

表13-8是刘红玲家2010年牲畜、家禽情况，2010年，她家没有除鸡以外的其他牲畜、家禽。

综合以上表可以看出，刘红玲家的生活较以前虽然有很大的提高，但目前，她家在嘎查里还处于相对贫穷的水平。

刘红玲是一个善良朴素、刻苦耐劳、全忠全孝，集中国妇女的优秀品德

于一身的光辉形象。采访过程中，我们在她身上学到了很多东西，也受到了很多感动。可以说，她是一个伟大的，具有无私奉献精神的人。她与丈夫结婚后勇挑重担，照顾有病在身的婆婆，这样的时间持续了十几年。她与婆婆之间没有任何血缘关系，但刘红玲却把婆婆当成自己的亲母亲一样，为她洗衣做饭，可以说是吃喝拉撒全管。在她的眼里“媳妇便是亲儿女”，这样的媳妇在我们物欲横流的社会中几乎没有，现在的婆媳关系是每个家庭里最难搞的关系。大半部分媳妇都或多或少与公婆发生过冲突，在冲突面前，她们少不了要埋怨公婆，甚至和公婆大动干戈，吵吵闹闹，而刘红玲却一直任劳任怨，照顾病重的婆婆十几年，这样的媳妇堪称是一个无可挑剔的孝妇。百善孝为先，父母养育子女，子女孝敬父母，这是中华民族亘古不变的传统美德。此行调研，阿拉善人民淳朴善良的民风让我印象深刻，大大小小的家庭，不论贫富，都能看出一片幸福祥和的气氛。孝敬父母是和谐社会的主题旋律，在敬佩刘红玲之余，要学习她的那种孝敬公婆的优秀品德，学会孝敬父母，孝敬公婆，乃至所有长辈。

（三）教育第一的田多荣

他是这个嘎查上一名普通的农民，也是生活中一位平凡的父亲。初见面时，他一脸慈爱的微笑，肤色黝黑，眼睛清澈明亮，鼻梁挺直，个子大约1.7米，棱角分明的五官中带着一抹羞涩。就是这样一位普通的男子，在艰苦的日子里，使尽全力培养孩子成材。

他叫田多荣，45岁，汉族，无任何宗教信仰，高中毕业，是家里的顶梁柱。在他热情地迎接下我们走进了他的家，家里收拾得很干净，没有丝毫的凌乱，电视、电冰箱、洗衣机一应俱全。我们去采访的时候，田多荣家里只有他和小女儿在家。进到里屋的时候，我们看见了他10岁左右的小女儿，见到有客来，她非常礼貌地向我们问好。相较我们之前采访的对象，我们能够感觉出这个家庭的不同。

坐在客厅里，我不禁再次打量这个家，一共四间房，宽敞的院子，干净、整洁，透过明亮的玻璃窗，还可以看到停在外面的摩托车和三轮车。这么多耐用消费品，他家的收入主要来源是什么呢？带着这样的疑问，我们拉开了谈话的序幕。

首先，我们对田多荣一家的搬迁情况进行了解。他说，他于20世纪90年代成家，结婚后组建了新的家庭，开始了新的生活，成家时欠有因结婚而借的债。1994年，他家从牧区搬到现居地，搬迁之前在牧区的年收入能达到4万元左右，那个时候孩子小，负担少，日子比现在好过得多。搬迁之前，政府承诺给每一搬迁户盖两间砖房，耕种的土地不收钱，去地里干活也有公交车，而且还有一定的搬迁补助，政府还承诺，过如果3至5年内觉得不满意还可以迁回牧区。但是，村民并不知道搬迁过来就意味着户口直接转过来了，而搬迁后的房屋基本自建。由于家里只有两口劳动力，所以共分得36亩地，开始时地不平整，不好种田，都是自己雇人平地的，政府还收取了3000元土地费。关于搬迁补助，当地政府将800元的搬迁补助直接化为搬迁派车的费用，也没有直接付到农户手里，这让搬来的村民心里很不平衡，但是新家已经在建，而且在迁入地上学非常方便，看病就医也容易些，所以搬迁过来的村民大都在此安家落户而不是迁回牧区。

在谈话中，我们发现田多荣是一个非常细致的人，对家庭收入、政府补贴等内容都能够为我们详细地阐述出来。他说，他家一共一百亩地，分别耕种葵花、玉米和西瓜，产出的大部分葵花和玉米由收购的商家收走，西瓜主要开车在嘎查上出售，其余的留作自己食用。这样下来，他家一年单凭种地的毛收入就有10.4万元，农闲时他还会去打零工，干点杂活，每年大概出去一个月左右，能收入三四千元。每年还享有国家补贴，包括：粮食补贴一年4000元，农机补贴若干和粮种补贴1000元。但是每年的支出也比较多，尤其是农资产品，其价格不断上涨，2011年化肥的价格就由100元/袋涨到115元/袋，涨幅15%，大大增加了种植成本。

说到家里支出的时候，田多荣告诉我们，他家的大部分支出源自于教育费用，食物支出较少，衣物也很节约，偶尔会有红白喜事礼金，由于全家人都享受医保，所以医药费也不多，但每年需交纳新农保2000元和医保80元。他还告诉我们，家里有两个女儿，大女儿刚刚高考结束，前半年里交给学校的书费、补课费等近9000元，备战高考期间，参加校外辅导花费近两万元。上小学三年级的小女儿，属国家免费义务教育阶段，每年只需要交二三百元的书本费就可以。

我们注意到，田多荣虽然告诉我们孩子上学的花销是最大的，但是当他提到两个孩子的时候，神情非常激动，看得出他很为女儿们感到骄傲，为此，我们详细地询问了他家两个孩子的学习情况。

大女儿田晓霏，刚刚高中毕业，是一名文科生，在旗里的高中上学，离家有一百多公里，平时住在学校，只有寒暑假才回来。田多荣说，田晓霏学习非常刻苦，未分班前，她是普通班的前三名，分班后在尖子班也是名列前茅。只是高考时发挥失常，只考了373分，但这个分数在这边的学校已经算很不错了，已经上了三本的分数线，目前报考工作还没结束，她能不能考上理想中的大学还是个未知数。田多荣说，即便考不上本科，只要能上大专，也要去读，因为晓霏的下一届已经开始使用新教材，如果想要复读就要从高一的课本看起，难度太大了。而且家里的经济情况也不允许她复读，光是承担她上大学的学费和生活费，就够家里忙了。我们采访的时候并没有见到田晓霏，她与母亲一起外出打工了。

小女儿叫田晓燕，就读于镇上的小学，走路要40分钟，2011年读小学三年级，学习成绩在班级里始终是前三名。但是，田多荣告诉我们，嘎查上的孩子上学很艰难，加上田晓燕，嘎查里一共3个小孩，每天要走四十分钟路去上学，农忙时期大人没有时间去接送，这让家长很不放心，他真的希望这一地区的教学条件能够有所改善。

田多荣说，家里虽然没有男孩子，但这两个丫头学习好，很争气，大女儿每年能拿到奖学金500元，小女儿也有助学金425元，这在乡亲邻里间是一件很荣耀的事。我们在里屋见到的正是他的小女儿，小女孩很羞涩，初见我们时不好意思地一笑，她也很懂事，在我们访谈的过程中，给我们倒了水，然后就坐在她的课桌前写作业，我不时地看她几下，她并没有因为我们的访谈而分心，一直一笔一画地写着什么。后来我跑过去看，那是她的寒假作业，写了一篇周记，记录的是她昨天陪父亲下地浇水的事情，虽然字写的还是有些歪扭，但能够感受到她认真的态度。田多荣还向我们展示了两个女儿上学以来获得的各类奖项、考试试卷以及上学的各类用书和笔记。

在我们访谈的对象中，田家的孩子们在学习上可谓是数一数二的了，这样一个看似普通的家庭是如何培养出这样的孩子呢？为此，我们特地问了田多荣关于这两个孩子的教育方法，想看看这位普通父亲的独特之处。但是他的回答很出乎我们的意料。他说，他一直觉得孩子生长在这样的环境下，只有好好学习考出去，才能够有希望，不然只能一辈子当农民。所以，从大女儿刚刚上学的时候，他就对大女儿要求非常严格，小孩子都很贪玩，但是他从来都是要求晓霏每天好好完成了作业才能出去玩。他说，有几次有小朋友在外面招呼孩子出去玩儿，他坚决没同意，晓霏在屋里边做作业边哭，看着非常不忍心，“但是不逼哪能成材啊，”田多荣说。这给孩子培养了良好的学习习惯，小女儿上学后也跟着姐姐学。另外，能够使家里的孩子学习比较好的原因还有田多荣在经济上的大力支持，由于学校教学条件有限，孩子的学习功底不是很牢固，所以当地的很多学生从初中开始就参加课外辅导。有许多家庭无法支付这样的补课费，但是田多荣一向是本着再穷也不能穷孩子的原则，节俭家里的其他开支，全力供孩子读书。能够在嘎查上见到这样一位严格要求孩子的家长的确难得，大部分家长将更多的时间放在了农活、维持生计上，关注孩子的时间是少之又少。如果家长能多花些精力培养孩子，相信这个嘎查上的孩子们会有更好的成绩。

田多荣对我们说，他很感谢当地政府的十五年义务教育政策，给予上学的孩子很大扶持，他一定想办法供孩子上学，上好大学，如果将来她们能有机会走出去，到外面闯闯，他会觉得非常欣慰。同时，他也希望嘎查上的居民能够更加重视孩子的教育，这样才能提升嘎查里的人口素质。孩子是民族的希望和未来，看着田多荣坚定的眼神，我觉得他就是我们心中热爱家庭，热爱工作，热爱民族的父亲的代表。

（四）感动邻里的孝星崔刚同

孝道是中华民族的传统美德，是中华民族的人伦之本。中国有句俗语叫：“百善孝为先”，意思就是说孝敬父母是天经地义的，一个人如果不知道孝敬老人，就很难想象他会热爱祖国、热爱人民。“孝”作为儒家伦理思想的核心，是千百年来中国社会维系家庭关系的道德准则，也是中华民族的传统美德。蒙古族自建立元朝以来，积极吸收汉族儒家思想和文化。调研组在阿拉善右旗阿敦高勒嘎查见到一位感动邻里的孝星——崔刚同，他任劳任怨的赡养养父母多年，不仅在阿敦高勒嘎查及相邻嘎查已传为佳话，在崔刚同身上我们也看到了元代郭居敬所编《二十四孝》的一些身影。

二老领婴，抚养成家不忘孝

57年前，塔木素苏木先锋队无儿无女的崔来勇夫妇领养了一个婴儿，他就是崔刚同。那时牧区交通极为不便，但是几乎半年才去一趟苏木的两位老人每次总会给年幼的他买回当时极为稀少的糖果和小人书，在平日里视他为掌上明珠，养父母的百般呵护和疼爱使他享受到了家庭的温暖和快乐。在养父母的操持下，20岁那一年，与善良淳朴的姑娘张秀花喜结良缘，一家人过着温馨、和睦的生活。那时的崔刚同就是村里出了名的孝子，夫妻两人把父母的饮食起居安排得井井有条：早晨，陪同养父母一起喝完早茶后他就赶着羊群去放牧；中午，妻子张秀花会给双亲做一手可口的饭菜；傍晚，一家人会围坐在一起笑谈远近的趣闻轶事……平时父亲爱吃米饭，母亲爱吃面条，他总是想方设法满足长辈的要求。逢年过节，总会给二老添置新衣、改善伙食。两位老人怕冷，夫妻每年冬天都会早早地为他们生好火炕、做好御冬的棉衣。

驮父求医，悉心照料无怨言

1985年秋天，父亲患上了脑血栓半身不遂，当时交通不便利，医院又远，他只能用骆驼驮着父亲往返在医院与家之间。在长达8个多月的时间里，父亲卧床不起，他不嫌脏、不嫌累，无微不至地照顾父亲，在床前服侍老人。妻子则不声不响地担起家里的一切担子。在他的悉心照顾下，父亲一天天好起来了，可他却消瘦了许多。

1994年，阿拉善右旗生态移民搬迁工程开始实施，地方政府要搬迁一部分人，为了能让父母就医方便，能让二老和孩子们走出沙窝窝，看看外面的世界，他放弃了牧区悠闲自由的生活，最先报了名。搬出了沙窝窝二老是享清福了，他又要照顾二老又要学着开荒种田，真是不容易，可他却没有一句怨言。

1998年，84岁的父亲旧病复发又瘫在了床上，夫妻二人侍奉老人比往日更精心了，给老人喂饭，接屎接尿，从没有嫌弃过他。老人脾气很倔，有时也会与两人顶几句嘴，但他们夫妻不气不恼，坚持为老人洗衣、做饭、洗澡、换衣、拆洗被褥。每天早上起床后，崔刚同做的第一件事就是为养父穿衣服、刷牙、洗脸，接着做好早饭，给养父喂饭。抽空去田上干一会活后又赶紧回到家，还要收拾房间。由于养父大小便失禁，妻子照顾父亲不方便，就负责干农田上的活，而他每天上午要把养父的内衣、内裤、床单等洗干净，有时还没有洗完就到了做中午饭的时间。为了不让养父母饿着，他总是要求自己又快又好地把衣物洗完。其余时间，还要经常给老人擦身。从吃喝拉撒到穿衣睡觉，养父生活的每一个细节，作为养子的崔刚同都悉心照料着。

骨肉情深，孝感动地传二儿

由于长期劳作没有休息好，崔刚同得了胃病，还经常头昏。因家里开销大，他从来舍不得花一分钱到医院看病，但是父母亲想吃啥喝啥他从不吝啬，总是尽其所能的满足老人家。就这样将近一年，父亲去世了，剩下老母亲一个人，老人家原本年事已高常年有病，脾气就古怪，失去老伴后脾气更倔，有时无缘无故冲他发脾气。他总是不急不恼一声不吭地任凭老人发火。事后别人问他："你怎么能受得了老娘的那种脾气？你为啥不和她理论理论？"他笑笑答道："有啥好争的，人老了难免糊涂。再说老人养育我不容易，我不能让她多心。为了让母亲有个好心情，我只有尽量让她的生活过得舒适点。虽说长期照顾母亲很辛苦，但这是我的责任，做人应该有始有终。"其实，崔刚同从小就知道崔来勇夫妇不是自己的亲生父母，但是崔刚同坦言，他做得还不够，想当年，是养父母一把屎一把尿把他拉扯大的，现在养母老了，他这样做是理所当然的。

和老母亲生活了几十年，他的一言一行、一举一动深深感动着左邻右舍。不管冬夏，每逢集市他都会亲自开着四轮车把老母亲拉去让老人家转转，无论田间活多忙，老人的一日三餐他都会和妻子做好端给她。有时老人的无名火让妻子不能理解，难免会有点磕磕碰碰，他就会耐心地劝老娘，回过头来再开导妻子，家里的气氛在他的调解下很快就恢复了以往的温馨和睦。因为他的言行，使他的两个儿子从小就懂得孝敬奶奶，尊重父母。奶奶病了，两个孙子会争着端水送药，有啥好吃的从不忘留给奶奶一份，在外地工作的他们还会时常打电话问候奶奶。

记得有一次，老人突发疾病，卧床不起，这可急坏了一家人，他们赶忙请医生看病，他更是寸步不离地守在床前，整整熬了三天三夜。等老人的病有所好转，他却熬得瘦了一圈。像这样的事情在他家，早已屡见不鲜，他的孝心不仅感动着街坊，也让老母亲深受感动，要不是知情人透露，谁还能看出他是老人的养子。老人也是逢人就夸："我的儿子媳妇可孝顺了，他们从不惹我生气。他比亲生儿子还要亲！有人说久病床前无孝子，这个儿子孝顺我啊，要不是我咋能活到今天？虽然他不是亲儿子，但比亲生的还要亲。这些年来总是没日没夜地照顾我这个病号。”面对众人的称赞他总是谦和地笑笑说：“没有老，哪有小，赡养老人是儿女应该做的事，谁都有老的一天，谁也希望得到别人的关爱，将心比心不管咋样孝敬老人是我们应尽的义务。”

善始善终，人间孝道无沧桑

一晃几十年过去了，他也从20岁出头的毛头小伙变成一个57岁的中年人，额角的皱纹和头顶的白发写满了人生的沧桑。他为人谦和、老实勤快、乐于助人的品行令人敬佩，他与二位老人之间相濡以沫、不离不弃的真情更感动着许多人，他任劳任怨的孝道成了三里五乡的典范和榜样。

就这样一个普普通通的农民，几十年如一日默默地奉献，只为回报母亲的养育之恩，他的言行就像一面镜子，让我们懂得了母恩如山，让我们懂得了知恩图报，更让我们分享到了家庭其乐融融的幸福！十几年如一日，一双手握住了另外一双手，从吃喝拉撒到洗脸、穿衣服……崔刚同毫无怨言地照顾着年迈的养母。虽然他也快60岁了，虽然他患有胃病，但他舍不得花一分钱看病。他说，“没有老，哪有小，赡养老人是儿女应该做的事。孝敬老人是中华民族的传统美德，希望一代一代传下去。”从崔刚同身上，我们看到，只要有爱存在，亲情是可以跨越血缘的。我们祝福崔刚同一家幸福、快乐。

十四、嘎查未来的青年人

（一）积极向上的青年魏慧鑫

在调研过程中，我们发现阿敦高勒嘎查有许多积极向上的青年，他们有的在外面打工创业，有的在读中专、大专或大学本科。因交通等各方面条件的限制，虽正值放假时期，他们大都没有回家，或有的还在回家的路上。当和副嘎查长魏平保交流我们想采访几个有代表性的青年时，他给我们说明了大多数青年不在家的情况，并告诉我们他的女儿正好大学毕业在家。魏平保副嘎查长46岁，时任阿敦高勒嘎查的副嘎查长和会计，是我在阿敦高勒嘎查见到的第一个人，也是陪伴我们时间最长的人之一，从进嘎查开始，他就一直组织村民来做问卷，并带我们进行入户调查。当得知他大学刚毕业的女儿魏慧鑫在家时，我们非常高兴地来到他家进行采访。

到魏平保家时，魏慧鑫正在帮她妈妈做家务，向她家人打了招呼并说明来意后，我们就开始了对她的采访。知道我们是中央民族大学的研究生，魏慧鑫非常热情，她带我们来到她的书房，并给我倒上开水，整个人显得非常的有朝气和活力。由于年龄相仿，都是大学生，我们之间交流和沟通非常的方便，没有太多的寒暄就切入正题。

魏慧鑫生于 1989 年，2011 年 23 岁，于 2011 年 7 月毕业于内蒙古医学院，现在家待业。由于没有条件进幼儿园，她从小没有上过幼儿园，也没有读学前班，于 7 岁时就直接去八一希望小学读书，八一希望小学是一所由内蒙古军区捐助 20 万元修建的五年制学校，魏慧鑫属于该校的第一届学生。在小学五年时间里，魏慧鑫成绩一直很优秀，而且一直都是班里的学习委员，并每年六一儿童节时都获得“三好学生”的荣誉称号。由于家庭条件不好，魏慧鑫在校期间参加了“春蕾计划”，并在春蕾女童班就读。“春蕾计划”是 1989 年中国儿童少年基金会发起并组织实施的一项救助贫困地区家庭贫困女童、失学女童重返校园的社会公益事业，自 1994 年以来，内蒙古自治区妇联积极响应全国妇联、中国儿童少年基金会的号召，认真实施“春蕾计划”，截至 2011 年已经建立春蕾班 130 个，春蕾学校及初级职业技术培训学校 25 所。

小学毕业后，魏慧鑫以优异的成绩考入巴彦浩特镇阿左旗八中读书。由于离家较远，初中四年时间里，除了假期，魏慧鑫都一直住在学校。这期间，她自己打理学习生活中的各种琐事，并处理除学习以外包括洗衣服等事情。初中四年，她一直都是班里的学习委员，并兼任过化学、生物课代表。初中毕业时，魏慧鑫以全校第 9（全年级共 300 多人）名的优异成绩考入阿盟一中重点班。魏慧鑫告诉我们，她的成长始于初中阶段，那时候远离父母，一个人在学校生活，她学会了坚强，并能独立应对学习生活中的各种琐事。那时候，她家的条件没有现在这么好，在班上她属于贫困生，但她始终没有自卑过，更没有羡慕过家庭富裕的同学，她觉得只要成绩好，其他的都是次要的。这样的经历和认识给她今后的生活打下了坚实的基础。

进入高中后，魏慧鑫选择了读理科，她说这是因为自己比较喜欢理科，觉得理科在内蒙古比较适用，同时也是为了满足父母的期望，父母一直希望她学理科，他们觉得读理科找工作容易。这期间，她始终朝着一个目标奋斗，没有太在意结果，每天都有新的任务，每个阶段都有新的目标，遇到困难时，还有父母的支持，老师和同学的帮助，忙碌的学习生活让她过得非常充实。高考时，魏慧鑫以超过二本线2分，514的总分中榜。分数出来后，她想考内蒙古农业大学的生物学专业，想为家乡做些事情，后来受各方面条件限制就选择了内蒙古医学院的中药学。刚去时，觉得生物学更适合农牧区的民众，但现在越发觉得中药学比较贴近生活，自己学好了能使亲朋好友都受益，所以越来越喜欢这个专业。

大学期间，魏慧鑫每个月的生活费是800元，每一学年开学，家里就把一年的生活费都给她，由她自己存入银行，然后自己规划，自己支配使用。现在，很多大学生都没有自己理财的能力，家里给多少就花多少，没了钱再伸手向父母要钱，一年下来，花费要比实际需要花费多出很多。当问及有没有提前把一年的生活费花完而导致没有钱用或向父母多要钱的情况时，魏慧鑫笑着说，四年时间里，她的生活费都能够合理的规划，每个月都少于800元，多出来的她就自己买喜欢的书籍或报一些培训班。

魏慧鑫告诉我们，刚进大学时，自己很难适应大学这种轻松、自由的生活，除了上课时间，每天都有很长的空闲时间，自己感觉非常迷茫。为了让自己的生活过得充实，她从生活费里节省了一部分钱，报了一个舞蹈班，学习自己喜欢的交谊舞。因学校在郊区，舞蹈培训班在城区，经常往返于郊区和城区，忙碌于上课和学舞蹈，她自己的生活变得充实起来，逐渐转变了学习和生活方式，适应了大学的生活。大四那年，魏慧鑫报考了研究生，但最后没有考上。她告诉我们，备考期间自己学了很多东西，感觉比之前的三年都学得多，虽然失败了，但是考研的日子，给她的大学生活留下了浓墨重彩的一笔，而考研作为人生的一种经历，对自己的人生也有重大的意义，考上与否只是个结果，没太在意。对于今后的打算，魏慧鑫告诉我们，先找工作，上班以后，如果有机会，自己还会再考研究生。对于工作的地点，魏慧鑫说，虽然年轻人应该去大城市闯荡打拼一番，但是自己决定在离家较近的地方工作，最好能在阿拉善盟，她觉得在离家较近的地方工作，既有亲戚朋友的照顾，同时还能在一定程度上帮到亲戚朋友，更能照顾自己的父母，于情于理，自己都该回家乡工作。

从小学到大学毕业，魏慧鑫每到假期就帮父母干活，冬天农闲，就帮父母做饭，夏天农忙，除了帮父母做饭，她还帮忙卖西瓜、玉米等。现在很多学生理论知识非常丰富，但动手能力极差，尤其是做饭，很多学生从生下来就过着衣来伸手饭来张口的生活，自己不会做饭，更没有帮父母干过家务。魏慧鑫告诉我们，许多时候父母一大早就下地干活，由于离学校较远，加之交通不便，她从小学时就开始做饭，自己吃了就去上学，留下父母的让他们下地回来后吃。大学期间，她多次参加由李井滩管委会主办、各单位各嘎查组织队员参加的迎春庆祝活动，她的主要任务是教嘎查里的村民跳舞，然后带他们去参加比赛。

魏慧鑫从小到大受父母的影响最大，都是农民的父母给她营造了和睦的成长环境，而他们朴实、节俭、吃苦耐劳、积极向上的品质都在潜移默化中影响着她，在她长大后，他们对她的关心和管教也恰到好处，尤其是在叛逆期，他们既不是太严，也没有放任，让她能够健康的成长。除了父母，魏慧鑫受三叔的影响较大，三叔是阿盟一中的老师，从小她就把三叔作为自己的榜样，她觉得三叔是干部，是国家的人，自己长大后要像三叔一样当干部，领工资。

在这次调研过程中，调研的对象大部分都是老实本分的农牧民，他们没有读过几年书，一直都忙碌于田间地头。他们日出而作日落而息，不管风吹日晒，总是勤勤恳恳，兢兢业业。随着经济的快速发展，信息的不断流通，他们越发觉得读书的重要，并把许多精力和财力投入到培育后代的事业中。魏慧鑫就是这许多的农牧民子女中一个代表，她继承了作为农牧民的父辈的朴实、节俭、吃苦耐劳的传统美德。面对困难，她能够从容应对，面对失败，她能够保持积极向上的心态，面对自己的人生，她有清楚的思路和明确的目标，面对未来，她充满希望并努力画着自己不同于父辈的新的人生轨迹。

（二）鸡窝里飞出的金凤凰李国庆

在中国农村，许多农民都过着“面朝黄土背朝天”的生活，他们把一年中大部分的时间都花在了耕地上，每天起早贪黑，辛苦劳作，用自己的汗水在中国有限的土地上精耕细作，创造了“用占世界7%的耕地养活了世界22%的人口”的奇迹。奇迹的创造来之不易，中国农民虽然吃苦耐劳，但我们发现，直到现在，许多农民仍然从事着最基本和基础的劳动，这种劳动的效率不高，经济附加值低。他们辛苦劳动一年，在算账时会发现，一大半的收入都花在购买种子、购买化肥、雇短工、还贷款等生产性支出上面，再加上自己一家人的日常开销，到年底基本上没有攒下钱的情况是常有的。如果碰上灾年或是家里人生病，更是有可能“亏老本”。究其原因，乃是许多农民虽然勤勤恳恳，文化程度却不高，缺乏必要的知识和技能，他们的耕作技术科技含量很低，机械化程度也不高，每一户所能种植的土地面积非常有限，而且一般都缺乏有效的抗灾办法，靠天吃饭，遇到自然灾害就只能蒙受损失。同时由于他们缺少知识和技能，没有办法胜任除了耕地以外的工作，生活中缺少赚钱门路，在农闲时只能依靠从事一些最基础的体力劳动来挣点“外快”以贴补家用，收入的菲薄可想而知。

可以说，正是由于文化素质的缺乏，才让他们不得不从事一些基础的工作，从而也只能挣到维持家中基本需求的收入，要想改善生活环境，更新生产设备，就必须省吃俭用，从牙缝里一点一点地攒钱。

现在的农民是认识到了这一点的，在我们的调查中，发现大多数农民都希望孩子以后能“读书成才”，在他们的意识中，依靠知识改变命运的思想，其实是广泛存在着的。虽然许多农民的生活压力仍然不小，但大部分人还是会把孩子送到学校接受教育，这其中便不乏一些农村的学子，依靠自己的努力和钻研考上了大学，取得了接受高等教育的机会。这些学子往往都能成为全家甚至于全村的骄傲。

李国庆便是一个这样的典型例子。在我们来到李国庆家之前，村主任就跟我们简单介绍了她家里的情况。说起李国庆，村主任也不无自豪地说：“她家非常的贫困，却出了个大学生，大家可高兴了，这户人你们应该认真采访采访”。“大学生”，这个在京城也许并不稀罕的词眼，在淳朴的农民眼里，却是人见人爱的“金疙瘩”。

李国庆，女，1992 年 10 月 1 日出生，由于出生于国庆节，故名为“国庆”。她的出生地是阿右旗树贵苏木的阿藤图雅嘎查。搬迁到阿敦高勒之前的事情，在她的脑海里都只剩下一些依稀的残影，很多事情她都只能无奈地摇摇头，表示实在没印象了，我们只能通过采访她的父亲李文记，间接地了解一些有关她搬迁前后的事情。

搬到这里之前，李国庆的家是专门从事放牧的，当时家里就比较贫困，只有一间 60 平方米的土房。当时大部分的牧民家里是有承包草场的，但李国庆的家里没有承包草场，只能把牲畜散养。他们放牧的草场，其实正确的说应该属于荒漠草原，那种地貌土地上的草长得很稀疏，就像是在一块黄色的饼上面轻轻地撒上了一层绿色的盐一样。可想而知，在那样的草场上，即使面积广大，也很难进行大规模的放牧。草场里的草很稀少也很脆弱，放牧的时候决不能让牲畜在一块草地上使劲地吃。如果不加干涉地让牲畜在一块地上不停地啃食，那对于草场的破坏来讲，将是毁灭性的。牧民赶着牲畜每次在不同的草场上吃草，而让其他的草场休养生息，这很像蒙古人传统的游牧方式。由于草场的承载能力有限，截止到搬迁的前一年，她的家里就只有20头骆驼。

就李国庆的父亲李文记回忆，搬迁之前，他们已经能明显地感觉到天气正在逐年的恶化，降水正在逐年的减少，草场上的草长势也一年不如一年，而扬沙天气却越来越多。当时感觉牧民的生活是越来越不好过了。问起草场退化的原因，李文记毫不避讳地说是过度放牧。当时牧民都希望能改善生活条件，在缺乏知识水平而只能靠放牧为生的情况下，他们所能做的也只能是增加牲畜放养量，而随之带来的就必然是生态的恶化。就如李文记所说，“如果不搬迁，日子倒还能正常过个几年，但是就感觉越来越没希望了”。那时的他们，就非常希望自己的后代以后能彻底地改变自己的生活命运，而当时他们所能想到的就是让子女以后读书。可是他们当时居住的地方非常偏远、交通不便，基础设施落后，当地连一所正规的学校都没有，最近的小学都离他们有上百公里的路程，对于他们来说送孩子读书也是一件很奢侈的事情。

1994年，事情终于出现了转机，当时李国庆刚刚2岁。

那是一个春天，李国庆所在的嘎查收到苏木上的通知，说盟里（阿拉善盟）要进行一项声势浩大的移民搬迁工程，该工程会本着自愿参与的原则，把居住在恶劣环境下的牧民，集中搬迁到距离城市较近、交通较为发达的地区，并根据当地条件给予政策上的优惠，让移民能进行农耕生产或进城务工。这个消息对于李国庆家乃至整个嘎查来说都是一个巨大的好消息。她的父母立即就响应号召，马上报名参加。于是1994年秋季，李国庆全家还有来自阿拉善盟许多不同地区的人们，作为第一批移民离开了故土，来到了一个他们曾经完全陌生，却要将后半生全部托付于此的一片土地——李井滩。

当时隶属于阿左旗的李井滩地区（2009年正式更名为李井滩示范区）直接归阿拉善盟管辖。李井滩，之所以称之为“滩”，并不是因为这里有“海滩”，而是因为这里曾经是一片大“沙滩”。开始时当地的生态环境还是很恶劣的。为了安置移民，政府给他们每户划出了一块土地，用于房屋建设，大约有500平方米的宅基地。搬过来之后，李国庆家里卖掉了原有的牲畜，加上原来的积蓄又向亲戚朋友借了800元，带足了7000元，来到李井滩。可是初来乍到，很多地方都需要用钱，7000元根本不够花，在当地政府的担保下，她们一家又向砖厂借了砖，自己动手盖起了现在居住的房子。

李国庆的家就住在村头，村主任带我们来到她家门前的时候，大概是晚上8点多。阿拉善的天黑得晚，8点多的时候太阳还没有完全落山，夕阳西下伴着昏暗的阳光，我们能看到，她家的围墙很低，从围墙外面可以直接看到院子里的景象。院子收拾得很干净，在院子的一角堆着干草，另一角有个杂货屋，南边是两间住房。阳光已经很弱，可是屋子里看不到一点灯光。村主任告诉我们，这一家人的生活特别困难，但是女儿很争气，学习成绩好，夫妻俩坚持供女儿读书。现在女儿已经考上大学，成为村子里为数不多的大学生。

我们进到院子里的时候，李国庆正在杂货屋里面朝太阳的一扇窗户下面看书，看到我们来她很高兴地从杂货屋里跑出来，请我们进屋坐下。她给我们的第一印象是这样的活泼、热情，仿佛对未来充满了期望。

屋里很暗，李国庆给我们打开了屋里唯一的一盏电灯，借着这不太明亮却很柔和的光线，我们在桌边坐下，开始了正式的采访。屋里的小虫子很多，可是我们的谈话却异常的轻松和顺利。由于长时间在外面上学的缘故，李国庆的普通话说得很流利，谈起她上学的故事，李国庆更是如数家珍。

1999年，李国庆上小学，她当时7岁，正是来到李井滩的第5个年头。在这5年里，虽然生活一直都不太宽裕，但她们家发生了很大的变化。这里交通方便，公路一直修到家门口，离苏木也很近，不管是卫生、教育，还是用水、用电，其方便程度和搬迁之前都不可同日而语。李国庆上的小学离她的家很近，只有一两公里的路程，走路也就是半小时的时间，这和搬迁之前动辄就上百公里的路程相比，简直是天壤之别。小学设置的课程也很全面，有语文、数学、外语、地理，社会科学等。正是这样的便利条件，为李国庆以后的成材打开了一扇门。

这所小学名叫八一希望小学，现在仍然存在。我们路过的时候看到，这个小学里的教学楼外面刷着红漆，美观大方，院落也很大，一看就知道这是一所条件还算不错的学校。据李国庆说，她当时上小学的时候，学校还只是几排砖瓦房，条件很差。但是她当时丝毫没有觉得自己读书的环境不好，反而对老师的讲课充满了兴趣，上课的时候非常注意听讲。现在想想，正是她从小就养成了注意听讲的好习惯才使她的学习成绩一路领先，并且深得老师的喜爱。她现在还记得，她当时的班主任叫陈燕，教她语文。这个老师很关心学生的学习和生活，尤其喜欢她这样听话的女生。小学四年级的时候，李国庆被班主任任命为学习委员。李国庆知道，学习委员不仅要做好替老师收发作业的工作，更重要的是在学习上做好表率作用。于是，她开始更加认真学习。但是李国庆谦虚地告诉我们，她当时的学习成绩并不算太好，大概也就是全班中上等的水平。究其原因，李国庆很害羞地说："其实自己一直都不太爱学习，和大多数孩子一样，我也很贪玩。"比起学习，她更喜欢唱歌。虽然上课比较认真听讲，但是私下里还是更喜欢做些学习以外的事情。

当李国庆上小学的时候，小学还是五年制，5 年的小学生涯很快结束了。2004 年，李国庆很顺利得来到了旗里面上中学，当时她就读的初中叫作"阿左旗七中"。进入七中，她面临的第一次考试就是学校组织的"分班考试"，她在这次考试中一下就崭露头角，考取了年级第 6 名，班级第 3 级的好成绩，并被分入了学校最好的班级——"一班"。这时的她已经开始慢慢走出童年的顽皮，对学习也更加上心，不像小学时那么贪玩了。由于她优秀的成绩，老师对她一直很重视。她初中时的班主任叫王银同，是一名教政治的男老师。他给李国庆留下了深刻的印象，用李国庆自己的话说，"王老师教学很认真，上课的风格独特，对学生很好"。在这样一个工作严谨而又思想活跃的班主任的带领下，她的学习成绩始终保持在全班的前几名。由于在小学时就有当学习委员的经历，她的学习成绩又非常优秀，在班里同学的推选下，她在初中时期继续担任学习委员的职务。初中的学科设置比小学更多，当时除了数学、语文、外语之外，学校还开设政治、历史、地理、生物、化学、物理等，李国庆对物理、化学等理科科目比较感兴趣，成绩也明显强于政治、历史等文科科目。

初中的学习压力远远大于小学，她当时的初中是四年制，到初三、初四的时候，由于升学压力的增大，她学习也越来越努力。李国庆告诉我们，她学习虽然刻苦，但还是比较讲究方法的，从不通过熬夜等磨时间的方式努力。当我们问到学习的方法时，她说："学习上最主要就是跟着老师走，认真地完成老师布置的学习任务，只要能做到这一点，也就基本上成功了一大半。"

经过四年的努力，她终于等来了初中升高中的考试。当时实行的是先报志愿，再考试的政策。对于李国庆来说，当时有两个地方可供她选择，一个是阿拉善盟高中，一个是阿左旗高中。就当时的情况看，旗里的高中条件要更好一点，旗里的高中平均成绩要比盟高中好一点，当年的盟状元也出自于阿左旗高中。于是从小就很能吃苦的李国庆毫不犹豫地报考了阿左旗高中，并满怀信心的参加了考试。当时初中升高中考试并不公布最终的个人分数，而是把学生的分数由高到低分成 A、B、C、D、E、F 六个等级，各学校根据等级招人。李国庆的成绩理所当然的是“A”，也顺理成章地进入了自己心仪的高中——阿左旗高级中学。

由于比较喜欢理科，李国庆高中的时候选择了理科的方向学习。在学习上，她仍然是一路领先，在高中 50 多人的班里，她的成绩始终保持在前 10 名。她自己仍然不满意自己的成绩，一直努力，希望自己能跻身前五名并冲击前三名。她的这股韧劲很快就被她高中的班主任李秀玲老师发现了。老师在得知这名同学在小学、初中一直都担任学习委员的职务后，直接指定李国庆干起了学习委员的工作。在学习委员的工作上，李国庆干得得心应手，不仅工作认真出色，学习上也是全班同学的表率。这样优秀的学生，很快就成为学校重点培养的对象，学校经常安排李国庆参加各种课堂以外的学习培训班，好让她的潜力发挥到极致。

高中的这个班级，李国庆对它的感情格外的深厚。她对我们说，她喜欢这个班是因为班里的学习气氛特别的好。学习气氛好并不是单指每个同学都刻苦努力，还指这个班的同学并不死板教条，大家都能用一个轻松的心态去面对高考，用互相的鼓励去应对高考。高考前夕，通常是高中生最为紧张的时刻，但在她的这个班里没有出现与平常不同的情况。这不仅是因为大家已经用很认真的态度去学习，更是因为高考在这些已经十年练兵、摩拳擦掌的学生面前，失去了威慑力。

刚刚经历了高考的李国庆显得很轻松，她告诉我们，高考成绩已经下来了，她的成绩仍然很优秀。她的家在农村，她从小就深切感受到作为一名农民的艰辛。她早就决定以后要为家乡的农业生产尽一份力。阿拉善是个气候干燥的地区，李井滩更是如此，村民们的用水都非常困难，尤其是田地里的灌溉用水总是不够用。于是填报志愿的时候，她选择了内蒙古农业大学的水利工程专业。问起有关毕业之后的打算，她说：“父母都老了，家里就我这么一个孩子，我以后不想离家太远。为了父母，也为了家乡的发展，我毕业之后也要回到家乡。”她希望用自己所学的文化知识和技术，改善家乡的用水条件，让家里的农业生产能用上充足的水，同时也让老父母能过上幸福的日子。

刚来到李井滩的时候，根据当地政府的规定，李国庆的父母用100元/亩的价钱得到了36亩土地的使用权，时到如今，家里没有添一亩地，仍然是36亩。父母都没有受过太高的教育，一个初中毕业、一个小学文化，除了种地，平日里只能靠给别人做些除草、掰玉米等农活挣点钱，每年的收入非常微薄。但是李国庆和她的家人都相信“知识改变命运”，都相信自己的努力会有回报，都相信以后的日子会越变越好。李国庆考上大学的喜讯，已经成为家里新的希望。我们相信，李国庆不会让她的家人失望，更不会让她自己失望，她一定能取得更加优异的成绩。祝李国庆学有所成，早日衣锦还乡！

（三）内心坚强的高考生黄雪梅

黄雪梅，汉族，19岁，有一个比她大三岁的哥哥，父母离异后，她一直与哥哥、父亲一起生活在60平方米的房子里。第一次拜访黄雪梅家时，我们没有见到黄雪梅，只是见到了她的哥哥和父亲，为了见到黄雪梅，我们进行了第二次拜访。当时已是下午6点，虽然外面很明亮，但房间里已经非常昏暗，却没有开灯。黄雪梅的哥哥告诉我们妹妹与父亲去镇上买东西了，还要半小时左右才能回家。我们与黄雪梅的哥哥边聊天，边等待黄雪梅回来。

他们一家是1994年从阿拉善右旗塔木苏苏木格日图嘎查生态移民过来的。搬迁以前，他们家有3万亩草场，放养着8头骆驼、60只白绒山羊，平均每年能有10000元左右的收入，日子过程也比较富裕，没有什么压力。后来，随着生态环境恶化、草场退化，放牧的收入也越来越少，恰逢那时阿拉善盟推出生态移民政策，他们家的草场也在搬迁范围，经过嘎查干部多次思想动员，他们一家怀着忐忑不安的心情，来到了阿敦高勒嘎查，他们从一片荒地上开始了完全陌生的生活。由于在牧区时他们从没有从事过种植业，因此在搬来后的最初的几年里，他们的辛勤劳动并没有得到相应的回报，年年种地年年赔钱，一家人的生活越来越拮据。生产、生活方面的种种不顺，也给他们夫妻间的感情带来负面影响。在一次次的争吵后，他们最终选择了离婚。

黄雪梅的哥哥告诉我们，父母离婚的时候妹妹还只有9岁，但她却非常懂事，从来不提母亲的事情，天天帮着他和父亲做事情。中午放学后，黄雪梅就赶紧跑回家做饭，冬天很冷的时候都能看见妹妹气喘吁吁地跑回家，大颗大颗的汗珠从额头上流下来。吃完饭后就抢着洗碗筷、扫地，干完活就又背着书包匆匆地跑去学校上课。下午放学后，嘎查里其他的小朋友都在一起玩游戏，妹妹却是直接跑到自家地里帮忙做农活，虽然看上去很瘦弱，但好像有用不完的力气。天黑收工后，就和父亲一起回家做晚饭。那时，家里条件不好，只是偶尔能改善一下伙食，她却把好吃的都让给父亲和哥哥。她总是说自己吃饱了，哥哥和父亲干活累要多吃些。黄雪梅晚上总是在做完所有家务后才开始写作业，经常要写到很晚才能睡觉。看着黄雪梅在家瘦弱又忙碌的身影，家人都非常心疼。黄雪梅在学习上也一直很努力，成绩也还不错。这次高考成绩不太理想，主要是因为她在涂语文答题卡上出了一些失误，有一项必填信息没有填涂，导致语文试题中涂在答题卡的部分没有分数，最后语文的分数特别低。本来语文是她最喜欢的科目，结果出现这样的失误，黄雪梅心里应该非常难过，但她从没有在家人面前表现出来，更没有哭过，可能是怕家人跟着一起心情不好吧。

谈到这里时，黄雪梅和她父亲一起回来了。初见黄雪梅，比我们想象中的更瘦弱些，因为屋子里光线昏暗又有些闷热，所以就在院子里和黄雪梅谈起来。

黄雪梅是阿敦高勒嘎查 2011 年的高考生之一，但是高考成绩并不理想，只有 300 多分，在这个嘎查里同其他的几位高考生相比，她可能是分数最低的。说到这里时，她并没有显示出过多的悲伤或者自责，也没有像其他一些考生那样露出那种悔不当初的神情。黄雪梅显示出超出同龄人的那种冷静和成熟，平静地向我们讲述着她对未来的打算。刚知道分数的时候，她确实有过放弃上大学、出去打工的念头，这样不仅可以给家中增加一份收入，帮助还借款，而且父亲也不会因为她上大学而感到经济负担。但是父亲和哥哥都告诉她，不要只看眼前利益，也不要过多地考虑家里经济状况，他们会全力支持她上大学。在家人的支持下，黄雪梅根据自己的高考分数，报考了内蒙古集宁师专，专业是化学教育，她希望毕业后能返回家乡，在镇上的初中做一名化学老师。这是她考虑再三后所做出的决定。一是考虑到家里的情况，哥哥买卡车时欠的几万元现在还没还清，父亲种地收入非常有限，如果补习的话，家里又多增加一笔开支；二是如果不上大学，对于一个女孩子来说，就只能打工，收入也不高，而且有可能这一辈子就是给别人打工了，很难有出息。如果是上师范类院校的话，学费低，毕业后当老师、收入也很稳定，况且教师是一个十分受人尊敬的职业，父亲也会觉得她比较有出息；三是在黄雪梅看来，毕业后在外地工作，过上更优越的生活，有些不现实，或者说是不真实，她不喜欢做这样的梦，她也从来不做这样的梦。因为她非常清楚地知道，对于像她这样的农村女孩来说，她首先考虑的就是好就业、能挣钱，远大的理想总是有些不切实际。对于黄雪梅来说，毕业后能回家乡教书，经常看望父亲和哥哥，过上平静的日子，就已经是很幸福的事情了。没有必要再"反抗命运"。自从她小学一、二年级的时候父母离婚后，她与父亲、哥哥三人就相依为命，父亲与哥哥成为她心中最重要的亲人，而父亲则是她心中最大的牵绊。

黄雪梅说，自从上初中开始就一直在学校住校，只有寒、暑假时才能回家，而且假期特别短，在家的时间很少。哥哥这几年也一直在外跑运输，每个月也只回家一两次，所以通常都是只有父亲一个人在家。这些年来，家里的大小事情及45亩地的农活基本都由父亲一个人承担，非常辛苦。父亲的性格有些倔强，生病的时候也从不会告诉他们兄妹两个，都是一个人去医院看病拿药。父亲是一个不善言辞的人，但他们却能时刻感受到父亲的爱。黄雪梅是在左旗上的高中，只有放假才能回家，父亲就经常拿着水果及好吃的东西去看她，但父亲从不多说什么。高考时，父亲也默默地来左旗陪她考试。考试的两天里，父亲晚上住在亲戚家，白天就主要是陪女儿考试，一向勤俭节约的父亲为了节省时间，打车接送女儿去考场，黄雪梅在考场里考试，父亲就一直在考场外等待。如今高考成绩已经知晓，对于黄雪梅填报哪所大学，父亲并没有直接给出他的建议，他只是告诉女儿不要担心学费、不要因为家里的状况有什么顾虑。

谈起高中时期的生活，黄雪梅并没有什么快乐的回忆，只是觉得很辛苦，特别是上高三的时候，她觉得更累。这也是她不想再补习一年的原因之一。学校在管理方面非常严格，课程安排得也非常密集。冬天6点半起床，夏天起床更早，五点半之前就必须起床，洗漱完就马上就上一个小时的早自习，上完早自习才可以吃早饭。早饭时间比较短，只有十分钟。因为学校刚建成不久，食堂还没有完全建好，暂时还没有供应早餐，早餐只能吃点零食，比如饼干、干脆面等，或者跑到学校小卖部买两个干烧饼，更没有鸡蛋吃，然后喝点热水。如此简单的早餐，对于正在处在生长发育期的学生来说，不要说无法满足营养，恐怕连吃饱肚子都有问题。更何况他们是高三的学生，课程多、作业量大，早餐更是非常重要。就是如此重要的早餐，他们却是在十分钟内吃些零食、烧饼之类的简简单单地打发了。上课饿了的时候，他们就偷偷地吃东西。等到课外活动的时候，休息时间长一些，他们就有时间可以吃上一桶泡面了。学校里有一间平房，为学生做饭，午饭和晚饭的时候他们就在平房前排队打饭，然后端回宿舍里吃。午休的时候，不可以在教室学习，必须回宿舍休息。下午上课到 6 点半，可以有 1 个小时的时间吃晚饭。晚上 7：30～10：50 是晚自习的时间，不过也有老师来教室辅导大家写作业。教室里没有电视，只有一台电脑也是为老师上课播放课件准备的，不能看新闻。她们一般都是通过手机上网来查看新闻等信息，这成为她们了解外界、不与社会脱节的唯一途径。自从上了高三，就再也没有睡懒觉的时候了。周末也要上课，周六白天上课，但不用上晚自习，周日只有上午上课，下午和晚上休息不用上课。但是也不能回家，一是因为离家远，二是因为想利用这些时间多看看书。黄雪梅最喜欢上语文课，她很喜欢散文，还有诗词歌赋。其次，她很喜欢化学课，尤其是化学试验，她的化学课的成绩是最好的。所以，当她填报志愿时，她首选的是化学教育这个专业，希望毕业后能当一名化学老师。

当被问及母亲的事情时，黄雪梅只是告诉我们，母亲离开家的时候她还比较小，没有太多关于母亲的记忆，而且既然已经是回忆，就让它留在回忆里，不会再想起。她最近一次见母亲还是三年前了，这之后再也没有见过母亲。逢年过节的时候，也没有给母亲打过一次电话。高考分数出来后她也还没有告诉母亲，似乎也没有这个打算。黄雪梅说，在这十年里，母亲都没有参与她的成长，她现在也习惯了生活里没有母亲的日子。我们不知道当初黄雪梅的父母为什么离婚，也不知道黄雪梅的母亲到底留给她一个怎样的回忆。但是当黄雪梅在以一种平静的语气谈论母亲时，眼睛里却流露出一丝明显的寂寞与忧伤。

谈到进入大学后的生活，黄雪梅说，她一定要努力学习，认真听课，学好专业课，再多读些书，充实自己。另外，她希望在学校里可以找到勤工俭学的工作，在不耽误学业的前提下，做份兼职挣些生活费，减轻哥哥和父亲的负担。毕业后希望能回镇上的初中做一名普通的化学老师，帮父亲还清债务。这就是她的全部愿望。这就是黄雪梅，看上去瘦弱，却又十分坚强，一个活在当下的女孩。

（四）心怀希望的蒙古族青年斯日古楞

吃过早饭，我早早地来到了阿敦高勒嘎查，因为有一个想采访的人没有在，今天来到嘎查之后我就拿着嘎查长给我的名单，通过村里面的老乡打听，才来到张别力格太的家。他家没有门只有土围墙，里面有一间砖房，院子里卧着3头黄牛，还有2只山羊吃着草，砖房的门是开着的，房间大概有20平方米，墙上布满了蜘蛛网。我走进去看见一个身高175厘米左右的中年男子，头发很长，胡子看起来好久没有刮了，还有一个身高只有120厘米的中年妇人，她看见我好像有点害怕的样子，赶紧走到那个中年男子的身后。房子里面没有什么贵重的家具，只有一个14寸的黑白老式电视，一架崭新的电子琴，一个电饭煲和电磁炉，三只小凳子，一个布满灰尘的电灯泡，一张废弃的台球案子好像是当作床来使用的，再没有其他的家具了。此时那个中年男子向我走来，他没有先说话，是我告诉他我的来意之后，他给我了一张凳子，让我坐了下来，然后告诉我张别力格太是他的哥哥，现在在巴彦浩特工作，已经在那里定居了，不经常回来，家里没有其他人住在这里了，只有他在家。于是他就成了我这次采访的主人公——斯日古楞。

斯日古楞，蒙古族，男，34岁，未婚，没有固定职业，一直靠打工维持生计。1994年搬到这里来，以前住在阿右旗笋布尔苏木阿木乌嘎查，原来家里有4间土木结构的房子，大概有100平方米左右，还有两个帐篷，有20000亩草场，还喂养了200只羊，35头骆驼，过着定居放牧的日子。在牧区住的地方离学校和医院都很远，大概需要走20公里的路，骑马的话需要半天的时间才能到，交通很不方便。父亲在他8岁的时候因为骑马放牧不慎摔下马而死，老母亲78岁。母亲一直在原来的阿拉腾敖包苏木居住，斯日古楞有时间也经常去看她，他的哥哥姐姐都在巴彦浩特工作。

斯日古楞以前一直是和哥哥姐姐一起的，1994年7月从牧区搬迁到了阿敦高勒嘎查，当时他才17岁，他的哥哥姐姐因为一直在巴彦浩特工作，很少回嘎查里，他自己也一直在外面打工，基本上不在嘎查里，村里面对他的家庭和个人情况都不太了解。他性格比较内向，也不太爱说话，很少和旁边的邻居来往，所以我们找他费了好大的劲。

刚刚搬到这里来的时候，他一共分到了36亩土地，从一开始土地就全部承包给别人，因为从小在牧区生活，根本不会种地。全年在外面打工，也没有固定的工作职业。他告诉我，现在住在这里还没牧区住得安心，因为来到这里之后，没有任何技能，又不太会讲普通话，打工和创业都非常困难，再加上在这里的消费要比牧区要高得多，现在的情况是不工作就没有饭吃，压力变得很大。

在牧区，9岁是上小学的年龄，小学是要到苏木上去读的。斯日古楞的学习成绩在班里面比较优秀，转眼间小学就要毕业了，他希望继续读下去，但是因为家里面的经济条件无法满足他继续上学的愿望，父亲去世的比较早，家里缺少劳动力，当时他才14岁。他告诉我，牧区有很多和他的经历的孩子。过了一年，他因为没有到打工的年龄，通过亲戚介绍，之后几年的时间里一直在左旗牧区给其他牧民当羊倌，当时每月的工资只有150元，包吃包住。每天早晨在家吃过早餐就带着羊出去了，到很晚才回来，有时候如果草场的草不太好的话，要到很远的地方去放羊，自己带着些吃的或者在别的牧民家里吃顿饭，要过好几天才能回来一次。但是这样的日子没有压力，也没有其他任何开销，每年挣的钱都可以有结余，经常给家里买米和生活用品，过得比较开心。他从小就特别喜欢骑马和骑骆驼，骑术很高超，曾经在当地苏木举行的赛马比赛中得过奖。1999年一次偶然的机会，他和小时候的玩伴一起去广州珠海的马戏团进行骑马表演，当时他非常高兴，因为自己从小到大从来没有离开过阿拉善盟，这次终于有机会到大城市去看看，去闯闯了。那天晚上因为高兴他和朋友喝了很多酒，带着他们去的是本地一个老板，那时的工资是每个月400元，包吃住，这样的待遇在当时已经算是很不错了。但是在珠海只待了两年就回来了，第一因为当地消费比较高，每年没有任何结余；第二因为第一次离开家乡这么长时间，在外面有没有任何亲人，经常想家，想母亲，就回来了。回来之后他也没闲着，从2001年开始到2009年，他在阿左旗一直给其他牧民放骆驼，工资每个月600元，包吃包住，但是工资在九年之内没有涨过，因为工资待遇的问题，他没有继续干下去，直到现在还有几千元的工资没有和他结清。后来自己又找到了另一份工作，因为斯日古楞放羊经验很丰富，并且对草原的各种情况比较了解，找一份工作还是很容易的。2009～2010年期间给另外一个牧民放羊，每个月工资800元，包吃住。后来又因为一些原因不想干了。2010 年干的工作比较杂，给别人当司机拉过盐、打工短工和帮别人洗石头，洗石头每天可以有 50 元的收入，但是比较累。这两年没有挣到什么钱，基本上都花费在车费上了。2011 年 5 月才回到嘎查上，现在没事帮村里的其他村民浇水、除草等干一些农活，工资按亩数结算，例如：浇水每亩 5 元，除草每亩 50 元。到现在一共挣了两千多元，但是现在又没有农活可以干了，就呆家修补自己原来漏雨的房子。房子是搬到阿敦高勒的时候建的，2 间大概 85 平方米的砖木结构房子。他哥哥离开阿敦高勒去巴彦浩特就留下给了他，因为长时间没有人住，加上年限比较久了，每次下雨都会漏。他现在住的房子是租的自己亲戚家的，每个月只有 60 元的房租，但是对他来说也是一笔不小的开支。

当我走进他租的房子时，屋子里还有一个女人，当时我不知道这个人是谁，后来斯日古楞告诉我那是他的女朋友。她叫花儿，蒙古族，30 岁，家住在银根苏木。她从小一直生活在牧区，花儿家里面有 12 个兄弟姐妹，2 个姐姐，3 个妹妹，6 个哥哥，他们现在还全部都生活在牧区，都已经成家了。他们两个人相识是因为 2009 年 7 月，斯日古楞给她家放羊认识的，花儿来这里才一个多月，这是她人生第一次离开牧区，离开自己的家。花儿平时一直在家里面待着，基本不出去，她不会说汉语，也听不太懂。他们两个人的花费全部依靠斯日古楞打工的收入。当我问起他们什么时候结婚时，斯日古楞告诉我，他们很想早点结婚，首先因为没有钱所以耽误了下来。以前打工没有任何积蓄，不过最主要的还是他的母亲和哥哥姐姐不同意她们在一起，因为花儿患有糖尿病和侏儒症，说到此事斯日古楞的表情看起来很沉重。更不幸的是就在 2010 年冬天斯日古楞在给别人洗石头时经常晕倒，后来去医院检查出来了心脏病和胃病，在我和他谈到这里时，他告诉我他有些胸闷。他从自己的床上拿出些药准备吃，我赶紧把手中还没有开口的矿泉水递给了他，顿时我心中很难受，感觉到自己以前遇到的困难与他们相比太微不足道了。他说就在昨天修整房子挖土的时候晕倒了两次，我问是怎么醒过来的，他说他没有去医院，是花儿掐他的人中弄醒的，现在都已经习惯了。现在他出门必须带着药，我问他为什么不去医院看看呢，现在国家政策也好了，没钱也可以找亲人帮助。治病需要很多的钱，他说亲人也没有能力帮助解决。他每年吃药花掉四五千元，而他近两年来，每年打工收入才 8000 元左右，打工挣的钱除了吃饭基本上都花费到医药费上了，更谈不上什么储蓄了，但是他从来也没有过贷款，也没有任何外债，过着和牧民一样自给自足的日子。

斯日古楞有着蒙古族特有的性格与爱好，他喜欢喝酒和唱歌，从 18 岁开始喝酒，现在虽然有了胃病，但是基本上每天晚上还经常和自己身边蒙古族的朋友喝酒。他说哥哥姐姐也经常骂他，但他就是改不掉喝酒的习惯，现在哥哥基本上也不怎么管他了。在 2010 年，他去巴彦浩特的时候，在商场喜欢上了一架电子琴，他用自己整整一个月的工资买了下来，在家里没有事情的时候给花儿唱歌弹琴。

他告诉我现在最重要的事情就是赶紧把自家的房子修整好，再好好给自己的母亲和哥哥姐姐说说，不管他们同不同意，2011 年过年的时候打算和花儿结婚，过一种平凡的日子。他告诉我他近期最大的愿望是结完婚之后带着花儿出去打工，存一些钱，回来种自己的地，过安稳的日子，每天唱歌喝酒。说着说着，花儿也走到了我们面前，坐在了他的身边，好像听懂了我们的谈话，但是她看着我们什么都没有说。临走的时候我送给他们两块毛巾，作为送给他们的结婚礼物，真心地祝他们幸福，也希望斯日古楞的愿望能够早日实现。在经过他们同意之后给他们两人拍了一张合影作为最后留念，在离开之前，我又好好观察了这间房子，好好体量了这两个人，带着沉重而又激动的心情离开了这里。

斯日古楞的人生经历是嘎查中蒙古族中很普遍的一种社会现象，斯日古楞只不过是其中的一个典型而已。当然，造成这样的情况，斯日古楞本人也不是没有责任。他的教训在于将在一种社会关系的形成搬到另一种关系中，而没有试图努力地去改变，去适应这种关系。人不是环境的产物，但人又能够改变环境。环境与人的特定关系由此时此刻的实践具体地界定。当斯日古楞无法改变市场经济大环境，无法改变牧户作为商品生产者的地位时，适应环境，努力学会经营，学会精打细算就是他人到中年必须解决的课题。而斯日古楞依然故我，止步不前，没有努力尝试去改变些什么，终于不能适应已经变化了的社会环境。斯日古楞这样一个聪明、善良、淳朴、豪放的蒙古族男子，他的骨子里流着蒙古人豪迈、洒脱的血，但希望斯日古楞在以后的生活中能有所顿悟，希望他能真正找到属于他自己的生活，实现他人生的梦想。

十五、不畏逆境的乐观者

（一）78岁的独居老人白日珍

离开李春桂家的时候，我们向她咨询了有关白日珍老人的事，李春桂介绍说，这是隔壁家的奶奶，她78岁，一个人生活。一句一个人生活勾出了我强烈的好奇心，在我的追问下得知，老人也不是没有子女的孤寡老人，她有好几个儿子女儿，但是却仍然选择自己独居。到底是什么样的原因让她选择独居，带着这样的问题我开始了对老人的采访。

白日珍，女，1933年出生，78岁，生养六个儿子和三个女儿，于1994年搬迁到阿敦高勒嘎查。按照很多老年人的想法，养儿防老，老人有这么多子女，应该能够享受到安逸的晚年，而且老人的大儿子和大女儿都在本村居住，但是老人的实际情况却并非如此。在访谈的过程中我首先了解了老人各个孩子的近况。

老人的大儿子，现在在村里居住，只从事种地，家里有36亩地是跟着老人一同搬迁时分到的。老人的大儿媳妇因为常年生病，难以从事劳动，因此大儿子家里的主要劳力只有大儿子和孙子两人。

老人的二儿子已经去世了。说到他，老人伤心地告诉我们，二儿子是2010年在种地的路上，由于天气状况不好，突然下起了冰雹，他开车过快，出车祸去世的。他的儿子现在在外面工作，女儿还在上学。

至于三儿子，老人不愿意过多介绍他的情况，只说他也已经去世了。看老人实在伤心，我没有继续追问。

而老人的四儿子也已经去世多年，他们家至今还在牧区放牧，养了十几峰骆驼，二十多只山羊，家里人主要靠卖牲畜、挖苁蓉等挣钱，闲的时候就出去打些零工。

事实上老人是应该同子女们一起住的，五儿子和儿媳的户口也确实还在老人的户口簿上，但是儿子儿媳都去杭州打工了，儿子是电焊工，儿媳自己开了个小缝纫店，他们只是到过年才回来，待几天就又都回杭州。

老人还有个小儿子，他现在在吉兰泰旗，靠开翻斗车挣钱，他的家庭也在那边，家里人主要就做农活，农闲的时候去那边的工地上打零工挣钱。

老人还有三个女儿。大女儿现居于本村上，跟她老公一起种地，孩子已经出去工作或正在上学。同时大女儿在家里还要照顾八十多岁的老婆婆。老人的二女儿也还在牧区放牧，她嫁得比较远，回来一趟很不方便，跟老人的来往比较少。老人的小女儿目前在塔木素牧区居住，但是她家里并没有放牧，也是靠挖苁蓉和打工维持生计，家里有三个孩子都在上学。

老人告诉我们，这些孩子中，现在只有大女儿和小儿子对她照顾得比较多。平日里，大女儿通常是隔几天来看一次，要是赶上农忙时节，老人就自己去大女儿家坐坐，看看孩子们都怎么样。小儿子会每天打电话回来，问问情况。其他孩子偶尔打电话回家，过年时能在家陪老人住几天。那三个去世的儿子，老人已基本上和他们家人断了联系，听说的消息也都是大女儿告诉的。对于孩子们，老人从没埋怨过，在整个访谈过程中都在说孩子们忙，她自己生活也挺好。

都说养儿防老，大多数的老人都喜欢与自己的子孙居住在一起，感受儿孙满堂的幸福时光。老人一共有 9 个孩子，可是她依然选择了独居。老人说，对于这件事情，她没有任何抱怨，孩子们都有自己的生活，不能打扰，她如果生活上有什么需求的话，会打电话跟他们说。老人告诉我们，每个孩子家负担都比较重，像大女儿家还有八十多岁的婆婆，让儿女同时照顾着两方父母还有孩子，自己很不忍。而且，因她的牙齿基本上都掉了，吃饭做菜都要做的烂糊一些，她怕孩子们吃不惯。据老人说，老伴去世前曾经跟她说过，以后的日子还是一个人过吧，愿意吃的时候就做一口，不愿意吃就不做，自己找点儿事儿做就行了。

我们还是很担心老人自己居住时会出现意外，于是劝老人自己不爱住了，就去儿子女儿家里串串门，住段日子。这样的提议被老人断然拒绝了，老人说，“人活到老了就最难活了，老是得靠着别人，但是儿子是自己养的，媳妇是别人养的，人家看你不好了，就对你差了，女子家也是一样啊，你们还太小，不懂这些事情。”

对于高龄的独居老人，我最关心的便是她的生活。访谈中我了解到老人的收入来源主要是：搬迁过来时分到田地 36 亩，全部承包出去，每亩地租金为一年 100 元，也就是说老人每年有固定收入 3600 元；老人享受低保，每年 900 元；养老保险为每月 120 元。那么老人每年的收入为 5940 元。同时，老人说，如果钱不够花，他会向孩子们要，或卖掉家里养的羊，每卖一只羊能有近300元收入，够她生活一段时间。

老人的家里有个晾衣绳，上面挂着老人日常用的毛巾等物品，但是在绳子的最头上，有一堆特殊的东西。那是用夹子夹起来的，已经泛黄的两叠纸张，当问及那是什么时，老人边走边说，告诉我们，那是她近几年交电费、水费的发票。我从中拿出两张发票，一张上记载的是老人三个月缴纳的电费52元，一张记载的是水费，两个月7.87元。老人说家里基本不使用天然气和煤气罐，做饭做菜她都用电解决，所以电费可能相对较高。我注意到她家里有一台21寸的黑白电视机，能收到中央一、二和一个地方台共三个频道。即便是这样，老人也因为舍不得那么高的电费不敢开电视看，每次都是实在没有人说话，没有事情做了，才打开看看。老人说她每次去交钱都一定要把发票带回来，等孩子们回来了，让他们看看，怕多交了，上当！在她自己的生活上，我能够感受到老人的精打细算，怕多花一分钱，更怕自己的钱不够花。

老人最大的花销来自医药费。她看上去身体硬朗，但几年前做过左眼白内障手术，2010年又患头痛病。现在她每天吃中药，每次去镇上抓药都要花费三四百元，截至2011年8月，老人花在吃中药上的钱就有4000元。本来老人也有医疗保险，但是用医疗保险去医院抓药，大夫给开的都是藿香正气水这类药品，根本不对症，所以老人已经开始不用医疗保险了，她的医疗费纯属自理。

老人的老伴是2009年去世的，老伴身体好的时候，两人一起种地，每年都贷点儿款，但是由于种地的收成不好，两位老人无法及时还清贷款，2009—2010年老人包地的收入都用来还债了，但截至2010年底仍然有8000元没还上，直到五儿子寄回来钱才把家里的债务还清。

通过询问，我知道了老人的作息时间。老人每天早上五点起床，起床后就自己做饭、喂羊、喂狗，吃过早饭，老人就在自己家、邻居家、地里到处走，找人聊天，有时候再去大女儿家里转转，打发时间，本着饿了才吃的原则，中午饭和晚饭经常合在一起，晚上过九点，开始睡觉。

访谈时我还看到老人家里有只小京巴狗，跟老人形影不离的，她说那是孙女送给她做伴儿的。老人的院子里还有一辆电动三轮车，这让我很诧异，这车是谁骑的呢？询问下得知，老人常年吃的中药也从来没有让子女去买，都是老人自己骑着电动三轮车去镇上买的。这辆三轮车是小儿子给老人买的，已经有四年的历史了。老人一个礼拜去镇里一次，在镇里买些青菜，药不够时再买些药。虽然从家里去镇上只有二十多分钟的车程，但是对一位七十多岁的老人骑电动三轮车，我还是觉得很担心，但老人却反复强调，她的身体还不错，自己开车没问题。

我们进行访谈的时候，老人的外孙恰巧从学校回来，来老人家里陪她住两天。我们的访谈很大一部分内容由老人的这位外孙进行翻译的，因为老人耳朵不好，而且她说的都是当地的方言。他是老人小女儿的二儿子，现在在读高中，他还有个姐姐念大学，一个妹妹在读小学。

访谈中，我问他："姥姥自己生活，家里人不担心吗？"他回答说："我们也挺担心的，爸爸妈妈想让姥姥和我们一起住，但是她不愿意过去，觉得跟别人住在一起不习惯，没办法了我爸爸妈妈只能每年给姥姥点儿钱。我所知道的，爸妈最多的一年给了3000元，其他舅舅阿姨也差不多。我妈说过，每家给的这些钱加起来应该能够姥姥一年的生活费和药费。"

我还问他："你知不知道老人的身体状况到底是怎么样？家里其他人知不知道？"他回答说："我也不是很了解姥姥的身体状况，我基本上一年就过来待上五六次，放假的时候就过来待两三天，陪她住着。我感觉姥姥的身体状况应该是好的，她以前做过白内障手术，具体是哪年做的我也记不清了，那个时候我都在上学。其实你别看我姥姥的岁数大，可是她一点儿都不糊涂，每次我来看她，她问我们家的情况，跟我唠叨，让我好好学习，让我劝我姐赶紧找对象，别让我爸妈操心等。其实我们都很心疼姥姥，她一辈子特别不容易。我听我阿姨们和妈妈讲，姥姥年轻的时候天天和姥爷一起骑着骆驼在沙漠里挖苁蓉，说是那个年代的苁蓉不值钱，都是按斤卖的，一斤能卖两毛钱，不像现在一根好苁蓉能卖到好几千元甚至上万呢，我爸爸妈妈不打工的时候也常挖点儿苁蓉卖。就算这样，我姥姥和姥爷也能硬生生地攒出了好几万元呢！我妈说我的舅舅们结婚，每个都得花1万多元，我有六个舅呢！那么困难的情况下，他们还得攒钱给孩子结婚，我觉得我们现在怎么孝顺她都不为过。"

与老人外孙的对话中，我能够感受到这个孩子对老人的孝顺与心疼，不然一个正是青少年叛逆期的男孩子，怎么会乐意天天陪在老人的身边。可能是他给他妈妈通风报信了，在我们进行访谈的过程中，老人的小女儿打了电话过来，听老人的答语，应该是小女儿向老人询问最近的生活状况，是否还短缺什么，她大概什么时候能来李井滩一次。

与老人的访谈一共进行了一小时二十分钟，老人一共抽了5根烟，我问她一天能抽多少根，她说一天得抽一包烟，而且抽的都是最便宜的两元一包的籣州。我对老人抽烟这件事表示很担忧，本来抽的就很频繁，又抽的是较劣质的香烟，老人的身体如何能吃得消。

然而就是这样一个身有疾病、倔强、独立的老人，她自己生活在一个稍显破旧的院落，每天孤独地生活，舍不得吃、舍不得喝，甚至连用电都要小心翼翼，恨不得把手里仅存的钱掰成两半使。她想孩子了，就去瞅瞅；没有菜和药了，就自己骑着三轮车去镇上买。她的衣服是自己手洗的，没有洗衣机，我想即使老人家里有洗衣机，可能她也舍不得用。一个78岁的老人独自生活的确是一件让人非常心疼的事，但我们也要理解老人的子女不是不孝，而是老人自己不愿意和子女一起生活。作为父母的子女，我们要时刻铭记“子欲养而亲不待”这句话，当知孝敬父母不仅是口号，更需要行动，而且是时刻行动！

（二）身残志坚的骆功义

骆功义是村支书为我们介绍的访谈对象，他是村支书的妹夫，在整个村子里，骆家兄弟很多，之前采访的奶牛大户李春桂的丈夫骆青义便是骆功义的哥哥。推荐骆功义的理由源自他坚毅的性格，他是嘎查上唯一天生残疾人士，虽然大家相会在此也仅是1994年的事情，但是村民们还是为骆功义坚韧不拔、不服输的劲头所折服。带着这样的印象，我们开始了与骆功义的访谈。

初见骆功义，我们完全没有发现他的与众不同之处，跟嘎查上其他村民一样，稳重而淳朴，丝毫看不出他身上属于残疾人的印记。于是在访谈之初，我们并没有提及残疾这件事，只是询问了他的近况和家庭情况。

骆功义，1970年出生，家里共6个兄妹，3个儿子和3个女儿，他排行老四。据他描述，搬迁之前家里一直从事牧业，1983年实施大包干没有影响到他，那时候他才13岁，刚上初中，学习非常好，在离家90公里的地方住校读书。但是因为家里劳动力不足，他刚读完初中，就辍学回家帮忙放牧干活。

这样的生活一直持续到1994年8月，家里响应政府的号召，参加了生态移民，搬迁至阿敦高勒嘎查。他说，他们家移民属于退牧还草，政府每年都会发 8000 元左右的补贴。刚搬过来的时候，他虽然与父母同住，但是已经靠自己打工挣钱了。从他所描述的那段时间的生活来看，刚刚搬迁的牧民们生活很是艰辛。他们刚到阿敦高勒嘎查时，这个地方甚至连树都没有，风沙很大，一望无际的都是黄色的沙土，连牧区里随处可见的草都没有。而且，刚刚搬迁的牧民大都不会种地，种地的工具、方法他们都不懂，刚开始的四年，家里连续赔了四年，每年会赔四五千元，挣不上钱。同时，他还说，跟别的家庭一样，他家从 1994 年开始贷款，最多的时候贷七八千元，可是每年只能还上两三千元，这样总还不上款，银行不给贷了，就找嘎查领导给担保。就这样年年贷，贷点儿还点儿，一直到 2005 年，家里才把债务还清。起初，我认为七八千元还是比较少的，可是他们家贷款的时间是 1994 年，那么这笔钱要核算到我们现在，其价值可想而知了。

骆功义于 1996 年走进了婚姻的殿堂，并和父母分家开始了自己当家养家糊口的生活。从他的叙述中我了解到，成家后的生活非常艰苦。结婚的婚房是父母花了 3 万多元给盖的，加上妻子带来的嫁妆，家里勉强买了些家电，开始了柴米油盐的生活。建立一个家庭容易，可是日子要想过好就很难了。他分家后，一共得到了 35 亩地，但是因为他从搬家过来就用了大部分时间去外面打工，所以种地一事，他并不擅长，在妻子的鼓励与帮助下，他又一次开始了“求学之路”，不过这次是跟别人虚心学习种田。学会了种田技术后，他并没有自己在家务农，还是把大部分的时间用于外出打工，农忙时回家帮忙。我详细地询问了他打工的情况，原来他打工并不是去市里或者更远的地方，而是回到牧区挖苁蓉。他说，那个时候将挖来的苁蓉晒干，按照每公斤 3.5 元的市场价进行销售，他每年会出来挖近五个月到半年之间不等的时间，能挣上 8000 元左右。本来这样的收入在当时应该算是很可观了，但是因为妻子种地不挣钱，还会赔上种子、肥料钱，而且随着时间的推移，孩子也出生了，家里的日子还是过得很拮据。

时间过得飞快，孩子在一天天长大，物价又上涨，家里的开销每年都在增加，生活过得更加艰难。但是夫妻俩逐渐摸索出种田的技巧与售粮的门路，在他们的共同努力下，家里的状况有了很大好转。而骆功义依旧在农闲时回到牧区挖苁蓉，有的时候还能挖到大苁蓉，卖的价钱非常可观。自己外出打工，家里种地、照顾老人、孩子等基本上由妻子承担，只有农忙的时候他才回家帮忙。骆功义告诉我们，2008 年，他又发现了一个新的挣钱门路。他开始去镇上学开车，每个月出去跑几次车，便不再外出打工。骆功义平均每个月跑车 1 ~2 次，近的地方跑银川，远了去甘肃民勤，跑车的工钱也是从 400 ~1000 元不等，这样的收入也在一定程度上缓解了家里的生活压力。为了方便跑车，骆功义家 2010 年花了 5 万元买了农用车，这样就能确保每次跑车的收入都是自己的，不需要给车主分成了，收入在不断上涨。

访谈到这里已经进行了近一个小时，与我之前访谈的人物相比，我根本没有感受到骆功义的家庭情况较其他家庭有什么太大差别。这时我才想起了骆功义的手。村支书跟我们介绍说，骆功义的手是天生残疾，但是这并没有影响到他的生活，他凭借着自己的努力和拼搏，过着正常人的生活，甚至比其他人更好的生活。骆功义说，他是左手残疾，但对生活没有特别大的影响，只是干活的时候会使不上力，有些不方便。

他介绍说，就像一般身有残疾的小孩一样，他小时候也经常被其他小朋友欺负，他们一起起哄说他是残废，给他起些很难听的绰号等。但是，这对于他自己的成长没有太大的坏影响。骆功义说，可能自己太过“心大”，从没有特别在意过这件事，有人欺负他了，打一架，闹一闹也就好了，没什么大不了的。他笑着说虽然自己不在意这些事，但是周围的人倒是很在意。他的小学老师是个非常善良的人，怕他因被小朋友欺负，觉得自己是残缺而自卑、自闭，因此上课时总是提问他，下课也特别关照他。由于学习努力，他一直就是班里名列前茅的学生。学习好让骆功义遗忘了自己身上的缺憾，往往用到了或者碰到了才会想起来。长大后也是如此，周围的朋友都很熟悉而且已经渐渐懂事，不再拿他的手开玩笑，而他自己也经常忽略这只有毛病的手，以为这一切都很正常，直到开始不间断地干活，开始学车的时候，才觉得很不方便，有点使不上力。他说有时候着急干活，偏偏左手使不上力，让人很着急。

即使是这样，也没有磨灭他乐观开朗、积极进取的性格。也正因为具有这样好的性格让他从小就有特别好的人缘，朋友、同学都爱围着他转。有个特殊的人，也是被他上进、努力的性格所折服，一路陪伴他走到现在。那人就是他的妻子，我们采访的时候并没有见到他妻子，所以我们请骆功义为我们描述了一番。一听我们要他谈自己的感情，骆功义特别腼腆。他说妻子以前是他的小学同学，两人也算是青梅竹马，在牧区的时候见面比较少，但是搬来阿敦高勒嘎查后，他们经常见面，还常常一起干活，感情不断深化。他们是自由恋爱，恋爱两年，在他们结婚的那个年代也算是件很时髦的事情。骆功义介绍说，他妻子是特别能干的一个人，小的时候一起上学，这个女孩就特别要强，什么事都要做好，后来接触多了又觉得，这是一个善良朴实的人，踏踏实实地做好自己该做的事情，为家里的每一个人着想，悉心照顾父母，真的是一个好妻子。说到这里，我看见了骆功义脸上幸福的微笑，同时也因为这些赞扬妻子的话而羞红了脸。

访谈进行到这里时，村支书进来了，他听到我们的话题后，为骆功义补充说："他这个人就是太老实，你让他说这些话他还害羞呢。其实说他媳妇多么好，他又何尝不是，他媳妇比他小一岁，当初跟他是同学，后来又总在一起干活，认定了他这个人坚强、勤劳的性格，从来不甘落后，别人家过得好了，他也不能差。他家两口子可一直都是嘎查上的模范夫妻呢！"

是啊，我想骆功义的妻子正是看中了骆功义身残志坚的这种性格，从小到大，从一个刻苦学习的小娃到如今家里的顶梁柱，从结婚到成功，从家里的一贫如洗到此刻的家境殷实，都是骆功义一路奋斗来的，都是夫妻俩相互扶持创造出来的。真心祝福他们的生活越过越好！

（三）贫困而乐观的老人李金虎

跟随着调研小组，我们深入了很多农村进行了调查。在这些调查中，我们可以深刻地感受到，对于一个农民而言土地和劳动力是他们最重要的财产，而相比之下劳动力又比土地更为重要。作为一名农民，只要他家里有劳动力就能通过不懈的劳作积累财富，扩大土地面积，过上越来越富裕的日子。我们走访了很多传统的农户，一般来讲家里条件比较好的，都是劳动力比较充足的农户。在农业生产上、只要你肯吃苦、多付出，就会得到相应的回报。我们也发现，一个农民在年轻的时候可以通过多劳动、多吃苦，过上还算不错的日子，但当他渐渐老去，越来越不能承担起沉重的农活时，他家里的收入也会迅速下降。而年轻时长年累月的劳累，通常又会让他们的身体攒下疾病，在老年的时候折磨着他。在这个看病难、吃药贵的时代，一个农民年轻的时候攒下的一点积蓄很可能在年老的时候被一两场大病花掉。这时如果膝下无子或是子女分出去单过，那么老年人的处境通常都不会太好。我们采访了很多已经干不动农活的老人，他们中有很多都是疾病缠身，收入很少，只能靠国家的补贴度日。

李金虎，阿敦高勒嘎查一位已经六十多岁的老人，他出生于 1949 年 12 月 15 日，原来住在阿右旗塔木素苏木西风嘎查。和阿敦高勒嘎查的大部分村民一样，他原来是牧民，也是在 1994 年阿拉善盟进行大规模移民搬迁的时候搬过来的。这里的交通方便，医疗教育也比原来住的地方要方便很多。但放牧半辈子的老人很难适应农垦区的生活方式，从搬来这里他的身体就一直有病，直到现在老人都过着非常贫困的生活。

我们来到李金虎老人家的时候是上午。按照农村人的习惯，每一家都会有一个院子。因为当时搬迁到这里来，政府给每个农户都发了 500 平方米的宅基地，农户一般都会盖一个 60～80 平方米的住宅，并习惯于把其余的部分用围墙围起来，作为自家的一个院子。但李金虎老人家没有，就只是在自己的宅基地上立着几间年久失修的房子。一般在农村，如果一户人家比较富裕，他们就会把自家院子的围墙修得高一些，一来显得气派，二来也能防盗。如果这一家人比较贫穷，那么通常他家院子的围墙会比较矮也比较破旧，就只能起到“圈地”的作用，表明院子圈起来的地方是归属于户主的。在农村，如果来到一家的围墙外一伸头就能看到院子里的情况，或是这家根本就没有围墙，就仿佛很大方地放着自家的院子让大家随意通过，就表明这家的生活比较拮据，一来没有多余的钱修围墙，二来也没必要“防盗”。这里值得一提的是，阿敦高勒是一个治安非常好的村庄，我们在采访中发现许多家庭不管家里有没有人都敞着门，防盗其实对于这个村庄来说只不过是村民脑海中一种潜意识里的东西。

李金虎家的院子都属于这种大敞着的样式，没有围墙，更没有院门。我们来到老人家的时候，看到他正拿着一个铁锹很费力地在自家杂货屋门上铲泥。看到我们来，老人赶忙放下手中的活，请我们进屋坐下。来这里之前村主任就已经告诉我们，这是一个贫困户。可我们进了老人的家，这位老人生活的窘迫程度还是令我们很吃惊。他家里除了一个样子很古老的小彩电之外，基本上就没有任何家具了。屋里很暗，我们就坐在门边开始了谈话。

由于采访的前两天下大雨，老人的院子里泥很多，他家杂货屋的门都被泥糊上了，我们来的时候，他就是正在清理杂货屋门上的泥。他现在住的房子也是年久失修，如果下大雨屋外面是大雨倾盆，屋里面也是水流如注，夏天不防晒、冬天不保暖，住起来确实不舒服，但是李金虎老人在这里一住就是十几年。

李金虎老人说，他原来在塔木素生活的时候，家里有1万多亩草场，主要以放羊和放骆驼为生，最多时有80只羊、100峰骆驼，生活过得还算可以。说起年轻时的奋斗经历，老年人原本沧桑的脸上一下子涌现出活力。他说那时虽然过得也比较穷，连儿子上学的学费都是向大队或是向亲戚朋友借的。但当时是集体经济，大家都比较穷，所以老人也没觉得生活有多艰难。1992年之前，在集体经济的条件下，大家还是按工分领钱，每年的6月和12月，生产队里会根据每人当期的工分发钱。一般情况下，每半年能领到300元，如果碰到风调雨顺，生产比较充足，则最多能发到600元。说到这里老人不禁笑了起来。当时，物价很低物资也不充足，平日里需要花钱的地方很少，即使需要买东西也花不了多少，一般来讲半年有300元也就够花了。老人并没有觉得当时发的钱少，反而觉得当时的生活让他挺满足。说起自己当时工作的生产队，老人更是高兴。他们的生产队叫“先锋队”，在当地还算是效益比较好的生产队，大家工作的积极性都比较高，收成也往往比别的生产队多。他说，他们生产队当时每天还能给队里的人分到1.45元的补贴，大家都觉得非常高兴也很幸福。

我们注意到，说这些经历时老人一直都很兴奋。当时虽然大家挣的钱不多，日子也不宽裕，甚至要经常向别人借钱，但是当时老人还是年轻气盛，觉得生活总是很有希望，生活中没有什么战胜不了的困难。而且老人当时虽然穷，可是大家都很穷，也没有觉得人与人之间有什么差距，倒也过得很幸福。可是这种幸福感是虚假的，大家一起穷并不是真正的幸福生活，真正的幸福生活是大家通过自己的努力都能过上富裕的生活。1992年之后，为了能更多地调动人们的劳动积极性，国家实行了包产到户的政策，把草场分配给牧民，使用权和收益权归牧民所有，牧民自主经营、自负盈亏。于是为了能让自己过上更好的日子，牧民的生产积极性一下被调动了起来。

李金虎老人说，1992年以后，生活条件确实有了一定的改善，他当时靠自己放牧为生，闲的时候出去打工，一年大概能收入800~900元。但是放牧基本上还是一种靠天吃饭的生产方式。在当时的条件下，生态环境比较好，降水也比较充足，草场被牲畜啃过以后，完全靠大自然的修复就足以满足来年继续放牧的需要。牧民也从来不需要对草场进行一些保养，不用给草场浇水，完全依靠自然降水。可在他们那个生态比较脆弱的地区，人们很快发现大批的、过度的放牧，让草原开始退化。如果继续按这种方式进行生产，草场将很快退化变成沙漠。

1994年，为了保护不断退化的草场，保护生态环境不会继续恶化，也是为了能让生活在生态脆弱地区的人民能过上更好的日子，阿拉善盟决定对这些地区的牧民进行搬迁。李金虎便是这第一批搬迁户中的一员。

当时李金虎的家里共有4口人，他、妻子，还有两个儿子。他们一家四口于1994年8月搬迁到阿敦高勒嘎查。他们卖掉了原有的牲畜，来到阿敦高勒向政府交纳4000元，购买了40亩地。但这40亩地的肥力不同，并不是都可以用于耕种，有些地方很贫瘠，基本上属于戈壁，没有办法使用，只能荒着。实际用的地只有32亩，也都是不太肥沃的土地。在这样的土地上耕种，老人确实没有得到什么收益。

就老人自己说，其实在搬迁过来之前的牧场还是可以继续使用的，如果继续经营牧场应该也还能维持。但是原来住的地方实在是太过偏远，交通很不方便，对于老人来讲，即使是在收入一样的情况下，他也还是愿意待在阿敦高勒。毕竟这里离城市比较近，也相对繁华一点。

和本村所有人面临的问题一样，刚来到这里的时候，风沙非常大，种在地里的庄稼一长出来就被风沙给打死了。第一年李金虎家基本是颗粒无收，忙了一年最后反而亏了血本。第二年没有资金，前一年向信用社借的小额短期贷款就还不上。信用社对每个村民都有信用记录，如果没能及时还清贷款，以后再想借钱就很困难了。这对于需要经常向信用社贷款的农民来讲，是件很重要的事情。所以他就只能再向朋友借钱，把向朋友借的钱还给信用社，然后再向信用社贷款。

作为一个农民，他种地的成本是非常高的。种地需要播种、施肥，这都需要花很多钱。而且在阿拉善这种非常干旱的地区，浇水也很困难。当地政府为了安置移民，修建了引黄河水灌溉的工程。但经常断流的黄河，其水量其实也并不充足，不能无节制地使用，政府对农民的用水有比较严格的限制。使用黄河水灌溉田地，政府不但限量，还要收取每立方米0.16元的费用，这对于非常需要用水的农民来说，也是一笔不小的费用。再加上使用抽水机等农用机械的柴油费等，农民的收入中有一大部分都要花在种地的成本上。所以一般来讲，他们每年都需要在播种前向信用社贷款，用于购买种子化肥等。

收获后再把收入中的大部分用于还贷。如果这一年不能顺利得到贷款，就会影响全年的耕作。农民都非常重视信用社对自己的信用评价，否则自己的农业生产就不能顺利进行。

1994—1997 年，李金虎的农业生产一直都处于亏本的状态。到了 1998 年，由于防护林已经能够发挥一些作用，当地的风沙开始变小，环境有了好转，当年的收益也有了一定的增加，到年终的时候，大概结余了 400 元。但这之前李金虎已经欠下了许多债，这些债务成了他生活的一大负担。

慢慢地环境变得越来越好，种植技术也越来越熟练，再加上政府的技术指导，种地的收成逐渐增多。2000 年左右，李金虎一年的收入大概能有 2000～3000 元的结余了。到 2002 年，他终于还清了 1994 年欠下的债务。然而他家的生活仍然非常拮据。2005 年时，大儿子要结婚，老人又向人借款 4000 元供儿子成家。2007 年，小儿子也要结婚了，家里还是没钱，老人又借了 20000 元供小儿子结婚。这些钱，到现在老人都还没有还清。

现在李金虎老人已经干不动农活了，他们老两口都有病在身，无法从事较重的体力活，家庭收入很低。可是看病的花费又非常大，老人说有很多病他都是硬抗过来的。他们老两口现在都要常年吃药，每年的医药费就要 4000 余元。沉重的债务和每年庞大的药费支出，让老人的生活每况愈下。

即便这样，老人对生活还是保持着一种乐观的态度。最让他自豪的是，他现在已经把两个孩子都培养成人，他们都已经娶妻生子，生活也有了着落。大儿子在村里自己买了房子买了地，和媳妇单过；二儿子结婚后和妻子去了城里打工，现在在城里也有了住处。两个儿子都已经成家，能够独立生活，也不用再向家里要钱。看着后代的生活都欣欣向荣，李金虎老人觉得很高兴。

2010 年，李金虎的二儿子在城里站稳脚跟后想把两位老人接到城里去住。可是李金虎老人不喜欢城里面的生活，一定坚持留在村子里。经过家人的协商，李金虎的老伴跟二儿子去了城里，李金虎老人自己住在村中的破房子里。

我们正在谈话的时候，一个小伙子开着拖拉机停在了老人的院子里，拖拉机上拉了一车的木板。老人指着小伙说这就是他的大儿子，由于前两天下雨使房屋破损，现在漏雨很严重，大儿子是拉着木板来帮老人修房子的。现在老人种不了的地都交给了大儿子种，家里如果有什么事情，也基本都是大儿子来帮忙。大儿子家里也并不富裕，但是大儿子很能干，也很懂得孝敬老人。相比之下，小儿子就很少有机会来见老人。

当我们问道老人更喜欢哪个儿子的时候，老人笑着说，两个一样喜欢。虽然跟二儿子很少见面，但二儿子也一样很懂事，在老人的心目中，两个儿子都是自己的骄傲，在心中没有办法分出高低，只要他们过得好，就是老人心中最大的幸福。

2010年，李井滩开始实行养老保险政策，只要不是在校的学生，每位村民都可以办理养老保险。像李金虎这样的老人，已经到了可以领取养老金的年龄。按照规定，每个人在领取养老保险之前必须先每年按标准交纳一定的费用。在政策实施时就已经达到领取养老金的规定岁数的人，必须补交之前每年需要交纳的费用。领取养老金的年龄是60岁，像李金虎这样的老人，需要补交过去15年的费用。李金虎老人听说有这样惠及老年人的政策，非常高兴，一下子就补交了过去15年的费用1500元。老人2011年刚把需要补交的钱交上去，该发的养老金还没有发，他也不知道能得到多少钱。关于养老金我们曾经问过李井滩示范区的领导，领导告诉我们养老金的数额是按年龄高低发放的，年龄越大发得越多，最多能达到每月1000余元。我们大致估算，以李金虎老人的情况，大概每个月能发600~800元。这对于李金虎老人来说还是不少的，能够缓解他生活的窘迫。

现在，老人虽然身体不好，生活水平也不高，但他的生活过得却并不苦涩，两个儿子都让他很欣慰。很快又能够领取养老金，老人觉得自己以后的生活肯定能过得安安稳稳。对老人而言，平平安安就是最大的幸福。

（四）与病魔斗争的乐天派李小燕

中国有句俗话叫作“有啥别有病，没啥别没钱”，健康对于每个人都是至关重要的。生病会让自己受到困扰也会导致亲友记挂担心。在这个吃药看病都很贵的年代，患者往往要负担一笔高额的医疗费用，许多家庭甚至都因此掏空了多年来的积蓄，原本幸福的生活也蒙上一层阴影。这是每个人都不愿意看到的，但天不遂人愿的情况时有发生。患者家庭如何支付医疗费，如何面临今后的生活，是这些家庭需要考虑的问题。以怎样的心态度过患病的艰难日子，则是患者所必须面对的。在阿敦高勒嘎查的走访中，我们结识了这样一位身患重病，却坚强、乐观的人——李小燕。

李小燕，1981年7月24日生，30岁，患有强直性脊柱炎，常年抱病在家。患病后她丧失劳动能力，走路有困难，时刻都需要有人照顾，不论是站着、坐着还是躺着，时间长就会感觉腰部疼痛，家务活更是不能胜任。这种病给她带来几乎毁灭性的影响。但是病魔虽然摧毁了她的身体，却没有摧毁她的意志。在与病魔对抗的过程中，她时刻保持着积极向上，乐观坚定的心态，她相信她可以战胜病魔过正常人的生活。正是这种精神支持她度过许多艰难的日子，逐渐康复。

村干部并没有向我们介绍李小燕，走进她家是一个偶然。我们希望能通过和村民的谈话，更多地了解这个村庄的实际情况，而进行随机采访时走进了她的家。她家大门是开着的，我们在院门口敲了敲门，并没有听到回应。我们走进院子，敲了敲里面的房门，仍然听不到回应。房门其实也是开着的，但我们不能再进去了，在院子里喊了两声，依然没有回应，我们便准备离开。就在我们即将走出院子的时候，屋里的门忽然打开了，我们听到一个微弱的声音从背后传来，“你好，有事吗?”回过头，我们看到一个年轻的妇女倚在门边，一手扶着门框一手扶着腰。她显得很虚弱，可能是刚睡醒的缘故看起来无精打采的样子。我们说明来意后，她很热情地邀请我们在她家做客。

我们对李小燕的第一印象就是身体不好，但为人热情。以她这样的身体，我们以为她会不愿意谈起病情，也可能抱怨命运的不公等。但采访开始，我们便发现李小燕不再无精打采，取而代之的是轻松自然。

李小燕说，由于身体不好，她没有办法出去干活，平时也不能做家务，因为她只要是站着腰就很疼，躺着的时候略好一些。她的病还需要多休息，所以她平时基本是躺在床上的，我们来时她确实在睡觉。

她是 2005 年 10 月第一次生病，生病前她的身体一直很好，在离镇政府很近的一个地方卖彩票，每月会有几百元的纯收入，生活比较轻松。那时她没有结婚，和男朋友感情很好。男朋友是能干的人，对她很好，所以她当时对未来的生活充满了憧憬。初次犯病时只是感觉胯关节疼痛，没有达到不能忍受的地步，并没有认真对待，认为忍几天就会好。但是她的男朋友很重视，带她去银川看病，医生怀疑是股骨头坏死，但没有确切的证据。医生安排她做核磁共振检查，也没有看出任何病症。这次就医花费 960 元，没有确诊任何病情。她也认为自己很年轻，偶尔出现疼痛症状，不用特别重视自然会好。

没想到的是时隔一月胯关节又开始疼痛，这次依然不是很严重，有了上次检查的经历，她干脆拒绝检查就认为没有疾病，避免不必要的支出。而这次犯病也是过一段时间就自己恢复了。2006 年，她和男朋友结婚了，两个人虽然生活还比较拮据，但是日子过得其乐融融。两口子开始筹划着未来的生活，身体的事情没放在心上，一直以为不是大的疾病。这后来的几次疼痛，李小燕也就掉以轻心了。就这样李小燕的病一拖再拖，一直没有进行正规的检查和治疗。

2008 年，李小燕和丈夫去老家过春节，当一家人还沉溺在节日的喜悦中时，李小燕忽然觉得胯部关节疼痛难忍。和往常的疼痛不同，这一次疼痛非常剧烈，已经无法继续忍受。她稍微走动，就会疼得更加厉害。这以后李小燕开始了拄拐走路的生活。事实上，即使使用双拐走路对她来讲也是非常困难，于是她大部分的时间就只能躺在床上。

由于生病时正值新年，当地下着大雪，交通不方便，李小燕没有及时就医。更重要的因素是 2 月很难从银行贷款，李小燕没有钱看病只能在家里养着。就这样她的病又拖了一个月。到 3 月、4 月的时候，她才从农村信用社贷款 1 万元，前往银川看病治疗。

他们前往解放军第五医院，基于她的病情严重，在排除股骨头坏死的可能后，骨科专家为她安排了全面的检查（X 光，CT，B 超）。虽然花销很大，但是终于找到了病因——强直性脊柱炎。强直性脊柱炎是一种慢性炎性疾病，主要侵犯骶髂关节、脊柱骨突、脊柱旁软组织及外周关节，并可伴发关节外表现。临床主要表现为腰、背、颈、臀、髋部疼痛以及关节肿痛，严重者可发生脊柱畸形和关节强直。李小燕只能住院治疗。她在银川解放军第五医院住院 12 天，共花费 6000 余元。这对她来说不是一个不小数目。

在李井滩，政府会为每位村民办理新农村合作医疗保险，这是一个非常重要的惠民工程，得到了当地农民的大力支持和拥护，也确实给农民带来许多看得见的实惠。李小燕也有一份这样的保险，根据新农村合作医疗保险，在这次去银川看病产生的医疗费用，政府报销了 2000 元。这样的医疗保险给李小燕的确带来了一些支持但医疗保险只能解决一部分，对于李小燕所患的重大疾病并不能从根本上提供帮助。而且医生经过检查认为，她的胯关节骨膜已经严重磨损，如果想要根治达到能下地走路、干活的效果，必须换掉她的股骨头，用人工合成的股骨头来替换她已经发生病变的部分。按照当时的医疗器械使用价格，如果换一个国产的股骨头，大约需要 4 万 ~5 万元，换一个进口的则需要 8 万 ~9 万元。进口产品的质量要好些，大概能使用 15 ~ 20

年，国产产品的质量略差，也能使用10余年，但是不管选择哪种产品她都不能终身使用，还需再做手术更换。

经过深思熟虑，李小燕还是决定不进行更换，一是她不想给家里增添负担，二是她认为不管怎样自己身上的零部件还是用自己“原装”的好，安上个人造的还是不方便，家人也认同了她的观点。

她家只有10亩地，因为种地的收入实在太少，她丈夫就把地都出租给别人耕种，去寻找其他挣钱途径。她丈夫头脑灵活，有一些从事运输业的朋友，近几年都因跑车而致富，于是她丈夫也从银行贷款，买了一辆四轮小卡车，准备跟着朋友的工程队从事运输生意。可是毕竟家里有个病人，李小燕没有办法生活自理，时刻需要有人照顾，他挂念家里时常回家，会耽误工程上运输的工作，做一年也没有多少收入。到了要还信用社贷款的时间，他没有办法，只得将车卖掉偿还贷款，运输的生意也就做不成了。

问起李小燕是否因为她的病情影响了他们夫妻的感情？李小燕很自信地告诉我们，这种现象完全没有。她的丈夫对她特别好，在刚结婚的时候，李小燕就时常腰疼，她的丈夫并没有因为她身体不好就离开她，反而十分关心她的病情，在给她治病上，丈夫从来不吝啬，一定要把李小燕的病治好。正是丈夫的关爱给了李小燕信心，也让她觉得自己非常幸福。

运输工作没有做成又无地可种，这对他们是一个不小的打击。但她丈夫很快就发现了阿拉善地区的一个新兴行业——奇石。

在阿拉善这样以沙漠和戈壁为主的地区，沙漠里面有大大小小的各种石头。这些石头在史前时期就已经形成，又经过阿拉善特有的环境打磨，风吹日晒逐渐形成了各种各样的形态。这些石头本来并没有引起人们的注意，到了最近一段时间，许多外来人来到此地把当地的石头拿到外面去卖了好价钱，才开始有人注意到这些石头的价值。

李小燕的丈夫就是从事奇石挖掘比较早的人之一。据李小燕说，她丈夫刚开始是在一个叫乌力吉的地方挖石头，当时主要是采挖叫作“沙漠漆”的石头，它的卖价较高。2010年时乌力吉禁止人们随意采挖石头，每天都允许很少量的人进去挖掘，而且要交挖掘费。她丈夫就只得返回家乡，他现在主要挖“大滩玛瑙”石，此石的价钱不高，家里收入大不如以前。

从2008年开始，李小燕就一直靠双拐走路，腰部和腿部疼痛难耐。她一直到处看病、吃药，可是药没少吃，钱也没少花，病情却一直没有好转，连医生都无可奈何。后来她每次看病都是开些止痛药、消炎药，只能缓解疼痛却不能根治。而且这部分药费无法通过医疗保险报销，因为医疗保险只能按比例报销比较大额的费用。

后期她有些有病乱投医，听在银川住院的同病房的人说当地有家叫作“秦阳风湿病医院”的私人医院，对这种病情有独特的方法，那位病人的儿子就是在那里治病并且快要治愈。怀着试试看的心情，她去了这家医院。医院为她配的是中药，她坚持喝了半年发现确实有作用，主要表现在脖子不像以前一样肿痛，腰腿疼的症状并没有减轻。但是这种中药价格昂贵，需要每月开一次药，一次 1200 元，半年就花费 7200 元，所以服药半年之后李小燕没有再坚持服用。

这次看病经历让李小燕觉得，对这种病情中医的疗效似乎更好。从此以后，她开始把求医方向集中在中医上。

2009 年检查确定她的股骨头已经坏死。在朋友的介绍下，她没有选择更换股骨头手术而是聘请一位“气功大师”治疗她的疾病。“气功大师”的收费是 50 元/天，李小燕一共接受 10 天治疗，却没有感觉到效果。但“气功大师”的一些话却起到了重要的作用。“气功大师”跟她说：“气功治疗需要长年累月，想短期见效不大可能。你如果想治病，不如自己练气功。”这位“气功大师”临走的时候教给她了一些简单的方法，让她长期坚持。说到这里，李小燕有些不好意思地承认，其实“大师”教她的“气功”就是打坐。她还给我们进行了演示，与电视节目中僧人的打坐方式一样。这个方法看似没有科学依据，可她按照这种方法打坐，每天 3 次。2 年后病情竟然真的开始好转。这让我们觉得难以置信。李小燕说，“大师”告诉她打坐时最主要的是人的思维，是用思维来治病。这种方法确实很难在科学上找到依据，可李小燕的坚持却让她的病情开始好转，她也一直坚持着这种治疗方法。

2010 年 9 月她再次接受医院的检查，检查结果表明她的股骨头已经基本愈合，鼓膜的磨损也奇迹般地得到修复，股骨头与胯关节的间隙已经恢复正常。这对她来说，无疑是一个好消息。

2011 年 6 月 1 日，村主任帮助她请来中医进行针灸治疗。这位中医名叫谢爱荣，是村主任的哥哥，他曾经治疗过邻村一位脖子上起淋巴癌的患者，虽然没有根治，但有效地控制了癌症的扩散，使其没有生命危险。而这位谢医生给李小燕的治疗也颇有成效。她在 20 天内服用 40 付中药，同时每天配合进行 30 分钟的按摩治疗，20 天之后开始使用针灸疗法。该针灸疗法是疗程进行的，每疗程十天，一共三个疗程，且每个疗程中间需暂停治疗 5 天。如遇阴雨天，也需停止治疗。李小燕就因为前几天的大雨耽误了治疗。针灸、按摩配合汤药，也带来较高的医药费。开始 20 天服药和按摩治疗花费近 2000 元，后期针灸治疗为 60 元/次。但中医治疗的效果十分明显，十几天后李小燕能够丢掉双拐行进了。李小燕为了激励自己没有把双拐放在家里，而是把双拐彻底地从家里扔了出去。所以我们在来到李小燕家的时候，并也没有看到她持双拐走路。

李小燕说，一直以来她看病的花费都由丈夫负责，自己已经记不清花了多少。但是在她面前，丈夫从来没有说过钱的事情，就好像这些钱从来都没有花过一样，他们夫妻俩的感情还是一如既往的好。

现在李小燕的病情已经有很大好转，丈夫可以逐渐多花心思和时间在事业上，夫妻俩的生活正向着越来越好的方向发展。李小燕告诉我们，国家在农村的扶持政策逐渐完善，2010 年她家危房改造就收到了政府发放的 1 万元，使她们能够从原来住的老房子搬到现在这个宽敞的大房子。她觉得只要自己有信心，生活就会越活越有滋味。我们衷心地祝愿李小燕能够早日康复，也祝他们夫妻的生活幸福美满！

附　　录

附录 1　阿敦高勒嘎查常住人口情况统计表

户主姓名	人口总数	年龄结构								蒙古族人数	学历结构					劳动力结构		
		16 岁以下		17 ~ 30 岁		31 ~ 55 岁		56 岁以上			文盲	小学	初高中	中专	大专及以上	总计	男	女
		男	女	男	女	男	女	男	女									
骆思昌	2							1	1			2				0		
何玉龙	4			1	1	1	1					2	2			2	2	
王登禄	4			2		1	1						3		1	3	2	
杨军元	4	1	1			1	1					1	3			2	1	1
李录庭	3		1			1	1						2			2	1	1
刘富国	3	1		1	1					2			2			2	1	1
李发福	4				2	1	1						2	1	1	2	1	1
王金和	2							1	1			2				1	1	1
王兵德	4		2		1	1						1	2			2	1	
陈生勇	4	1		1		1	1						4			2	1	1
刘万文	2							1	1			2				0		1
刘明国	2		1	1									1			1	1	
刘光荣	2	1				1				2		1	1			1	1	
乌龙巴依尔	3		1		1	1				2			2			2	1	
魏金民	4	1			1	1	1					3	1			2	1	1
代建军	3	1				1	1						3			2	1	1
叶万强	3	1				1	1					1	2			2	1	1
王多忠	3	1				1	1					1	2			2	1	1

续表

户主姓名	人口总数	年龄结构								蒙古族人数	学历结构					劳动力结构		
		16岁以下		17～30岁		31～55岁		56岁以上			文盲	小学	初高中	中专	大专及以上	总计	男	女
		男	女	男	女	男	女	男	女									
唐培贵	3	1				1	1					1	2			2	1	1
谢文清	3	1				1	1					1	2			2	1	1
刘怀福	4			1	1	1	1						4			3	2	1
杨根元	3			1		1	1						3			2	1	1
李开雄	2							1	1			2				0		1
王立从	4	1	1			1	1					1	3			2	1	
骆明义	3	1				1	1					1	2			2	1	1
刘兴成	5	2	1			1	1					2	3			2	1	1
李永军	3	1				1	1					1	2			2	1	1
李永新	3		1			1	1						3			2	1	1
谢忠仁	4		1		1	1	1					1	3			2	1	1
张全忠	2					1		1				2				1	1	1
张万军	3			1				1	1				3			1		
黄胜科	3	1				1	1					1	2			2	1	1
何玉福	4	1	1			1	1					1	3			2	1	1
高志军	3		1			1	1					2	1			2	1	1
杨建元	4			1	1	1	1					1	1	2		4	2	1
李金虎	3			1			1	1				2	1			1	1	2
田多荣	4		2			1	1						3			2	1	
任培欧	1							1				1				0		1
多贵学	3			1		1	1					2	1			2	1	
李发金	3	1				1	1					2	1			2	1	1
李兴德	3	1				1	1					1	2			2	1	1
李宏秀	3		1			1	1						2			2	1	1

续表

户主姓名	人口总数	年龄结构								蒙古族人数	学历结构					劳动力结构		
		16岁以下		17～30岁		31～55岁		56岁以上			文盲	小学	初高中	中专	大专及以上	总计	男	女
		男	女	男	女	男	女	男	女									
崔钢铜	4			2		1	1					2		2		4	3	1
敖其尔	5			1	2	1	1					4	1			5	2	1
刘光晓	3			1		1	1						2	1		3	2	3
杨胜元	4	2				1	1						4			2	1	1
俞发忠	3	1				1	1					1	2			2	1	1
张文忠	4			1	1	1	1						3		1	3	2	1
王强山	4	1	1			1	1					1	3			2	1	1
骆功义	2	1				1						1	1			1	1	1
唐培福	3	1				1	1					1	2			2	1	
白桂香	3		1	1			1					1	2	1		2	1	1
王保和	3		1			1	1					2	1			2	1	1
李文记	4		2			1	1					1	2			2	1	1
张青松	3		1		1	1						1	2			2	1	1
王国真	3	1				1	1					1	2			2	1	1
李万德	4		1		1	1	1						4			2	1	1
布勒格德	3		1			1	1			3		1	2			2	1	1
孟根巴根	7			3	1	2	1			7		5	2			7	5	1
段拄山	3		1			1	1					3				2	1	2
石多合	2							1	1			2				0		1
李玉光	4		1	1		1	1					2	2			3	2	
其其格	2				1		1			2		1	1			2		1
尚嘎	4			1	1	1	1			4		3	1			4	2	2

续表

户主姓名	人口总数	年龄结构								蒙古族人数	学历结构					劳动力结构		
		16岁以下		17～30岁		31～55岁		56岁以上			文盲	小学	初高中	中专	大专及以上	总计	男	女
		男	女	男	女	男	女	男	女									
叶建强	4	1	1			1	1					2	2			2	1	2
黄发财	3	1				1	1					2	1			2	1	1
黄永远	3		1	1		1						1	2			2	1	1
黄河元	4	1				1	1		1		1		3			2	1	1
刘全福	4	1			1	1	1					2	2			3	1	1
张光锁	4		2			1	1					2	2			2	1	2
梁有财	3	1				1	1					3				2	1	1
骆思界	2							1	1			2				0		1
魏平保	3				1	1	1					1	2			2	1	
聂振喜	4	1	1	1	1							2	1			2	1	1
魏治祥	2			1		1				1		1	1			2	2	1
彭家喜	3	1				1	1					2	1			2	1	
张兆科	2							1	1		2					0		1
骆青义	4	1			1	1	1					1	2	1		2	1	
高文军	4		2			1	1						3			2	1	1
陶永德	3	1				1	1					1	2			2	1	1
姜书文	4	2		1	1							1	2			2	1	1
张彪	2							1	1			2				0		1
彭举勇	2			1	1								2			2	1	
彭加祥	5	1		1	1			1	1			2				0		1
黄玉萍	3	1	1				1						1			1		
韩学华	4		1	1	1			1				2	2			2	1	1
徐创林	4	1	1			1	1						3			2	1	1
王祥记	3	1				1	1					1	2			2	1	1

续表

户主姓名	人口总数	年龄结构								蒙古族人数	学历结构					劳动力结构		
		16岁以下		17～30岁		31～55岁		56岁以上			文盲	小学	初高中	中专	大专及以上	总计	男	女
		男	女	男	女	男	女	男	女									
王生平	3		1			1	1						3			2	1	1
王多虎	3				1	1	1						3			2	1	1
杨兵	4			2		1	1						3		1	2	1	1
王多武	3		1			1	1						2			2	1	1
王多禄	3				1	1	1						3			2	1	1
王润红	3				1	1	1						3			2	1	1
王多志	3	1				1	1						2			2	1	1
李玉珍	1								1							0		1
孟扣吉尔格	2				1			1								0		
祁战奎	1							1		1		1				0		
李建忠	2			1		1							2			2	2	
潘桂花	3			1	1		1						3			2	1	
韩俊业	6	1	1			1	1	1	1				4			0		1
汤明武	3	1				1	1						2			0		
石桂珍	1								1			1						
总合计	329	44	38	34	31	78	73	17	14	24	3	106	184	8	4	188	102	

附录2 阿敦高勒嘎查经济调查问卷选

150份

村庄家庭户调查问卷

编号□□□

您好！

我们是中央民族大学的科研人员。我们到这里做“生态移民安置”的调查，目的是了解移民搬迁安置前后您家的生产、生活变化情况，目前面临的困难等。占用您的宝贵时间，大约需要40分钟，希望能得到您的配合。谢谢！

请在□打“√”。

被调查人姓名：白日珍　与户主的关系：户主　联系电话：13664837185

现住址：______县（旗）______乡/镇（苏木）______村（嘎查）______社（组）

移民前从业类型：（1）纯牧业户□√　（2）牧业兼手工业户□　（3）牧业兼小商品经营□　（4）牧业兼农业□　（5）非牧户□

移民后从业类型：（1）牧业户□　（2）农业户□√　（3）打工□　（4）半农（牧）半工商户□　（5）手工业制作□　（6）小商品经营等副业□

调查时间：2011年7月15日8时30分开始，____时____分结束

调查员：______　复查员：______

一、个人和家庭的基本情况

A1 您的性别：1、男□　2、女□√

A2 您的年龄：

1、18-30□　2、31-40□　3、41-50□　4、51-60□　5、61以上□√

A3 您的民族：

1、藏族□　2、蒙族□　3、汉族□√　4、回族□　5、其他□

A4 您的文化程度：

1、文盲□√　2、小学□　3、初中□　4、高中或中专□　5、大专以上□

A5 您的汉语水平：1、听说很流利□√　2、能听懂能讲一些□　3、能听懂些但不会说□　4、听不懂也不会说□

A6 您的婚姻状况：1、已婚□√　2、未婚□　3、丧偶□　4.离异□

A7 您有几个孩子？（7）个，其中男孩（4）个，女孩（3）个。

A8 您家共有几个劳动力？

1、1人□　2、2人□　3、3人□　4、4人□　5、5人及以上□

其中，男劳动力：1、1人□√　2、2人□　3、3人□　4、4人及以上□

女劳动力：1、1人□√　2、2人□　3、3人□　4、4人及以上□

A9 您最远到过哪里？______

1、外乡□√　2、外县□　3、本省（自治区）内其他地□　4、外省□　5、外国□

A10 您到最远的地方，当时主要干什么？

1、送孩子读书□　2、做生意□　3、打工□　4、走亲戚□　5旅游□　6、其他□√

二、搬迁前，您家的生产和生活情况

B1 搬迁前，您家住址：______市县/旗______乡/镇/苏木______村/嘎查______组

B2 搬迁前，您家户口状况：1、牧(农)业□√　2、非牧(农)业□

B3 搬迁前，您家原来住什么结构的房子？有几间？多少平米？

土坯结构 4 间 50 平米；帐篷 1 个；青贮窖 0 个。

B4 搬迁前，您家原来草场______亩，其中网围栏______亩；

1

土地________亩；其中耕地________亩，林地________亩。

B5 搬迁前，您家的牲畜：马______（匹）；牛______（头）；骆驼 12（头）；

羊 17（只），其中绵羊______（只），山羊______（只），小尾寒羊______（只）。

B6 搬迁前的放牧方式：1、游牧□　2、半定居放牧□　3、定居放牧□　4、其他□

B7 搬迁前，距离您家最近的学校有多远？（最多选三项）

1、10 公里以内□　2、10-20 公里□　3、20-30 公里□　4、30 公里以上□

B8 搬迁前，距离您家最近的看病的地方有多远？

1、10 公里以内□　2、10-20 公里□　3、20-30 公里□　4、30 公里以上□

B9 搬迁前，空闲时您最主要的娱乐活动有哪些？

1、打牌□ 2、看电视 □ 3、下棋□　4、读书看报□ 5、聊天 □　6、看电影□

7、听广播□　8、其他□ ______

B10 搬迁前，您在生产和生活中遇到的主要困难是什么？（最多选三项）

1、资金问题□　2、交通状况□　3、人畜饮水问题□　4、缺乏赚钱门路□

5、草场面积少□　6、看病就医难□　7、子女上学□　8、草场纠纷□　9、其它□

三、移民搬迁补偿情况

C1 您是否了解政府有关生态移民搬迁的补偿标准？

1、非常了解□　2、比较了解□　3、一般□　4、不太了解□　5、一点都不了解□

C2 您对政府给予的补偿标准？

1、很满意□　2、满意□　3、一般□　4、不满意□　5、很不满意□

C3 到目前为止，您家得到了多少补偿金？

宅基地 1、房子 1000 平方米；现金________元；其它大宗实物________________；

2、补偿金总计______________元。

C4 就政府提供的生态移民补偿，您认为存在的主要问题是？

1、补偿标准低□　2、发放时间拖延□　3、被政府克扣□　4、其他□

C5 您对移民搬迁的草场、住房、搬迁和生活补偿标准费用的看法？

1、非常合理□　2、比较合理□　3、一般□　4、不太合理□　5、很不合理□

哪些比较合理：____；

哪些不合理：____

C6 您是从哪里得知上面有关征地、房屋和生活等补偿标准的？（可选一项，最多选三项）

1、村干部□　2、乡镇政府□　3、县政府□　4、州政府□

5、电视台□　6、亲戚朋友□　7、互联网站□　8、道听途说□

四、移民对搬迁安置的态度

D1 您对国家为保护生态环境而移民持何态度？

1、非常赞成□　2、赞成□　3、无所谓□　4、不太赞成□　5、不赞成□

D2 您认为移民搬迁对谁有利（最多选三项）？

1、国家（生态保护区）□ 2、投资商（移民工程施工单位）□　3、当官的□

4、地方政府（县、乡政府）□　5、集体（村）□　6、搬迁户□　7、其他□

D3 您认为移民安置过程中是否有必要解决户口问题（农牧转非）？

1、十分必要□　2、有必要□　3、无所谓□　4、没有必要□

D4 如果您在移民安置上的愿望和要求不能满足，或利益受到损害，您可能采取哪种行为？

1、向乡镇政府反映□　2、向县政府反映□　3、上访（向上级政府反映）□

4、采取示威、游行等行为□　5、向亲友倾诉、发牢骚□　6、默默忍受□

D5 搬迁过程中，您家是：

1、自愿搬迁□　2、多次做工作后搬迁□　3、政府强制搬迁□

2

D6 如果是被政府强制搬迁的，原因是什么？

1、习惯了牧区生活□　2、搬迁的补助标准太低□　3、安置点的房子不好□

4、没有找到好的赚钱门路□　5、自己的期望值很高□　6、其他原因□：________

D7 除了补偿外，政府有关部门是否以其他方式给您帮助？（比如移民干部帮助您安排工作、找地方开商店、建养殖场等）：1、是□√　2否□

五、主要家庭物品：搬迁前后数量对比

物品	搬迁前	搬迁后		搬迁前	搬迁后
E1、彩色电视（台）			E9、手机（个）		
E2、黑白电视（台）			E10、卡车（辆）		
E3、音响（台、套）			E11、轿车（辆）		
E4、DVD或VCD(台)			E12、拖拉机（辆）		
E5、照相机（台）			E13、摩托车（辆）		
E6、电脑（台）			E14、太阳能		
E7、打印机（台）			E15、奶油分离器		
E8、固定电话（台）			E16、帐篷		
E17、其他大件：请注明					

六、搬迁后，您家的生产和生活情况

F1 您家是什么时候搬到这儿的？1994年6月。

F2 搬迁后，您的户口状况：　1、农业（牧业）□√　2、非农业□　3、临时□

F3.1 搬迁后，您家现在住的房子是：1、全部自建□√　2、政府建的□　3、部分自己扩建□

砖混结构，有3间？约60平米；

是否建有棚圈？1（间）____（平米）；青贮窖____个。

F3.2 搬迁后与搬迁前相比，您家的住房状况是

好得多	好一点	差不多	差一点	差太多
		√		

F4 搬迁后，您家现有的田地________亩，其中搬迁分到田地________，自买田地________。

F5 搬迁后，您家的牲畜和家禽：

马________（匹）；牛________（头），其中奶牛________（头）；

羊10（只），其中绵羊________（只），山羊________（只），小尾寒羊________（只）；

鸡________（只）；兔________（只），其中肉兔________（只），长毛兔________（只）。

F6 搬迁前后，您从事的主要工作对比：（打"√"）

	牧业	种地	做生意	打工	工资	政府部门安排工作	其他（村干部、教师等）
搬迁前	√						
搬迁后				√0			

其中，搬迁前您家外出打工0人，搬迁后外出打工2人。电焊（杭州）

F7.1 搬迁前后，您的家庭主要收入结构对比：（单位：元）

	毛收入	牧业收入	农业收入	工资收入	打工收入	出租房屋	政府补贴	政府救济	经营收入（虫草、家禽、草药等）	其他
搬迁前一年						3000				
搬迁后（2010）					8000	3000				

3

F7.2 搬迁后与搬迁前相比，您家收入（毛收入）状况是

好得多	好一点	差不多	差一点	差太多
		✓		

F8.1 搬迁前后，您的家庭生活支出结构对比：（单位：元）

	食物	住房	衣着	水电气费	日常用品	耐用品	子女教育	人情礼金	看病吃药	娱乐旅游	交通费	通讯费	其他	合计
搬迁前一年														2000
搬迁后（2010）														500

F8.2 搬迁后与搬迁前相比，您家的生活支出是

多很多	多一点	差不多	少一点	少太多
	✓			

F9.1 搬迁前后，您家生产支出结构对比：（单位：元）

	牧业生产支出			农业生产支出								合计
	购买牲畜	购买草料	其他	种子	化肥	农药	生产工具	收割费	灌溉费	雇工费用	其他	
搬迁前一年		2000										2000
搬迁后（2010）		1000										1000

F9.2 搬迁后与搬迁前相比，您家的生产支出状况是

多很多	多一点	差不多	少一点	少太多
			✓	

F10.1 目前您在生产中经常遇到的困难是什么？

1、资金不足☐　2、生产工具落后☐　3、劳力不足☐　4、生意门路少☐

5、信息缺乏☐　6、缺乏技术指导☐　7、出售困难☐　8、交通不便☐

9、田地不足☐　10、灌溉水缺乏☐　11、其他☐ ________

F10.2 搬迁后与搬迁前相比，您家的生产状况是

生产条件	好很多	好一点	差不多	差一点	差太多
资金					
生产技术					
水利灌溉条件					
产品销售					

F11 搬迁后，您家的生产所需资金主要来自？

1、政府补偿资金☐　2、亲戚朋友借钱☐　3、信用社借贷☐　4、高利贷☐

5、其他☐ ____________

F12 搬迁后，您认为最主要应依靠谁？

1、自己☐　2、国家☐　3、亲朋 ☐　4、其他☐ ________

F13 搬迁后，您认为政府部门在帮助搬迁户发展方面，还应该做些什么？（最多选三项）

1、争取更多补偿资金☐　2、重新分配草场（土地）☐　3、安排搬迁户参加施工建设☐

4、新增旅游网点优先考虑搬迁户☐　5、新建企业招工优先考虑搬迁户☐

6、商业服务业给搬迁户优惠☐　7、扶持发展养殖业☐　8、子女上学给予照顾☐

9、免费提供技能培训☐　10、其他☐

F14 搬迁后，您对儿女最大愿望是：

1、读书成才☐　2、读点书就行然后找活干☐　3、读书不读书无所谓，只要能赚钱☐

F15 搬迁后，学校离你家有多远？

1、2 公里以内☐　2、2-4 公里☐　3、4-6 公里☐　4、6 公里以上☐

4

F16.1.搬迁后，您认为当前移民村内急需解决的主要问题是什么？（最多选三项）

1、资金问题□ 2、交通状况□ 3、人畜饮水问题□ 4、缺乏赚钱门路□

5、缺乏土地□ 6、看病就医□ 7、子女上学□ 8、草场纠纷□ 9、其它□______

F16.2 搬迁后与搬迁前相比，基础设施的状况是

基础设施	好很多	好一点	差不多	差一点	差太多
交通	√				
电力	√				
供水	√				
通讯	√				
教育	√				
技术培训与服务	√				
卫生医疗	√				
文化娱乐设施与场所					

F17 搬迁后，您和移民点周围邻居能不能友好相处？1、能□ 2、不能□ 3、一般□

F18 搬迁后，如果您与移民点的人相处得不好或产生了矛盾，主要原因是什么？

1、土地纠纷□ 2、生活和风俗习惯不同□ 3、自身原因□

4、语言交流障碍（听不懂汉语）□ 5、其他□______

F19.1 搬迁后，如果您与移民点的居民之间有纠纷，您如何处理？

1、向村委会寻求解决□ 2、向司法部门投诉□ 3、请求政府帮助□ 4、不寻求解决□

5、自己解决□ 6、请活佛、长老调解□ 7、其他□ ______

F19.2 搬迁后与搬迁前相比，您对政府的信任程度变得

好得多	好一点	差不多	差一点	差太多
	√			

F20.1 搬到本地后，您家的人多长时间到邻居家里串门和聊天？

1、每周一两次及以上□ 2、每月一两次□ 3、半年一两次□ 4、一年一两次□ 5、从来不去□

F20.2 搬迁后与搬迁前相比，您认为与亲朋好友、邻居往来变得

	交往更多了	交往多一点	差不多	交往少一点	交往少多了
与亲朋好友往来	√				
与邻居往来	√				

F21 搬迁后，空闲时您最主要的娱乐活动有哪些？（最多选三项）

1、打牌□ 2、看电视 □ 3、下棋□ 4、读书看报□ 5、聊天 □ 6、看电影□

7、听广播□ 8、喝酒□ 9、唱歌跳舞□ 10、其他□ ______

F22 搬迁前您参加那达慕等传统活动吗？

1、经常参加□ 2、偶尔参加□ 3、很少参加□ 4、没有参加过□

如果现在有这种活动，您愿意参加吗？

1、非常愿意□ 2、比较愿意□ 3、无所谓□ 4、不太愿意□ 5、很不愿意□

F23 搬迁前您参加祭敖包等祭祀活动吗？ 1、经常□ 2、偶尔□ 3、很少□ 4、没有□

现在您愿意去吗？1、非常愿意□ 2、比较愿意□ 3、无所谓□ 4、不太愿意□ 5、不愿意□

F24 搬迁后与搬迁前相比，您认为宗教祭祀与民俗活动变得

	多很多	多一点	差不多	少一点	少太多
祭祀活动					√
民俗活动					√

F25.1 搬迁后，您住在这里是否安心？1、安心□ 2、不安心□ 3、不好说□

搬迁后如果不安心，主要原因是什么？

5

1、想回老家□　2、生活不习惯□　3、没有好的赚钱门路□　4、对当官的不满□
5、孩子上学不方便□　6、对住房质量不满意□　7、安置社区环卫设施不健全□
8、卫星电视接收装置不健全□　9、其他原因□：________

F25.2 搬迁后与搬迁前相比，您认为自身心理压力变得

压力大很多	压力大一点	差不多	压力少一点	压力少太多

F26.1 搬迁后，您目前加入的社会保障项目有哪些？
1、农牧区新型合作医疗□　2、最低生活保障□　3、新型养老保险□
4、特困户基本生活救济□　5、五保户□　6、其他□________

F26.2 搬迁后与搬迁前相比，您认为社会保障方面变得

社会保障	好很多	好一点	差不多	差一点	差太多
养老保险					
城镇医疗保险					
农村医疗保险					
最低生活保障					
政府救济与补贴					

F27 在家中劳动力足够的情况下，您愿意去打工吗？
1、非常愿意□　2、比较愿意□　3、无所谓□　4、不太愿意□　5、非常不愿意□

F28 如果您想出去打工，希望到什么地方去打工？
1、本盟或本市□　2、相邻盟市□　3、省会□　4、本省或自治区□
5、外省或自治区□　6、其他□________

F29 搬迁后与搬迁前相比，您认为就业机会变得

多很多	多一点	差不多	少一点	少太多

F30 搬迁后与搬迁前相比，您认为同村居民之间的收入差距变得

大很多	大一点	差不多	少一点	少太多

F31 搬迁后，您认为下列因素，哪个对今后发展最重要？（最多选三项）
1、知识水平□　2、资金实力□　3、生意门路□　4、工作机会□　5、亲友帮助□
6、工作技能□　7、政府扶持□　8、学汉语　□　9、苦力□　10、其他□________

F32 搬迁后，您对未来两、三年的生活水平有何估计？
1、会有很大提高□　2、稍微比现在好一些□　3、变化不会很大□
4、有所下降□　5、严重下降□　6、很难估计□

F33 您认为进行生态环境建设：1、和老百姓没有任何关系，是政府的事情□　2、老百姓有义务出一份力□　3、老百姓应该全力参与生态环境建设□

F34 您认为造成草场状况恶化的最主要原因是什么？
1、自然气候□　2、过度放牧□　3、乱采乱挖□　4、开荒种地□　5、其他□________

F35 搬迁后与搬迁前相比，您认为周边环境变得

环境	好很多	好一点	差不多	差一点	差太多
草场生态环境					
水环境					
空气质量					

七、意见和建议

G1 请您谈谈对有关生态移民搬迁补偿和建设方面的意见和建议。

G2 根据您目前的情况，您认为如何才能发家致富？

读书远离这个地方

挣钱

参考文献

[1] 阿拉善盟新农村新牧区建设规划编委会. 阿拉善盟社会主义新农村新牧区建设规划 [Z]. 2007.

[2] 阿拉善盟人民政府. 阿拉善盟新型农牧区合作医疗慢性病管理暂行办法 [Z].

[3] 阿拉善盟人民政府. 阿拉善盟新型农牧区合作医疗门诊统筹实施方案（试行）[Z]. 2010.

[4] 阿拉善盟人民政府. 阿拉善盟农村牧区部分计划生育家庭奖励扶助制度扩面工作实施办法 [Z]. 2008.

[5] 阿拉善盟人民政府. 阿拉善盟 2011 年上半年人口和计划生育工作总结 [Z]. 2011.

[6] 阿拉善盟根源沙产业有限责任公司. 阿拉善盟孪井滩生态移民示范区根源沙产业有限责任公司新牧区示范项目可行性研究报告 [Z]. 2010.

[7] 阿拉善盟人民政府. 阿拉善盟扶贫开发工作简介 [Z]. 2009.

[8] 阿拉善盟人民政府. 阿拉善盟沙化土地封禁保护区移民安置方案 [Z].

[9] 阿拉善盟人民政府. 阿拉善盟移民搬迁及扶贫开发第十一个五年规划. 2008.

[10] 阿左旗地方志.

[11] 阿左旗人民政府. 城镇和农牧区贫困家庭医疗救助制度 [Z]. 2008.

[12] 阿左旗人民政府. 阿左旗人民政府办公室关于印发阿拉善左旗城乡贫困居民医疗救助细则的通知（阿左政办发〔2005〕166 号）[Z]. 2005.

[13] 阿左旗人民政府. 阿左旗“吉祥草原惠民计生行动”实施方案 [Z]. 2008.

[14] 示范区农村牧区最低生活保障制度与扶贫开发政策有效衔接工作实

施方案［Z］. 2011.

［15］李井滩生态移民示范区社会事务管理局. 示范区农牧区改厕项目实施方案［Z］. 2010.

［16］阿敦高勒嘎查村委会. 阿敦高勒嘎查社会主义新农村建设规划（草案）［Z］.

［17］阿敦高勒嘎查村委会. 阿敦高勒嘎查农业生产统计年报［Z］. 2008—2010.

［18］阿敦高勒嘎查村委会. 阿敦高勒嘎查委员会农村牧区经济情况到户统计报表［Z］. 2008—2010.

［19］阿敦高勒嘎查综合治理小组. 2009 年阿敦高勒嘎查社会治安综合治理工作计划［Z］. 2009.

［20］阿敦高勒嘎查村委会. 李井滩生态移民示范区阿敦高勒嘎查财政“一事一议”（一期工程）合同协议书［Z］. 2010.

［21］阿敦高勒嘎查村委会. 阿敦高勒嘎查 2009 年综合治理年终总结［Z］. 2009.

［22］阿敦高勒嘎查党委、村委会. 阿敦高勒嘎查 2010 年工作总结［Z］. 2010.

［23］阿敦高勒嘎查村委会. 阿敦高勒嘎查 2010 年危房改造名单［Z］. 2010.

［24］阿敦高勒嘎查村委会. 阿敦高勒嘎查关于村级卫生室建设申请［Z］. 2011.

［25］李井滩生态移民示范区扶贫办. 阿敦高勒嘎查 2011 年肉牛养殖产业化扶贫项目可行性研究报告［Z］. 2011.

［26］阿敦高勒嘎查村委会土地调查小组. 阿敦高勒嘎查土地调查情况汇报材料［Z］. 2011.

［27］阿敦高勒嘎查村委会. 李井滩阿敦高勒嘎查“一事一议”财政奖补村委会队部建设项目［Z］. 2009.

［28］阿敦高勒嘎查村委会. 李井滩生态移民示范区阿敦高勒嘎查“一事一议”财政补贴项目预算书［Z］. 2010.

［29］范长江. 中国的西北角［M］. 上海：上海书店，1991.

［30］内蒙古自治区编辑组. 蒙古族社会历史调查汇［M］. 呼和浩特：